W0176416

Das Buch

Unbemerkt von der Öffentlichkeit hat sich in muslimisch geprägten Einwandervierteln eine islamische Paralleljustiz etabliert.
In den Verhandlungen zwischen den Täter- und Opferfamilien
wird oft erpresst, geprügelt und geschossen und selbst mit Mord
gedroht. Sind sich Täter und Opfer einig, wird die Strafjustiz
massiv behindert – Opfer und Zeugen können sich etwa schlag-
artig an nichts mehr erinnern. Das Strafmonopol des deutschen
Rechtsstaates wird dadurch systematisch unterlaufen.

Bei Hochzeiten und Scheidungen ist in Deutschland eine
parallele islamische Familienrechtsordnung entstanden, die
Zwangsehen, Ehen auf Zeit und Mehrfachehen duldet – auf Kosten der Frauen.

Joachim Wagner hat intensiv recherchiert. Er hat mit betroffenen Frauen gesprochen, Strafakten analysiert und ausführlich
Kriminalbeamte, Staatsanwälte, Richter, Strafverteidiger, Streitschlichter, Islamwissenschaftler interviewt. Sein Buch ist auch
ein Justizkrimi, der in eine verborgene Welt führt: Es schildert
die rätselhaften Rituale von Familien- und Stammesfehden und
die Machtkämpfe von kriminellen arabischen und türkischen
Clans. Und es zeigt, wie Imame und sogenannte Friedensrichter durch die Anwendung der Scharia gegen den Geist unseres
Grundgesetzes verstoßen.

Der Autor

Joachim Wagner, Jahrgang 1943, ist promovierter Volljurist und
war bis Ende 2008 stellvertretender Leiter des ARD-Hauptstadt-
studios, wo er auch den »Bericht aus Berlin« präsentierte. Zuvor
leitete er von 1997 bis 2002 das ARD-Studio in London. Davor
war er fast zehn Jahre Leiter und Moderator des renommierten
NDR-Fernsehmagazins »Panorama«.

Joachim Wagner

Richter ohne Gesetz

Islamische Paralleljustiz gefährdet
unseren Rechtsstaat – Wie Imame in
Deutschland die Scharia anwenden

Ullstein

Besuchen Sie uns im Internet:
www.ullstein-taschenbuch.de

Erweiterte und aktualisierte Ausgabe im Ullstein Taschenbuch
1. Auflage Oktober 2012
5. Auflage 2015
© Ullstein Buchverlage GmbH, Berlin 2011 / Econ Verlag
© JoachimWagner, 2011 und 2012
Umschlaggestaltung und Titelabbildung: Sabine Wimmer, Berlin
Autorenfoto: ARD Hauptstadtstudio, Steffen Jänicke
Satz: Pinkuin Satz und Datentechnik, Berlin
Gesetzt aus derMinion
Druck und Bindearbeiten: CPI books GmbH, Leck
Printed in Germany
ISBN 978-3-548-37480-2

Inhalt

Einleitung

Daran kann sich Neuköllns Bürgermeister Heinz Buschkowsky noch genau erinnern: Dass er »ausgelacht und durch den Kakao gezogen wurde«,[1] als er vor fünf Jahren zum ersten Mal öffentlich den Begriff Friedensrichter erwähnte und über eine islamische Gerichtsbarkeit in seinem Berliner Stadtteil berichtete. Keiner wollte ihm glauben, dass in Strafverfahren mit muslimischen Verdächtigen Streitschlichter oder sogenannte Friedensrichter zwischen Täter und Opfer und deren Familien vermitteln. Ihre Ziele: Sie wollen Konflikte zwischen den beteiligten Familien entschärfen und privat regeln. Die Geschäftsgrundlage bei den meisten Verständigungen: die Beweislagen zugunsten mutmaßlicher Messerstecher, Entführer oder Erpresser verfälschen, um mildere Strafen oder sogar Straffreiheit für die Täter zu erwirken. Das geschieht in erster Linie dadurch, dass Täter, Opfer und andere Zeugen vor der Polizei oder bei Gericht Aussagen verweigern, bagatellisieren oder sich nicht mehr erinnern können. »Es ist gang und gäbe«, weiß der Neuköllner Lehrer und Psychologe Kazim Erdogan, »dass man Verfahren beeinflussen möchte. Die Aussagen der Zeugen ändern sich von der Polizei bis zur Hauptverhandlung.«

Was Bürgermeister Buschkowsky erst vor wenigen Jahren entdeckte, ist einigen Berliner Strafverteidigern seit Jahrzehnten bekannt. Rechtsanwalt Nicolas Becker entsinnt sich, 1975, gleich zu Beginn seiner Karriere, einem türkischen Friedensrichter begegnet zu sein: »studiert, elegant gekleidet, mit guten Beziehungen zu Polizei und Justiz«. Dieser Friedensrichter beschränkte sich damals auf die Vermittlung bei Straftaten wie Betrug oder Kör-

9

perverletzung. Mit Tötungen wollte er nichts zu tun haben. Auch sein Anwaltskollege Detlef Kolloge ist schon in den neunziger Jahren auf einen Streitschlichter gestoßen, einen Palästinenser, der vorgab, eine wichtige Rolle in der europäischen PLO zu spielen. Der Mittler wollte wissen, ob es sich positiv auf den Prozessverlauf auswirken würde, wenn sich die Familien einigten. Es ging um eine hohe Schlichtungssumme. Kolloge winkte ab. Eine Verständigung könne nach seinem Selbstverständnis als Verteidiger das Verfahren nicht beeinflussen. Und im Übrigen gedenke er nach den Regeln der deutschen Strafprozessordnung zu verteidigen.

Friedens- und Schlichtungsgespräche sind aus der organisierten Kriminalität bekannt, bei der italienischen und bei der russischen Mafia, bei Vietnamesen oder Rockerbanden. Im Sommer 2010 wurde zum Beispiel nach heftigen Kämpfen in Hannover ein Rockerfrieden zwischen den Hells Angels und den Bandidos geschlossen. Macht- oder Revierkämpfe und Blutrache können ohne Friedensgespräche zu einer unendlichen Kette von Gewalttaten oder jahrelangen Blutfehden führen, an denen letztlich keine der Parteien ein Interesse hat.

Die Schlichtung im muslimischen Kulturkreis hingegen hat ihre Wurzeln in einer jahrtausendealten Tradition und besitzt deshalb eine gesellschaftliche Bedeutung. In archaischen Zeiten gehörte sie zum Brauchtum arabischer Stämme und ist später vom islamischen Recht aufgenommen werden. Die Schlichtung kommt deshalb auch in der gesamten Bandbreite der Kriminalität zum Einsatz, bei schweren Verbrechen wie Mord und Totschlag, bei Alltagskriminalität wie Betrug, häuslicher Gewalt und Schlägereien und selbst bei Ehrverletzungen wie Beleidigung oder Verleumdung.

Die Mehrzahl aller deutschen Richter, Staatsanwälte, Kriminalbeamten und Strafverteidiger hat vermutlich noch nie von einem Friedensrichter oder Streitschlichter gehört und ist ihm erst recht nicht in der Praxis begegnet. Das ist kein Wunder. Die

Streitschlichtung zwischen Opfer und Täter nach Straftaten wird in Deutschland nur in Regionen mit einem großen muslimischen Bevölkerungsanteil praktiziert – und in der Regel im Verborgenen. Es ist eine Art Schattenjustiz, die ihre Wirkung am besten ohne Wissen der Strafverfolgungsorgane entfaltet.

In muslimisch geprägten Städten und Regionen haben Kriminalisten und Robenträger mittlerweile gemerkt, dass eine Paralleljustiz gegen sie arbeitet, die sie freilich nur selten dingfest machen können. Sie ärgern sich im Stillen – allenfalls noch in der Kantine –, wenn sorgfältig geknüpfte Beweisketten plötzlich reißen oder wenn Angeklagte den Gerichtssaal überraschend mit einem Freispruch statt mit einer Gefängnisstrafe verlassen.

Nur wenige haben den gefährlichen Einfluss von Absprachen zwischen Tätern und Opfern im muslimischen Kulturkreis auf die deutsche Strafjustiz bislang öffentlich angeprangert. Am deutlichsten hat das die verstorbene Berliner Jugendrichterin Kirsten Heisig ausgesprochen: »Mich beschleicht … ein ungutes Gefühl, denn das Recht wird aus der Hand gegeben und auf die Straße verlagert oder in ein paralleles System verschoben, in dem dann ein Imam oder andere Vertreter des Korans entscheiden, was zu geschehen hat.«[2] Ebenso prononciert ist die Kritik des Hannoveraner Kriminologen Christian Pfeiffer: »Ich habe zahlreiche Hinweise, dass es vor allem in Städten eine Kultur der Schlichtung gibt, die nach den Grundsätzen der Scharia abläuft. Makler mit hohem Ansehen fällen nach Anhörung beider Seiten eine Art Richterspruch gegen Geld. Es ist typisch für eine Parallelgesellschaft, dass sie auch eine eigene Justiz aufbaut.«

Ein exemplarischer Fall:[3] Sie war noch Richterin auf Probe im Kriminalgericht Berlin-Moabit, im zweiten Dienstjahr ohne viel Erfahrung. Die Anklage, die sie im Juli 2009 zu verhandeln hatte, schien mit einer Reihe aussagebereiter Zeugen gut unterfüttert. Der Tatort im Juni 2008: der Wohnwagen eines libanesischen Gebrauchtwagenhändlers in Berlin-Kreuzberg. Melih M.[4] wollte von einem Landsmann 17 000 Euro zurückhaben, die er ihm für den Kauf von Autos in Italien geliehen hatte. Hamit S. jedoch konnte oder wollte seine Schulden nicht bezahlen. Auf Vorschlag des Friedensrichters Hassan Allouche trafen sich die beiden Streithähne zu einem Gütetermin. Der verlief indes nicht gütlich. Der zahlungsunwillige Schuldner erhielt unversehens einen Messerstich und erlitt eine einen Zentimeter tiefe Fleischwunde. Voller Wut stellte er bei einer Polizeistreife, die sich zufällig in der Nähe aufhielt, eine Strafanzeige gegen Melih M. Daraufhin wollte auch der Geldverleiher eine Strafanzeige wegen Betruges gegen den säumigen Zahler stellen. Davon hielten ihn aber, wie es in einem späteren Schriftsatz seines Anwaltes hieß, »ältere arabische Mitbürger« ab, um »dortigen Sitten und Riten entsprechend, das Problem intern zu lösen«.

Das versuchte der angezeigte mutmaßliche Messerstecher auch. Melih M. bot seinem Opfer Geld an, wenn er die Strafanzeige zurücknähme. Als dieser sich bockig zeigte, soll Melih M. den harten Weg eingeschlagen haben: Er soll seinem Schuldner mit dem Tod gedroht und angedeutet haben, dass man auch seine Tochter entführen könne. Parallel ließ Melih M. seinen Anwalt vortragen, dass sich der Vorfall ganz anders abgespielt habe: Nicht er, sondern das Opfer habe ihn mit dem Messer angegriffen. Er habe sich nur verteidigt und dabei müsse es zu dem Unfall mit dem Messer gekommen sein.

Zwei Monate später hisste der säumige Schuldner die weiße Fahne. Sein Anwalt teilte der Polizei mit, dass sein Mandant sich mit dem angezeigten Melih M. »geeinigt« habe und sie »die Sache beenden« würden. Hamit S. verzichte »auf seine Rechte, nimmt die Anzeige zurück und bittet, das Verfahren einzustellen«. Im islamischen Recht kann eine Strafanzeige zurückgenommen werden, nicht aber im deutschen Strafrecht, wenn es – wie hier – um eine gefährliche Körperverletzung geht. Also mahlten die Mühlen der deutschen Justiz weiter.

In der Hauptverhandlung verweigerten die Zeugen entweder die Aussage, relativierten sie (die Stichwunde war plötzlich nur ein »Kratzer«), oder sie hatten nichts gesehen. Besonders unverschämt fand die Richterin den Auftritt des Friedensrichters Hassan Allouche als Zeuge. Der erklärte der Jungrichterin nämlich großspurig, dass eigentlich er als Friedensrichter für den Fall »zuständig« sei: »Ich soll alle Probleme in der arabischen Gemeinde schlichten, alle Nationalitäten kommen jetzt zu mir aus der gesamten Bundesrepublik«, notiert das Gerichtsprotokoll den Beginn seiner Aussage. Allouche berichtete über seine Vermittlungsversuche im Wohnwagen, aber nichts über seine Rolle als Streitschlichter nach dem Messerstich. Die Ehefrau des Opfers schilderte anschließend vage den Hintergrund des merkwürdigen Prozessgeschehens: Man wolle sich vertragen. »Die Sache wurde vergessen. Mein Mann will keinen Streit.« Es ist typisch, dass solche Verständigungen, und erst recht ihre Einzelheiten, für Staatsanwälte und Richter im Dunkeln bleiben.

Die Richterin fühlte sich überfordert. Sie hakte nicht konsequent nach, worauf man sich geeinigt hätte, und fragte sich, was wohl ältere Kollegen an ihrer Stelle getan hätten: »Ich war völlig machtlos und alle guckten nur auf den Friedensrichter.« Sie stellte das Verfahren wegen geringer Schuld ein. Am Ende der Verhandlung überreichte ihr der Friedensrichter Allouche seine Visitenkarte und fragte sie, ob man künftig nicht in dem einen oder anderen Fall zusammenarbeiten könne.

Das Fazit: Ein arabischer Streitschlichter und seine Klienten spielten mit der Berliner Strafjustiz Katz und Maus. Ein Bagatellfall, der sich hierzulande in vielen Variationen auf allen Ebenen der Strafverfolgung und in allen Kriminalitätsbereichen wiederholen kann, wenn Täter und Opfer aus dem islamischen Kulturkreis stammen.

Im Gegensatz zur Blutrache oder zum Ehrenmord ist diese Schattenjustiz eine bislang wenig beleuchtete Facette der muslimischen Parallelgesellschaft. Ein ganzes Bündel von Fragen drängt sich auf. Wie verbreitet ist die Schlichtung als Gegenjustiz zur deutschen Strafgerichtsbarkeit? Mit welchen Mitteln behindert oder untergräbt sie unsere Justiz? Welche Folgen hat die Nebenjustiz für die Kriminalitätsbekämpfung in muslimisch geprägten Vierteln? Zementieren die »Richter ohne Gesetz« Strukturen organisierter Kriminalität in arabischen, türkischen und kurdischen Milieus? Stehen sich Scharia und deutsches Strafrecht in allen Bereichen unversöhnlich gegenüber? Oder gibt es auch Bereiche, in denen beide Rechtsordnungen zum wechselseitigen Nutzen verschmelzen? Und zum Schluss die wichtigste Frage: Welche Handlungsmöglichkeiten gibt es, um die bisherige Ohnmacht des Rechtsstaats gegenüber der islamischen Paralleljustiz zu überwinden?

Im Februar 2012, sechs Monate nach dem ersten Erscheinen dieses Buches, hat der rheinland-pfälzische Justizminister Jochen Hartloff (SPD) öffentlich darüber nachgedacht, ob in Deutschland nicht eine Schiedsgerichtsbarkeit oder, nach massiver Kritik abgeschwächt, eine außergerichtliche Streitschlichtung im Zivilrecht auf der Basis muslimischer Rechtsvorstellungen denkbar sei. Die einen warfen ihm vor, Scharia-Gerichten das Wort zu reden, die anderen verteidigten ihn mit dem Argument, dass die islamische Rechtstradition der Schlichtung modernem deutschen Rechtsdenken entspreche, wie das Ende Juni 2012 verabschiedete Mediationsgesetz zeige. Rechtsfrieden ohne Gerichte herzustellen sei ein wichtiger Schritt zu einer neuen Rechtskultur. Niemand aber kam auf die Idee, einmal nachzufragen, ob es eine außergerichtliche Schlichtung im Zivilrecht, insbesondere im Ehe- und Familienrecht in muslimisch geprägten Einwanderervierteln, bereits gibt.

Die Recherche zum Wirken von Streitschlichtern im Hintergrund von Strafverfahren für die Erstausgabe des Buches hatte auch zu Familienkonflikten geführt, bei denen Vermittler aktiv waren, etwa bei häuslicher Gewalt, bei Verdruss von Eltern über den westlichen Lebensstil einer Tochter oder Verhältnissen von Muslima zu Ungläubigen. Für die aktualisierte und um einen zweiten Teil erweiterte Taschenbuch-Ausgabe wurden die Recherchen zur Schlichtungspraxis im Zivilrecht, insbesondere bei Familienkonflikten, erheblich vertieft. Die offene Frage: Waren das Einzelfälle oder nur Beispiele einer informellen muslimischen Familiengerichtsbarkeit im Vorfeld deutscher Familiengerichte? Wenn Letzteres zutrifft, stellen sich automatisch die nächsten Fragen: An welcher Rechtsordnung orientieren sich die Schlichter? Am deutschen Familienrecht oder am islamischen Familienrecht, dem Kern der Scharia? In welchen Teilen ist die Scharia mit dem Bürgerlichen Gesetzbuch und dem Grundgesetz vereinbar, in welchen nicht? Passt die Schlichtung nach islamischer Rechtstradition zum deutschen Rechtsverständnis von außergerichtlicher Schlichtung? Welche Rolle spielen die Imame in ihrer Doppelrolle als Geistliche und Schlichter? Fragen, die bisher weder Rechtssoziologen noch Islamrechtler aufgeworfen, geschweige denn beantwortet haben.

Teil I

Das islamische Strafrecht und die Tradition der Schlichtung

11. November 2009 in Essen-Katernberg: Kurz vor Mitternacht schoss Junis K. Mehmet F. gezielt in den Fuß. Eine bewusste Machtdemonstration, weil das Opfer angeblich schlecht über ihn geredet hatte. Monate vergingen mit Versöhnungsgesprächen zwischen beiden Familien. Ohne befriedende Wirkung. Im Frühjahr 2010 trafen sich die Großfamilien K. und F. auf einer Hochzeit, bei der pikanterweise Braut und Bräutigam aus den verfeindeten Clans stammten. Für den Bruder des verletzten Opfers war dieses Fest der Liebe mit sechshundert Gästen indes kein Anlass zu verzeihen. Während die anderen tanzten, passte er den Täter vor der Tür ab und schoss ihm nach einem Gerangel ohne Vorwarnung ins Bein. Dieser Schuss in ein ähnliches Körperteil wie bei der vorausgegangenen Tat ist nach islamischem Talionsrecht erlaubt. »Talio« kommt aus dem Lateinischen und bedeutet »Vergeltung«. In Sure 2, Vers 178, heißt es: »Ihr Gläubigen! Bei Totschlag ist euch die Wiedervergeltung vorgeschrieben: ein Freier für einen Freien, ein Sklave für einen Sklaven und ein weibliches Wesen für ein weibliches Wesen.«[5] Nicht im Tal von Baalbek oder in Ostanatolien angewendet, sondern in Essen im Ruhrgebiet, wird daraus eine archaische Rache, die dem deutschen Rechtsstaat und seiner Rechtskultur fremd ist.

»Es gilt das Grundgesetz, und nicht die Scharia«, stellte Bundeskanzlerin Angela Merkel 2010 auf dem Landesparteitag der rheinland-pfälzischen CDU unmissverständlich fest.[6] Dabei weiß sie sich mit dem Zentralrat der Muslime einig. Der hatte nämlich 2002 in seiner »Islamischen Charta« die vom »Grundgesetz garantierte gewaltenteilige, rechtsstaatliche und demokratische

Grundordnung der Bundesrepublik Deutschland« ausdrücklich »bejaht«.[7] Indem sich der Zentralrat der Muslime zum deutschen Grundgesetz bekennt, ist der Konflikt mit der Scharia aber keinesfalls ausgestanden. Denn in islamisch dominierten Einwanderervierteln driften, was noch aufzuzeigen sein wird, Rechtsbewusstsein und -kultur von Minderheits- und Mehrheitsgesellschaft auseinander und damit auch Grundgesetz und islamisches Recht.[8]

»Scharia« – also die »Gesamtheit aller religiösen und rechtlichen Normen, Mechanismen zur Normfindung und Interpretationsvorschriften des Islam«[9] – ist hierzulande ein Reizwort, gefürchtet wegen barbarischer Strafen, unterdrückter Frauen und der Rechtsordnung eines islamistischen Gottesstaates. Auf den religiösen Gesetzen des Islam gefällte Urteile lassen ans Mittelalter denken, wie zwei Fälle aus Saudi-Arabien zeigen: Dort wurde Küssen in der Öffentlichkeit mit vier Monaten Gefängnis und neunzig Peitschenhieben bestraft.[10] Und: Ein Gericht fragte bei Krankenhäusern an, ob sie bereit wären, dem Verurteilten operativ das Rückenmark zu beschädigen – als Strafe dafür, dass dieser sein Opfer mit einem Axthieb gelähmt hatte.[11] Dass die Iranerin Sakineh Mohammadi Ashtiani wegen Ehebruchs zum Tode durch Steinigung verurteilt wurde, nimmt der Rest der Welt fassungs- und verständnislos zur Kenntnis.

Dabei ist die Scharia in fast allen islamischen Staaten seit langem durch staatliches Recht ersetzt worden – mit Ausnahme des Familien-, Erb- und Schenkungsrechts.[12] In der Türkei zum Beispiel sind Blutrache und die im Brauchtum wurzelnden Ehrenmorde und Zwangsehen ebenso verboten wie in Deutschland. Nach einer Umfrage in der Türkei ist die Zustimmung für einen auf der Scharia aufbauenden Gottesstaat von 21 Prozent im Jahr 1999 auf 9 Prozent im Jahr 2006 gesunken.[13] Heute noch praktiziert wird die Scharia in Saudi-Arabien und im Iran. Unter anderem im Sudan und in Pakistan wird das islamische Recht als Grundlage für die Rechtsprechung anerkannt.

In einem Punkt irrt Bundeskanzlerin Merkel jedoch, wenn sie behauptet, dass die Scharia in Deutschland überhaupt nicht gelte. »Wir praktizieren islamisches Recht seit Jahren. Und das ist auch gut so«, antwortete ihr Hilmar Krüger, Professor für ausländisches Privatrecht an der Universität Köln.[14] Vor allem im Familien- und Erbrecht werden seine Vorschriften angewandt. So werden etwa Tunesier in Deutschland nach tunesischem Recht verheiratet und geschieden. Vor besonders kniffligen Problemen stehen deutsche Gerichte, wenn sie polygame Ehen scheiden sollen, die in einigen islamischen Ländern noch erlaubt sind oder dort zumindest noch geduldet werden. Unter Hinweis auf die Scharia haben deutsche Gerichte etwa »Unterhaltszahlungen, vom Ehemann erworbene Anrechte auf Sozialleistungen und einen Teil des Erbes« anerkannt.[15] So hat das Bundessozialgericht vor einigen Jahren entschieden, dass sich eine Witwe die Rente ihres verstorbenen Mannes mit der Zweitfrau nach islamischem Recht teilen muss. Andere Gerichte verurteilten Männer, nach der Scheidung Morgengaben an die Exfrauen zu zahlen. Dieses Nebeneinander unterschiedlicher Rechtsordnungen ist für den Juristen und Islamwissenschaftler Mathias Rohe »Ausdruck der Globalisierung. Wir wenden islamisches Recht genauso an wie französisches«.[16]

Ganz anders die Rechtslage, wenn es um die strafrechtliche Verfolgung von Diebstahl, Betrug oder Mord geht. Im Strafrecht soll nach Meinung des Islamrechtlers Mathias Rohe die Anwendung von Vorschriften der Scharia »weitestgehend ausgeschlossen« sein.[17]

Das ist richtig. Trotzdem nutzen Täter und Opfer, Friedensrichter und Familienoberhäupter, Imame und Rechtsanwälte – von der Öffentlichkeit bisher unbemerkt – Elemente des islamischen Strafrechts, um in der muslimischen Parallelgesellschaft eine eigene Strafrechtsordnung und Strafgerichtsbarkeit zu errichten.

Stiftet Frieden zwischen euren Brüdern

Das islamische Strafrecht wurzelt im Gewohnheitsrecht, insbesondere im Stammesrecht aus vorislamischer Zeit und in religiösen Quellen, wie dem Koran und der Sunna, den Worten und Taten des Propheten.

Der Schlüssel für das Verständnis der islamischen Paralleljustiz in Berlin-Kreuzberg oder Bremen-Huchting liegt in einer besonderen Strafart der Scharia: den qisas-Strafen.[18] Sie sind ausschließlich bei Tötungs- und Körperverletzungsdelikten anwendbar und folgen dem Prinzip der Wiedervergeltung. Sure 2, Vers 178, fordert einerseits die »Vergeltung nach rechtem Maß«, das heißt, dem Täter soll derselbe Schaden zugefügt werden, den er dem Opfer zugefügt hat, also getreu der biblischen Strafformel »Auge um Auge, Zahn um Zahn«. Aufgrund des ersten Satzes der Sure kann der Richter Vergeltung fordern. Die Selbstjustiz bei Tötungs- und Körperverletzungsdelikten, die demselben Prinzip folgt, wurzelt allerdings nicht im Koran, sondern in alten Stammestraditionen.

Andererseits – und das ist das Besondere an dieser Strafart – können das Opfer und seine Familie dem Täter jederzeit verzeihen – gegen oder ohne Zahlung eines »Blutgeldes«: »Wird einem aber etwas erlassen von seinem Bruder, dann soll (die Sühneforderung) mit Billigkeit erhoben werden und der Mörder soll ihm gutwillig Blutgeld zahlen. »Das ist eine Erleichterung von Eurem Herrn und eine Barmherzigkeit«, heißt es in Sure 2, Vers 178.

Die Wiedergutmachung ist ein zentraler Gedanke des islamischen Strafrechts. Für den Islamrechtler Mathias Rohe ist er Ausdruck »einer Gesellschaftsordnung, die auf einem Wirtschaften in Großfamilienverbänden ohne … soziale Absicherung basiert.«[19] Übersetzt könnte man sagen: Der finanzielle Vorteil eines Blutgeldes entspricht manchmal eher dem Interesse des Opfers oder seiner Familie als der Sühneausgleich durch Vergeltung.[20]

Ob es zur Zahlung von Blutgeld kommt, wird in der Regel

bei Schlichtungsgesprächen ausgehandelt. Die Tradition der Schlichtung reicht in die vorislamische Zeit zurück, als noch keine staatlichen Institutionen wie Polizei und Gerichte existierten und die Stämme, Sippen und Familien interne Streitigkeiten und Rechtskonflikte untereinander lösen mussten. Der Koran hat dieses arabische Konsensstreben an mehreren Stellen gewürdigt, etwa in Sure 49, Vers 11: »Die Gläubigen sind ja Brüder: Stiftet drum Frieden zwischen Euren Brüdern und nehmet Allah zu Eurem Beschützer, auf dass Euch Barmherzigkeit erwiesen werde.« Und bei einem Ehezwist fordert der Koran in Sure 4, Vers 35 ausdrücklich dazu auf, einen Schiedsrichter einzusetzen: »Und wenn ihr Widerstreit zwischen den beiden (Mann und Frau) befürchtet, dann setzt einen Schiedsrichter aus seiner Familie und einen Schiedsrichter aus ihrer Familie ein. Wenn sie (beide) eine Aussöhnung wollen, wird Allah sie (beide) in Einklang bringen. Gewiss, Allah ist allwissend und allkundig.«

Die Tradition der Schlichtung wird in islamischen Ländern nicht nur in Dörfern, sondern auch in Städten gepflegt, insbesondere da, wo Großfamilien leben und sie ihren Zusammenhalt bewahrt haben. In der Türkei, in Pakistan, im Libanon und anderen arabischen Ländern erfüllt der Friedensrichter bis heute seine Aufgabe – neben Polizei und Gericht – als erste Instanz und von offizieller Seite anerkannt.

In der Türkei zum Beispiel werden bei großen Stammesfehden Abgeordnete und in Ausnahmefällen sogar Staatspräsidenten als Schlichter aktiv.[21] Im Juli 2005 zierte das Bild eines Metzgers aus der osttürkischen Provinz die Titelseite der auflagenstärksten türkischen Zeitung. Der Grund: Die Nachrichtenagentur AFP hatte Sait Sanli für den Friedensnobelpreis vorgeschlagen, weil er in fünf Jahren 397 Konflikte wie Blutrache, Zwangsehen und Ehrverletzungen zwischen Familien und Stämmen friedlich gelöst hatte.[22] In Einzelfällen hatte er bis zu sieben Monate für einen Friedensschluss benötigt. Sait Sanli über seine Vermittlungsdienste: »Neben Blutrache und Ehrverletzungen gibt es auch zahlreiche kleinere Konflikte zwischen den Familien und Gruppen. Es fängt damit an, dass auf einer Weide eine fremde Kuh grast und der Besitzer der Weide einen ernsthaften Konflikt daraus macht. Ich versuche, hier zu vermitteln. Immer wieder habe ich auch mit Zwangsheirat zu tun. Ein junges Mädchen soll gegen ihren Willen verheiratet werden. Diese kleinen Fälle zu lösen ist einfach.«[23]

Höchst lebendig ist die Schlichtung heute auch noch in Pakistan – zum Beispiel nach Säureattentaten. Wenn Frauen dort ihren eigenen Weg gehen, sich von ihrem Mann getrennt haben oder untreu geworden sind, dann fühlen sich häufig ihre Familien und ihrer Männer in ihrer Ehre verletzt. Die Rache fällt nach westlichen Vorstellungen manchmal unvorstellbar grausam aus: Die verlassenen oder gehörnten Männer schütten ihren Ehefrauen Säure ins Gesicht und entstellen sie dadurch.[24] Diese Fälle kommen in Pakistan selten vor Gericht, oft wird nicht einmal eine Anzeige erstattet, weil die Familien nicht wollen, dass ihre Frauen und Töchter vor der Polizei oder einem Gericht aussagen. Nach dort weitverbreitetem Rechtsverständnis sind das allein Familienangelegenheiten, die besser mit Hilfe eines Schlichters und mit einer Entschädigung geregelt werden. Dabei bekommt die entstellte Frau das Geld noch nicht einmal selbst, sondern die Familie. Die Expertin Christiane Hoffmann: »Die Frau gehört nie sich selbst. Sie ist Eigentum des Mannes, das er zerstören kann. Oder sie ist Eigentum der Familie, die zu entschädigen ist, wenn der Wert der Frau gesunken ist.«[25]

In Ausnahmefällen dienen Schlichtung und Blutgeld sogar dazu, diplomatische Konflikte zu lösen, hier zwischen Pakistan und den USA. Im Januar 2011 hatte der mittlerweile enttarnte CIA-Agent Raymond Davis in der ostpakistanischen Metropole Lahore auf offener Straße zwei Männer erschossen.[26] Der Geheimdienstler berief sich auf Notwehr, obwohl die Kugeln seine Opfer von hinten getroffen hatten. Der Hintergrund des Doppelmordes ist bisher mysteriös geblieben. Gerüchten zufolge sollen die Erschossenen Mitarbeiter des pakistanischen Geheimdienstes gewesen sein. Auf jeden Fall war Davis über Wochen der bekannteste Häftling der islamischen Republik, auch weil sich die Witwe eines Opfers kurz nach der Tat das Leben genommen hatte.

Die Angehörigen der Getöteten waren zunächst unnachsichtig: »Wir wollen Blut gegen Blut. Raymond Davis muss zweimal gehängt werden, weil er zwei Menschen ermordet hat«, sagte ein Bruder eines der Getöteten der *Süddeutschen Zeitung*.[27] Die Familie hatte zahlreiche Angebote, den Tod des Bruders finanziell zu entschädigen, zunächst abgelehnt. Über Wochen belastete der Fall Davis die Beziehungen zwischen den USA und Pakistan. Mitte März 2011 kam dann die überraschende Wende. Die Familien der Opfer akzeptierten die in Pakistan mögliche Praxis, für erlittenes Unrecht Blutgeld zu kassieren und im Gegenzug dem Täter zu verzeihen, wie Justizminister Rana Sanaullah mitteilte. Für eine Kompensationszahlung von 2,3 Millionen Dollar an die Opfer-Familien ist Davis freigekommen.[28] Asad Manzoor Butt, der Anwalt der Opferfamilien, ließ allerdings wissen, dass die pakistanische Regierung seine Mandanten zu diesem Deal gezwungen habe, um die Beziehungen zu den USA nicht zu strapazieren.

Die Ironie dieses Freikaufs vom Mordvorwurf: Der Rechtsstaat USA profitiert von einer alten islamischen Tradition, die im Widerspruch zu allen rechtsstaatlichen Prinzipien westlicher Prägung steht und im Heimatland des mutmaßlichen Täters unvorstellbar wäre.

Auch die Bundesregierung hat in Afghanistan aus diesem Brauch schon Nutzen gezogen. Im September 2008 hat das Bundesverteidigungsministerium erstmals ein Kompensationsgeld an die Familien einer getöteten Frau und zweier Kinder gezahlt, um die Truppen am Hindukusch vor Blutrache zu schützen.[29] Bundeswehrsoldaten hatten sie an einer Straßensperre irrtümlich erschossen, weil sie einen Selbstmordanschlag fürchteten. Durch Vermittlung eines paschtunischen Stammesfürsten wurde vereinbart, dass sich die Bundesregierung bei den Hinterbliebenen der Opfer entschuldigt und ein Blutgeld bezahlt. So geschah es. Der Bruder der getöteten Frau sprach daraufhin eine »Verzeihung« aus. Eine Konfliktregelung im Zeichen der Scharia, die nur durch die besondere Lage in Afghanistan zu erklären und zu rechtfertigen ist. Hierzulande wäre sie sicher rechtswidrig.

Blutgeld statt Blutrache

Eine Schlüsselrolle spielt die Schlichtung auch bei der Blutrache. Droht ein blutiger Konflikt zwischen Familien, Sippen oder Stämmen zu einer Dauerfehde zu werden, kann die Blutrache nach dem Koran beziehungsweise nach dem Gewohnheitsrecht durch Sühneausgleich und Verzeihung beendet werden. Und das geht naturgemäß nur über den Weg von Verhandlungen.

Ob die Blutrache durch den Koran gerechtfertigt wird, ist unter Islamwissenschaftlern umstritten.[30] Sie stammt aus archaischer Zeit und wurde bereits circa 2000 v. Chr. durch den Codex Hammurabi verboten. Vergebens. Die Blutrache war noch zu Zeiten Mohammeds auf der arabischen Halbinsel in den Rechtsvorstellungen der Menschen tief verwurzelt und allgemein akzeptiert. Um seine Lehre populär zu machen, war der Prophet auch bemüht, Brauchtümer seiner Zeit zu erhalten. Und so spricht viel dafür, dass der Koran in der bereits zitierten Sure 2, Vers 178, und in Sure 17, Vers 33, die Blutrache in eingeschränkter Form legitimiert.[31] Da heißt es: »… ist aber jemand in ungerechtfertigter Weise getötet, so geben wir seinem nächsten Angehörigen Gewalt. Doch sei er nicht maßlos im Töten.«

Triebfeder für die Blutrache ist die Verletzung der Familienehre, in vorstaatlicher Zeit vor allem die der Großfamilien. In ihnen galt der Grundsatz der unbedingten Solidarität und der Verteidigung der Ehre. Sie wird im Nahen und im Mittleren Osten aber völlig anders definiert als im westlichen Kulturkreis.

Im Westen werden unter diesem Begriff charakterliche Werte wie Zuverlässigkeit oder Aufrichtigkeit zusammengefasst. Im orientalischen Kulturkreis hat die Ehre zwei Aspekte: zum einen die Achtung einer Person durch die Öffentlichkeit als jemand, der die tradierten Regeln einhält und dafür sorgt, dass dies auch seine Familienmitglieder tun, zum andern die durch Leistungen und Verdienste erworbene allgemeine Wertschätzung.[32]

In muslimischen Ländern »steht die Ehre in der Wertskala der Tugenden an oberster Stelle, also noch über Leben, Leib, Freiheit und Vermögen«.[33] Dieser Ehrbegriff hat sich bis heute erhalten und ist als Verhaltenskompass in der Diaspora lebendig. Er ist ein zentraler Schlüssel für das Verständnis der muslimischen Parallelgesellschaft in Deutschland. Dieser der deutschen Wertordnung völlig fremde Ehrbegriff, sein Vorrang vor Rechtsgütern wie Gesundheit oder Leben und die höhere Gewaltakzeptanz in einigen Teilen der Parallelgesellschaft führen dazu, dass die muslimische Bevölkerung in einigen Kriminalitätsbereichen stark belastet ist.[34]

Die verletzte Ehre ist auch die Triebfeder für Ehrenmorde und Zwangsehen. Für den Zeitraum von 1996 bis 2005 hat das Bundeskriminalamt 55 Fälle als Ehrenmorde oder Mordversuche eingestuft. Die Website www.ehrenmord.de listet für die Jahre 2008 23 und für 2009 34 Ehrenmorde auf. Die meisten Ehrenmorde werden aber wohl nicht bekannt, weil sie als Unfall oder Selbstmord getarnt werden. Manchmal wird eine Frau als vermisst gemeldet, und der Rest der Familie schweigt. Beide Phänomene haben mit dem islamischen Recht nichts zu tun, sondern wurzeln eher in Tradition und Brauchtum.[35] Bei den Töchtern ist die Ehre an ihrer sexuellen Reinheit festzumachen. Die Aufgabe von Vätern und Brüdern ist es, die Unbeflecktheit der Töchter beziehungsweise Schwestern zu verteidigen – durch frühe Verheiratung oder indem sie vom unzüchtigen westlichen Lebensstil ferngehalten werden.

Erstaunlich ist, dass Ehrenmord und Blutrache in der muslimischen Parallelgesellschaft hierzulande überlebt haben, obwohl ihre Voraussetzungen seit langem entfallen sind. In Ländern ohne staatliche Ordnung hatte die Großfamilie die Schutzfunktion von Polizei und Justiz zu übernehmen. Und dabei spielte die Blutrache eine disziplinierende Rolle. Heute schafft sie jedoch keine Ordnung mehr, sondern wirkt nur noch destruktiv. Trotzdem halten es immer noch einige hier lebende Muslime für unehrenhaft, die aus ihrer verletzten Ehre resultierenden Straftaten vom deutschen Staat und der hiesigen Strafjustiz vergelten zu lassen. Ein Blick in die Türkei lehrt, wie stark der Rückhalt für diese archaischen Verbrechen möglicherweise unter Muslimen ist, die in Deutschland leben. Nach einer Umfrage unter türkischen Studenten im September 2009 sehen bis zu 30 Prozent der Befragten in einem Ehrenmord eine legitime Reaktion auf die Verletzung der Familienehre.[36] Da der Ehrenmord auch in der Türkei strafbar ist, zeigt diese hohe Zustimmungsrate, wie weit gesetzliche und religiös-kulturelle Normen auseinanderklaffen können – am Bosporus ebenso wie vermutlich auch in bestimmten türkischen Kreisen in Deutschland.

Eine andere Gewaltquelle in der muslimischen Parallelgesellschaft sind die Vorschriften des Korans zum Verhältnis zwischen Mann und Frau. Zwar spricht der Schöpfungsbericht des Korans in einigen Passagen von der Gleichberechtigung zwischen Mann und Frau. Gemeint ist damit aber nur eine Gleichberechtigung vor Gott im Jenseits. Im Diesseits ist die Frau dem Mann untergeordnet.[37] Von größter rechtlicher und gesellschaftlicher Tragweite ist hier die Sure 4, Vers 34: »Die Männer stehen über den Frauen, weil Gott sie vor diesen ausgezeichnet hat und wegen der Ausgaben, die sie von ihrem Vermögen gemacht haben. Und die rechtschaffenen Frauen sind demütig und ergeben (oder: gehorsam).«

Muslimische Theologen interpretieren diese Verse in aller Regel traditionell: Männer und Frauen haben als Menschen nicht denselben Wert.[38] In der Gesellschaft haben sie zwei unterschiedliche Rollen: der Mann als Herr und die Frau als Untertan. In Sure 4, Vers 34, findet sich sogar eine offene Rechtfertigung von Gewalt in der Ehe: »… und diejenigen, deren Widersetzlichkeit ihr befürchtet, ermahnt sie, meidet sie im Ehebett und schlagt sie. Wenn sie euch aber gehorchen, dann sucht kein Mittel gegen sie. Allah ist erhaben und groß.« Es ist klar, dass die Scharia hier ein Verhältnis von Mann und Frau in und außerhalb der Ehe beschreibt und rechtfertigt, das im krassen Widerspruch zu den Werten unseres Grundgesetzes, zum Selbstbestimmungsrecht der Frau und zur Gleichberechtigung der Geschlechter steht.

Dieses durch den Koran unterfütterte Rollenverständnis von Mann und Frau ist immer wieder Quelle häuslicher und ehelicher Gewalt. Diese Konflikte lösen Familien in Berlin-Neukölln oder Bremen-Huchting lieber mit Hilfe eines Imams oder eines Clan-Oberhaupts als Streitschlichter als mit der deutschen Strafjustiz. Zum Beispiel wird Gewalt in der Ehe nicht als Straftat begriffen. Imame fordern prügelnde Ehemänner lediglich auf, sich ein Beispiel am Propheten zu nehmen. Er habe seine Frauen – er hatte insgesamt 13, bei seinem Tode waren es neun Frauen – nie geschlagen und immer gut behandelt.

Schlichter haben sich über die Jahrhunderte an den einschlägigen Regeln des Korans, der Praxis der Propheten, seiner anerkannten weltlichen Nachfolger (Kalifen) und eigenen Gerechtigkeitsvorstellungen orientiert.[39] Diese religiöse Ausrichtung der Schlichtung trifft bei vielen muslimischen Migranten in Berlin oder in Bremen auf ein positives Echo. Ihrer Ansicht nach ist allein der Islam in der Lage, die aus der Heimat gewohnte Rollenverteilung in der Familie befriedigend zu begründen.[40] Und nach neueren Untersuchungen ist auch das Männerbild in der muslimischen Diaspora stark von religiösen Vorstellungen geprägt.[41] Da die Regeln des Islams für die gesamte Lebensführung eines Gläubigen verbindlich sind, beanspruchen sie auch, dass der »Bestand an Geboten und Verboten die Bereiche Religion und Recht umfasst«.[42]

Angesichts der Re-Islamisierung in der muslimischen Diaspora und der Schlichtungspraxis in den Herkunftsländern der Migranten überrascht es nicht, dass einige Elemente der Scharia und des muslimischen Brauchtums in der kulturell-religiösen Wertordnung in Berlin-Wedding oder in Gelsenkirchen lebendig geblieben sind: die Schlichtung im Hintergrund von Strafverfahren, die finanzielle Wiedergutmachung zwischen Täter und Opfer und die Selbstjustiz in vielfältigsten Formen. Es hat den Anschein, dass in Einwanderervierteln eine islamische Parallelordnung entstanden ist, die aus religiös-kulturellen und sozialen Gründen eine höhere Akzeptanz genießt als deutsche Gesetze. Das islamische Strafrecht »wird als geistige Macht bestehen und lebendig bleiben. Es ist die anerkannte Lebensregel aller Muslime, wird eifrig gelehrt und befolgt und ist eine Quelle der Kraft und der Einzigartigkeit der islamischen Völker.«[43]

Einige Rechtsgedanken der Scharia sind universelle Rechtsgrundsätze, die auch im deutschen Strafrecht bekannt sind – etwa die Reue oder der Täter-Opfer-Ausgleich. Sie müssen jedoch engumgrenzte Ausnahmen bleiben und sind auf die Strafzumessung und den Bagatellbereich zu beschränken. Nach deutschem Rechtsverständnis kann das Strafrecht seine friedenssichernde Funktion nämlich nur erfüllen, wenn es in ganz Deutschland für alle Bürger uneingeschränkt gilt – auch in muslimisch geprägten Vierteln der Hauptstadt oder in Essen-Katernberg. »Religiöse Vorstellungen, die mit Straftatbeständen kollidieren«, sind nach Meinung des Islamwissenschaftlers und Juristen Mathias Rohe allenfalls »durchsetzbar, wenn ihre Auswirkungen geringfügig sind und den Bereich des Sozialadäquaten nicht überschreiten«.[44]

Denkbar ist ein solcher Verzicht auf Anwendung des deutschen Strafrechts deshalb nur bei leichten Körperverletzungen und Beleidigungen – durch Einstellung wegen geringer Schuld mit oder ohne Buße. Ein weitergehendes »Kulturprivileg« über Bagatellfälle hinaus sei – so folgert Rohe – mit dem Grundgedanken des Strafrechts »schlicht unvereinbar«.[45]

Eigene Gesetze: Schlichtung, Wiedergutmachung, Selbstjustiz

Friedensrichter brauchen keine Gerichtsgebäude. Sie sind Richter ohne Gesetz in der Tradition der Scharia. Sie suchen Gerechtigkeit in »Arabischen Kulturvereinen« und in Moscheen, in Kaffee- und Teestuben, Restaurants und Diskos, in erster Linie aber in den Wohnungen von Tätern und Opfern. Sie werden hinzugezogen bei Ehe- und Familienstreitigkeiten, aber vor allem im Hintergrund von Strafverfahren.

Friedensrichter sind Privatleute, fast immer ohne juristische Ausbildung. Ihr Erfolg gründet sich auf Ansehen und Macht. Deshalb lehnen die meisten Streitschlichter auch den Begriff Friedensrichter ab. Es gibt allerdings auch einige Argumente für diese Bezeichnung. Es entspricht arabischem Denken, Rechtsfrieden herzustellen.[46] »Dauerhafter Frieden« – das weiß Strafverteidiger Stefan Conen aus seinem Kontakt mit seinen Mandanten – »kann kulturell bedingt wichtiger sein als ein Urteil«. Im Wort Friedensrichter schwingt deshalb auch die Achtung mit, die für dieses ›Amt‹ unverzichtbar ist. Für den Essener Kriminalhauptkommissar Herbert Czarnyan erweckt es dagegen irrtümlich den Eindruck, dass die Schlichter »in einem formellen Rechtssystem verankert sind«. Das Gegenteil ist der Fall. Das islamische Schlichtungswesen ist eine informelle Laienjustiz. Was den Berliner Schlichter Hassan Allouche allerdings nicht daran hindert, für sich als »einzigen Friedensrichter« der Stadt zu werben.

Streitschlichter sind in der Regel Familienälteste oder Clan-Chefs. Ihr Einfluss hängt vom Alter, Rang, Wohlstand und der Macht ihrer Familie oder Sippe ab. Als Familienoberhäupter haben viele Friedensstifter ihre Schlichtungserfahrung aus der

Türkei oder dem Libanon an die Spree oder an die Weser mitgebracht. Einer der Gralshüter dieser Tradition, der Essener Abdul Ali Khan, war schon vor seiner Flucht nach Deutschland vor zwanzig Jahren als Streitschlichter im Libanon tätig. Und Hassan Allouche blickt gleichfalls auf eine lange Schlichtungsvergangenheit in seiner Familie zurück. Schon sein Ururgroßvater war Friedensrichter. Sein Vater hat einen Versuch, eine wilde Messerstecherei zu befrieden, mit dem Leben bezahlt. Von einem abgerutschten Messer wurde er am Kehlkopf getroffen und verblutete. Es ist deshalb nicht ungewöhnlich, dass bei Konflikten in Deutschland auch Schlichter aus dem Libanon oder der Türkei eingeschaltet werden. Entweder telefonisch, oder aber sie fliegen extra zu diesem Zweck nach Berlin oder Bremen.

Wo sich große Gruppen muslimischer Einwanderer in Deutschland niedergelassen haben, gehören Streitschlichter weiter zu ihrer Kultur. Das gilt für alle Ethnien mit einer solchen Tradition: Araber, Türken, Kurden, Aleviten und Jesiden. Friedensstifter agieren daher in allen Städten, Regionen oder sogar kleinen Ortschaften mit einem großen Bevölkerungsanteil dieser Ethnien, in Hamburg etwa, München, Frankfurt, Stuttgart oder Teilen Niedersachsens. In Berlin, Essen und Bremen ist das Phänomen wegen der libanesisch-kurdischen Großfamilien, die sich dort niedergelassen haben, lediglich verbreiteter und sichtbarer als an anderen Orten.

Angesprochen werden Streitschlichter fast nur, wenn Täter und Opfer aus dem islamischen Kulturkreis stammen. Sind andere Ethnien oder Nationalitäten als Täter oder Opfer an Straftaten beteiligt oder geht es um den Schmuggel von fünf Kilogramm Kokain, versagt dieses Instrument in der Regel. Werden Deutsche Opfer einer Messerstecherei oder einer Erpressung, vertrauen sie der deutschen Strafjustiz eher als der ihnen unbekannten und dadurch unberechenbaren Schlichtung. Zu Ausnahmen kommt es allenfalls im Bagatellbereich wie zum Beispiel bei einem Familienkonflikt in Essen.

Nach einem Streit zwischen einem deutschen und einem kurdischen Kind hatte dessen Vater wütend die Wohnungstür der deutschen Familie eingetreten. Durch diese Gewalttat und eine Gruppe aggressiv auftretender libanesischer Jugendlicher, die sich vor dem Haus versammelt hatten, fühlte sich der deutsche Vater so bedroht, dass er die Polizei um Hilfe bat. Auf Initiative eines Sozialarbeiters und eines Kontaktbeamten der Polizei kam es zu Gesprächen zwischen den Familien. In deren Verlauf entschuldigte sich der kurdische Vater und erklärte sich bereit, den Schaden an der Eingangstür zu ersetzen. Der deutsche Vater verzichtete im Gegenzug auf einen Strafantrag. Darauf empfahl der Essener Kriminalhauptkommissar Herbert Czarnyan, »den Vorgang einzustellen, auch im Hinblick darauf, dass der beschlossene Friede zwischen beiden Familien gesichert bleiben sollte«. Die Staatsanwaltschaft folgte seinem Vorschlag. Ein solcher Fall mit deutscher Beteiligung ist eher selten und wird auf harmlose Fälle beschränkt bleiben. Die Schlichtung als Teil der Schattenjustiz funktioniert in der Regel nur bei Konflikten innerhalb des muslimischen Kulturkreises.

Handlanger der Bosse

Die Regulierer arbeiten teils offen und legal, teils im Verborgenen innerhalb krimineller Strukturen. Werden die Ältesten von Clans aktiv, die teilweise der organisierten Kriminalität zugerechnet werden, sind sie nach den Erfahrungen des Berliner Oberstaatsanwalts Bernhard Mix »Teil dieser Strukturen«. Nach der Analyse des aus dem Libanon stammenden deutschen Islamwissenschaftlers Ralph Ghadban ist die organisierte Kriminalität für diese Streitschlichter auch »Quelle ihrer Macht«. Sie sind »Handlager« der Chefs oder selbst Bosse und bauen durch Schlichtungen ihre Macht aus. Über einen der einflussreichsten Friedensrichter in Berlin sagt ein Insider: »Sein Wort ist Gesetz.«

Die Bandbreite der Konflikte und Delikte ist vielfältig. Schlägt ein Ehemann seine Frau und will diese sich scheiden lassen, regelt die Familie das zunächst intern oder mit einem Streitschlichter. Oder kommt es bei einem Gebrauchtwagenkauf zu einem Betrug, etwa durch einen falsch angegebenen Kilometerstand, versuchen die Parteien diesen Konflikt zunächst mit einem Schlichter zu regeln – ohne Anzeige. »Unter Türken, Kurden und Arabern ist es zutiefst verpönt, mit der Polizei zu reden«, weiß Rechtsanwalt Olaf D. Franke. Die verstorbene Berliner Jugendrichterin Kirsten Heisig hat die Erfahrung gemacht, dass »bei Straftaten innerhalb derselben Ethnie weniger Anzeigen erstattet werden. Die Tendenz, Konflikte innerhalb des eigenen Kulturkreises zu regeln, ist ebenso unübersehbar wie problematisch.«[47] Das kann bei Beleidigungen oder Ohrfeigen nicht schaden, weil nach Heisigs Ansicht »Streit im sozialen Umfeld besser, schneller und nachhaltiger beigelegt werden kann, als wenn jedes Mal die Polizei gerufen wird«.[48]

Diese Neigung zu internen Lösungen endet in der Regel bei schweren Körperverletzungen, Raubüberfällen oder Todesangst. Dann begeben sich Opfer zunächst in die schützende Obhut eines Krankenhauses oder der Polizei, der sie sonst sehr fernstehen. Aber nur vorübergehend. Sobald die Gefahr für Gesundheit oder Leben schwindet, übernehmen die beteiligten Familien – mit oder ohne Schlichter – wieder die Regie. Und genau an dieser Stelle wird es problematisch, da bei strafrechtlichen Delikten automatisch die deutsche Justiz auf den Plan tritt und es zu Konflikten zwischen den Rechtssystemen kommt.

Schmerz als Wahrheitsdroge

Nach einer Straftat entscheiden die betroffenen Familien von Fall zu Fall, ob sie direkt miteinander verhandeln oder einen Schlichter einschalten. Die Initiative geht meist von der Täterfamilie aus, weil die ein Interesse daran hat, dass der Sohn, Bruder oder Cousin straffrei bleibt. Bei direktem Kontakt wendet sich der Vater oder der älteste Bruder an sein Pendant bei der Opferfamilie. Das funktioniert in der Regel dann nicht mehr, wenn ein Tatverdächtiger bereits in Untersuchungshaft sitzt oder das Opfer schwerverletzt im Krankenhaus liegt. Dann ist das Klima zwischen den Familien meist so nachhaltig gestört, dass die Täterfamilie einen neutralen Schlichter beauftragt. Die Ziele bei solchen Gesprächen sind fast immer dieselben: Das Opfer soll auf keinen Fall die Polizei informieren, möglichst keine Strafanzeige stellen oder, wenn dies bereits geschehen ist, diese zurücknehmen. Ist die Polizei eingeschaltet, etwa durch eine Strafanzeige, geht es darum, das Opfer von einer Aussage abzubringen.

Dem Abteilungsleiter für Organisierte Kriminalität (OK) bei der Bremer Kriminalpolizei, Wilhelm Weber, ist aufgefallen, dass sich Tatverdächtige oder ihre Familien sofort nach der Tat bemühen, die Adresse des Opfers und anderer Zeugen herauszufinden. Manchmal gewinnen sie dabei sogar den Wettlauf mit der Polizei. Bei schweren Taten werden nach Informationen von Kriminalbeamten bis zu 40 000 Euro Schweigegeld geboten. Klappt das nicht, drängen einige Tatverdächtige sogar ihre Rechtsanwälte, so schnell wie möglich Akteneinsicht zu beantragen, um auf diesem Weg an die Adressen der Zeugen zu kommen.

Zahlreiche Friedensmakler werden nicht gerufen, sondern bieten sich selbst an – um Geld zu verdienen oder um durch erfolgreiche Vermittlung ihr Ansehen in der türkischen oder arabischen Gemeinde zu erhöhen. So kann es passieren, dass zwei oder drei Unterhändler zum Tatort oder in ein Krankenhaus eilen, um sich ins Gespräch zu bringen.

Die Schlichtung – weiß Rechtsanwalt Stefan Conen – beginnt meist mit einer Charmeoffensive. Im Auftrag der Täterfamilie macht der Mittler zunächst einen Besuch im Krankenhaus – mit Blumen, wenn das Opfer ein Frau ist, mit Süßigkeiten, wenn das

Opfer ein Mann ist. Aus Gründen des Respekts sucht er immer zuerst das Gespräch mit der Opferfamilie.

Im Krankenhaus kreuzen sich oft die Wege von Polizei und Schlichtern. Beide wissen, dass hier die entscheidenden Weichen für die strafrechtlichen Ermittlungen gestellt werden. Denn nirgendwo ist die Bereitschaft eines Verletzten größer als hier, ehrlich auszusagen. Schmerzen wirken wie eine Wahrheitsdroge. Diese Situation sucht die Polizei für sich zu nutzen. Sie versucht, Opfer so früh wie möglich am Krankenbett zu vernehmen. Gerade das wollen Schlichter verhindern. Und deshalb bemühen auch sie sich, schnell mit den Verletzten zu sprechen.

Das ist keinesfalls aussichtslos, denn oft haben auch Verbrechensopfer ein Interesse daran, den Fall ohne Justiz zu regeln. Zunächst entspricht es arabischer Sitte, den Gesprächswunsch eines Schlichters zu erfüllen, ihn auszuschlagen würde ihn beleidigen. Noch bedeutsamer ist: Jeder Messerstich oder Schuss kann einen Familienkrieg entzünden, was insbesondere für die schwächere Familie bedrohlich ist. Das zu verhindern, versüßt durch eine finanzielle Wiedergutmachung, macht es für viele Opferfamilien erwägenswert, wenn nicht gar verlockend, sich außergerichtlich mit dem Täter und seiner Familie zu verständigen. Vor besonders hohen Hürden stehen die Schlichter nach Erfahrungen des Strafverteidigers Detlef Kolloge, wenn Täter und Opfer verschiedenen Ethnien angehören, wenn Brücken zu schlagen sind beispielsweise zwischen Kurden, Palästinensern und Libanesen.

In den Gesprächen mit Opfern, Tätern und ihren Familien versucht der Schlichter zunächst, wie ein Kriminalbeamter, Staatsanwalt oder Richter den Sachverhalt mit dem gängigen Katalog an Fragen aufzuklären: Was ist passiert? Warum? Wie? Welche Motive hatte der Täter? Ob die Regulierung erfolgreich ist, hängt im weiteren Verlauf von Macht und Wohlstand der Täter- und Opferfamilien sowie dem Geschick und Einfluss des Vermittlers ab. Er ist auch dafür verantwortlich, dass die Absprachen anschließend eingehalten werden. Und das gelingt am besten mit einer mächtigen Familie im Rücken.

Was eigentlich ein gerechter Kompromiss sein sollte, ist bei genauerem Hinschauen für den Bremer Rechtsanwalt Martin Stucke häufig »ein Machtdiktat«. Je gravierender die Machtunterschiede zwischen den Familien sind, desto schwieriger werden gewaltfreie Konfliktlösungen auf Augenhöhe.[49] Dass Schlichter und andere Beteiligte ihre Machtpositionen ausreizen, ist für den Islamwissenschaftler Bülent Ucar auch das Hauptargument, die Schlichtung im Strafrecht für »bedenklich« zu halten: »Die überlegene Gruppe nutzt hier ihre Machtposition aus.«

Die Schuldfrage steht bei Schlichtungen – für das deutsche Rechtsverständnis fremd – »nicht zur Debatte«. »Es geht nur«, so der Freiburger Ethnopsychologe Ilhan Kizilhan, »um den Versuch einer Annäherung.«[50]

Bei Friedensverhandlungen kann ein Durchbruch schnell gelingen, sogar in einem einzigen Gespräch. Schlichtungen können sich aber auch über Wochen und Monate hinziehen. In besonders brenzligen Situationen werden angesehene Personen in der Heimat, in Beirut oder Istanbul, zusätzlich konsultiert und um Rat gebeten.

Im Mittelpunkt aller Verständigungsversuche steht das Schmerzensgeld. Dafür haben sich nach Beobachtungen des Bremer OK-Abteilungsleiters Wilhelm Weber folgende Taxen eingebürgert: für eine Stichverletzung rund 10 000 Euro, für eine schwerere Verletzung 30 000 bis 40 000 Euro. Der Bremer Anwalt Martin Stucke hat sogar schon von Forderungen bis zu 200 000 Euro gehört. Sehr vielen Familien fällt es natürlich schwer, solche Summen aufzubringen. Sie sammeln dann Geld in ihrer Familie, suchen einen Bürgen oder müssen, als letzten Ausweg, den Betrag bei einem Geldverleiher borgen – zu Wucherzinsen von 2 bis 3 Prozent pro Monat. Es gibt aber auch Verständigungen, die ganz ohne Geld über die Bühne gehen.

Wenn eine Schlichtung besiegelt wird, spielt der »urtümliche

Ritus des gemeinsamen Essens und Trinkens« eine wichtige Rolle.[51] Das offizielle Teetrinken hat dagegen eine geringere Bedeutung. Andere Elemente einer Einigung können eine Entschuldigung oder ein Handschlag sein – nach Einschätzung des Duisburger Strafverteidigers Ralf Büscher eine Geste, die unter Moslems verbindlicher ist als eine notarielle Beurkundung. In der Regel hielten sich die Parteien an die Abmachung, weiß der Bremer OK-Chef Wilhelm Weber aus der Praxis.

Manchmal bestehen die Gegenleistungen aber auch aus Naturalien: Vor Jahrhunderten waren es Schafe oder Arbeiten auf dem Feld oder auch eine Braut. Letzteres kann auch heute noch passieren – mitten in Berlin. Eine Begebenheit aus dem Herbst 2010: Die 16-jährige Mona S. hatte eine Affäre mit dem 19-jährigen Ibrahim T. Die palästinensische Familie hielt von ihm nichts, zumal er auch noch im Ruf stand, mit Drogen zu handeln. Im Übrigen war für Mona ein Palästinenser bereits als Bräutigam ausgeguckt. Erschwerend kam hinzu, dass der streng muslimischen Familie S. der »westliche Lebensstil« ihrer Tochter missfiel. Es kam häufiger vor, dass ihr älterer Bruder Abdul sie schlug, trat und beschimpfte, wenn sie sich seiner Auffassung nach zu stark schminkte oder zu auffällige Kleidung trug. Abdul und sein jüngerer Bruder Mohammad hatten als Kinder die Koranschule besucht, waren aber beide kriminell erheblich vorbelastet. Da der Vater schwer krank war, hatte der Erstgeborene die Rolle des pädagogischen Vaters übernommen und überwachte Monas Lebensstil. Und das tat Abdul rigide, unnachsichtig und notfalls mit Gewalt, wenn Drohungen nicht mehr fruchteten. Die uneheliche Beziehung zu ihrem libanesischen Freund habe er – so die Anklage – als »Verletzung der Familienehre zutiefst missbilligt«.

Doch die Schwester blieb zunächst ihrem Herzen treu. Ihre Brüder zwangen sie daraufhin unter Morddrohungen, ein Schein-Treffen mit ihrem Freund zu arrangieren, um ihn zu töten. Die Legende: Sie sei von zu Hause fortgelaufen und er möge sie abholen. Abdul, sein jüngerer Bruder Mohammad und ein Kumpel Hassan O. – nach der Anklageschtrift ein »kiez-orientierter Mehrfachtäter« – machten sich auf den Weg zum Treffpunkt. Die Schwester, Mutter und Großmutter fuhren in einem zweiten Auto mit und warteten in der Nähe des Tatortes, während die Brüder und ihr Kumpel versuchten, Monas Freund umzubringen – so wenigstens die Anklage. Voller Verachtung soll die Mutter ihre Tochter für die Tat verantwortlich gemacht haben: »Du Schlampe. Du bist schuld, wenn dein Bruder jetzt ins Gefängnis muss.«

Auf einem öffentlichen Platz in Berlin fiel ein »Ehrenrettungs-kommando« über den Freund her. Der ältere Bruder soll dabei gerufen haben: »Du wirst heute sterben, du hast es verdient, das ist Ehre, kein Spaß.« Die drei traten und schlugen ihn und sta-chen mit einem Messer nach ihm, begleitet von Beschimpfungen wie »Du Hurensohn« und »Ich ficke deine Schwester«. Schließ-lich gelang es ihm doch noch zu fliehen – vor allem dank un-erwarteter Hilfe. Am Tatort tauchte plötzlich ein Onkel der Fa-milie auf, der zugunsten des schon am Boden liegenden Mannes in den Kampf eingriff. Der kranke Vater hatte ihn hinter dem Rücken der Familie gebeten, zum Tatort zu gehen, um Schlim-meres zu verhüten. Er hielt zwar auch nichts von dem Freund der Tochter, wollte aber keine Gewalt. Zwei Rächer der Familienehre wurden noch am Tatort festgenommen, der dritte wenig später. Alle drei saßen monatelang in Untersuchungshaft, obwohl das Opfer bei dem Überfall nur oberflächlich verletzt worden war: Abschürfungen, Hämatome und Schwellungen. Deshalb war der Überfall auf den ungeliebten Heiratskandidaten für Strafvertei-diger Christian Gerlach auch kein »Mordversuch, sondern nur eine Abreibung«.

Diese Selbstjustiz wurde zu einem Fall für die Mordkommis-sion, weil vor allem Mona ihre Brüder und deren Mitschläger bei der Polizei, aber auch später bei einer richterlichen Vernehmung schwer belastet hatte. Da war die Not groß und guter Rat teuer. Langjährige Freiheitsstrafen konnte nur noch das Opfer – der unwillkommene Freund der Tochter – durch Aussageveränderungen und Aussageverweigerungen abwenden.

Noch am Abend des Tattages meldete sich bei der Opferfamilie ein unbekannter Mann als Vermittler: Er wolle für eine Einigung der Familien sorgen. Es war, wie sich später herausstellte, der Vater des gleichfalls beschuldigten Hassan O. Der Vater des Opfers begrüßte die Initiative, weil er fürchtete, dass es ohne Vermittlung zu weiteren Attacken auf das Leben seines Sohnes und anderer Familienangehöriger kommen würde. Auch Monas Freund bangte weiter um sein Leben. Der Vermittler drohte unverhohlen »mit Streit«, was die Opferfamilie als neuen Versuch eines Ehrenmordes deutete. Nach einem Telefongespräch mit dem mächtigsten Friedensrichter Berlins, einem Boss der organisierten Kriminalität, machte er folgendes Friedensangebot: Die Schwester und das Opfer ziehen ihre Strafanzeigen und ihre Aussagen bei Polizei und Richter zurück, und im Gegenzug macht sich der Vater für eine Ehe zwischen der Tochter und dem Freund stark.[52]

Zwei Tage später suchte die Opferfamilie die Wohnung der Täterfamilie auf. In Anwesenheit mehrerer Familienmitglieder wurde ein »Vertrag« zwischen Täter- und Opferfamilie ausgehandelt: Heirat und Rückkehr der Tochter in die elterliche Wohnung gegen die Bereitschaft der Schwester und ihres Freundes, ihre Aussagen zurückzunehmen oder zumindest zu relativieren. Nach anfänglichem Widerstand willigte auch Mona ein.

Weil die Ermittler der Mordkommission von Anfang an die Telefone aller Beteiligten überwacht sowie Mona und ihr Freund umfassend ausgesagt hatten, gelang ihnen etwas Besonderes, bisher Einmaliges: Sie konnten genau nachvollziehen, wie die Verständigung, die sich normalerweise im Verborgenen abspielt, organisiert und vollstreckt wurde: »Der Vermittler instruierte« – wie die Anklageschrift zusammenfasst – »den Geschädigten dahingehend, künftig keine Aussagen mehr bei der Polizei zu machen und bereits abgegebene Erklärungen zu relativieren oder zurückzunehmen. Dadurch bedingt änderte der Geschädigte sein Aussageverhalten vor der Polizei von zunächst umfangreichen Schilderungen über unsicheres Verhalten den Beamten gegenüber bis hin zu einer am Ende völlig unkooperativen Haltung.« Damit ließ es das Opfer aber noch nicht bewenden, sondern begann aus eigenem Antrieb die Beweislage zu manipulieren. Nach der Anklageschrift nahm es »auch Einfluss auf zwei Zeugen, gleichfalls von ihrem Zeugnisverweigerungsrecht Gebrauch zu machen«.

Im Gegenzug wurden Mona und ihr Freund Ibrahim islamisch verheiratet, eine Ehe freilich, die in Deutschland rechtlich bedeutungslos ist. Die gleichfalls geplante standesamtliche Trauung scheiterte am Familiengericht. Weil Mona S. noch minderjährig war, hätte sie vom Ehehindernis der Minderjährigkeit befreit werden müssen. Einen entsprechenden Antrag lehnte das Familiengericht jedoch ab. Es entzog überdies Monas Eltern das Sorgerecht und übertrug es dem zuständigen Jugendamt.

Vielleicht ging es dem Familienrichter beim Entzug des Sorgerechts aber auch nicht nur um den Schutz Monas. Hätte sie nämlich ihren libanesischen Freund auch staatlich heiraten dürfen, wäre unter Umständen die Anklage wegen versuchten Mordes zusammengebrochen. Als Ehepartner hätten sich Mona und Ibrahim auf ihr Zeugnisverweigerungsrecht berufen können und in der Hauptverhandlung schweigen dürfen. Ein Narr, wer da nichts Böses denkt: Es ist nicht auszuschließen, dass die ganze Ehe auch arrangiert wurde, um den deutschen Strafanspruch zu unterlaufen. Über solche Rechtskniffe verfügen viele arabische Familien inzwischen – dank deutscher Anwälte.

Im Juli 2011 verurteilte die 13. Große Strafkammer des Landgerichts Berlin die drei Beschützer der Familienehre zu langjährigen Freiheitsstrafen – freilich nicht, wie von der Anklage noch gefordert, wegen versuchten Mordes, sondern nur wegen gefährlicher Körperverletzung und Nötigung.[53] Der älteste Bruder Abdul S., der sich »nach der Erblindung seines Vaters« – so das Gericht – »als Familienoberhaupt etabliert« hatte und sich »für die Erziehung seiner jüngeren Schwester verantwortlich fühlte«, erhielt drei Jahre und sechs Monate Gefängnis, der jüngere Bruder Mahammad S. und der Freund Hassan O. jeweils zwei Jahre und sechs Monate. In der mündlichen Urteilsbegründung sprach die Vorsitzende Richterin die Schlichtung ausdrücklich an: »Hier wurde versucht, ein so schweres Delikt unter den Familien zu regeln.«

Dass das »Ehrenrettungskommando« trotz der Schlichtung mit dem Ziel der Beweisfälschung verurteilt wurde, lag an mehreren Faktoren: den schnellen und professionellen Ermittlungen der Mordkommission, der Festnahme zweier Gewalttäter in der Nähe des Tatortes unmittelbar nach dem Überfall, den Beobachtungen neutraler Zeugen, den Feststellungen eines medizinischen Gutachtens und eines Textilgutachtens und einer sorgfältigen Beweisführung der Kammer mit Hilfe von vier Polizeibeamten und einer Ermittlungsrichterin als Verhörsperson.

In der Hauptverhandlung verhielten sich Mona S. und ihr libanesischer Freund Ibrahim T. fast so, wie es der Verständigungsvertrag zwischen Täter- und Opferfamilien von ihnen verlangte. Nach der islamischen Heirat und dem Einzug in die gemeinsame Wohnung begannen beide, von ihren Aussagen bei der Polizei und der Ermittlungsrichterin abzurücken. Ibrahim rief zwei Tage nach dem Messerüberfall bei der Polizei an und teilte mit, dass er die Anzeige zurückziehen wolle. Und Mona erzählte der Familienrichterin plötzlich, dass sie »aus einer unheimlichen Wut« vor der Polizei »übertrieben« habe. Vor der Jugendkammer berief sich Mona auf ihr Zeugnisverweigerungsrecht, erklärte sich aber merkwürdigerweise mit der »Verwertung ihrer Angaben bei der Polizei und vor dem Familiengericht einverstanden, widersprach dagegen dem Abspielen der Videoaufnahme ihrer richterlichen Vernehmung«.[54] Auch ihr Freund berief sich zunächst auf ein ihm vermeintlich zustehendes Aussageverweigerungsrecht. Das lehnte die Jugendkammer ab und setzte diese Rechtsauffassung auch im Gegensatz zu vielen anderen Richtern im Kriminalgericht Moabit durch, die Opfern in vergleichbaren Situationen ein

Auskunftsverweigerungsrecht wegen drohender Selbstbelastung (§ 55 StPO) zubilligen.[55] Für den Fall, dass Ibrahim nichts gesagt hätte, hatte die Vorsitzende Regina Alex sogar einen Beschluss vorbereitet, um gegen ihn Erzwingungshaft zu verhängen.

In der Hauptverhandlung erzählte der Freund dann das übliche »War-nicht-so-schlimm«-Märchen: Die Verletzungen habe er sich in Wirklichkeit auf einer Hochzeitsfeier zugezogen, wo er während eines Streits auf eine Tischkante gestürzt sei. Erst anschließend sei er auf Bitten seiner Freundin zum späteren Tatort gekommen. Dort hätten die beiden Brüder und ihr Kumpan ihn nur »ins Gesicht« »geschlagen« und »getreten«. Außerdem hätte er vor der Polizei gelogen. Die Behauptung, der ältere Bruder Abdul S. habe »mit dem Messer in seine Richtung gestochen, seinen Bauch treffen und ihn töten wollen«, habe nicht gestimmt. Die Kammer glaubte ihm jedoch nicht. Einmal konnte der angebliche Sturz auf die Tischkante die »multiplen Verletzungen« Ibrahims nicht erklären. Zum anderen war die Kammer überzeugt, dass die »Änderung des Aussageverhaltens einzig und allein dem Fortschreiten des Einigungsprozesses zwischen den Familien geschuldet war«. Und diese Verständigung zeichnete das Gericht im Urteil minutiös nach – pikanterweise mit Hilfe Ibrahims eigenen Aussagen vor der Polizei. Das Urteil erlaubt dadurch tiefe Einblicke in ein Klima der Angst und Gewalt, in dem solche Schlichtungsgespräche häufig stattfinden. Noch am Abend des Überfalls rief nämlich bei Ibrahims Vater ein »Vermittler« an, der von der Täterfamilie eingeschaltet worden war. Nach dem Telefonat erzählte der Vater Ibrahim, »dass es eine Einigung geben müsse, um im Frieden zu leben. Die Polizei könne das nicht gewährleisten.« Welch Bild von der Ohnmacht des deutschen Staates! Später ist der Vermittler dann auch noch in der Wohnung der Opferfamilie erschienen und hat den Druck verstärkt. Wenn der ältere Bruder Abdul S. aus dem Gefängnis käme und seine jüngere Schwester Mona nicht wieder zu Hause sei, werde Ibrahim »Opfer eines Ehrenmordes werden«.[56]

Da Mona die Aussage vor Gericht verweigerte und Ibrahims Aussagen in der Hauptverhandlung nach Ansicht der Kammer unglaubwürdig waren, musste das gesamte Tatgeschehen sowie die Vor- und Nachgeschichte durch mittelbare Zeugen – Polizeibeamte und Ermittlungsrichter – rekonstruiert werden. Das gelang der Kammer in überzeugender und revisionsfester Weise. So war etwa die Wiedergabe der ersten Vernehmung Ibrahims als Zeuge durch den Polizeibeamten H. nach Ansicht des Gerichts gekennzeichnet durch »Detailvielfalt, Konkretheit, Kompliziertheit und Differenziertheit, wie es regelmäßig nur auf Basis konkreter Erfahrungen zu erwarten ist«. Auch die Nacherzählung der richterlichen Vernehmung Monas durch die »sehr routiniert wirkende Ermittlungsrichterin G.« erschien der Kammer »glaubwürdig«. »Wesentliche Bedeutung« bei der Beweiswürdigung hatten nach Ansicht der Kammer überdies eine medizinische Expertise und ein Textilgutachten. Beide kamen zu dem Ergebnis, dass die zwei Verletzungen Ibrahims von »Messerstichen herrühren«.[57]

Dass die drei Angeklagten nicht wegen versuchten Mordes, sondern nur wegen gefährlicher Köperverletzung verurteilt wurden, lag daran, dass die Kammer in dem Abbruch des Messerangriffs einen strafbefreienden Rücktritt vom Mordversuch sah: Die angeklagten Brüder hätten vom Opfer abgelassen, »obwohl sie erkannten, dass er noch nicht tödlich verletzt war, und sie weiterhin in der Lage gewesen wären«, ihn »mit Messerstichen zu töten«.[58]

Das Urteil der Kammer ist unter zwei Aspekten außerordentlich: der von der Täterfamilie und dem Vermittler betriebene Aufwand, um den Strafanspruch der Justiz zu unterlaufen, und die Mühe und Sorgfalt der Jugendkammer, der Schattenjustiz Paroli zu bieten.

Die Schlichtung produzierte ein absurdes Ergebnis: Mit der Heiratserlaubnis für Mona und Ibrahim stimmte die Familie S. einem Bündnis zu, das sie, weil mit der »Familienehre« unvereinbar, mit einem »Ehrenmord« sowie mit Gewalt und Nötigung der eigenen Tochter bzw. Schwester verhindern wollte. Über Nacht war die Manipulation des deutschen Strafverfahrens aus Sicht der Täterfamilie bedeutsamer als der Schutz der Familienehre. Höhepunkt des Widersinns: Die Täterfamilie beteiligte sich auch noch an der Miete für die Wohnung des ursprünglich indiskutablen Paares.

Das Urteil der Jugendkammer ist zum anderen ein Lehrbeispiel dafür, wie die Justiz die durch ihren islamischen Widerpart aufgetürmten Beweishürden überwinden kann: die Erklärung eines veränderten Aussageverhaltens der Opfer durch eine Verständigung zwischen Täter- und Opferfamilie, die Nichtanerkennung des Auskunftsverweigerungsrechtes wegen drohender Selbstbelastung, die Kompensation ausgefallener unmittelbarer Zeugen durch die Vernehmung mittelbarer Zeugen wie Polizeibeamten und Ermittlungsrichter und eine detaillierte Beweiswürdigung. Allerdings konnte das Gericht dabei von einigen eher seltenen Faktoren profitieren, die die Beweisführung erleichterten: zügige Festnahme zweier Täter in der Nähe des Tatortes, zeitnahe erste Aussagen der Opfer Mona und Ibrahim und zwei allerdings nicht sehr wichtige neutrale Zeugen, weil der Überfall auf einem öffentlichen Platz stattgefunden hatte.

In einem Punkt hätte man sich allerdings klarere Worte des Gerichts in der Urteilsbegründung erwünscht: bei der gesellschaftlichen, politischen und rechtlichen Einordnung des Mordversuches und der Schlichtung. Zum Beispiel, dass hier Selbstjustiz geübt wurde, die in unserer Rechtsordnung keinen Platz hat, oder dass hier die islamische Rechtstradition der Schlichtung praktiziert wird, deren Ziel es ist, unsere Strafjustiz auszuhebeln. Nur an wenigen Stellen werden diese Zusammenhänge angesprochen, zum Beispiel, dass die Familie S. »nach tradierten islamischen Vorstellungen lebt«, nach denen eine Tochter »zur Wahrung der Familienehre« eine Beziehung zu einem Mann nur mit »Zustimmung der Familie aufnehmen darf«. Und im Rahmen der Strafzumessung sagt das Gericht über die Motive des älteren

Bruders und Haupttäters Abdul S., dass er aus »übersteigertem Ehrgefühl und unter Missachtung des Selbstbestimmungsrechts seiner Schwester« gehandelt habe. Mit solchen Formulierungen wird das Gericht Phänomenen wie abweichenden Rechtsvorstellungen und informellen Konfliktlösungsmechanismen in islamischer Tradition nicht gerecht.

Aus den Urteilsgründen ergeben sich Anhaltspunkte für die Einleitung zweier weiterer Strafverfahren: gegen den Vermittler wegen Strafvereitelung und gegen das Opfer Ibrahim wegen uneidlicher Falschaussage in der Hauptverhandlung. Beide Verfahren würden die Chance eröffnen, für Schlichtungen typische Beweisverfälschungen zu sanktionieren und dadurch der Nebenjustiz Grenzen aufzuzeigen. Obwohl die Strafkammer das Urteil bereits im Juli 2011 gesprochen hat, hat die Staatsanwaltschaft beim Landgericht Moabit trotz mehrmaliger Nachfragen bis heute nicht entschieden, ob sie Ermittlungsverfahren gegen die beiden einleiten will. Um ihre Untätigkeit zu rechtfertigen, beruft sich die Staatsanwaltschaft auf die Praxis, dass über solche, sich aus dem Strafverfahren ergebende Verdachtsmomente gewöhnlich erst nach Rechtskraft eines Urteils entschieden werde, und die sei erst am 2. März 2012 eingetreten. Sie räumt allerdings auch ein, dass sie hätte anders handeln könne. Diese Untätigkeit ist ein Beleg dafür, dass die Berliner Strafverfolger den Herausforderungen der Paralleljustiz immer noch mit Alltagsroutine statt mit harten Bandagen begegnen.

Hohe Provisionen

Viele Streitschlichter sind ehrenamtlich tätig. Zum einen entspricht es arabischer Tradition, eine Bitte um Rat nicht abzuschlagen. Zum andern erhält das Friedenstiften nach den Erfahrungen des Anwalts Stefan Conen die »Macht der Ältesten«. Die meisten lassen sich ihre Dienste jedoch honorieren. Ein libanesischer

Geschäftsmann in Berlin kennt Streitschlichter, die Provisionen zwischen 3000 und 5000 Euro verlangen. Und die bezahlen die Beteiligten oft gern, »damit die Probleme nicht zu groß werden«. Damit sind die Streitschlichter aber noch lange nicht »käuflich«, wie der Berliner Innensenator Ehrhart Körting behauptet.[59] Nach dieser Logik wäre jeder Immobilienmakler käuflich, weil er eine Provision bekommt.

Die Vermittlungsgebühr spielt bei der Schlichtung eine Rolle. Aber wesentlich wichtiger für die Akzeptanz und den Einfluss von Friedensrichtern sind ihr Ansehen und die Macht des Clans, der hinter ihnen steht. Und letztlich muss der Einigungsvorschlag von beiden Seiten als gerecht empfunden werden. Und darüber entscheidet eher die Höhe des Schmerzensgeldes als die der Provision.

Nach seinen Erfahrungen als Neuköllner Bürgermeister ist Heinz Buschkowsky überzeugt, dass Friedensrichter in muslimisch geprägten Einwanderervierteln immer mehr Bedeutung gewinnen: »Sie etablieren sich immer mehr.« Er weiß, dass er sich mit dieser Einschätzung auf dünnem Eis bewegt, weil wir – wie er selbst einräumt – »hier wenig wissen und spekulieren« müssen. Buschkowsky steht mit seiner Einschätzung aber nicht allein. Ein Migrationsexperte der Berliner Polizei hält Schlichtungen »im türkisch-arabischen Milieu für sehr weit verbreitet«. Drei bis fünf Regulierer meint er namentlich zu kennen. Ein libanesischer Geschäftsmann schätzt ihre Zahl an der Spree wesentlich höher: Er spricht von rund zwanzig. In Bremen geht der OK-Chef der Kriminalpolizei Wilhelm Weber von vier bis fünf Streitschlichtern aus, die ihm alle namentlich bekannt seien. Es verwundert daher auch nicht, dass Weber und der Essener Kriminalhauptkommissar Ralf Menkhorst ihre Erfahrungen mit Schlichtungen ähnlich beschreiben: »Es ist gang und gäbe. Jeder Anfänger weiß nach drei Verfahren, dass es dieses Phänomen gibt«, erklärt Weber, und Menkhorst merkt an: »Wir müssen bei jedem Ermittlungsverfahren im muslimischen Milieu davon ausgehen, dass es Absprachen gibt.« Allerdings werden auch bei der Polizei Schlichtungsgespräche und Abmachungen selten aktenkundig. Kriminalbeamte erfahren davon auf anderem Wege, etwa durch Kontaktpersonen oder Telefonüberwachungen.

Sogar in der Provinz sind Schlichter inzwischen aktiv – zum Beispiel in der Kleinstadt Osterholz-Scharmbeck unweit von Bremen. Dort hatte Polizeioberrat Wilfried Grieme 2007 eine blutige Fehde zwischen zwei libanesisch-kurdischen Familien aufzuklären. Nach einem Ehestreit hatte die Frau ihren Ehemann in Gelsenkirchen verlassen und Schutz bei ihren Eltern in Osterholz-Scharmbeck gesucht. Der Ausbruch aus der Ehe verletzte die Ehre des Verlassenen. Er und ein anderer Zweig seiner Familie in der niedersächsischen Kleinstadt überfielen daraufhin das Haus seiner Ehefrau und deren Eltern. Der Blutzoll: ein durchschossenes Bein und eine schwere Gesichtsverletzung.

Aus Kiel reiste ein Familienältester als Schlichter an. Nach einem Bruderkuss und der Rückkehr der Tochter in die eheliche Gemeinschaft vertrugen sich beide Familien wieder. Als die Verletzten und ihre Angehörigen trotzdem zu Zeugenaussagen vorgeladen wurden, beschwerten die sich bei der Polizei: Der Streit sei doch erledigt. Das anschließende Strafverfahren musste das Amtsgericht Osterholz einstellen, weil sich die Opfer und alle Angehörigen auf ihr Zeugnisverweigerungsrecht als Verwandte beriefen. Dieses Recht soll verhindern, dass sich familieninterne Konflikte durch belastende Aussagen verschärfen. Außerdem sind Einlassungen gegen Familienmitglieder in der Regel weniger glaubwürdig.

Den meisten Strafverteidigern, die regelmäßig muslimische Mandanten vertreten, ist das Phänomen der Streitschlichtung gleichfalls vertraut. In der Berliner Kanzlei Olaf D. Franke kommen solche Fälle sowohl bei der Alltagskriminalität als auch bei der organisierten Kriminalität »relativ häufig« vor. Das Ziel vieler Schlichter sei, erzählt Franke freimütig, zu regeln, »wie man die Justiz ausschaltet oder herausdrängt«. Auch Rechtsanwalt Rüdiger Portius attestiert der Regulierung »eine gewisse Größenordnung« und präzisiert: »Bei Geldschulden ist die Schlichtungsquote höher als die Klagequote.« Die Essener Rechtsanwältin Christiane Theile hat bei muslimischen Klienten noch »keinen Fall erlebt, in dem eine Schlichtung nicht versucht wurde«.

Je weiter die Strafverfolgungsorgane von den Tatverdächtigen und vom Tatgeschehen entfernt sind, desto weniger erfahren sie von der Nebenjustiz. Dem Berliner Staatsanwalt Holger Freund sind auf seinem Schreibtisch nur »einige Fälle« begegnet. Sein Kollege Bernhard Mix, lange für die Verfolgung Organisierter Kriminalität zuständig, ist dagegen immer wieder auf solche Fälle gestoßen: »Bei Massenschlägereien auf der Straße war vier Wochen später nichts mehr passiert.«

»Die Schlichtung ist weit verbreitet. Wir bekommen aber nur die Spitze des Eisberges mit«, fasst der ehemalige Berliner Abteilungsleiter für Kapitalverbrechen, Oberstaatsanwalt Ralph Knispel, seine Erfahrungen zusammen. Die Essener Staatsanwältin Inge Steffens hat den Eindruck, dass Absprachen »häufig vorkommen, gerade in jüngster Zeit. Muslimische Täter und Opfer ziehen es vor, Konflikte privat zu regeln als durch Organe der Justiz, zum Beispiel durch Familienoberhäupter, einen Imam, einen Hodscha [ein Religionsgelehrter] oder eine andere Respektsperson. Die Polizei wird bei aktuellen Auseinandersetzungen gerufen, um eine Eskalation zu vermeiden. Danach besteht kein Interesse mehr an einer Strafverfolgung.«

Die Erfahrung der befragten Anwälte und Strafverfolgungsorgane zeigt: Die Schlichtung im Hintergrund von Strafverfahren ist in muslimisch geprägten Regionen und Stadtvierteln weit verbreitet. Die Strafverfolgungsorgane erfahren von ihr aber nur in Ausnahmefällen.

Schuldverlagerung: Der jüngste Sohn übernimmt
die Verantwortung

Im September 2010 begann vor dem Amtsgericht Berlin-Moabit eine ungewöhnliche Hauptverhandlung: Statt wie üblich mit einem oder zwei Angeklagten und ihren Verteidigern war der Raum vor der Richterbank mit insgesamt zwölf Angeklagten und ebenso vielen Verteidigern gefüllt. Auf der Anklagebank saß eine halbe Familie: drei Brüder sowie sechs Neffen und Cousins einer Familie. Der Vorwurf lautete auf gemeinschaftliche gefährliche Körperverletzung. Dass Brüder oder Cousins nebeneinander im Gerichtssaal sitzen, kommt häufiger vor. Denn ein Revierkampf oder eine Bestrafungsaktion wegen verletzter Ehre ist oft eine Familienangelegenheit.

In solchen Situationen suchen die Familienoberhäupter zusammen mit Streitschlichtern und Rechtsanwälten manchmal nach Wegen, wie die Auswirkungen von Strafverfahren für die Familie möglichst einzudämmen sind, wer zu schützen ist und wer sich opfern soll. Geschont wird der, bei dem eine Bewährungsfrist läuft oder der wegen eines langen Strafregisterauszugs eine hohe Strafe zu erwarten hätte. Der Bruder mit der geringsten Belastung – häufig der jüngste – muss dann die Verantwortung für diese Tat übernehmen.

Fast allen Staatsanwälten sind solche Schuldverlagerungen in der Praxis schon begegnet. Ein Berliner Oberstaatsanwalt: »Sie schicken ihren Jüngsten vor. Die Jugendrichter tun ihm nichts.« Sein Kollege Ralph Knispel: »Wir haben den Eindruck, dass sich häufig der jüngste Bruder oder Cousin als Haupttäter bekennt, weil der im Zweifel die geringste Straferwartung hat.« Dieser Brauch wurde im Zusammenhang mit dem Ehrenmord an der jungen Berliner Kurdin Hatun Sürücü, für den nur der jüngste der drei Brüder verurteilt wurde, viel diskutiert. Im weiter hinten ausgeführten Fall »Folter im Keller« hat zum Schluss der Bruder die Hauptverantwortung übernommen, der die geringere Strafe zu erwarten hatte. Die Verlagerung der strafrechtlichen Verantwortung innerhalb einer Familie gehört zu den ungeschriebenen »Gesetzen«, die die muslimische Gerichtsbarkeit anwendet.

Selbstjustiz

Schlichtungen im muslimischen Milieu werden oft von Gewaltandrohungen und Selbstjustiz in Form von Entführungen und Folter begleitet. Dadurch soll der Druck auf Opfer und Zeugen, nicht auszusagen, erhöht werden. Nach Auffassung des Bremer Oberstaatsanwalts Jörn Hauschild wird häufig geschlichtet und zugleich gedroht: »Wir wissen nicht, ob eine Drohung oder eine Schlichtung oder beides zusammen dahintersteckt.« In den Augen der Berliner Staatsanwältin Katrin Götz spielt die Bedrohung sogar eher eine größere Rolle als die Schlichtung, insbesondere bei Jugendlichen. In einem Fall hat ihr ein des Raubes Beschuldigter seine Not offen gestanden: »Ich kann meinen Kumpel nicht reinreiten. Das ist zu gefährlich. Da nehme ich lieber drei Jahre ohne Bewährung.« Hätte er seinen Hintermann verpfiffen, wäre er – so das Angebot der Strafverfolger – mit einer zweijährigen Gefängnisstrafe mit Bewährung davongekommen.

Wie so etwas in der mafiösen Subkultur arabischer Clans abläuft, hat Majid A. bitter erlitten.[60] Als er in das Berliner Virchow-Klinikum eingeliefert wurde, wollte er niemanden sehen. Gehirnerschütterung, Kieferbruch, Gehirnblutung, Schädelhirntrauma und Prellungen am ganzen Körper. Seinen Zustand verdankte er zwei Mitgliedern des S.-Clans. Die hatten ihn brutal zusammengeschlagen, weil er als Immobilienmakler beim Verpachten eines Cafés mit Spielautomaten an die Familie R. helfen wollte. Familie S., die in diesem Café bisher Schutzgeld kassiert hatte, fürchtete nun um ihre Pfründe.

Ein paar Stunden nach seiner Einlieferung erhielt Majid A. ungebetenen Besuch von fünf Gästen. Drei beschreibt das Polizeiprotokoll so: »1,90 groß, kräftig, circa 20–30 Jahre und sie sollen die Sportart Kick-Boxen betreiben. Und sie sollen zur Türken-Mafia gehören.« Für Majid A. hatten die fünf eine klare Botschaft: »Wenn du uns bei den Bullen anzeigst, schlagen wir dich noch mal zusammen.« Majid A. hatte Angst um sich und seine Familie, er schwieg und erstattete keine Anzeige. In der Folgezeit schickte die Familie S. regelmäßig einen Abgesandten ins Hospital. Das Anliegen war immer dasselbe: Wenn er Anzeige erstatte, werde er wieder verprügelt.

Fast ein Jahr ließ Majid A. die Sache auf sich beruhen. Als ihm sein Arzt mitteilte, dass das Sozialamt seine Behandlungskosten nicht mehr voll übernimmt, ließ er den Abgesandten wissen, dass er »jetzt die Schnauze voll« habe und doch »zur Polizei gehen« wolle: »Ihr habt mich zum Krüppel geschlagen.« Kurz darauf erhielt er von einem anderen Mitglied der Familie S. die Nachricht, der Boss von Berlin wolle ihn sprechen: »Komm sofort hierher.« Neben Beschimpfungen drohte er Majid A. mit einem »Haftbefehl«. Was das bedeutet, ist in arabischen Kreisen an der Spree bekannt: Ein Kommando holt den Einzuschüchternden ab, fesselt ihn mit Handschellen, rasiert ihm die Haare und sperrt ihn in einen Keller, bis er Wohlverhalten verspricht.

Aus Angst vor dieser Strafmaßnahme ging Majid A. zu dem diktierten Gespräch. In dem Restaurant empfing ihn der Clan-Boss mit den Worten, dass er doch noch gut aussehe und dass es schade sei, dass seine Söhne ihm nicht auch noch die andere Kieferseite gebrochen hätten. Er solle auf keinen Fall eine Strafanzeige erstatten, denn bei beiden Söhnen laufe noch eine Bewährungsfrist. Im Übrigen habe einer seiner Söhne jemanden aus einer anderen Familie so zusammengeschlagen, dass der nun gelähmt sei. Majid A. verstand den Fingerzeig. Dasselbe Schicksal würde ihm widerfahren, wenn er seine beiden Peiniger anzeigen würde. Als er die Kosten der ärztlichen Behandlung ansprach, sagte ihm die Familie des Täters zu, diese zu übernehmen und zusätzlich ein Schmerzensgeld zu zahlen.

Wenige Wochen später verschlechterte sich der Zustand von Majid A. jedoch rapide. Im Krankenhaus stellten die Ärzte ein Blutgerinnsel im Kopf fest. Trotz einer Operation litt er fortan an Lähmungen der linken Hand und an Geh-, Schlaf- und Sprachstörungen. Majid A. war – wie das Urteil später feststellte – zu 70 Prozent schwerbeschädigt.

Ein Jahr hatte er aus Angst um seine Frau, seine Kinder und um sich geschwiegen. Damit sollte jetzt Schluss sein. Majid stellte eine Strafanzeige und packte bei der Polizei aus: »Ich fühle mich tot. Ich habe mich entschlossen auszusagen, weil ich nicht will, dass die Familie S. damit durchkommt und mit jedem machen kann, was sie will. Ich habe nichts mehr zu verlieren. Ich will nur noch meine Gerechtigkeit.«

Eineinhalb Jahre, nachdem Majid A. zusammengeschlagen worden war, bot ihm die Täterfamilie über einen Mittelsmann 50 000 DM Schweigegeld an, flankiert von immer neuen Anrufen von Angehörigen, die ihm erklärten, er wisse, was passiere, wenn er seine Aussage nicht zurücknehme. Noch ein Jahr später startete Familie S. einen weiteren Versuch, Majid A. in der Spielbank am Potsdamer Platz mit Gewalt einzuschüchtern. Das misslang jedoch, weil die Situation ungünstig und die Polizei schnell vor Ort war.

Trotz aller Einschüchterungen und Schweigegeldverlockungen blieb Majid A. bei seiner Aussagebereitschaft. Beide Schläger wurden zu Strafen verurteilt, die er aber kaum als gerecht empfunden haben wird. Das Amtsgericht Tiergarten verurteilte sie trotz teilweise einschlägiger Vorstrafen wegen schwerer Körperverletzung nur zu zwei beziehungsweise einem Jahr und sechs Monaten mit Bewährung. Mit solch unverständlich milden Strafen sind Täter aus der organisierten Kriminalität nicht zu beeindrucken.

Im Haftbefehlsantrag sind zwei Gründe genannt, warum die Paralleljustiz in der mafiösen Subkultur arabischer Clans eine besondere Stellung hat. Erstens: »Die Bedrohung und Beeinflussung von Zeugen ist gängige Praxis.« Und zweitens: »Die

Gewaltbereitschaft ist außerordentlich hoch … Hemmschwellen oder die Anerkennung anderer Autoritäten, wie Gerichte, sind kaum vorhanden.«

Revierkämpfe

Weil die deutsche Strafjustiz in Teilen der muslimischen Milieus keine oder nur geringe Autorität und Anerkennung besitzt und dort kaum jemand auf die Idee kommt, Konflikte zwischen Clans mit einer zivilrechtlichen Klage zu bereinigen, setzt die Paralleljustiz neben Schlichtung und Wiedergutmachung auf Selbstjustiz. Sie wird unter anderem verübt durch Ehrenmorde, Geiselnahmen, Zwangsverheiratungen, Erpressungen, Vergewaltigungen und Gewalttaten wie Messerstiche und Schüsse.

Ein typischer Fall: Drei libanesische Kurden wollten eine türkische Diskothek in Berlin-Tempelhof besuchen. An der Tür kam es nach gegenseitigen Beleidigungen von Türken und libanesischen Kurden zu einer Schießerei, bei der die drei Kurden in den Fuß, den Oberschenkel und die Schulter getroffen wurden. Nach Ansicht der Polizei waren die Verletzten Mitglieder arabischer Familienbanden, die in Drogenhandel, Erpressung und Zuhälterei aktiv waren. Nach den Polizeiakten zeigten sie von Anfang an keinerlei Bereitschaft, an den Ermittlungen wegen versuchten Totschlags mitzuwirken.[61] Alle drei erklärten gegenüber der Polizei, eigentlich nichts Genaues zu wissen. Täterbeschreibungen? Fehlanzeige. Yassir O. machte klar, warum: »Meine Familie macht das schon.« Der polizeiliche Zwischenbericht ergänzte, es sei üblich, bei »milieubedingten Auseinandersetzungen arabischer Familienclans die Angelegenheit selbst zu regeln. Durch die spärlichen Angaben gegenüber den ermittelnden Behörden gestaltet sich daher auch eine schnelle Sachverhaltsaufklärung außerordentlich schwierig.«

Der Hintergrund der Schießerei war, dass die libanesischen

Kurden die gutgehende türkische Diskothek übernehmen wollten. Drei Monate zuvor hatten sie schon einen Warnschuss abgefeuert und eine Handgranate vor der Disko explodieren lassen. Bei dem Übernahmeversuch störte die Polizei offenbar nur. Der in den Oberschenkel getroffene Yassir O. erklärte den ermittelnden Beamten offen, dass er sein tatsächliches Wissen nicht preisgeben werde, »weil es nichts bringt, wenn die Täter in den Knast gehen«. Gleichzeitig sagte er, dass ihm viele Anrufer »Friedensangebote« unterbreitet hätten. Und er ließ die Polizei noch zweierlei wissen: »Rache ist süß, danach können wir Frieden machen.« Und: »Meine Familie macht das schon – Ende.« Das Fazit der Polizei: »Konkrete Täterhinweise sind weder von den Geschädigten noch ihren Begleitern zu erwarten, da diese die Angelegenheit auf dem Wege der üblichen Selbstjustiz zu klären gedenken.« Die Ermittlungen verliefen im Sande.

Der Geschäftsführer der türkischen Diskothek war schließlich mürbe, wie er gegenüber der Polizei einräumte: »Ich war den Stress leid, ständig dieses Theater mit den Kurden, andauernd diese Bedrohungen, man würde mir in die Beine schießen. Ich hatte keinen Bock mehr auf den Kram.« Als Vermittler wurde dann der Friedensrichter Hassan Allouche eingeschaltet. Unter seiner Regie haben die Kurden die Disko übernommen, und auch das Finanzielle hat er geregelt. Glücklich sind die Kurden mit diesem Coup vermutlich nie geworden. Denn kurze Zeit später widerrief die Gewerbeaufsicht die Schankerlaubnis für das Tanzlokal: Seine Besucher stellten ein »unkalkulierbares Gewaltpotential« dar und bedrohten dadurch die öffentliche Sicherheit und Ordnung. Was die Strafjustiz selten schafft, gelang der ordentlichen deutschen Verwaltung, nämlich der Paralleljustiz einmal ein Schnippchen zu schlagen.

Die Schlichtung – das zeigt sich in diesem Fall – hat manchmal auch das Ziel, wirtschaftliche Interessen zu verteidigen. Die Clan-Chefs wollen Anteile am Drogenmarkt oder im Rotlichtmilieu nicht durch spontane Gewalttaten Jugendlicher gefährden, die sich wegen falscher Blicke und Beleidigungen von Freundinnen provoziert fühlen. Und deshalb bitten sie Friedensrichter, die erhitzten Gemüter durch Verständigungen zu kühlen.

Haftbefehle

Dass sich die Nebenjustiz als Widerpart zur deutschen Gerichtsbarkeit versteht, zeigt auch das im Schlichtungsprozess verwendete Vokabular wie zum Beispiel der Begriff »Haftbefehl«. Er wird nicht nur als Drohung benutzt, sondern hin und wieder auch vollstreckt.

Ein Insider erzählt: Ein Schuldner kann geliehene 40 000 Euro zum vereinbarten Zeitpunkt nicht zurückzahlen. Weil der säumige Zahler untergetaucht ist, erlassen der Verleiher und seine Familie einen sogenannten Haftbefehl. Überall in Berlin halten von diesem Zeitpunkt an Freunde und Familienangehörige Ausschau nach ihm. Schließlich meinen Späher, ihn in Spanien im Urlaub erkannt zu haben. Er wird mit einem Handy fotografiert, das Foto wird an die Spree geschickt. Dort wird er identifiziert, und die Kumpel an der Costa Brava bekommen den Auftrag, die neue Adresse des Schuldners in »Westdeutschland« herauszufinden.

Nach dessen Rückkehr aus dem Urlaub fährt ein sechsköpfiges Kommando zu seinem neuen Wohnort, kidnappt ihn, fährt mit ihm nach Berlin und foltert ihn dort. Durch die lauten Schreie des Malträtierten aufgeschreckt, alarmieren Nachbarn die Polizei. Als die eintrifft, erzählt das Opfer aus Angst vor weiteren Schlägen, dass die Anwesenden seine Retter und die wirklichen Täter bereits geflohen seien. Es kommt zu einer Einigung: Das Opfer verzichtet auf eine Strafanzeige, im Gegenzug ziehen die Täter von den geschuldeten 40 000 Euro 20 000 Euro als Schmerzensgeld ab. Die restlichen 20 000 Euro verpflichten sich die Eltern des Opfers zu zahlen. Die deutsche Strafjustiz hat von diesen schweren, bei der Vollstreckung eines »Haftbefehls« begangenen Straftaten nie erfahren.

Pech hatte dagegen ein wohlhabender libanesischer Restaurantbesitzer, der einen »Haftbefehl« gegen den Freund einer seiner Angestellten vollstreckt hatte. Ihm waren über 200 000 Euro in bar gestohlen worden. Er verdächtigte den jungen Mann der Tat. Doch statt eine Strafanzeige gegen ihn oder gegen Unbekannt zu erstatten, schickte er ein Rollkommando zu dessen Wohnung, ließ ihn entführen und versuchte auf eigene Faust herauszufinden, ob der Verdächtige tatsächlich der Dieb war. Während der zehnstündigen »Vernehmung« sprachen die Entführer davon, Ermittlungen durchzuführen und schon den einen oder anderen Tatverdächtigen bearbeitet zu haben.[62]

Der Restaurantbesitzer wollte sich darauf allein aber nicht verlassen und bat einen alten religiösen Mann aus Hannover, ihm bei der Wahrheitssuche zu helfen. Er sollte einen Jungen nach dem Lesen einiger Verse aus dem Koran in Trance versetzen und abwarten, ob dieser ein Bild des Gekidnappten im Wassereimer erkennen würde. Das hätte bedeutet, dass er der Dieb gewesen wäre. Der Seher konnte in diesem Fall aber seine übernatürlichen Fähigkeiten nicht mobilisieren. Das Bild des mutmaßlichen Diebes erschien nicht. Die gescheiterte Selbstjustiz mündete in Strafen der ordentlichen Justiz wegen Nötigung und Freiheitsberaubung. Der Geschäftsmann erhielt eine Geldstrafe und der Chef des Rollkommandos eine Gefängnisstrafe mit Bewährung.

Relativ häufig angewandte Instrumente der Selbstjustiz sind Warn- und Strafschüsse in Beine oder Füße. Und bei einigen Konflikten droht heute noch das Damoklesschwert der Blutrache, also Mord. Dem Bremer Strafverteidiger Erich Joester sind einmal 20 000 Euro für die Adresse eines Mandanten angeboten worden, der wegen Notwehr von einer Anklage wegen Totschlages freigesprochen worden war. Hinter dem Geldangebot stand vermutlich der Plan, Blutrache verüben zu wollen, weil die Familie des Opfers das Urteil des deutschen Gerichts als ungerecht empfand.

Der Migrationsbeauftragte des Berliner Bezirks Neukölln, Arnold Mengelkoch, schätzt, dass es in Berlin noch immer jedes Jahr einige Fälle von Blutrache gibt. Das bestätigt im Gespräch ein Mitglied einer kurdischen Großfamilie: »Blutrache spielt eine Rolle, ist normal und wird hochgehalten.« Diese Gefahr und die Sorge, dass sich der Konflikt hinter einer Straftat zu einem Familienkrieg ausweiten könnte, bringen sich befehdende Familien immer wieder dazu, Streitschlichter um Hilfe zu bitten. Deshalb ist nach den Erfahrungen des Bremer OK-Abteilungsleiters Wilhelm Weber auch ein Ziel der Verständigung, Blutrache zu verhindern – offenbar mit Erfolg. Denn in den letzten Jahren hat bei arabischen und türkischen Clans wohl ein Prozess der Besinnung eingesetzt. Sie haben die zerstörerische Wirkung der Blutrache erkannt. Ein libanesischer Insider: »In Deutschland gab es viele Fälle von Blutrache, und viele Familien sind dadurch kaputtgegangen.«

Dieser Hintergrund könnte bei einer ungewöhnlichen Verständigung nach einer wilden Schießerei auf der Bremer Disko-Meile eine Rolle gespielt haben. Es war ein Revierkampf um einen Musikclub zwischen einer Gruppe von Albanern, Iranern und kurdischen Jesiden auf der einen Seite und einem mächtigen libanesischen Clan auf der anderen Seite. Der hatte den Tanztempel gerade übernommen. Bei dem Schusswechsel wurde einer der älteren Söhne der neuen Bosse schwer verletzt.[63]

Die Familie der Schützen, vor allem die beiden Brüder Fadi und Hassan B., beschlich gleich nach der Tat die Angst, dass die Libanesen zu einem Gegenschlag ausholen und der Revierkampf zu einer Blutrachefehde eskalieren könnten. Einen Hoffnungsschimmer gab es jedoch: Noch in der Gewaltnacht hatte der Vater des Opfers durchblicken lassen, dass er keine Eskalation wolle, weil es sich um einen Privatkrieg zwischen Täter und Opfer handele. Die Familie der Schützen bat ihr Familienoberhaupt in der Türkei, Hüseyin B., um Vermittlung. Der rief die Familie des Verletzten an, und die willigte in Versöhnungsgespräche ein.

Als Zeichen der Versöhnung bat die Täterfamilie zwei Repräsentanten der jesidischen Gemeinde in Bremen – einen Ältesten und einen sogenannten Scheich –, das Opfer im Krankenhaus zu besuchen. Beide Emissäre genossen unter den Glaubensbrüdern durch ihr Alter und ihre besondere Stellung hohes Ansehen. Die Visite musste am Ende jedoch eine stumme Friedensgeste bleiben, denn beim Treffen am Krankenbett konnten beide Seiten nicht miteinander reden. Das Opfer sprach nur Arabisch, die Besucher nur Kurmandschi. Trotzdem kam die Botschaft an, nämlich Sorge um die Gesundheit des Opfers und Respekt vor ihm. Denn anschließend bestimmten beide Familien jeweils 10- bis 15-köpfige Männer-Delegationen, die sich in einer Wohnung des libanesischen Clans trafen. Es redete immer nur ein Sprecher der Gruppen, und jedes Wort musste übersetzt werden. Bei Tee und Gebäck kamen beide Gruppen überein, auf jegliche Gewalt gegeneinander zu verzichten und die Auseinandersetzung auf der Disko-Meile als einen privaten Konflikt zwischen Täter und Opfer zu begreifen. Geld zur Wiedergutmachung hat die Familie des Angeschossenen während der Verständigung nie verlangt. Trotzdem hat das gegenseitige Friedensversprechen bisher gehalten.

Aus drei Gründen ist dieses Friedensband außergewöhnlich: Die Familien haben es ohne Schlichter, ohne Geld und über die ethnischen Grenzen hinweg geknüpft.

Schattengerichtsbarkeit

Viele Muslime haben nach den Erfahrungen des Bremer Strafverteidigers Erich Joester ein anderes Rechtsverständnis als das hier geltende. »Sie denken zivilrechtlich. Wenn sie die Sache unter sich regeln, hat der Staat nicht mehr mitzureden. Dass der Strafanspruch auf den Staat übergegangen ist, begreifen sie nicht.« Ähnlich die Diagnose des Hauptabteilungsleiters Organisierte Kriminalität am Landgericht Berlin, Oberstaatsanwalt Rüdiger Schmidt: »Die fühlen sich in unserer Rechtsordnung nicht zu Hause. Sie pochen darauf, ihre eigene Rechtsordnung zu haben.«

In der islamischen Strafrechtstradition stehen das Herstellen und das Bewahren des Rechtsfriedens im Vordergrund. Das hat, wenn es um den Kern der islamischen Gesellschaft geht, durch eine Pflicht zum Strafen zu geschehen. Das ist etwa der Fall bei Straftaten wie unerlaubtem Geschlechtsverkehr, Straßenraub oder Abfall vom Islam. Bei Körperverletzungs- und Tötungsdelikten kann der Rechtsfrieden jedoch auf zwei sehr unterschiedlichen Wegen erreicht werden: durch Vergeltung oder Strafverzicht plus Blutgeld. Alle Verletzungen, ja sogar Tötungen, können durch finanzielle Wiedergutmachung ausgeglichen werden.

Diese Prinzipien sind dem deutschen Strafrechtsdenken fremd. Ein Messerstich in den Rücken oder gar ein Mord sind hier nicht durch Geld zu sühnen. Bei mittleren und schweren Straftaten muss nach unserem Rechtsverständnis der Rechtsfrieden durch Strafe hergestellt und geschützt werden, durch Sühne und Schuldausgleich, durch Spezial- und Generalprävention. Deshalb hat der Entwurf der Bundesregierung für ein Mediationsgesetz vom 12. Januar 2011 die Strafjustiz auch als einzigen Gerichtszweig von der Schlichtung ausgenommen.[64] Das neue Gesetz soll die »freiwillige« und »eigenverantwortliche« Beilegung von Konflikten fördern und die Streitkultur hierzulande verbessern.

Ganz anders ist die Situation im Strafrecht. Hier geht es um die Vollstreckung eines hoheitlichen Strafanspruches – weit entfernt von Freiwilligkeit und Gleichrangigkeit. Hier überwacht die Strafjustiz die Einhaltung der Gesetze.

Ein anderer Gegensatz besteht darin, dass das deutsche Strafrecht im Kern auf »Unrechtsbewältigung« basiert, das islamische in weiten Teil auf »Konfliktbewältigung«.[65] Schlichter interessiert zum Beispiel nicht, ob eine Tat bewiesen ist oder nicht oder ob ein Tatverdächtiger schuldig oder unschuldig ist, sondern nur, wie ein Konflikt zu lösen ist.

Dieses unterschiedliche Rechtsbewusstsein wirkt sich besonders drastisch auf Ehe- und Familienstreitigkeiten aus, die sich in häuslicher Gewalt zuspitzen. Hier besteht für Polizei und Strafjustiz aufgrund des Legalitätsprinzips (Strafverfolgungspflicht) so gut wie kein Handlungsspielraum für staatliche Zurückhaltung, die muslimische Familien immer wieder fordern. Diese beharren oft auf dem Recht des Mannes zur körperlichen Züchtigung von Ehefrau und Kinder. Er darf auch den Aufenthaltsort für Frau und Tochter bestimmen, die Ehepartner für heranwachsende Kinder auswählen und die persönliche Ehre für die Familie und für sich durch Selbstjustiz wiederherstellen.

Wegen des teilweise zivilrechtlichen Denkens im islamischen Strafrecht begreifen Täter und Opfer häufig nicht den Unterschied zwischen Angeklagten und Zeugen. Muslime sehen beide auf Augenhöhe und im Strafrichter eine Art Moderator, hat der Berliner Strafverteidiger Axel Kath erlebt. Zeugen aus dem islamischen Kulturkreis sehen deshalb auch manchmal nicht ihre Pflicht, bei der Wahrheitsfindung mitwirken zu müssen. Der Berliner Rechtsanwalt Nicolas Becker erlebt immer wieder, dass Opfer irrtümlich meinen, Strafanzeigen einfach zurücknehmen zu können. Das fordern sie bei Einigungsgesprächen regelmäßig, obwohl es aufgrund der allgemeinen Strafverfolgungspflicht rechtlich gar nicht möglich ist. Anders ist es bei sogenannten Antragsdelikten wie Beleidigung, einfacher oder fahrlässiger Körperverletzung. Diese sind nur auf Antrag zu verfolgen, und die Strafanträge können hier auch zurückgenommen werden.

Streitschlichter praktizieren heute in Essen oder Bremen, was ihre Vorfahren und ihre Landsleute in der Heimat seit Jahrhunderten getan haben und noch heute tun, nämlich Vorschriften der Scharia mit vorislamischen Rechtstraditionen zu kombinieren. Die daraus entstandene Nebenjustiz mit den drei Säulen

Schlichtung, Wiedergutmachung und Selbstjustiz verfolgt im Wesentlichen fünf Ziele: die Polizei möglichst aus Konflikten herauszuhalten, das Strafmonopol zu unterlaufen, den Rechtsfrieden zwischen Täter und Opfer ohne Strafjustiz herzustellen, wirtschaftliche Interessen zu schützen und Blutrache zu vermeiden. Das gemeinsame Selbstverständnis der Akteure: »Wir regeln das unter uns.« Ein Satz, der in vielen Polizeiprotokollen auftaucht.

Richtig ist, dass alle drei Elemente der Paralleljustiz »nicht islamspezifischer Natur« sind.[66] Außergerichtliche Schlichtungen werden auch von Roma und Sinti, Albanern, Jesiden und christlichen Arabern praktiziert; Selbstjustiz in Form von Ehrenmorden und Zwangsheiraten unter anderem von Jesiden.[67] Aber das ändert nichts an der Tatsache, dass alle diese Parallelstrukturen auch im Koran oder im islamischen Brauchtum verankert sind und die bis zu 4,3 Millionen Migranten mit muslimischer Herkunft in der Bundesrepublik gesellschaftliches und politisches Gewicht haben.

Für die Analyse des Neben- und Gegeneinander staatlicher und informeller Rechtsordnungen bzw. Gerichtsbarkeiten ist es daher legitim, sich auf die islamische Paralleljustiz zu konzentrieren und zu beschränken. Dabei ist völlig egal, ob für die Parallelstrukturen hierzulande die Religion oder das Brauchtum haftbar zu machen ist. Um den nach dem 11. September 2001 um seinen Ruf kämpfenden Islam politisch und moralisch zu entlasten, sehen nämlich viele Islamfreunde, Multikulti-Anhänger und »political-correctness«-Apostel die Hauptverantwortung für informelle Konfliktlösungsmechanismen gern in den Usancen von »Großfamilien und Clanstrukturen«, deren Auswirkungen »durch religiöse Aspekte« nur verstärkt werden.[68] Freilich können diese Akzentverlagerer nicht wegdiskutieren, dass der Koran die Streitschlichtung ausdrücklich erwähnt, wodurch sie einen »besonders hohen Stellenwert« bekommt und Teil »islamischen Rechts« ist.[69]

Zumindest voreilig ist die Aussage des Islamrechtlers Mathias Rohe, nach der von sogenannten muslimischen Friedensrichtern »keine große Gefahr« für die »deutsche Gesellschaft ausgehe«. Nach seinem bisherigen Wissensstand sei die Bedrohung durch solche »Parallelinstanzen« »sehr überschaubar« und scheine sich auf einzelne Problemmilieus in wenigen deutschen Städten zu konzentrieren.[70] Für diese Prognose ist es viel zu früh. Bis auf die für dieses Buch geleisteten Recherchen in Berlin, Bremen und Essen gibt es bisher keine ernsthaften journalistischen oder wissenschaftlichen Bemühungen, dieses Phänomen zu ergründen.

Die Verbreitung der dritten Säule der islamischen Paralleljustiz – Selbstjustiz – in Form von Zwangsheiraten und Ehrenmorden spricht eher für das Gegenteil. Nach der neuen Studie des Bundesfamilienministeriums »Zwangsverheiratungen in Deutschland« kommen diese Pflichtbündnisse in allen alten Bundesländern häufig vor. An der Spitze steht Nordrhein-Westfalen mit 859 Beratungsfällen im Jahr 2008.[71] Es folgen Bayern mit 541 Fällen, Baden-Württemberg mit 525, Berlin mit 413, Niedersachsen mit 412 und dann, mit Abstand, Hamburg mit 146 Fällen, Hessen mit 93 und Bremen mit 75. In den neuen Bundesländern pendeln die Zahlen zwischen 10 in Mecklenburg-Vorpommern und 48 in Sachsen. Da Zwangsheiraten sehr konfliktträchtig sind, werden hier besonders häufig Imame und nichtreligiöse Schlichter als Mittler aktiv.[72]

Zu einer ähnlichen Verteilung kommt die Ehrenmordstudie des Max-Planck-Institutes für ausländisches und internationales Strafrecht.[73] Hier liegen Berlin und Nordrhein-Westfalen mit jeweils 17 Fällen an der Spitze, gefolgt von Baden-Württemberg mit 14, Bayern mit 8, Hessen mit 7, Rheinland-Pfalz mit 5 und Niedersachsen mit 4. In den ostdeutschen Ländern Sachsen, Sachsen-Anhalt, Thüringen und Mecklenburg-Vorpommern haben die Forscher hingegen nicht einen Fall entdeckt. Wie der Berliner Heiratserlaubnis-Fall zeigt, kommt es auch in der Kulisse von Ehrenmordversuchen zu Schlichtungen oder, noch häufiger, bei vollendeten Ehrenmorden zu Entscheidungen des Familienrates, wer von den Tätern die Schuld übernimmt.

Fazit: Wenn Selbstjustiz als dritte Säule der Paralleljustiz in allen alten Bundesländern verübt wird, spricht aufgrund desselben kulturellen und sozialen Hintergrundes eine hohe Wahrscheinlichkeit dafür, dass auch Schlichter in allen alten Bundesländern aktiv sind – und das nicht nur in Großstädten, sondern auch in Kleinstädten und in der Provinz.

Imame im Zwielicht

Der Anlass für den Amoklauf mit dem Messer war wie häufig nichtig: Es war nur ein falscher Blick. »Was guckst du«, fragte der Angeklagte Rayhan T. das Opfer Alper S. in einer Diskothek und schlug ihn ohne Vorwarnung mit der Faust ins Gesicht. Der wehrte sich zunächst, provozierte damit aber nur die nächste, noch heftigere Attacke. Mit einem Messer stach Rayhan T. zehnmal auf Alper S. ein und verletzte daneben fünf weitere Gäste leicht. Ein Stich traf das Opfer in die Lunge, ein zweiter ins linke Auge. Sein Leben konnte nur noch durch eine Notoperation gerettet werden.

Aufgrund der Zeugenaussagen, insbesondere der des Opfers, war die Staatsanwaltschaft sehr zuversichtlich, eine Anklage wegen versuchten Totschlags durchzubekommen.[74] Die Schwurgerichtskammer hatte – wie es später im Urteil hieß – auch nach der ersten Aussage des Opfers in der Hauptverhandlung »keine durchgreifenden Zweifel« an seiner »Glaubwürdigkeit«. Erschüttern ließ sich die Kammer auch noch nicht dadurch, dass diverse Zeugen ihre belastenden Aussagen bereits im Ermittlungsverfahren relativierten oder ihre Richtigkeit ganz in Frage stellten. Am 15. Verhandlungstag änderte sich die Beweislage dann aber dramatisch. Ein Anwalt des Opfers übergab dem Gericht ein Schreiben eines Weddinger Imams. In ihm berichtete der Geistliche von zahlreichen Gesprächen mit dem Opfer, zunächst über dessen Heiratspläne, dann aber auch, dass er »den Angeklagten in dem wichtigsten Punkt zu Unrecht belastet habe«, wie es sein Anwalt zusammenfasste.

In seinem Schreiben deutete der Imam einmal dunkel an, dass

der Angeklagte das Opfer mit »Mitteln, die sicher nicht ganz als legal zu bezeichnen sind, dazu bewogen hat, erneut vor Gericht auszusagen«. Trotzdem stellte sich der Imam hinter dessen Aussagewechsel: »Ich lehre meine über 100 Koranschüler aus vollster Überzeugung, dass es nie zu spät ist, Irrtümer als solche darzustellen, neue Erkenntnisse, die eine Meinungsänderung bewirken, nicht zu unterdrücken, vielleicht auch falsche Aussagen nicht aus Stolz, Rachegefühlen o. ä. beizubehalten.« Den Sinneswandel, das räumt der Imam ein, könne das Opfer nicht rational erklären. Trotzdem hat der Geistliche ihn schließlich bewogen, seine Aussage zu korrigieren – aus einer religiösen, gegenüber dem deutschen Recht negativen Haltung heraus: »Mich interessieren solche Themen wie Täter-Opfer-Ausgleich nicht, die sich offenbar auf das Portemonnaie statt auf die Seele beziehen. Es erscheint, dass der Glaube an eine Idee weniger wert ist als das aus materiellem Wissen abgeleitete Denken.«

Dieser von religiösem Hochmut geprägte Brief stellte die Glaubwürdigkeit des Opfers grundsätzlich in Frage. Sich ein eigenes Bild von dessen Haltung zu machen, das konnten die Richter in der Hauptverhandlung nicht mehr. Denn der Zeuge, anwaltlich gewitzt beraten, berief sich auf sein Auskunftsverweigerungsrecht wegen drohender Selbstbelastung (§ 55 StPO). Damit gab er zu erkennen, dass er bei seiner ersten Aussage gelogen haben und sich damit möglicherweise wegen uneidlicher Falschaussage strafbar gemacht haben könnte.

In dieser Zwickmühle sah das Schwurgericht keinen anderen Ausweg, als den Angeklagten mangels Beweisen freizusprechen. In den Urteilsgründen bedauerte die Kammer, dass sie nicht in der Lage war, »die Hintergründe für diese massive Abkehr von der ursprünglichen Aussage aufzuklären, da der Zeuge von seinem Auskunftsverweigerungsrecht Gebrauch gemacht hat«.

Der unbefriedigende Ausgang dieses Prozesses offenbart die doppelte Ohnmacht der Strafjustiz bei Verfahren mit islamischem Hintergrund: Die Ermittlungsbehörden wissen erstens

nichts über die Rolle der Schlichter im Hintergrund von Strafverfahren. Sie wissen zum Beispiel nicht, ob es noch mehr Imame
wie diesen Weddinger Geistlichen gibt, die ohne Skrupel in das
Räderwerk der deutschen Strafjustiz greifen, obwohl das nicht
ihre Aufgabe ist. Und zweitens sind Staatsanwälte und Richter in
bestimmten Fallkonstellationen gegenüber versierten Verteidigern machtlos, wenn diese die Karte der Auskunftsverweigerung
wegen drohender Selbstbelastung ziehen.

Die jetzige Auslegung des Auskunftsverweigerungsrechts
kann dazu führen, dass Opfer eine erste Aussage bei der Polizei
oder – wie in diesem Fall – sogar noch im Gerichtssaal folgenlos annullieren können, wenn es keine weiteren Personen- und
Sachbeweise gibt. Hier steht ein Einfallstor für informelle Verständigungen zwischen Täter und Opfer und deren Familien
weit offen. »Eine nicht befriedigende Situation«, räumt selbst der
Berliner Strafverteidiger Klaus Gedat ein.

Verfassungsschutz und Strafverfolger wissen bisher wenig
oder gar nichts über Imame als Streitschlichter. Sie sind hinter
den Mauern der Religionsfreiheit verfassungsrechtlich gut geschützt. Der Verfassungsschutz darf Hassprediger und andere
islamistische Geistliche beobachten, wenn sie zum Beispiel einen
Gottesstaat fordern und so gegen die freiheitlich-demokratische
Grundordnung verstoßen. Doch ihre Rolle bei Verständigungen
ist für die Geheimdienstler tabu. Und den Ermittlungsbehörden
fehlen meist die geeignete Rechtsgrundlage oder hinreichend
konkrete Verdachtsmomente, um gegen Imame, etwa wegen
Strafvereitelung, zu ermitteln. Die verstorbene Jugendrichterin
Kirsten Heisig hatte einmal einen Imam als Zeugen geladen, um
ihn nach seiner Rolle als Schlichter zu fragen. Er ist einfach nicht
erschienen.

Streitschlichtung in der Moschee

Nach islamischer Tradition gibt es zumindest in jeder größeren Moschee Streitschlichter. Sie beraten jedoch in erster Linie bei Ehe- und Familienkonflikten. Die große offene Frage: Wirken sie auch im Hintergrund von Strafverfahren mit?

Der Duisburger Verteidiger Ralf Büscher hat schon häufiger mit Imamen zusammengearbeitet – auch in der Kulisse von Strafverfahren. Wenn der Konferenzraum in seiner Anwaltskanzlei zu klein wurde, haben sich die Parteien zu Schlichtungsgesprächen schon mal in der Moschee versammelt – mit dem Imam als Vermittler. In den Augen Büschers ist die Moschee ein idealer Ort für solche Gespräche, weil er neutral und Gewalt dort verboten ist. Wenn ein Kompromiss erreicht ist, wird dieser oft im Anschluss an das Mittagsgebet oder in der Freitagspredigt öffentlich verkündet.

Der Islamwissenschaftler Ralph Ghadban ist überzeugt, dass einige Imame auch nach der Scharia beraten. »Jeder verfährt nach seiner Schule.« Ghadban stört vor allem die Distanz der Prediger zu Gesetz und Recht in Deutschland: »Ich habe noch nie gehört, dass Imame in der Freitagspredigt auffordern, deutsche Gesetze zu beachten.«

Die Frage, ob und wie Imame im Hintergrund von Strafverfahren agieren, hat bisher niemand untersucht – auch der Religionssoziologe Rauf Ceylan nicht, der die bisher einzige empirische Studie über Imame in Deutschland vorgelegt hat.[75] Welches Gefahrenpotential hier schlummert, offenbart die Untersuchung aber trotzdem.

Ceylan geht mit »einiger Sicherheit« davon aus, dass »etwa 2000 Imame in Deutschland tätig sind«. Er nimmt ferner an, dass nahezu drei Viertel der Imame türkischstämmig sind. Die restlichen knapp 30 Prozent stammen aus Ex-Jugoslawien und Nordafrika. Nur eine kleine Minderheit ist hierzulande sozialisiert. Die meisten sprechen kein Deutsch und kennen ihr neues Heimatland nicht. Damit sind Konflikte vorprogrammiert.[76]

»Die Schläge kommen aus dem Paradies«

Während sich die Imame in ihren Heimatländern auf ihre religiösen Pflichten beschränken, sind sie in Deutschland auch als Sozialarbeiter, Eheberater, Pädagogen und als Schlichter tätig. Als theologische Instanzen sind sie »wichtige Schlüsselpersonen« in den muslimischen Gemeinden. Häufig genießen sie Ceylan zufolge mehr Autorität und Vertrauen als staatliche Institutionen.[77] Von ihrer Einstellung und ihrem Verhalten gegenüber Staat und Gesellschaft wird der Integrationsprozess der Muslime in Deutschland entscheidend beeinflusst.

Das Schwergewicht ihrer Mediation liegt zweifelsfrei bei Familien- und Ehekonflikten. Dabei appellieren sie an das »religiöse Gewissen« der Streitparteien. »Wir versuchen das Fehlverhalten beider zu ermitteln und sprechen mit ihnen darüber«, so ein Imam. »Wir sagen: ›Du hast diesen und jenen Fehler gemacht.‹ Mit Versen aus dem Koran und mit den Aussprüchen des Propheten untermauern wir, wie wichtig es im Islam ist, sich zu versöhnen.«[78] Das klingt harmlos, ist aber in der Praxis keinesfalls immer so. Denn Ehe- und Familienstreitigkeiten sind häufig die Vorstufen zu Gewalttaten, Entführungen, Zwangsehen oder Ehrenmorden. Somit findet die Mediation von Imamen auch an der Grenze zur Kriminalität statt.

Bei der Vermittlung setzen Prediger natürlich auf die religiös-kulturellen Werte ihrer Heimat, zum Beispiel auf die patriarchalischen Strukturen in der Familie, Elemente der Scharia und autoritäre Erziehungsstile, für die Gewalt kein Tabu ist. So bedauert ein Imam in einem Interview: »Die Freiheit und die Liberalität gegenüber den Jugendlichen führen dazu, dass ich zum Beispiel im Koran-Unterricht keine Kinder oder Jugendliche mehr schlagen kann, weil die sonst sofort mit der Polizei ankommen.«[79] Die Anwältin Hülya Tasci hat als Kind in Neukölln noch andere Erfahrungen gesammelt: Ein aus der Türkei entsandter Imam hatte die Schüler in ihrer Koranschule bei jeder falschen Antwort geschlagen – nicht mit der Hand, sondern mit dem Stock, auf dem die Worte standen: »Die Schläge kommen aus dem Paradies.«

Wie unheilvoll sich Aktivitäten von Imamen auswirken können, hat der Kriminologe Christian Pfeiffer erlebt, als er noch niedersächsischer Justizminister war. Auf Bitten einer alten Bekannten sah er sich unversehens in der Rolle eines Schlichters. Der indische Stiefsohn der Frau war in tödliche Bedrängnis geraten. Er hatte in Dänemark heimlich eine junge Türkin geheiratet, mit der er ohne Kenntnis ihrer Eltern schon längere Zeit liiert war. Zurückgekehrt vom Hochzeitsausflug offenbarte die junge Braut ihren Eltern den eigenmächtigen Ringtausch. Vater und Mutter suchten Rat beim Imam, und er bestätigte sie in ihrer Empörung: »Jemand, der Kühe anbetet, ist als Schwiegersohn in einer muslimischen Familie völlig undenkbar.« Das sei eine Schande. Die Hochzeit müsse rückgängig gemacht und die Beziehung aufgelöst werden.

Der Familienrat beschloss, ihr mit dem Tod zu drohen, wenn sie nicht bereit sei, sich sofort von ihrem Mann zu trennen und sich scheiden zu lassen. Die junge Türkin wandte sich in ihrer Not an den damaligen Justizminister Christian Pfeiffer, der unkonventionell reagierte. Er ging in sein altes Forschungsinstitut und ließ dort bei einem Telefongespräch der Tochter mit ihren Eltern ein Tonband mitlaufen. Die Eltern wiederholten die Todesdrohung und nannten sogar schon eine Person, die diese Tat ausführen sollte. Mit dem Tonband ging der Justizminister zum türkischen Generalkonsul in Hannover. Er spielte ihm das Band vor und stellte ihm einen Drei-Punkte-Plan vor. Der Konsul solle erstens den Imam bewegen, seine Äußerungen zurückzunehmen. Zweitens solle ein türkischer Geschäftsmann vermitteln. Und drittens: Wenn die Eltern und der Imam bei ihrer Haltung blieben, werde er das Tonband der Polizei übergeben.

Der Schachzug gelang: Die Eltern gaben unter dem Druck der Drohung, die Polizei einzuschalten, nach. Der Generalkonsul wies den Imam auf seinen Fehler hin, und eine Woche später war die Todesdrohung vom Tisch. Für Christian Pfeiffer war klar, wer die Quelle des Unheils war: der Imam und seine intolerante Haltung gegenüber Andersgläubigen. Heute leben der muslimische Vater und der hinduistische Schwiegersohn in familiärer Eintracht zusammen.

Welche Rolle Imame künftig in der Parallelgesellschaft spielen werden und wie weit ihre informelle Gerichtsbarkeit reichen wird, kann niemand voraussagen. Entscheidend wird sein, ob Moscheen, islamische Dachverbände sowie Vereine den Rechtsstaat nicht nur auf Integrationsgipfeln und in Sonntagsreden verbal unterstützen, sondern ihn auch im Alltag praktizieren – so wie es zum Beispiel der später noch ausführlich porträtierte Essener Imam Raschid vorbildlich tut.

Islamische Dachverbände und Vereine

Abwiegeln und Totschweigen

Der 21. Mai 2010 war für den »Islamischen Verein für wohltätige Projekte« ein Tag zum Feiern: Die Omar-Ibn-Al-Khattab-Moschee in Berlin-Kreuzberg konnte nach Jahren des Spendensammelns und Bauens endlich eingeweiht werden. Eine besondere Attraktion erschien dem Vorsitzenden des Vereins, Hassan Khodr, dass die Moschee künftig einen Raum für »Streitschlichtung« anbieten konnte. Der Begriff ließ Hauptkommissar Claus Röchert aufhorchen. Als Chef der Arbeitsgruppe Integration und Migration der Polizeidirektion 5 bei der Berliner Polizei hat er auch die Aufgabe, in Einwanderervierteln das Ansehen von Staat und Justiz zu mehren. Er hat grundsätzlich nichts gegen Schlichtungsräume für Familien- und Ehestreitigkeiten in Moscheen. Trotzdem begegnet er solchen Räumen auch skeptisch: »Sie dürfen nicht dazu benutzt werden, um Straftaten zu verschleiern.«

Wer im November 2010 die Omar-Moschee besucht und den »Schlichtungsraum« sehen möchte, dem antwortet der Pressesprecher der Moschee, Birol Ucan, dass es einen solchen nicht gäbe. Was man zeigen könne, sei ein Beratungszimmer für Familien- und Ehestreitigkeiten in der dritten Etage. Wenn ein Gemeindemitglied mit strafrechtlichen Problemen komme, rate man ihm, sich an einen Rechtsanwalt zu wenden. Das war vermutlich die neue Sprachregelung im Moscheeverein, nachdem man erkannt hatte, dass Straftaten in Deutschland von der Polizei verfolgt und nicht als Konflikt zwischen Tätern und Opfern verstanden werden.

Das Thema Streitschlichtung ist den islamischen Dachverbänden erkennbar unangenehm. »Dass Imame als Streitschlichter fungieren, ist mir nicht bekannt«, blockt die Generalsekretärin des Zentralrats der Muslime Nukan Soykan ab. Das sei kein aktuelles Thema. Kenan Kolat, Vorsitzender der Türkischen Gemeinde in Deutschland, beantwortet Gesprächswünsche zum Thema Streitschlichtungen überhaupt nicht. Der türkische Moscheenverband DITIB verschließt offenbar die Augen davor, wie heikel die Tradition der Schlichtung hierzulande ist. Er ist der größte islamische Verband Deutschlands, hat etwa 100 000 Mitglieder, unterhält über 800 Moschee- und Kulturvereine und ist in Deutschland der verlängerte Arm der staatlichen Religionsbehörde der Türkei. Auf seiner Hotline bietet DITIB ganz offen Hilfe bei häuslicher Gewalt, sexuellem Missbrauch und Zwangsheiraten an. Da drängt sich die Frage auf, ob es wirklich zu den Aufgaben von islamischen Religionsverbänden gehören kann, hierzulande bei strafbaren Taten zu beraten?

Die Mission der Familien-Union

Einer der rund Dutzend älterer Männer, die sich um einen großen Tisch im ehemaligen Pförtnerhaus des Zollvereins Essen versammelt haben, sticht sofort heraus: Er trägt als Einziger einen Anzug, einen braunen, darunter ein gelbes Hemd mit unscheinbarer Krawatte. Das Haar ist sorgfältig gekämmt, die Augen sind hinter der getönten Brille schwer zu erkennen. Alles an ihm ist korrekt. Die Kleidung entspricht seinem besonderen Status: Abdul Ali Khan ist der Chef der libanesisch-kurdischen Stammes Ali Khan mit rund 7000 Mitgliedern in Europa. Die meisten sind vor dem Bürgerkrieg aus dem Libanon geflohen.

In Essen leben derzeit 5000 Mhallami-Kurden[80] – die nach Berlin zweitgrößte Kolonie dieser Ethnie in Deutschland. Von ihnen haben rund 3300 inzwischen die deutsche Staatsbürgerschaft – als alleinige oder als doppelte Staatsbürgerschaft. Abdul Ali Khan ist der Vorsitzende des Familienbeirats der 2008 in Essen gegründeten Familien-Union. In ihr haben sich 26 libanesisch-kurdische Familien mit ihren Oberhäuptern zusammengeschlossen. Das sind rund 75 Prozent der in Deutschland lebenden Stämme. Um sich bundesweit zu vernetzen, hat die Union Zweigstellen in Gelsenkirchen, Mönchengladbach, Bremen, Bochum, Berlin und Stuttgart gegründet.

Der Verein ist eine Reaktion auf die ausgebliebene Integration der libanesisch-kurdischen Stämme und auf ihren schlechten Ruf als Brutstätte von Kriminalität. Nach der Vereinssatzung soll die Union in erster Linie Integration fördern: Sie soll bei Kontakten zu Behörden helfen, sich um ausländerrechtliche Fragen kümmern, Familien drängen, ihre Kinder regelmäßig zur Schule zu schicken und die Älteren zum Besuch eines Sprachkurses zu bewegen. Würde diese Selbstverpflichtung zum Sprachunterricht ernst genommen, müssten auch Abdul Ali Khan und die meisten am Tisch sitzenden Familienoberhäupter ihn besuchen. Nach zwanzig Jahren in Deutschland spricht der Chef der Ali Khans nur gebrochen Deutsch. Wie die anderen Familienoberhäupter antwortet er auf Arabisch und lässt dann den jüngeren, fließend Deutsch sprechenden Vereinsvorsitzenden übersetzen. Die Familien-Union ist vermutlich der einzige deutsche Verein, in dessen Satzung festgeschrieben ist, dass »Kenntnisse des Alphabets oder der deutschen Sprache ... keine Voraussetzung« sind, um Ehrenmitglied des Vereins zu werden. Ein erschreckendes Zeichen für die mangelhafte Integration dieser zum Teil seit Jahren in Deutschland lebenden Clans.

Viel bemerkenswerter ist indes die Aufgabenbeschreibung der »Arbeitsgruppe Soziales«: »Prävention von rechtswidrigen Handlungen (Straftaten etc.) durch Information, Beratung und Unterstützung«, »Schlichtung von familiären Streitigkeiten« und »dauerhafte und friedliche Lösung von Konflikten«. Dabei soll die Arbeitsgruppe »eng mit den zuständigen Sozial- und Sicherheitsbehörden zusammenarbeiten«. Die Satzung macht offiziell zum Programm, was bisher in Deutschland undenkbar war: Die

Schlichtung in islamischer Tradition soll in die Zusammenarbeit mit Polizei und Strafjustiz integriert werden – und das keineswegs nur bei der Prävention, sondern auch, bei genauerem Hinsehen, bei der Repression. Denn viele Konflikte sind nicht allein durch Vorbeugung zu entschärfen.

In der Vergangenheit war aufgefallen, dass die religiöse Autorität des Essener Imams Raschid bei der Schlichtung von Familien- und Ehestreitigkeiten ausreichte, nicht aber nach schweren Straftaten. Diese Lücke wollen die Familienoberhäupter künftig durch die Selbstverpflichtung zur Streitschlichtung schließen. Und das praktizieren sie seit 2007 in Kooperation mit dem Imam und der örtlichen Polizei als »Essener Modell«. Als Streitschlichter fungiert hier in erster Linie Abdul Ali Khan. Allerdings betont er, wie alle anderen Familienälteste, dass sie die Strafjustiz unterstützen und nicht behindern wollen. Bei der Integration, der Verhinderung von Straftaten sowie bei der Vermittlung danach steht die Familien-Union allerdings vor Herkulesaufgaben.

Eine Problemzone bis heute bleibt die Gleichberechtigung der Geschlechter. Hier treffen die unterschiedlichen Kulturen noch unversöhnlich aufeinander. Am Tisch im Vereinsheim sitzen nach muslimischer Tradition nur Männer. Sie vertreten ihre Familien und damit ihre Frauen und Kinder. Ist das Oberhaupt eines Clans Mitglied, sind automatisch alle seine Angehörigen Mitglieder. Die Familien-Union ist in Wirklichkeit also ein Männerverein.

Gern redet die Runde über den noch immer unsicheren Rechtsstatus vieler kurdischer Libanon-Flüchtlinge, ihre Stellung als Geduldete, die damit verbundenen Arbeits- und Ausbildungsverbote und die negativen Folgen für die Integration. Ungern dagegen wird über Kriminalität und Schlichtung diskutiert. Die Stimmung vereist bei der Frage nach der Verantwortung des Vereins für eine gewalttätige Auseinandersetzung zwischen zwei Männern aus Großfamilien, deren Familienoberhäupter mit am

Tisch sitzen. Hier zeigt sich, welchen Respekt Abdul Ali Khan am Tisch genießt. Mit klaren und entschiedenen Gesten und Worten würgt er die Diskussion ab. Ein kurzes Eingeständnis: »Das hat uns allen auch nicht gefallen.« Und missfallen hat ihm sicher auch, dass die Fehde zweier Mitgliedsfamilien trotz aller Bemühungen bis Ende 2010 weiter Blut gekostet hat. Trotz aller Misserfolge lässt er später – unter vier Augen – durchblicken, dass er seine Macht als Clanchef und Streitschlichter genießt: »Wenn es Konflikte zu regeln gibt, rufen mich Familienmitglieder aus Beirut wie aus Schweden an.«

Die hohe kriminelle Energie einiger libanesisch-kurdischer Großfamilien lastet wie ein Mühlstein auf den Schultern der Gesetzestreuen. Von den 26 Gründungsfamilien des Essener Vereins ist die Hälfte der Berliner Kriminalpolizei aus kriminellen Zusammenhängen bekannt. In der Hauptstadt ist sogar ein »guter Zweig« des in Deutschland 5000 Köpfe starken Al-Zein-Stammes Mitglied der Familien-Union geworden. Der »schlechte Teil« dieser Familie steht seit Jahren im Fadenkreuz des Dezernats Organisierte Kriminalität der Berliner Kriminalpolizei.

Auch die Familie Ali Khan gehört nach Aussagen der Berliner Kriminalpolizei mit zu den kriminell am schwersten belasteten Clans an der Spree. Bei einem zweiten Treffen in der Berliner Filiale der Familien-Union gibt Abdul Ali Khan zu, dass dies eine Achillesferse des Vereins sei: Nur 70 Prozent der Familienmitglieder seien ruhiger geworden. Die anderen 30 Prozent – das räumt er damit indirekt ein – könne er nicht kontrollieren. Viele Familienoberhäupter verlieren an Autorität, weil sie arbeitslos sind und gegenüber ihren Söhnen nicht mit dem »Prestige des Ernährers aufwarten können«.[81]

Wie stark die Loyalität zwischen kriminellen und nichtkriminellen Familienmitgliedern ausgeprägt ist, wird für Außenstehende wohl immer ein Geheimnis bleiben. Bei religiösen Festen oder Hochzeiten jedenfalls beten beziehungsweise feiern wohlhabende Parfumgroßhändler und Drogendealer Seite an Seite.

Auch sonst stehen sie in regelmäßigem Kontakt, weil sie sich offenbar der Kraft der Blutbande nicht entziehen können.

Um den guten Ruf des Vereins zu schützen, sollen nur Personen Mitglied der Familien-Union werden dürfen, die »keine Probleme« haben, das heißt konkret, sie dürfen in den letzten Jahren keine Straftaten begangen haben. Ob es der Familien-Union gelingt, Straftäter fernzuhalten oder auszuschließen, wird die Zukunft zeigen. Sie soll nach Meinung von Polizeihauptkommissar Röchert »als Netzwerkpartner ihre Chance erhalten. Sie soll ihre Kompetenz aber wie jeder andere Verein auch erst unter Beweis stellen.« Er will wissen, »wer genau in dem Verein das Sagen hat, um nicht den Bock zum Gärtner zu machen«.

Die Gründung der Familien-Union ist für die libanesischen Kurden sicher ein riesiger Schritt aus dem Stammesghetto in Richtung Mehrheitsgesellschaft. In Essen begrüßen Schulen, Jugendämter und Ausländerbehörden diese Öffnung. Abed Chaaban, Vorsitzender der Deutsch-Arabischen unabhängigen Gemeinde in Berlin, verbindet große Hoffnungen mit dem neuen Verein.

Der Islamwissenschaftler Ralph Ghadban kann diese zumindest mit Blick auf den Schlichtungsauftrag nicht teilen. In ihm sieht er eine »Katastrophe, denn wir sind nicht im Libanon«. Sein Hauptargument: »Wer zwischen Kurden und Staat vermitteln will, verfestigt und institutionalisiert Stammesverhältnisse. Die Familienoberhäupter werden nie gegen die Interessen ihres Clans handeln.« Die Frage ist nur: Wo liegen die mittel- und langfristigen Interessen der Stämme? In ihren abgeschotteten Lebenswelten oder in der Hinwendung zu ihrer neuen und künftigen Heimat? Im Unterschied zu den Türken, die jederzeit in ihre Heimat zurückkehren können, haben nämlich die Mhallami-Kurden keine reale Heimkehrchance in den Libanon oder die Türkei.

Paralleljustiz – eine Folge fehlgeschlagener Integration

Es war der Tag des Zuckerfestes am Ende des Fastenmonats Ramadan. Mehrere Palästinenser gingen in ein kurdisches Lokal in Berlin-Neukölln, um eine offene Rechnung zu begleichen. Einer von ihnen, Ömer R., war Monate zuvor von einem Mitglied der Sippe Z. im Gesicht schwer verletzt worden. Als er den Täter im Lokal wiederzuerkennen meinte, begann eine Schlägerei zwischen zwanzig bis dreißig Personen beider Clans. Sharif Z., der als ältester Sohn der Großfamilie eine bedeutende Rolle in der libanesisch-kurdischen Szene spielte, wollte schlichten. Der Versuch kostete ihn das Leben. Er wurde erschossen, andere Familienmitglieder wurden durch Schüsse und Messerstiche verletzt. Daraufhin versammelten sich Hunderte von Mitgliedern der Familie Z. aus ganz Deutschland in einem großen Saal in Berlin-Kreuzberg. Sie wollten beraten, ob und wie man auf den Mord reagieren, insbesondere, ob Blutrache geübt werden solle. Die Polizei hatte von dem Treffen Wind bekommen und warnte die Versammelten im Saal vor einer blutigen Eskalation des Konflikts. Ohne Erfolg.[82]

Ein halbes Jahr später wurde ein Palästinenser aufgrund falsch eingeschätzter Verwandtschaftsverhältnisse zur Familie R. von mehreren Angehörigen der Familie Z. niedergeschlagen und lebensgefährlich verletzt. Als sich herausstellte, dass das Opfer mit der Familie R. nur entfernt verwandt ist, wurde ihm von der verfeindeten Sippe Z. eine Entschädigung in Höhe von 15 000 DM angeboten.

Der Rachefeldzug der Familie Z. gegen die Sippe R. ging weiter – ungeachtet der Tatsache, dass der Todesschütze, Ömer R., mittlerweile wegen Totschlags zu drei Jahren und sechs Monaten Gefängnis verurteilt worden war – dank einer guten Verteidigung eine relativ geringe Strafe. Zu milde, fand die Familie Z., wie sie Prozessbeteiligte wissen ließ. Das »Gesetz der Blutrache« forderte nach ihrer Ansicht eine härtere Sanktion als die vom deutschen Gericht verhängte Strafe.

Weil die Familie Z. groß und mächtig ist und der Clan R. eine blutige Dauerfehde fürchten musste, erklärte der sich nach Schlichtungsgesprächen schließlich bereit, ein Schmerzensgeld in Höhe von 300 000 DM an die Familie Z. zu zahlen. Eine ungewöhnlich hohe Summe, die die Stellung des Opfers als ältesten Sohn der Familie widerspiegelt. Als sich herausstellte, dass die Familie R. diesen Riesenbetrag nicht aufbringen konnte und sie auch nicht aus Berlin wegziehen wollte, wie von der Familie Z. gefordert, wurde ein Bruder des wegen Totschlags Verurteilten erschossen. Die Täter sind seitdem flüchtig, wahrscheinlich im Libanon.

Was ist das Besondere an diesem Fall? Angehörige eines libanesisch-kurdischen Clans empfinden das Urteil eines deutschen Strafgerichts als ungerecht und setzen ihre eigenen Gerechtigkeitsvorstellungen auf dem Weg der Selbstjustiz durch. Eine informelle Paralleljustiz missachtet mit einer Kette von Schlichtungsgesprächen und Gewalttaten das Strafmonopol des deutschen Rechtsstaates. Für dieses Phänomen gibt es vor allem zwei Ursachen, zum einen die fehlgeschlagene Integration und das Überleben alter, teilweise durch die Scharia legitimierter Rechtstraditionen in der Parallelgesellschaft.[83]

Die Integration der libanesischen Flüchtlinge, die hierzulande in erster Linie als Großfamilien leben, ist nach Studien des Islamwissenschaftlers Ralph Ghadban »gründlich gescheitert. Die zweite Generation zeigt noch weniger Willen als ihre Eltern, einem rechtschaffenen Lebenswandel nachzugehen.«[84] Und die Friedensrichter sind nach Ansicht des Neuköllner Lehrers und Psychologen Kazim Erdogan nach wie vor beliebt, »weil die Institution des Schlichters Jahrhunderte funktioniert hat und es nicht leicht ist, sie in fünfzig Jahren Integration zu deinstallieren«.

Religion vor Rechtsstaat

Alle Anzeichen sprechen dafür, dass sich die muslimische Parallelgesellschaft in den letzten Jahren eher verfestigt als verflüchtigt hat.[85] Sie entstand zunächst durch die Ausgrenzung und Diskriminierung der Migranten und weil bis Ende der neunziger Jahre von der Politik nicht anerkannt wurde, dass Deutschland ein Einwanderungsland ist. Die dann offenere Haltung gegenüber islamischen Milieus hat den Prozess der Selbstabgrenzung jedoch nicht aufhalten können. Im Gegenteil: Seit den neunziger Jahren ist ein eigenes kulturell-religiöses Wertesystem entstanden, das in muslimischen Zentren und Moscheen und von Imamen gepflegt wird und sich auch in der Sozialarbeit, im Erziehungsstil und der Freizeitgestaltung, etwa im Besuch von Koranschulen, zeigt.

Nicht zu bestreiten ist, dass es in der islamischen Parallelgesellschaft in einigen Kriminalitätsfeldern eine höhere Belastung gibt als in der deutschen Bevölkerung.[86] Die Ursachen dafür sind wissenschaftlich bislang ungeklärt und immer noch heftig umstritten. Beispielhaft für den Disput sind zwei im November 2010 veröffentlichte Studien des Bundesfamilienministeriums zum Thema Gewaltphänomen bei Deutschen und Migranten, insbesondere mit muslimischem Hintergrund. Sonja Haug kommt in ihrer Sekundäranalyse zu dem Ergebnis, dass die »erhöhte Gewaltneigung« von muslimischen Jugendlichen »nicht durch ethnische Faktoren oder einen Migrationshintergrund bedingt« ist, sondern durch den »Besuch gering qualifizierender Schulen, Gewaltopfererfahrungen durch die Eltern oder die Zustimmung zu gewaltlegitimierenden Männlichkeitsnormen«.[87] Die hohe Widersprüchlichkeit dieser Argumentation ist augenfällig. Gewaltlegitimierende Männlichkeitsnormen und elterliche Gewalt sind Phänomene, die in der religiös-kulturellen Werteordnung des Islam wurzeln: dem im Koran und Brauchtum angelegten männlichen Dominanzanspruch und einem autoritären sowie zur Gewalt neigenden Erziehungsstil.

Völlig zu Recht gelangen daher die Sozialwissenschaftler Toprak und Nowacki zu einer ganz anderen Einsicht. In ihrem multifaktoriellen Erklärungsmodell »gewaltfördernder Indikatoren« kommen zu den »sozialen Rahmenbedingungen«, unter denen muslimische Jugendliche leben, »kulturspezifische und migrationsbedingte Aspekte [hinzu], die vermehrt zu Stress führen können«. Zu den sozialen Bedingungen zählen sie unter anderem die relative Armut vieler Familien mit Migrationshintergrund und Diskriminierungserfahrungen, zu den kulturspezifischen Bedingungen »ein ausgeprägtes Männerbild, das stark von religiösen Vorstellungen geprägt ist«.[88]

Religion, Integration und Gewalt

Die erste und bisher einzige Studie, die Zusammenhänge zwischen Religion, Integration und Kriminalität erhellt, hat 2007/2008 das Kriminologische Forschungsinstitut Niedersachsen mit einer bundesweiten Befragung von 44 600 Schülern durchgeführt. Zur Einordnung der Ergebnisse sind ein Vorbehalt und eine Anmerkung vorauszuschicken: Die Studie präsentiert nur Korrelationsbefunde einer Querschnittuntersuchung und keine Kausalanalysen. Das heißt, dass die Ergebnisse nicht belegen, in welchem Umfang etwa eine islamische Konfessionszugehörigkeit neben sozialen Rahmenbedingungen Kriminalität fördert. Trotzdem ist es nach Ansicht der Wissenschaftler möglich, Zusammenhänge aufzudecken und zu interpretieren.[89]

Bei der Analyse kriminellen Verhaltens haben die Hannoveraner Forscher neben der Religionszugehörigkeit auch den Grad der Integration analysiert. Dabei kamen sie zu dem Ergebnis, dass Muslime im Vergleich zu Angehörigen anderer Religionen mit 37,7 Punkten den mit Abstand niedrigsten Integrationswert erreichten, der aus sprachlicher, schulischer, sozialer und identifikativer Integration gebildet wurde. Im Vergleich dazu hatten Jugendliche ohne Konfessionszugehörigkeit 68,7 und christliche Jugendliche 61,8 Integrationspunkte.[90] Besonders erhellend ist der Vergleich von christlichen und muslimischen Jugendlichen aus dem früheren Jugoslawien. Erstere sind mit einem Integrationswert von 65,4 Punkten relativ gut in Deutschland angekommen, weit zurückgeblieben dagegen ihre muslimischen Landsleute mit nur 35,5 Punkten. Verschärft wird dieses Integrationsdefizit bei Muslimen noch durch einen anderen Befund: Je stärker die religiöse Bindung, desto niedriger der Grad der Integration und desto höher die Gewaltraten bei muslimischen Jugendlichen. Die höchste Quote mit einer Gewalttat erreichen hier die »sehr religiösen Jugendlichen« mit 23,5 Prozent, die »etwas religiösen Jugendlichen« mit 19,6 Prozent. Bei christlichen Jugendlichen ist es genau umgekehrt. Je stärker christliche Jugendliche mit Migrationshintergrund in ihrer Religion verankert sind, desto niedriger fallen ihre Gewaltraten aus. Sie sinken von 21,8 Prozent (nicht religiös) auf 12,4 Prozent (sehr religiös). Noch deutlicher ist die Lage bei Mehrfachtätern: Von den männlichen christlichen Migranten haben 9,3 Prozent (katholisch) beziehungsweise 9,1 Prozent (evangelisch) mindestens fünf Gewalttaten begangen, von den männlichen Muslimen hingegen 15,3 Prozent.[91]

Der Zusammenhang zwischen Religion, Integration und Gewalt wurde in den letzten Jahren noch durch eine stärkere Hinwendung zur Religion vergrößert. Erhebungen des Zentrums für Türkeistudien zeigen, dass die Religiosität unter türkischstämmigen Migranten in Nordrhein-Westfalen von 57 Prozent im Jahr 2000 auf 72 Prozent im Jahr 2008 gestiegen ist.[92] Bundesweit schätzen sich sogar 86 Prozent der Muslime als »stark gläubig« oder »eher gläubig« ein.[93] Parallel wuchs der Anteil der Befürworter von getrennten Klassenreisen und getrenntem Schwimmunterricht von Jungen und Mädchen von 19 Prozent auf 30 Prozent. Nach Brettfeld und Wetzels gibt ein Drittel aller Muslime an, täglich zu beten.[94] 85 Prozent aller türkischen Muslime halten sich an Speise- und Getränkevorschriften, ebenso wie Muslime mit einem nordafrikanischen Hintergrund. Die Hälfte der Muslime behauptet, sich an die Fastenregel zu halten.[95]

Bei den Arabern ist die Entwicklung ähnlich. Der Trend zur Religiosität hat sich besonders stark bei Jugendlichen ausgewirkt. Die junge Generation (18–29 Jahre) ist in fast allen Punkten religiöser als die ältere Generation.[96] Sie wurden häufiger religiös erzogen (74 Prozent), und der Einfluss der Religion auf die Wahl des Ehepartners ist am größten (73 Prozent). Der Besuch von Koranschulen ist in der Altersgruppe der 18- bis 25-Jährigen mit 61 Prozent deutlicher höher als bei den über 46-Jährigen, die nur zu 44,4 Prozent eine Koranschule besucht haben.[97]

Da der Islam für sehr viele Muslime Halt und Stütze im alltäglichen Leben ist, bremst die stärkere Religiosität wohl auch die Integration: Für den Islamwissenschaftler Ghadban haben Rituale wie das Beten, das Fasten, Reinheitsgebote und andere Vorschriften »das Gerüst für den Zusammenhalt der Gemeinschaft« gefestigt, ein Gerüst, das die »Öffnung zur deutschen Gesellschaft verhindert«.[98]

Angesichts der tieferen Religiosität überrascht es nicht, dass nach einer repräsentativen Umfrage gut 48 Prozent der Muslime dem Satz »Die Befolgung der Gebote meiner Religion ist für mich wichtiger als die Demokratie« eher oder völlig zustimmen. Und 10 Prozent befürworten, dass in Deutschland bestimmte Straftaten, wie im islamischen Recht, mit Prügelstrafe geahndet würden.[99] Es ist sicher legitim, dieses für die Demokratie erhobene Meinungsbild auf den Rechtsstaat zu übertragen, ist die Scharia doch ein Kernstück der islamischen Religion. Das heißt, dass ein großer Teil muslimischer Einwanderer im Konfliktfall religiöse Normen höher einstuft als deutsche Rechtsnormen. Ähnlich die Einschätzung des Doyens der historischen Sozialwissenschaft,

Hans-Ulrich Wehler. Für ihn ist ein »Gutteil der Muslime auch in Deutschland überzeugt, dass die Scharia, das religiöse Recht, über dem weltlichen Recht steht«.[100] Und selbst der SPD-Vorsitzende Sigmar Gabriel fordert dazu auf, die Augen nicht vor »Parallelgesellschaften« zu verschließen, in denen »die Scharia mehr gilt als das Grundgesetz«.[101]

Unter Druck gerät die Akzeptanz der deutschen Rechtsordnung außerdem durch islamistische Organisationen. Sie wollen die deutsche Rechtsordnung zugunsten islamischer Rechtsgrundsätze modifizieren. Ihre Absicht ist – wie es im Verfassungsschutzbericht 2009 heißt –, »durch politische und gesellschaftliche Einflussnahme … Freiräume für ein schariakonformes Leben zu schaffen«. Auf diese Weise können sie – fürchten die Verfassungsschützer – »zur Entstehung von Parallelgesellschaften beitragen und Radikalisierungsprozesse initiieren«.

Zu diesen Kräften zählen die Geheimdienstler die Islamische Gemeinschaft Milli Görüs Deutschland e. V. (IGMG) – die mitgliederstärkste islamistische Organisation in Deutschland – sowie die Islamische Gemeinschaft in Deutschland e. V. (IGD).[102] Auch der Vereinsgründer und Vorstand der salafistischen Vereinigung Einladung zum Paradies e. V., Seyfudin Ciftci, lässt keinen Zweifel daran, dass für ihn Allah »der beste Gesetzgeber« ist. In einem Vortrag in Bremen am 7. Juli 2007 behauptete er, dass das islamisch-religiöse Recht Vorrang vor den vom Parlament erlassenen Gesetzen habe. Und er bekräftigte die Meinung, dass kein Teil der Scharia – zum Beispiel die Todesstrafe beim Abfall vom Glauben und Körperstrafen, wie Handamputationen – weggelassen werden dürfe.[103] Diese Haltung von Außenseitern darf bei der Frage nach der Akzeptanz der deutschen Rechtsordnung in der islamischen Diaspora nicht ganz vernachlässigt werden.

In der dritten Generation muslimischer Migranten gibt es bei den Integrationsmerkmalen Schule, Ausbildung und Erwerbstätigkeit kaum Fortschritte.[104] Nach Brettfeld und Wetzels weisen Muslime »über alle Herkunftsländer hinweg … ein signifikant niedrigeres Bildungsniveau als die Angehörigen anderer Religionsgemeinschaften« auf.[105] Der Anteil der muslimischen Jugendlichen ohne Schulabschluss bleibt stabil bei hohen 20 Prozent im Vergleich zu 7 Prozent im Bundesdurchschnitt. Die Ausbildungsbeteiligungsquote von Ausländern lag nach dem Berufsbildungsbericht der Bundesregierung 2011 im Jahr 2009 mit 31,4 Prozent nur etwa halb so hoch wie die der jungen Deutschen mit 64,3 Prozent. Fatal ist, dass sie bei den Ausländern gegenüber dem Vorjahr noch einmal um 0,8 Prozent gesunken ist, was vor allem an den männlichen Migranten liegt.[106]

Das Fazit des Zentrums für Türkeistudien über die Integration von türkischstämmigen Migranten in Nordrhein-Westfalen ist ernüchternd. Im Verhältnis zur Mehrheitsbevölkerung weisen Bildung und Berufsbildung bei dieser Gruppe »erhebliche Defizite« auf: »Die Zuwanderer konnten offenbar insbesondere mit der Bildungsexpansion der letzten Jahrzehnte nicht Schritt halten, auch wenn die Nachfolgegeneration im Vergleich zur ersten Generation ein erheblich höheres Schul- und Ausbildungsniveau und deutlich bessere Deutschkenntnisse aufweist.«[107]

2008 blieb gut ein Viertel aller türkischen Schüler in NRW ohne Abschluss einer deutschen oder einer türkischen Schule. Der Anteil ohne berufliche Ausbildung sei aufgrund der Neuzuwanderung vor allem von Ehefrauen konstant geblieben. Die Quote türkischer Jugendlicher ohne Berufsausbildung lag 2008 bei 27 Prozent und damit wieder auf der Höhe von 1999. Die Quote der Nichterwerbstätigen unter den türkischstämmigen Migranten ist von 2002 bis 2008 sogar um 6 Prozent gestiegen. Ähnlich ist die Lage in der gesamten Bundesrepublik. Während die Erwerbstätigenquote im bundesdeutschen Durchschnitt 2006 bei 68 Prozent lag, betrug sie bei türkischstämmigen Migranten nur 51 Prozent.[108]

Der Trend zur Parallelgesellschaft wird sicher noch durch das Heiratsverhalten verstärkt. Nur 3 Prozent der jungen Männer und 8 Prozent der jungen Frauen mit türkischem Migrationshintergrund heiraten deutsche Partner.[109] Bundesweit haben nur 4 Prozent der Muslime einen Partner oder eine Partnerin ohne Migrationshintergrund gewählt. Ehen werden fast ausschließlich innerhalb der eigenen Konfessionsgruppe geschlossen.[110] Noch enger ist der Kreis der Heiratskandidaten bei den Libanon-Flüchtlingen gesteckt. Nach der Berliner Untersuchung von Ralph Ghadban werden 52 Prozent ihrer Ehen innerhalb der Sippe geschlossen, überwiegend mit einer Cousine väterlicherseits. Bei der Volksgruppe der Mhallami-Kurden liegt der Anteil der Ehen in der Sippe bei 71 Prozent, innerhalb der eigenen Ethnie bei 100 Prozent.[111]

Durch das isolierte Zusammenleben in bestimmten Stadtteilen haben Jugendliche, nach der Analyse von Toprak und Nowacki, keine Vorbilder mehr, »die zeigen könnten, dass man Achtung und Respekt auch ohne Gewaltanwendung erfahren kann«.[112] Hinzu kommen vielfältige Diskriminierungserfahrungen: im öffentlichen Raum bei Behörden, bei der Wohnungssuche, am Arbeitsplatz, in der Schule oder bei Kontakten mit der Polizei. Dies setzt sich im privaten Bereich in Diskos, im Supermarkt, in Sportvereinen und Jugendzentren fort, wenn auch schwächer. Im öffentlichen Raum fühlen sich die Jugendlichen deutlich stärker benachteiligt als im privaten Bereich.[113]

Neben diesen sozialen Integrationsbarrieren gibt es drei andere wichtige kriminalitätsfördernde Faktoren mit religiös-kulturellem Hintergrund: der männliche Dominanzanspruch, die Ungleichbehandlung von Mann und Frau und die Kultur der Ehre.

»Wenn man mit einem muslimischen Mädchen … schläft … dann ist das so, dass die Eltern das als Schande ansehen und die Ehre ist befleckt. Und wir müssen das alles sauber machen. Entweder der heiratet sie, und wenn nicht, dann zwingen wir die, und wenn nicht, dann knallen wir den ab. Dann ist die Ehre wiederhergestellt«,[114] beschreibt ein türkischer Schüler in dem ARD-Dokumentarfilm »Kampf im Klassenzimmer« seine Einstellung. Gewaltbereitschaft, Machoallüren und Ehrverletzungen erzeugen ein Klima, das zwischen Minderheits- und Mehrheitsgesellschaft desintegregativ wirkt.

Viele muslimische Jugendliche lernen früh, sich mit Fäusten durchzusetzen, manche greifen sogar zum Messer. Viele kennen Gewalt von zu Hause. Junge Muslime haben nach der Schülerumfrage des Kriminologischen Forschungsinstituts Niedersachsen in ihrer Kindheit zu 29,1 Prozent und im Jahr der Befragung zu 14,4 Prozent »schwere Formen elterlicher Gewalt« erlebt.[115] Diese Erfahrungen dürften eine wesentliche Ursache für die relativ hohe Zustimmung für gewaltlegitimierende Männlichkeitsnormen sein: 27,7 Prozent der männlichen Jugendlichen sind der Auffassung, dass ein Mann seine Frau schlagen darf, wenn sie ihn betrügt, und 31,3 Prozent meinen, dass sich ein Mann als Oberhaupt der Familie notfalls mit Gewalt durchsetzen darf.[116]

Eine Quelle der Gewalt sind auch die rigiden Heiratsregeln, die von Vätern und älteren Brüdern immer wieder gegen den Willen der Töchter beziehungsweise Schwestern mit Schlägen und Messern durchgesetzt werden, wenn diese selbständig ihre Partner auswählen und dabei, das wiegt am schwersten, ihr Herz an einen »Ungläubigen« verschenken.[117]

Religiöse Vorschriften, Riten, Verhaltensformen und kulturelle Traditionen werden mit sozialem Druck durchgesetzt, zum Beispiel bei Ehrenmorden, Zwangsheiraten oder Entführungen, wenn Töchter das Elternhaus verlassen, um unterzutauchen. Auch wenn der Islam Gewalt in solchen Fällen nicht generell begrüßt oder unterstützt, glauben viele Moslems aufgrund ihrer zum Teil »patriarchalisch-religiös geprägten Erziehung«, dass bei Ehrverletzungen »nötigenfalls auch Gewalt im Namen der Religion legitimiert ist«.[118]

Wer die Strafverfahren gegen muslimische Jugendliche in Berlin, Essen oder Bremen analysiert, gewinnt den Eindruck, dass bei diesen das Messer in der Tasche oder im Gürtel zur Alltagsausrüstung gehört, wie ein Handy oder ein Portemonnaie. Dabei scheinen nur wenige realisiert zu haben, wie schnell sein Gebrauch zu Anklagen wegen gefährlicher Körperverletzung oder sogar versuchten Totschlags führen kann. Und das meist auch noch – nach westlichen Vorstellungen – aus nichtigen Anlässen: Ein falscher Blick auf die Freundin oder ein falsches Wort zur falschen Zeit reichen aus, um die verletzte Ehre mit dem Dolch wiederherstellen zu wollen.

Wo die 2,6 Millionen Einwohner türkischen Ursprungs in Deutschland bei ihrem Spagat zwischen Mehrheits- und Minderheitsgesellschaft derzeit stehen, hat der türkische Staatspräsident Recep Erdogan bei seinem Staatsbesuch im Oktober 2010 ebenso realistisch wie prägnant beschrieben: »Die Hälfte der Türken sind deutsche Staatsbürger, und es gibt gute Beispiele für Integration in Politik, Kultur, Sport und Wirtschaft. Aber zur Wirklichkeit gehört auch, dass einige leben wie in den Tagen, als sie die Türkei verließen.«[119]

Das Geburtsregister des Urdorfes

Eine eigene Welt haben sich die Libanon-Flüchtlinge in Bremen, Essen oder Gelsenkirchen geschaffen – egal, ob es schiitische Libanesen, Palästinenser oder Mhallami-Kurden sind. In drei Fluchtwellen zwischen 1975 und 1990 sind sie nach Deutschland gekommen, drei Viertel durch das Schlupfloch Ostberlin. Den Libanon haben sie teils aus politischen, teils aus wirtschaftlichen Motiven verlassen – die Mehrheit jedoch wegen des Bürgerkriegs.[120] In den Ghettos im Armutsgürtel von Beirut hatten sie bereits vor ihrem Aufbruch nach Deutschland ein kümmerliches Randdasein gefristet.

Mit ihnen haben die »Ärmsten der Armen«, so der libanesischstämmige Islamwissenschaftler Ralph Ghadban, zwischen Hamburg und München Zuflucht gesucht. Das Landeskriminalamt Nordrhein-Westfalen schätzt, dass während des Bürgerkrieges mehr als eine halbe Million Flüchtlinge den Libanon verlassen haben und dass circa 90 Prozent von ihnen in Deutschland Asyl gesucht haben.[121] Die Anträge wurden in den meisten Fällen abgelehnt. Trotzdem konnten nur wenige abgeschoben werden – wegen des besonderen Schutzes von Bürgerkriegsflüchtlingen durch die Genfer Konvention und weil sie ihre Reisedokumente absichtlich weggeworfen hatten. Sie wollten damit verhindern, dass ihre Papiere für eine spätere Abschiebung eingezogen werden. Diese Möglichkeit hatte der Gesetzgeber 1982 im Asylverfahrensgesetz eröffnet, um abgelehnte Asylbewerber leichter abschieben zu können. Da sich die libanesische Regierung jahrelang geweigert hat, Ersatzdokumente auszustellen, war es fast unmöglich, Kurden und Palästinenser in den Libanon zurückzuschicken.[122]

Leider leben viele Bürgerkriegsflüchtlinge seit Jahren, teilweise Jahrzehnten auf Kosten des deutschen Sozialstaates. Nach der Studie von Ralph Ghadban *Die Libanon-Flüchtlinge in Berlin* konnten nur 19 Prozent der Männer ihre Familien ernähren, 6 Prozent erhielten ergänzende Sozialhilfe, der Rest war arbeitslos. Keine der Frauen hat je gearbeitet. Von den Schülern verließen 86 Prozent die Schule ohne Abschluss.[123]

Nur wenig besser stellt sich die Lage der 5000 libanesischen Zuwanderer in Essen dar. 2007 hatten dort 40 Prozent der Jugendlichen keinen Schulabschluss. Fast 70 Prozent besuchten die Hauptschule, lediglich 2,6 Prozent ein Gymnasium. Bundesweit scheint der Bildungswille in den letzten Jahren zugenommen zu haben. Nach einer repräsentativen Umfrage des Kriminologischen Forschungsinstituts Niedersachsen verharrte der Anteil der Haupt- und Förderschüler 2007/2008 zwar noch immer bei 70 Prozent. Aber der Anteil der Jugendlichen, die mit dem Abitur abschließen wollen, ist auf gut 9 Prozent gestiegen. Das »Integrierte Handlungskonzept« der Stadt Essen »Chancen bieten, Grenzen setzen« registrierte noch vor drei Jahren eine »hohe Analphabetenrate sowie äußerst geringe Deutschkenntnisse«. Von

Libanesen mit ungeklärter Staatsangehörigkeit lebten 2004 rund 66 Prozent von Hartz IV.[124]

Nach einer Umfrage des Statistischen Amtes der Stadt Essen hat sich die soziale Lage der libanesischen Kurden dort in den letzten Jahren kaum verbessert. Von ihnen waren 2010 noch 60 Prozent von staatlichen Transferleistungen abhängig.[125] 85 Prozent der libanesischen Kurden verfügten über ein durchschnittliches Haushaltsnettoeinkommen von unter 750 Euro pro Kopf. Sie blieben damit auch in Essen die Ärmsten der Armen. Nur geringfügig besser ging es den Türken. Bei ihnen betrug der Anteil derer, die durchschnittlich von unter 750 Euro pro Kopf im Monat leben müssen, 79 Prozent. Zum Vergleich: Von den Deutschen mussten nur 23 Prozent mit ähnlich wenig Geld auskommen.[126]

Bundesweit scheint es den Mhallami-Kurden nicht besser zu gehen: Nach der Umfrage des Kriminologischen Forschungsinstituts Niedersachsen waren 2007/2008 57,4 Prozent von ihnen auf staatliche Leistungen angewiesen.[127] Mit Hartz-IV-Leistungen oder Sozialhilfe können viele Familien trotzdem gut über die Runden kommen – dank der zahlreichen Kinder. Nach der Umfrage des Kriminologischen Forschungsinstituts Niedersachsens hatte rund 73 Prozent dieser Familien mehr als vier Kinder, der größte Kinderreichtum aller Nationalitäten oder Ethnien in Deutschland.[128] »Jedes Kind« – so der Bremer OK-Chef Wilhelm Weber – »ist bares Geld.« Der Neuköllner Bezirksbürgermeister Heinz Buschkowsky: »Diese Familien erhalten hier das Zehnfache von dem, was sie dort bestenfalls im Jahr verdienen können. Ihr Gebet lautet nicht: ›Allah gib, dass ich mich aus meinen prekären Verhältnissen befreien kann‹, sondern: ›Bitte tu alles, dass unser Leben so bleibt, wie es ist.‹«[129] Der Islamwissenschaftler Ralph Ghadban beschreibt diese Einstellung mit dem Begriff »Beutegesellschaft«.[130]

An diesem sozialen Missstand trägt die deutsche Asylpolitik ein gerüttelt Maß an Mitschuld. Durch die Einschränkung sozialer Rechte, wie Arbeitsverbote, Aufenthaltsbeschränkungen, Verbote von Ausbildung und Studium sowie sogar eine Aufhebung der Schulpflicht, wurde – so Ralph Ghadban – »eine Generation von fast Analphabeten erzeugt«.[131] In Essen leben von den 5000 Mhallami-Kurden etwa 1000 heute noch als Geduldete und dürfen deshalb nicht arbeiten.[132] Von den 10 000 in Berlin-Neukölln ansässigen Palästinensern haben immer noch 3000 den Status von Geduldeten.[133]

Trotz dieser unattraktiven Lebensbedingungen konnten die kurdischen Flüchtlinge nicht überredet werden, in ihre Heimat zurückzukehren. Sie wurden an den Rand der Gesellschaft gedrängt, haben sich in Parallelwelten eingerichtet und sind dort geblieben, selbst als sich ihr rechtlicher Status verbesserte und sich viele einbürgern ließen. Ihr Lebensmittelpunkt blieb die Großfamilie – oft mit über 5000 Angehörigen – in enger Bindung an ihre Heimatdörfer in der Türkei.[134] Ein bizarres Beispiel: Libanesische Kurden melden ihre in Deutschland zur Welt gekommenen Kinder häufig in ihren Heimatdörfern in der Türkei an. Ein Anruf beim Bürgermeister ihrer Dörfer genügt für einen Eintrag ins dortige Geburtsregister, ohne dass die Eltern dort erscheinen. Ghadban: »Die auf diese Weise reproduzierten Machtverhältnisse im Urdorf dienen als Vorbild für die Gestaltung der Verhältnisse innerhalb der Gruppe in der Diaspora.«[135] Die gesellschaftliche Struktur der Mhallami-Kurden aus der ostanatolischen Provinz Mardin mit Stämmen, Sippen, Groß- und Kleinfamilien besteht also in Deutschland und Europa im Großen und Ganzen fort.

Generationskonflikt und Gangsta-Rap

Eine weitere Quelle für Gewalt, Kriminalität, aber auch Islamisierung ist, dass die Elterngeneration und die zweite und dritte Generation muslimischer Einwanderer immer mehr auseinanderdriften.[136] Hier geht es nicht nur um den klassischen

Generationskonflikt zwischen Alten und Jungen. Er verschärft sich, indem kulturelle Werte und Identitäten der alten Heimat, die die Eltern bewahren wollen, auf die »gemischten Identitäten« (Kizilhan) der zweiten und dritten Generation prallen. Typisch ist die Aussage eines Berliner Intensivtäters: »Meine Muttersprache ist Türkisch, aber eigentlich bin ich ein Deutscher.«[137] Diese Jugendlichen entfernen sich immer stärker von den Bräuchen und Traditionen ihrer Eltern, ohne zu wissen, wohin sie dieser Entfremdungsprozess eines Tages führen wird.[138]

Der Einfluss des Islam und alter Brauchtümer wird durch die Eltern, die Migrantengemeinde, die Nutzung türkischer oder libanesischer Medien sowie durch negative Diskriminierungserfahrungen erhalten. Die Mhallami-Kurden sind als temporäre Gäste gekommen – und sind das nach zwanzig Jahren im Grunde auch geblieben. Sie leben in deutschen Städten, sind dort aber nicht heimisch geworden. Diese gespaltene Identität zeigt sich auch, wenn Menschen sich im Alter auf den Tod vorbereiten. Von der ersten Flüchtlingsgeneration sterben die Ersten, und sie wissen nicht, wo sie sich beerdigen lassen sollen: in der Türkei, im Libanon oder in Deutschland. Nur für die Ärmeren ist die Antwort klar: Sie müssen sich in Deutschland bestatten lassen, weil ihnen für ein Grab in ihrem Geburtsdorf das Geld fehlt.

Durch den Verlust der Heimat und das Nie-heimisch-Werden in Deutschland ist eine Art Diaspora-Konservatismus entstanden, durch den die hier Lebenden zum Teil stärker an traditionellen und religiösen Werten festhalten als ihre Landsleute in den Herkunftsländern. Das zunehmende Alter, der Rückzug aus dem Arbeitsleben und die unterschiedlichen Sozialisationen führen dazu, dass Einfluss und Ansehen der Eltern bei den nachfolgenden Generationen schwinden. Ein junger Essener Schmuckhändler: »Die Väter ernähren die Familien nicht mehr und sind deshalb keine Vorbilder mehr. Viele Eltern erreichen ihre Kinder nicht mehr und sind deshalb faktisch ohne Einfluss auf ihre kriminellen Sprösslinge.«[139] »Ich habe natürlich den Rat

von meinem Vater nicht befolgt« bekennt ein Berliner Intensivtäter. Im Gespräch mit ihm habe er Besserung gelobt, »okay
Papa, ich ändere mich. Papa, gib mir Zeit.« Doch das war bloß
vorgeschoben: »Kaum war ich vor der Tür, Handy an: Wo bist
du? Lass uns das machen.«[140]

Bei vielen, vor allem männlichen Jugendlichen, ist die Autorität des Vaters durch den Einfluss der Clique oder Straße abgelöst worden. Um diesen Verlust zu kompensieren, greifen die
Väter der ersten Generation manchmal auf »patriarchalische
Ehrvorstellungen mit religiösen Elementen zurück«.[141] Das ist der
eine Blickwinkel.

Der andere: Die zweite und dritte Generation lebt in der westlichen Kultur. Hier zählen Erfolge in der Schule und im Beruf.
Männer wollen bei Frauen und im Sport glänzen. Ganz oben
auf ihrer luxus- und konsumorientierten Wunschliste stehen
Marken-Jeans und PS-starke Autos, der Besuch glitzernder Diskotheken und Sex vor der Ehe. Dafür braucht man viel Geld.
Und das ist mit abgebrochener Schule oder ohne einen Berufs-
abschluss nicht zu verdienen. Als schwere Hypotheken bei der
Jobsuche erweisen sich für junge libanesische Kurden bestimmte
einschlägige Familiennamen, deren Ruf durch Straftaten einiger Angehöriger ruiniert worden ist. Wer einen solchen Namen
trägt, der schreibt schon mal über 200 Bewerbungen umsonst.

Diese negativen, ausgrenzenden Erfahrungen nutzen die Väter, um die traditionelle Rolle der Familie sowie ihre Ehr- und
Moralvorstellungen zu verteidigen. Die jungen Muslime fühlen
sich hin- und hergerissen zwischen den Kulturen, zwischen Annäherung und Vermeidung. Es kommt zu hohen psychosozialen
Belastungen in der jüngeren Generation, die sich durch Probleme in der Schule oder in der Ausbildung, eine ungünstige Wohn-
situationen und Diskriminierung in der Arbeits- und Freizeit-
welt noch verschärfen. Durch das Leben in zwei Welten werden
Selbstwertgefühl und Identität gespalten und instabil. Nach Kizilhan entwickeln Kinder und Jugendliche eigene »Selbstkulturen«

aus beiden Kulturen, die aber nicht ausreichend reflektiert und darüber hinaus von beiden Kulturen nicht akzeptiert werden.[142]

Zu dieser »Selbstkultur« gehören auch Hip-Hop- und Gangsta-Rap-Musik nach amerikanischem Vorbild. Hier hat sich eine eigene Subkultur mit sexistischen, chauvinistischen, politisch-religiösen und gewaltverherrlichenden Elementen entwickelt.[143] Rapper wie die Berliner Bushido und Deso Dogg, der Gladbecker Mc Bilal und der Bremer Ciruz sind die neuen Idole vieler Jugendlicher. Fast alle diese Rapper haben kriminelle Karrieren hinter sich oder sind zumindest schon mal mit dem Strafgesetz in Konflikt geraten. In einem Video des Bremer Rappers Ciruz tanzen und singen stadtbekannte Straftäter mit Pistolen, Macheten und Heroin in den Händen. »Sie sprechen das aus, was die Jugendlichen hören wollen. Und die leben danach«, sagt ein junger Essener Schmuckhändler. Diese Musiksubkultur birgt ein Gefahrenpotential, das Kriminalität befeuern kann. Diese Musik und ihre Frontmänner sind meilenweit von den Lebenswelten der Elterngeneration entfernt.

»Die Familie steht über dem Gesetz«

Stammes-, Sippen- und Familienstrukturen ersetzen bei den libanesischen Kurden den Staat. Ein Arbeitspapier der Bremer Informations- und Sammelstelle ethnischer Clans formuliert das unverhohlen drastisch: »Der deutsche Rechtsstaat wird verachtet. Eine Integration findet nicht statt und ist auch nicht beabsichtigt. Die Familie steht über dem Gesetz.« Oberstaatsanwalt Roman Reusch erklärt dazu: »Die Angehörigen dieser Tätergruppe zeichnen ... sich durch völlig fehlende Unrechtseinsicht und weitgehende Resistenz gegen polizeiliche und justizielle Maßnahmen aus ... Es gibt nur eine Maßnahme, die sie wirklich beeindrucken kann, nämlich Haft.«[144] Und Ralph Ghadban fasst die Haltung seiner Landsleute so zusammen: »Der Staat ist für sie ein notwendiges Übel. Sie versuchen den Staat zu vermeiden, soweit es geht.«

Die hohen Kriminalitätsraten der Muslime in einigen Bereichen haben, zusammengefasst, sozio-ökonomische und religiös-kulturelle Wurzeln. Das hat auch die Neuköllner Jugendrichterin Kirsten Heisig immer wieder betont: »Da kommt vieles zusammen: einerseits hohe Arbeitslosigkeit, Schuldistanz und allgemeine Verwahrlosung. Hinzu kommen kulturelle Faktoren: Der Männlichkeitswahn ist bei manchen Türken und Arabern besonders ausgeprägt. Ehre und Respekt sind so emotional entwickelt, dass es schnell zu Gewalt kommt. Prügeln ist in der Erziehung leider gängige Praxis. Wenn der Vater den Respekt nicht genießt, weil er arbeitslos ist, dann stellt er ihn durch Schläge her … Es entwickeln sich geschlossene Gesellschaften mit eigenen Regeln. Darin sehe ich eine große Gefahr.«[145]

Zu dieser eigenen Regelwelt gehört auch die Paralleljustiz in islamischer Rechtstradition. Für Türken, Kurden und Araber gibt es zahlreiche Gründe, sich ihr nach Straftaten anzuvertrauen. Religiöse Gründe, wie die Vorstellung, dass die Scharia Gottes Gesetz ist und sie damit dem westlichen Recht überlegen ist. Kulturelle Gründe, wie die mangelnde Sensibilität der deutschen Polizei und Strafjustiz für islamische Werte, Traditionen und Rechtsvorstellungen. Intellektuelle Gründe, wie fehlendes Wissen über deutsche Gesetze, zum Beispiel dass informelle »Rechtsakte« der Schattenjustiz in der deutschen Rechtsordnung unwirksam sind. Und pragmatische Gründe: Konflikte sind über Streitschlichter meist schneller und billiger zu lösen als mit Hilfe von Rechtsanwälten und Gerichten.[146] Erst wenn die Vermittlung fehlschlägt, gehen viele Muslime zum Anwalt. Da hat sich – so Ralph Ghadban – eine »Paralleljustiz entwickelt, die auf dem Clan-System basiert und mit der sie ihre Probleme untereinander lösen. Nur wenn es in ihrem Interesse ist, kooperieren sie mit dem Staat.«[147]

Hohe Kriminalitätsraten in der Parallelgesellschaft

Der Krieg der Clans

Die Spuren der wilden Schießerei waren weit verstreut: 17 Projektile entfernten die Tatortspezialisten des Landeskriminalamtes Berlin Mitte November 2010 aus geparkten Autos, Häuserwänden und dem Straßenasphalt in Berlin-Neukölln. Eines davon hatte Saber R., einen berüchtigten Intensivtäter, am Bein gestreift. Eine 18. Kugel steckte im Fuß seines jüngeren Bruders Fattah. Im nahen Tempelhofer St. Joseph Krankenhaus blieb Saber R. allerdings nicht lange. Als er merkte, dass dort mehrere Mitglieder des verfeindeten Clans auftauchten, flüchtete er trotz seiner Verletzung aus dem Krankenhaus und tauchte erst einmal in Süddeutschland unter. Er fürchtete, dass die ungebetenen Krankenhausbesucher vollenden wollten, was andere Familienmitglieder Stunden zuvor nicht geschafft hatten: ihn zu töten.

Die Hintergründe dieser Blutfehde sind bisher ungeklärt. Es könnte um Rache, Geldschulden oder um verletzte Ehre gegangen sein. Zunächst wollten Saber R. und seine beiden Brüder den eskalierten Konflikt mit der anderen Clique nach muslimischer Tradition unter sich regeln und nach dem »Gesetz der Straße« nicht aussagen. Als dann aber die Gegner eine Strafanzeige gestellt hatten und sie für 20 Stunden vorübergehend festgenommen wurden, sagten auch Saber R. und seine beiden Brüder vor der Polizei aus und wiederholten ihre Version des Geschehens sogar noch einmal bei einer richterlichen Vernehmung. Daraufhin wurde Faris S., den die drei als Schützen identifiziert hatten, verhaftet. Nach ihren Aussagen hatte sich Folgendes ereignet: Ein ehemaliger Knastkumpel von Saber R. hatte für ihn Geld gesammelt. Damit wollte er ihm, der gerade aus dem Gefängnis entlassen worden war, den Start ins neue Leben erleichtern. Die gutgemeinte Hilfsaktion soll Saber R. aber gekränkt und zu Streitereien geführt haben.[148] Überdies habe der ungebetene Helfer das gesammelte Geld nicht an die Spender zurückgegeben, nachdem Saber R. die Annahme verweigert hatte.

Der Geldsammler und von den Brüdern belastete Hauptverdächtige hat sich mittlerweile in Begleitung eines Anwalts gestellt, nicht etwa, um ein Geständnis abzulegen, sondern weil seine Wohnung durchsucht und er bereits mit Haftbefehl gesucht wurde. Er schweigt bisher zum Neuköllner Kiezkrieg. Den zu befrieden haben sich gleich mehrere Friedensrichter angeboten – erfolglos, weil der älteste der Brüder R. keine Verständigung wollte. Zwischen den Familien S. und R. hatte es nämlich immer wieder Einigungsversuche gegeben, aber nie einen dauerhaften Frieden.

Wer hier gegen wen und warum schießt, kümmert die Anwohner in der Emser Straße wenig. Sie bedrückt etwas ganz anderes: die eigene Angst. Einer von ihnen ist Andreas R.: »Das wird hier doch immer schlimmer. Selbst die Polizei traut sich kaum noch hierher. Diese Banden haben das Kommando übernommen. Mit Gewalt. Wir leben im Kiez in Angst. Täglich!«[149] Auch bei Oberstaatsanwalt Sjors Kamstra, zuständig für organisierte Kriminalität, haben sich nach dieser Schießerei die Sorgenfalten vertieft: »Sie tragen ihre Auseinandersetzungen immer mehr auf die Straße. Das ist ein Zeichen dafür, dass die Furcht vor der Obrigkeit und vor Festnahmen gesunken ist.«

Vielleicht hatte Bundespräsident Christian Wulff auch solche Schießereien im Hinterkopf, als er in seiner von Muslimen hochgelobten Rede zum 20. Jahrestag der Deutschen Einheit auch einige ihrer Probleme ansprach: »das Verharren in Staatshilfe, die Kriminalitätsraten und das Machogehabe, die Bildungs- und Leistungsverweigerung«.[150]

Dabei ist das mit den Kriminalitätsraten auch ein Problem. Denn die bisher geführten Statistiken sagen fast nichts über die

Kriminalität von Muslimen aus. Die wichtigsten Gradmesser für die Kriminalitätsentwicklung – die Polizeiliche Kriminalstatistik des Bundeskriminalamts sowie die Strafverfolgungs- und Strafvollzugsstatistiken der Länder – enthalten keine Tätermerkmale wie »Religionszugehörigkeit« oder »Migrationshintergrund«. Allein die Kategorie »Staatsangehörigkeit« kann bisher Aufschluss über den religiös-kulturellen Hintergrund von Tatverdächtigen geben – freilich nur in sehr begrenztem Umfang.

Doch nicht einmal diese Möglichkeiten werden ausreichend genutzt und zur Auswertung herangezogen. So heißt es im 8. Bericht der Bundesregierung über die Lage der Ausländerinnen und Ausländer in Deutschland pauschal, dass der Anteil der nichtdeutschen Tatverdächtigen von 1993 bis 2009 »stark und kontinuierlich« um fast 40 Prozent gesunken ist: von 33,6 Prozent auf 21,3 Prozent.[151] Das ist zweifellos eine Erfolgsbilanz, die allerdings zwei Schönheitsfehler hat: Ein Teil des Rückganges lässt sich einmal durch die gestiegene Zahl von Einbürgerungen erklären. Dadurch werden in der Kategorie »deutsch« auch viele Personen mit Migrationshintergrund erfasst. Und die Statistik in dieser Form verschleiert die Problemzonen: nämlich etwa die hohen Kriminalitätsraten von Einwanderern aus dem muslimischen Kulturkreis bei bestimmten Delikten: Kein Wort im Bericht der Bundesregierung über Körperverletzungen, Raubüberfälle oder Drogendelikte dieser Tatverdächtigengruppe. Dafür fehlen schlicht die Daten oder sie sind nicht ausgewiesen. Die Polizeiliche Kriminalstatistik erfasst zwar die Häufigkeit von Tatverdächtigen aus bestimmten Nationen, fächert sie aber nicht nach Delikten oder Deliktsgruppen auf.[152]

Wer mehr darüber wissen will, ob Migranten aus dem muslimischen Kulturkreis öfter kriminell werden als andere Bevölkerungsgruppen, ist auf Hilfskrücken wie polizeiliche Lagebilder in einzelnen Kriminalitätsfeldern, Ministatistiken über besondere Tätergruppen und Dunkelfeldforschung angewiesen.

Diese mangelhafte Faktenlage dürfte auch einer der Hauptgründe dafür sein, dass der »Streitfall Ausländerkriminalität« bis heute nicht beigelegt ist. Fasst man die gesamte Hell- und Dunkelfeldforschung zusammen, können jedoch zwei Befunde als gesichert gelten. Erstens: Es gibt keine höhere kriminelle Belastung von Nichtdeutschen oder Muslimen im Vergleich zu Deutschen über die gesamte Bandbreite der Kriminalität. Zweitens: Es gibt jedoch Sektoren mit einer höheren kriminellen Belastung von Nichtdeutschen oder Muslimen im Vergleich zu Deutschen.[153] Bei Muslimen sind es die Felder Gewaltkriminalität Jugendlicher und Intensivtäter, Drogenkriminalität und organisierte Kriminalität.[154]

Dass das Tätermerkmal »Nationalität« fast jede Aussagekraft verloren hat, zeigt plastisch die Statistik der Jugendgerichtshilfe Essen über Strafverfahren gegen Jugendliche und Heranwachsende mit libanesischem Hintergrund in der Stadt.[155] Bei ihnen gibt es vier Gruppen mit unterschiedlichem Rechtsstatus: libanesische, deutsche und syrische Staatsangehörige sowie eine vierte Gruppe von Tatverdächtigen mit ungeklärter Staatsangehörigkeit. Was sagt uns diese Statistik nun über Jugendgerichtsverfahren in Essen?

Die Zahl der Verfahren gegen Tatverdächtige mit libanesischem Pass hat von 2005 bis 2009 um beachtliche 26 Prozent abgenommen. Gleichzeitig sind aber die Verfahren gegen Jugendliche mit syrischem Pass im selben Zeitraum um bemerkenswerte 73 Prozent und gegen die mit ungeklärter Staatsangehörigkeit um 24 Prozent gestiegen. Was aber bedeutet der Rückgang der einen Zahl im Vergleich zum Anstieg der anderen Zahlen für die Kriminalitätsentwicklung? Niemand kann diese Frage beantworten, weil das Tätermerkmal »Nationalität« bei diesem Personenkreis durch Staatsangehörigkeitswechsel und doppelte Staatsbürgerschaften nur noch geringe Aussagekraft hat. Relativ beruhigend ist jedoch, dass in Essen die Gesamtzahl der Strafverfahren gegen Jugendliche mit libanesischem Hintergrund im selben Zeitraum nur geringfügig gestiegen ist, nämlich um 1,7 Prozent.

Nach einer Umfrage des Bundesamtes für Migration und Flüchtlinge haben inzwischen rund 45 Prozent aller hier lebenden Muslime die deutsche Staatsangehörigkeit.[156] Sie werden in den Kriminalstatistiken deshalb nicht mehr als Türken oder Libanesen erfasst. Wegen dieser Aussageschwäche der Statistik hatte die Arbeitsgruppe »Optimierung des bestehenden kriminalstatistischen Systems in Deutschland« 2009 angeregt, das Merkmal »Migrationshintergrund« zusätzlich zur Staatsangehörigkeit zu erheben. Die Nationalität eines Tatverdächtigen oder Verurteilten sage relativ wenig über seine »kulturell/soziale Integration« aus: »Der Status ›Ausländer‹ kann einhergehen mit völliger Integration, der Status ›deutsch‹ kann aber auch, wie bei Teilen der deutschstämmigen Aussiedler oder bei eingebürgerten Ausländern, für ein nur geringes Maß an Integration stehen.«[157] Auch der Arbeitskreis II der Ständigen Kommission der Innenminister und -senatoren hatte dieses Defizit der Polizeilichen Kriminalstatistik bereits auf der Tagesordnung und ein Pilotprojekt angedacht. Alle diese Bemühungen sind jedoch aus praktischen Gründen bisher im Sande verlaufen. Oder auch aus politischen Gründen?

Angaben zur Staatsangehörigkeit von Eltern oder Großeltern sind bei der derzeitigen Rechtslage nach Auffassung des Bundeskriminalamts nur auf »freiwilliger Basis« zu erheben. Damit sei eine »durchgängige Erfassung« des Migrationshintergrundes nicht »gewährleistet«. Verzerrungen wären programmiert, die die Polizei nur mit einem erheblichen Mehraufwand an Eigenrecherche ausgleichen könnte. Daraus zieht das Bundeskriminalamt den Schluss: Obwohl die Bildung von »Kriminalitätsquotienten wie der Tatverdächtigenbelastungszahl« »im Präventions- und Resozialisierungsbereich« »unabdingbare Voraussetzung« ist, sei eine »massenstatistische Datenbasis zum Migrationshintergrund … nicht zu realisieren«.[158]

Ob in dieser Frage bereits das letzte Wort gesprochen ist, erscheint jedoch zweifelhaft. Denn der Mikrozensus fragt bereits seit 2005 jährlich – als Reaktion auf die wachsende Zahl der Eingebürgerten – den Migrationshintergrund ab. Neben der Staatsangehörigkeit wird nach dem Herkunftsland, einer Einbürgerung und nach den Gründen für sie gefragt. Wenn Vater oder Mutter nach 1960 in die Bundesrepublik gezogen sind, wird gleichfalls ihre ursprüngliche Staatsangehörigkeit erhoben. Vor allem nach dem Pisa-Schock, bei dem insbesondere Kinder mit Migrationshintergrund schlecht abschnitten, hatte die Bildungspolitik großes Interesse an Daten zur Herkunft der Schüler. Warum sollte eine Größe, die in der Bildungspolitik erhoben wird und gute Dienste leistet, bei der Erfassung und Bewältigung von Kriminalität schlecht sein?

Im Zensus 2011 wurden dieselben Fragen zum Migrationshintergrund gestellt. Daneben aber wollten die Statistiker zum ersten Mal wissen, zu welcher »Religion, Glaubensrichtung oder Weltanschauung« sich die Befragten bekennen.[159] Es wird danach gefragt, ob sie christlichen, jüdischen oder islamischen Glaubens sind. Die Beantwortung dieser Frage ist allerdings freiwillig.

Um zumindest Anhaltspunkte zu gewinnen, wie häufig Tatverdächtige einen muslimischen Migrationshintergrund haben, bleibt zunächst keine andere Wahl, als auf ihre jeweilige Nationalität abzuheben – unter Inkaufnahme aller Verzerrungen und Schwächen. Dies ist jedoch besser, als im Namen der politischen Korrektheit die Augen vor den Problemen zu verschließen.

In vielen Kriminalitätsstatistiken belegen Migranten aus muslimischen Ländern einen Spitzenplatz. Im Lagebild »Organisierte Kriminalität« des Bundeskriminalamts nehmen die Türken unter den nichtdeutschen Tatverdächtigen mit einem Anteil von 9,2 Prozent Platz eins ein.[160] Beim Rauschgifthandel und -schmuggel in Nordrhein-Westfalen haben die Libanesen den Türken den Rang als die am stärksten belastete Nationalität abgelaufen. Nach dem Lagebild »Organisierte Kriminalität« 2009 in NRW betrug der Anteil der Libanesen an allen Tatverdächtigen

20 Prozent, der der Türken 16 Prozent.[161] Seit 2006 beobachtet die Kriminalpolizei, dass libanesische Staatsangehörige in der organisierten Kriminalität stark vertreten sind, insbesondere in Essen, Düsseldorf und Dortmund. In Oberhausen ist es dem polizeilichen Lagebild zufolge einer libanesisch-kurdischen Großfamilie gelungen, »sich eine Monopolstellung bei der Belieferung des Rotlichtmilieus mit Kokain und anderen Drogen zu sichern«.[162]

Nach Bannenberg und anderen haben Migranten eine höhere Inhaftierungsrate als Deutsche. Ausländer haben nach ihr »ein doppelt so hohes Risiko der Verurteilung zu einer Freiheitsstrafe und zudem das Risiko der Verurteilung zu einer höheren Freiheitsstrafe«.[163] Die Ursachen: eine höhere Anzeigebereitschaft gegenüber Ausländern, schlechtere Sozialprognosen und zum Teil schwerere Straftaten.

Ein ähnliches Bild liefert die die Strafvollzugsstatistik bei Muslimen: Addiert man die Zahlen der Inhaftierten aus muslimischen und überwiegend muslimischen Ländern und vergleicht sie mit denen deutscher Inhaftierter, kommt man zu deutlich höheren Kriminalitätsraten bei Inhaftieren aus islamischen und überwiegend islamischen Ländern.[164] Nach einer repräsentativen Befragung des Bundesamtes für Migration und Flüchtlinge beträgt der Anteil der Muslime an der Gesamtbevölkerung Deutschlands zwischen 4,6 und 5,2 Prozent.[165] Aufgrund dieser Datenbasis schätzt das Bundesamt, dass der Anteil der Muslime an der Gesamtbevölkerung Nordrhein-Westfalens rund 7,5 Prozent beträgt, in Berlin circa 8,2 Prozent und in Bremen 9,8 Prozent.[166] Ein Vergleich zeigt, dass in allen drei Bundesländern die Anteile der Inhaftierten aus dem islamischen Kulturkreis in Strafhaft, Untersuchungshaft und anderen Haftarten zwischen einem Drittel und mehr als der Hälfte höher liegen als ihre Anteile an der Gesamtbevölkerung: in Nordrhein-Westfalen 16,6 Prozent im Vergleich zu 7,5 Prozent, in Berlin 12,1 Prozent im Vergleich zu 8,2 Prozent und in Bremen 18,1 Prozent zu 9,8 Prozent.

Politisch gewollt: Kriminalstatistik
ohne Migrationshintergrund

Dass es neben praktischen auch politische Gründe geben kann, die Polizeiliche Kriminalstatistik bei Migranten nicht zu verbessern, zeigt der im Dezember 2010 veröffentlichte Bericht des Landeskriminalamts Berlin (LKA) über »Straftaten von Angehörigen arabischer Großfamilien in Berlin«.[167] Er verzichtet auf die Darstellung des Migrationshintergrundes bei Tatverdächtigen mit einer entlarvenden Begründung: Dies sei »weder politisch noch gesellschaftlich gewollt«.[168] Der Berliner Senat will den Migrationshintergrund als möglichen kriminalitätsträchtigen Faktor nicht aufklären, weil dies diskriminierend wäre.

Um diese selbstgeschaffene Klippe zu umschiffen, behilft sich das Landeskriminalamt auch mit dem Tätermerkmal »Nationalität« und fasst alle Tatverdächtigen aus Ländern zusammen, die der Arabischen Liga angehören. Nur hilft dieser Umweg auch nicht viel weiter. Denn von den rund 64 000 in Berlin gemeldeten Personen, die aus diesen Ländern stammen, sind 30 500 Nicht-Deutsche und 33 500 Deutsche mit Migrationshintergrund.[169] Letztere wurden eingebürgert oder sind durch Geburt Deutsche. Das heißt aber auch, dass über 50 Prozent aller aus arabischen Ländern stammenden Einwohner Berlins bei der Kriminalitätsbelastung arabischer Großfamilien gar nicht berücksichtigt werden. Deshalb ist auch die Feststellung des Berichts, dass sich die Zahl der nichtdeutschen Tatverdächtigen seit 2003 tendenziell verringert habe, eher irreführend.[170] Dieser Rückgang sagt wenig bis gar nichts aus, da alle seitdem eingebürgerten Libanesen oder Palästinenser als deutsche Tatverdächtige erfasst werden und folglich in der Statistik nicht mehr auftauchen. Die Aussagekraft des LKA-Berichts ist also höchst dürftig und kommt über das Abbilden von Tendenzen nicht hinaus.

Trotzdem sind einige Erkenntnisse erhellend: In Berlin leben rund zwanzig bis dreißig Großfamilien mit jeweils fünfzig bis fünfhundert Mitgliedern und vielfältigen familiären Bindungen in andere Bundesländer und nach Holland, Dänemark und Schweden. »Die Mehrheit aller Mitglieder dieser Großfamilien« – unterstreicht der Bericht – ist »strafrechtlich unauffällig«.[171]

Es gibt aber auch Zahlen, die Sorgen bereiten. Innensenator Ehrhart Körting beobachtet bei einigen der zwanzig bis dreißig Großfamilien eine »überproportionale Kriminalität«.[172] Die entsprechenden Zahlen liefert der Polizeipräsident von Berlin, bezogen auf die Hauptstadt: Die Kriminalitätsbelastung der Nationalitäten der Arabischen Liga liegt bei Jugendlichen (14–18 Jahre) 3,1-mal so hoch und bei Heranwachsenden (18–21 Jahre) 3,5-mal so hoch wie bei deutschen Tatverdächtigen der entsprechenden Altersgruppen. Innerhalb der Arabischen Liga sind Mitglieder libanesischer Familien am schwersten belastet.[173] Einen schweren Diebstahl begehen libanesische Heranwachsende etwa 16 Mal häufiger als deutsche. Bei Rauschgift- und Rohheitsdelikten liegen die Kriminalitätsraten libanesischer Heranwachsender fünfmal höher als bei deutschen. Die Straftatenbelastungszahl bei den straffälligen Mitgliedern liegt bei durchschnittlich 5,34 Taten pro Täter, an der Spitze liegt eine Familie mit durchschnittlich 10,35 Taten je Tatverdächtigem.[174]

Die kriminellen Mitglieder libanesischer Familien sind über die gesamte Bandbreite der Kriminalität aktiv: vom Diebstahl über Gewalttaten bis zum Rauschgiftschmuggel und -handel. Letzterer wird nach dem LKA-Bericht von türkisch-kurdischen und libanesischen OK-Gruppierungen dominiert.[175] Erstaunlich niedrig ist nach dem LKA-Bericht der Anteil der Intensivtäter aus arabischen Staaten bis Oktober 2010, er liegt bei gerade mal 15,6 Prozent.[176] Die Statistik der Berliner Staatsanwaltschaft kommt für 2011 hingegen zu einem anderen, erschreckenden Ergebnis: Nach dieser Auswertung soll der Anteil der deutschen Intensivtäter gut 26 Prozent betragen haben, nach Abzug der Russlanddeutschen 22 Prozent. Rund 78 Prozent der erfassten Intensivtäter hatten nach dieser Statistik also einen Migrationshintergrund.

Dabei stellen Türken/Türkischstämmige mit 33 Prozent und Araber/Arabischstämmige mit 46 Prozent die Löwenanteile der Intensivtäter mit Migrationshintergrund. Die Araber/Arabischstämmigen »stellen die größte Tätergruppe dar, was angesichts ihres vergleichsweise kleinen Bevölkerungsanteils bedenklich erscheint«,[177] so das Fazit der Intensivtäterabteilung der Staatsanwaltschaft Berlin in ihrem unveröffentlichten Bericht für 2010.

Dass Polizei und Staatsanwaltschaft bei den Intensivtätern zu so unterschiedlichen Ergebnissen kommen, hat wahrscheinlich zwei Ursachen: Der Kreis der von der Polizei erfassten Intensivtäter ist größer, und in dem LKA-Bericht werden türkische Tatverdächtige nicht mitgezählt, weil die Türkei nicht zur Arabischen Liga gehört.

Unverständlich, nicht nachvollziehbar und in sich widersprüchlich ist das Fazit der LKA-Studie: »Sowohl quantitativ wie qualitativ ist festzuhalten, dass die kriminellen Mitglieder arabischer Großfamilien in nicht geringer Anzahl Straftaten der überwiegend kleinen und mittleren Kriminalität in relevanter Größenordnung begehen … Ein kleiner Teil krimineller Familienmitglieder begeht jedoch auch schwerere Straftaten.«[178] Für diese Differenzierung zwischen kleiner, mittlerer und schwerer Kriminalität geben die Zahlen des Berichts indes nichts her. Über alle Delikts- und Altersgruppen hinweg ist die kriminelle Belastung bei ihnen 6,9-mal höher als bei deutschen Tatverdächtigen. Und auch hinsichtlich der Qualität der Straftaten ist diese These nicht zu halten. Ehrenmorde und Blutrache werden nicht gesondert erwähnt. Und wie ist mit dieser Behauptung vereinbar, dass die beiden spektakulärsten Raubüberfälle der jüngsten Zeit auf das Kaufhaus des Westens (KaDeWe) und auf das Pokerturnier am Potsdamer Platz auf das Konto libanesisch-kurdischer Großfamilien gehen? Für die versuchte Differenzierung gibt es eine naheliegende Erklärung: Es ist ein politisch motivierter Versuch, die kriminelle Belastung arabischer Großfamilien weniger dramatisch aussehen zu lassen, als sie tatsächlich ist.

Allgemeiner und pointierter hingegen äußert sich die Gießener Kriminologin Britta Bannenberg: »Es gibt einen politischen Unwillen, Kriminalität von Einwanderern zu sehen und zu benennen.«[179]

Der Riesenstammbaum

Wesentlich unbefangener und professioneller geht die Bremer Polizei mit der Kriminalstatistik um. Seit Jahren sammelt die Informationsstelle ethnische Clans (ISTEC) ohne politische Bauchschmerzen Daten über libanesisch-kurdische Clans, Familienstrukturen, kriminelle Aktivitäten und Reaktionen von Polizei und Strafjustiz – und zwar unabhängig von der Staatsangehörigkeit.[180] Der Stolz der vier hierfür abgestellten Beamten: eine mehrere Meter lange Papierrolle mit einem Riesenstammbaum verschiedener Familien und ihrer Zweige. Er soll bei der Identifizierung von Personen und bei der Beantwortung der Frage helfen, ob bestimmten Personen als Angehörige ein Zeugnisverweigerungsrecht zusteht oder nicht. Halbjährlich veröffentlicht die Stelle Berichte über die »Delinquenz in Bremen ansässiger Mhallamiye« – so der Name des ursprünglich aus der Türkei stammenden, in den Libanon geflüchteten kurdischen Stammes.

Die Bilanz für 2010 zeichnet ein düsteres Bild von den kriminellen Aktivitäten libanesischer Kurden. Gegen 1190 von den 2600 in der Hansestadt lebenden Kurden wurde in den letzten Jahren mindestens einmal polizeilich ermittelt, also nahezu gegen jeden Zweiten.[181] Berücksichtigt man, dass 800 bis 900 der Bremer Mhallami strafunmündige Kinder unter 14 Jahren sind, dann ergibt sich statistisch, dass fast jeder männliche Mhallami in der Hansestadt schon einmal strafrechtlich auffällig geworden ist.[182] Von den 328 im Jahr 2010 neu registrierten Tatverdächtigen gelten 18 als Intensivtäter und 38 als Top-Täter.[183]

Besonders erschreckend ist die kriminelle Energie bei jugendlichen und heranwachsen Top- und Intensivtätern: In ihrer Altersgruppe waren sie für 20 Prozent aller Delikte verantwortlich – doppelt so häufig wie die anderen Top- und Intensivtäter im Durchschnitt. Es gibt aber auch einen Lichtblick: Während die Zahl der den Mhallami-Kurden zugeschriebenen Taten seit 1998 jährlich gestiegen ist, sinkt sie seit 2008. Hinter dem Rückgang vermutet die Bremer Polizei vier Ursachen: hohe Gefängnisstrafen für viele Top- und Intensivtäter, Flucht aus Deutschland, hoher Verfolgungsdruck und eine breite öffentliche Diskussion über ihre Kriminalitätsbelastung, insbesondere über ihre Gewaltbereitschaft. Diese Debatte stellt die Mhallami-Kurden noch weiter ins gesellschaftliche Abseits – mit negativen Folgen für die, die sich gesetzestreu verhalten.

Reichtum ohne Ausbildung und akademische Grade

Was die Kriminalstatistiken aus Berlin und Bremen nicht offen aussprechen, formuliert der libanesische Islamwissenschaftler Ralph Ghadban: »Die Flüchtlinge aus dem Libanon führen seit Jahren mit Abstand die Kriminalitätsstatistik in Deutschland an. Gemessen an ihrem Anteil von 0,38 Prozent an der Gesamtpopulation männlicher Jugendlicher und Heranwachsender in Berlin, waren männliche libanesische Jugendliche und Heranwachsende im Jahr 2006 mit einem Anteil von 5,3 Prozent an den Inhaftierten fast 14-mal häufiger inhaftiert, als es ihrem Bevölkerungsanteil entsprechen würde.«[184] Libanesische Großfamilien haben in Berlin nach Beobachtungen Ghadbans eine »Infrastruktur aufgebaut, die auf illegaler Arbeit und Steuerhinterziehung beruht und sich der Gastronomie und des Autohandels als legale Fassade bedient. Drogenhandel, Erpressung, Diebstahl und Raubüberfälle helfen, große Reichtümer anzusammeln, und benötigen keine Ausbildung und keinen akademischen Grad ... Die Gruppe stellt inzwischen eine Bedrohung für den sozialen Frieden dar.«[185]

Für die Richtigkeit diese These gibt es erste Indizien, zumindest in einigen muslimisch geprägten Stadtteilen Berlins, Essens oder Bremens. Als Kronzeuge wachsender Spannungen in solchen Vierteln trat der Berliner Hauptkommissar Christian Horn auf dem 4. Nationalen Integrationsgipfel im Bundeskanzleramt auf, der im November 2010 stattfand. Als stellvertretender Leiter der Arbeitsgruppe Integration und Migration in Kreuzberg und Neukölln berichtete er von seinen Erfahrungen: »Viele Kinder mit türkischem und arabischem Hintergrund wachsen mit Gewalterfahrungen auf, vor allem in den eigenen Familien. Nicht verwunderlich, dass viele von ihnen Gewalt als völlig legitimes Mittel der Kommunikation ansehen. Körperliche Gewalt bis hin zur schweren und gefährlichen Körperverletzung – ganz zu schweigen von verbaler und psychischer Gewalt – ist keine Seltenheit.«[186]

Besonders bedrücken Horn die verschärften Konflikte an den Schulen: »Auch Erpressungen und Nötigungen sind an den Schulen nahezu an der Tagesordnung; selbst Fälle regelrechter Versklavung von Mitschülern sind uns bekannt geworden. Diese Gewalt richtet sich gegen Mitschüler, ebenso wie gelegentlich gegen Lehrer und Lehrerinnen.«[187] In einem Fall haben zwei Kinder aus arabischen Großfamilien einen deutsch-türkischen Mitschüler so zusammengeschlagen, dass der Junge lebenslang unter einem Gehörschaden leiden wird.

Diese Gewaltbereitschaft unter muslimischen Migranten bekommen jüngst auch verstärkt Polizeibeamte zu spüren. Nach einer Untersuchung des Kriminologischen Instituts Niedersachsen hat die Zahl der weniger schweren Übergriffe auf sie in den letzten fünf Jahren um 93,5 Prozent zugenommen, die der schweren um 60,1 Prozent.[188] Unter den Tätern, die der Polizei gewalttätig gegenübertreten, finden sich doppelt so viele Menschen mit Migrationshintergrund, als es ihrem Anteil an der Gesamtbevölkerung entspricht. Bei den Motiven der Gewalttäter zeigen sich auffällige Unterschiede in den Herkunftsgruppen.

Das Motiv »Feindschaft gegen Polizei und Staat« stellt die Studie am häufigsten bei türkischen Gewalttätern (35,4 Prozent) fest, gefolgt von Tätern aus anderen islamischen Ländern (33,3 Prozent). Zum Vergleich: Von den deutschen Tätern handelten insgesamt nur 25,6 Prozent aus einer feindlichen Stellung gegenüber Polizei und Staat heraus.[189]

Sorgen bereitet dem Landeskriminalamt Berlin die zunehmende Ballung arabischer Großfamilien in Wohnghettos. Die Beamten haben beobachtet, dass »sich einige polizeilich auffällige arabisch-stämmige Großfamilien eine Wohnstruktur geschaffen haben, bei der mehrere Wohnungen in einem Mehrparteienhaus angemietet und bewohnt werden.«[190] In Fällen wie diesen haben arabische Clans bereits komplette Flügel oder ganze Häuser in Beschlag genommen – oder stehen kurz davor. Diese Wohnstrukturen sind integrationsfeindlich und möglicherweise kriminalitätsfördernd.

Ebenso alarmierend ist, dass sich das Drohpotential einiger arabischer Familien aus dem kriminellen Milieu in jüngster Zeit auch gegen Anwälte, Polizeibeamte und sogar gegen Richter wendet. So hat beispielsweise ein Strafverteidiger unlängst einem Staatsanwalt berichtet, dass er ein Opfer nicht mehr als Nebenkläger gegen ein Mitglied einer kriminell hochbelasteten Mhallami-Familie vertreten werde, weil er um seine Sicherheit fürchte. Ein anderer Verteidiger hat in einem Gespräch mit einem Anklagevertreter eingeräumt, dass er einem Mandanten aus Angst geraten habe, nicht als Kronzeuge gegen ein Mitglied dieser berüchtigten Familie auszusagen. In einem vorausgegangen Prozess hatte ein anderer Mandant von ihm ein Mitglied des Clans belastet – offenbar mit einschüchternden Folgen für sich selbst.

In Berlin haben Clan-Mitglieder einen Privatdetektiv engagiert, um einen Strafrichter, der einen Prozess gegen kriminelle Mitglieder von Großfamilien geleitet hat, auszuspionieren. Er wisse nicht, ob er noch einmal einen ähnlichen Prozess übernehmen werde, bilanziert der Richter: »Wahrscheinlich nicht.«[191] Auch die Jugendrichterin Heisig fühlte sich offenbar zeitweise unter Druck gesetzt. Das vertraute sie dem Landesvorsitzenden der Deutschen Polizeigewerkschaft Berlin, Bodo Pfalzgraf, an. Sie sei von einer Großfamilie bedroht worden, deren Nachwuchs sie zu Freiheitsstrafen verurteilt habe.[192] In Bremen hat ein Richter im Landgericht ein anderes Namensschild an seiner Tür anbringen lassen, nachdem seine Familie und er bedroht worden waren.

Im Dezember 2010 hat sich in Berlin zum ersten Mal eine junge Polizistin bei der Staatsanwaltschaft gemeldet und um Zeugenschutz gebeten. Bei einer Routinekontrolle hatte der Boss der »Hells Angels Turkey« sie und einen Kollegen so beschimpft und bedroht, dass sie Angst um ihre Gesundheit und um ihr Leben hatte. Hier will der zuständige Staatsanwalt jetzt ein Exempel statuieren und den Hells-Angels-Boss wegen Beleidung anklagen – um Polizeibeamte zu schützen und ihre Aussagebereitschaft zu erhalten.

Angsträume

Auch in Essen ist die Sicherheitsbilanz gemischt – trotz der Modellversuche bei der Gewaltprävention und neuer Integrationskonzepte. In einigen Stadtvierteln ist die Jugendgewalt von libanesischen Kurden in den letzten Jahren zwar kaum noch gestiegen. Aber sie verharrt auf hohem Niveau. Deshalb machen Bürger dort immer wieder reale negative Erfahrungen, die sich mit diffusen Ängsten vermischen. Daraus entstehen dann »Angsträume«, wie die *Westdeutsche Allgemeine Zeitung* im Dezember 2010 einen Artikel über das Sicherheitsgefühl im Stadtteil Altenessen überschrieb, insbesondere in der Gegend um den Bahnhof.[193]

Es sind meist Meldungen über Einzelvorfälle aus verschiedenen Stadtteilen, die dann aber in den Köpfen der Bürger zu einem Gesamteindruck verschmelzen: Der Leiter einer Bankfiliale hat zwei Massenschlägereien vor seiner Tür erlebt. Politessen verteilen aus Angst keine Strafzettel mehr an türkisch oder arabisch aussehende Männer. Es gibt Pöbeleien und deutschfeindliche Sprüche zu hören, und Jugendliche machen während eines Raubüberfalles Faxen vor der Videokamera. Hinzu kommen Drogenhandel auf der Straße; »Abziehen« – also das Stehlen von Handys; Schutzgelderpressungen von Hundebesitzern zwischen 5 Euro bis 10 Euro, damit sie ihre Vierbeiner ohne bange Gefühle ausführen können.[194] Die Polizei hat die nördliche Innenstadt seit Jahren als Kriminalitätsschwerpunkt, als »gefährlichen Ort«, im Sinne des nordrhein-westfälischen Polizeigesetzes, eingestuft. Das heißt, die Polizei kann hier ohne Anlass Personen und mitgeführte Gegenstände kontrollieren.

Presseberichte und Bürgerbeschwerden gaben Anfang November 2010 dem Jugendhilfe-Netzwerk Nord der Arbeiterwohlfahrt den Anstoß, Bürger zur Sicherheit in ihrem Stadtteil zu befragen. Das Ergebnis: Das Sicherheitsgefühl der Bewohner von Essen-Altenessen ist erheblich beeinträchtigt.[195] Fast die Hälfte (47 Prozent) der Befragten beurteilt die Sicherheitslage im Stadtviertel negativ. Rund ein Fünftel der Interviewten (21,7 Prozent) empfindet Pöbeleien, Aggressionen und Provokationen als »störend«. 11,4 Prozent fühlen sich durch Raub, Betrug, Diebstahl, Überfälle und Erpressung beeinträchtigt, 11,4 Prozent durch Schlägereien, Messerstechereien, Gewalt und Schießereien. Alarmierend, dass bereits rund 20 Prozent der Befragten ihr Alltagsleben nach der bedrohlichen Sicherheitslage ausrichten. Und nachdenklich muss ferner stimmen, dass mehr als ein Viertel der Befragten sich negativ oder kritisch über Migranten im Allgemeinen und bestimmte Migrantengruppen im Besonderen äußert. Mit Abstand am negativsten durch kriminelles und problematisches Verhalten aufgefallen sind unter den Migranten die Libanesen (14,5 Prozent).

Zwei libanesisch-kurdische Ladenbesitzer, die am Altenessener Bahnhof einen arabischen Markt und ein Haarstudio betreiben,

wehren sich gegen den durch die Umfrage genährten General-
verdacht gegen alle Libanesen. Sie könnten nichts dafür, wenn
ihre Landsleute Mist bauten.[196] Hier schimmert ein unter Einwanderern bislang ungelöster Konflikt zwischen erfolgreichen
und nicht straffällig gewordenen Einwanderern und jenen aus
dem kriminellen Milieu durch.

Bei polizeilichen Ermittlungen gegen arabische Großfamilien
hat das Berliner Landeskriminalamt drei Faktoren entdeckt, die
»übliche Abläufe eines Strafverfahrens verändern können« und
die anderenorts sicher auch bekannt sind: die »Abschottung von
Familien«, »andere ethisch-moralische Lebensvorstellungen«
und der »enge Familienzusammenhalt als Drohpotential für
Zeugen«.[197] LKA-Präsident Peter-Michael Haeberer könnte als
vierten Faktor »Friedensrichter« hinzugefügt haben, für ihn eine
»kulturelle Besonderheit«.[198]

An allen diesen Fronten kämpft auch Polizeioberrat Wilfried
Grieme, Leiter des Polizeikommissariats Osterholz-Scharmbeck,
einer Kleinstadt mit 31 000 Einwohnern im Speckgürtel von Bremen. Hier hat sich ab 2005 ein sozialer Brennpunkt in Wohn-
blocks, die von der US-Armee aufgegeben worden waren, in ein
kriminelles Ghetto verwandelt: Drogenhandel in den Händen
kurdischer Clans, nie aufgeklärte Schießereien zwischen Türken
und Albanern, Brandstiftungen aus Protest gegen polizeiliche
Durchsuchungen, rechtsfreie Räume, Gewalt gegen Polizeibeamte und die Strafjustiz boykottierende Streitschlichter. In den vier-
stöckigen Blocks in der Drosselstraße wohnen 719 Personen aus
18 Nationen, Staatenlose und Personen ungeklärter Staatsangehörigkeit. Der Wert der relativ großen Wohnungen von über 100
Quadratmetern ist in den letzten Jahren dramatisch gesunken:
von einst 80 000 Euro auf jetzt 12 000 bis 13 000 Euro. Deutsche
wohnen hier kaum noch.[199]

Mit Hartnäckigkeit und Geschick ist es Grieme und seinem
Kommissariat unlängst gelungen, einen Teil dieses kriminellen
Mikrokosmos aufzubrechen und aufzuhellen. Dort in der Pro-

vinz ist jetzt im Kleinen zu besichtigen, was in Metropolen wie Berlin auch passiert, nur dort mit größerer Sprengkraft. Das Abschottungsgitter ist hochgezogen.

Es gab Zeiten, da hatten Polizeibeamte Angst, in die Drosselstraße zu fahren. Der Spruch: »Was wollt ihr hier? Die Straße gehört uns!« gehörte zur gängigen Begrüßung. Fuhren sie mit einem Streifenwagen in die Straße, wurden die Reifen zerstochen oder die Autos beschädigt. Die Reaktion: Die Polizei wagte sich zeitweise nur noch mit zwei Wagen ins Ghetto, damit die Mannschaft des einen Fahrzeugs das andere bewachen konnte, wenn die Kollegen im Einsatz waren. »Wir hatten den Eindruck«, räumt Polizeioberrat Grieme ein, »dass wir die Straße zurückerobern mussten.« Wo immer die Polizei in das Hoheitsgebiet der Familien eindrang, wurden Beamte bedroht, auch schon mal mit Baseballschlägern, die am Kopf mit Nägeln und Stacheldraht scharf gemacht waren, wie zum Beispiel nach einer Sachbeschädigung durch ein Kind in der Schule. Manchmal rotteten sich bis zu fünfzig Personen zusammen.

Als im Mai 2010 neun Wohnungen türkischer Kurden durchsucht und zwei Haftbefehle wegen Verdachts auf Rauschgifthandel vollstreckt wurden, gingen in den Nächten darauf acht Autos in Flammen auf. Bei fünf weiteren Pkw funktionierten die Brandbeschleuniger nicht richtig. Es war Rache für die Durchsuchungen und die Haftbefehle. »Die Polizei ist in unsere Wohnungen eingebrochen. Dafür muss es Rache geben«, fasst Grieme das Rechtsverständnis der betroffenen Kurden zusammen. Nachdem ein Haftrichter zwei Haftbeschwerden abgewiesen hatte, kam es wieder zu Brandstiftungen: zwei erfolgreichen und zwei versuchten.

Polizeichef Grieme trat jetzt auf die Notbremse. Er ließ die Drosselstraße nach dem niedersächsischen Sicherheits- und Ordnungsgesetz zu einem »verrufenen Ort« erklären. Über zwei Jahre erhielt die Polizei das Sonderrecht, jeden in der Drosselstraße Anwesenden ohne Verdacht zu kontrollieren und seine

Identität festzustellen, mitgeführte Gegenstände zu durchsuchen und allen Personen den Aufenthalt zu verbieten, die dort nicht wohnten. Diese rigorose Maßnahme hatte immerhin den Effekt, dass von Bewohnern der Drosselstraße über einen längeren Zeitraum keine Straftaten mehr begangen wurden oder sie sich zumindest nicht mehr nachweisen ließen.

Wie oft in solchen Fällen, hatte sich die Kriminalität jedoch nur verlagert. Der Polizei gelang es, in anderen Stadtteilen ein Internet-Café wegen Rauschgifthandels und eine Cannabis-Indoor-Plantage zu schließen. Nach zwei Durchsuchungswellen im April und im Mai 2010 fackelten die Betroffenen aus Rache für die »Polizeieinbrüche« neun Autos ab. Bei einem Möbelhaus entstand ein Schaden von einer Million Euro, weil das Feuer von den brennenden Mercedes-Sprintern auf das Gebäude übergesprungen war. Eine Bürgerinitiative begann gegen den Verlust an Sicherheit zu protestieren.

Mitte 2010 gelang der ersehnte Durchbruch bei den Ermittlungen. Nach Hinweisen von vertraulichen Quellen machte die Ermittlungsgruppe »Rosi« einen Schwachpunkt aus: die deutsche Freundin eines Hauptverdächtigen. Es rächte sich, dass dieser sie hin und wieder verprügelt hatte und sie deshalb nicht mehr sehr an der Verbindung hing. Sie packte aus, kam in ein Zeugenschutzprogramm und lebt heute mit anderer Identität an einem unbekannten Ort. Eine andere Freundin schloss sich an und machte ebenfalls reinen Tisch.

Was die Ermittlungen zutage förderten, ist Alltag in der organisierten Kriminalität: Drogenhandel, Diebstahl, Raub und Falschgeld. In der Familie der Hauptverdächtigen bezogen trotz der florierenden Geschäfte alle Hartz IV – mit Ausnahme der Mutter. Auf deren Konto flossen jeden Monat 5000 bis 6000 Euro, die in die Türkei transferiert und dort in Immobilien investiert wurden.

Erschreckend ist die totale Ablehnung, ja Missachtung des deutschen Staates und seiner Organe durch die elf Tatverdächtigen, einer ethnisch bunt zusammengewürfelten Truppe aus libanesischen Kurden, einem Syrer, einem Türken und einem Deutschen. Ihr Umfeld führte einen Psychokrieg gegen Bürger und Polizei: Auf jede Durchsuchung und auf jeden Haftbefehl folgten Brandstiftungen, insgesamt 26-mal. Nach den letzten Festnahmen belagerten Familienangehörige stundenlang die Polizeiinspektion Osterholz-Scharmbeck; einem Polizeibeamten wurden die Fensterscheiben seines Hauses eingeworfen; einem Beamten, der an einer Durchsuchung beteiligt war, wurde gedroht, ihn zusammenzuschlagen; ein anderer Beamter sollte nach Informationen einer verdeckten Quelle getötet werden; auf zwei Polizisten wurde auf einer Hochzeitsfeier ganz offen ein Kopfgeld von jeweils 500 Euro ausgesetzt, wenn man sie verprügele; Beamte wurden bei Verkehrskontrollen beleidigt oder auf dem Weg nach Hause mit dem Auto verfolgt.

Seit den Drohungen gegen seine Beamten und den nächtlichen Brandalarmen schläft Wilfried Grieme oft unruhig. Sein Job lässt ihn nicht mehr los. Unlängst ist er nachts aufgeschreckt und ins Büro gegangen, wo aber niemand war: »Ich hatte im Unterbewusstsein damit gerechnet, dass es brennt. Ich habe ein Telefon gehört, das gar nicht geklingelt hatte.«

Zwei Einsichten hat der Polizeichef von Osterholz-Scharmbeck in den letzten Jahren gewonnen: »Wir kommen mit diesen Menschen nicht klar. Sie wollen uns nicht verstehen, sie sind zu sehr der eigenen Kultur verhaftet.« Und: »Mit polizeilichen Mitteln allein können wir das Problem nicht lösen.«

Am 17. Juni 2011 hat das zuständige Landgericht zwei libanesische Kurden, einen Syrer und einen Deutschen wegen Drogenhandels, Diebstahls und Brandstiftung zu Freiheitsstrafen zwischen zwei Jahren und fünf Jahren und sechs Monaten verurteilt.[200] Zu diesen harschen Urteilen wäre es wahrscheinlich nicht gekommen, hätte nicht eine Deutsche das Schweigegebot des Familienclans durchbrochen.

Mit einer bitteren Niederlage für die Berliner Staatsanwaltschaft endete dagegen der Prozess nach der Wildwest-Ballerei in der Emser Straße in Neukölln im August 2011. Alle fünf Angeklagten der Familie S. wurden freigesprochen. Ein winziges Trostpflaster für die Ankläger: Zwei Clan-Brüder wurden wegen falscher Verdächtigung und Freiheitsberaubung zu sechs Monaten – einmal mit und einmal ohne Bewährung – verurteilt, weil durch ihre falschen Angaben nach der Tat die drei Brüder R. in Verdacht gerieten, die Schützen zu sein und deshalb 20 Stunden zu Unrecht in Haft saßen.

Nach dem Freispruch titelte die BZ »Schießerei bleibt für Angeklagte folgenlos«, und für Neuköllns Bürgermeister Heinz Buschkowsky ist der Ausgang des Verfahrens ein Paradebeispiel für die Ohnmacht der Strafjustiz im Kampf gegen arabische Clans und eine weitere Belastung für das ohnehin prekäre Sicherheitsgefühl in seinem Stadtteil.

Wie ist es zu dem kläglichen Zusammenbruch der Anklage gekommen? Aufgrund von ballistischen und medizinischen Gutachten stellten die Ermittler dreierlei fest: Die Täter hatten mit zwei Pistolen geschossen; es war ausschließlich von einer Seite geschossen worden, nämlich von der Familie S. in Richtung der Brüder R.; und aus den Verletzungen der Brüder Saber und Fattah R. folgerte der Gerichtsmediziner, dass die Schützen nicht direkt auf die damals verhassten Clan-Mitglieder geschossen hatten, sondern auf den Boden und die Brüder lediglich von Querschlägern getroffen worden waren. Aber auch solche Schüsse sind höchst gefährlich. Schützen nehmen dabei nämlich billigend in Kauf, dass auch solche Kugeln tödlich treffen können.

Der anfängliche Optimismus der Ankläger begann erstmals zu bröckeln, als ein Polizist zufällig beobachtete, wie der verletzte Saber R. gut gelaunt aus einem Restaurant des Bosses der eigentlich verfeindeten Familie S. kam und von ihm freundschaftlich mit Handschlag verabschiedet wurde. Die Clan-Fehde schien befriedet. Bestätigt wurde dieser Eindruck durch eine Quelle, nach der sich einer der Brüder R. gebrüstet hatte, die Familien hätten sich ohne Schlichter geeinigt.

In der Hauptverhandlung passierte dann ein Desaster für die Staatsanwaltschaft. Es stellte sich heraus, dass die Kriminalpolizei einen Vermerk über ein Gespräch zwischen einer Zivilstreife und einem Kriminellen aus dem libanesisch-kurdischen Milieu nicht zu den Akten gegeben hatte. Danach soll Saber R. gegenüber dem Polizeiinformanten gesagt haben, dass »wir (die Brüder) überhaupt nicht gesehen haben, wer geschossen hat«. Diese Aussage stand in direktem Widerspruch zu seiner in der richterlichen Vernehmung geschilderten Tatversion. Als sich die drei angegriffenen Brüder dann in der Hauptverhandlung weigerten, ihre bei der richterlichen Vernehmung gemachten Aussagen zu wiederholen, und sich stattdessen auf ein Auskunftsverweigerungsrecht nach § 55 StPO (Gefahr drohender Selbstbelastung) beriefen, waren die Ankläger mit ihrem Latein am Ende: Das Tatgeschehen war klar, nicht hingegen, wer geschossen hatte. Die Staatsanwaltschaft plädierte am Ende selbst auf Freispruch. Der Prozessverlauf ist ein aufschlussreiches Beispiel dafür, wie eine Kombination aus Ermittlungspanne und Verständigung von Täter- und Opferfamilie – beide kriminell erheblich belastet – die Strafjustiz zur Kapitulation zwingen kann.

Die überdurchschnittlich hohen Kriminalitätsraten von Tatverdächtigen mit muslimischem Hintergrund in der organisierten Kriminalität, Drogenkriminalität und der Gewaltkriminalität Jugendlicher zeigen, dass ihre Bekämpfung für die Strafjustiz kein Randproblem ist. Die immer stärker spürbar werdende Ausstrahlung dieser Kriminalität über die Parallelgesellschaft hinaus rückt das Problem mit ins Zentrum des Schutzes von Sicherheit und Ordnung – und damit auch die Bekämpfung von Streitschlichtern bei der Strafverfolgung.

Porträts von Friedensrichtern und Streitschlichtern

Der »arabische Friedensrichter« von Berlin

Kurz vor 14 Uhr klingelt das Handy von Hassan Allouche. Ein kurzes Gespräch auf Arabisch. Danach berichtet er, worum es ging. Ein Käufer hatte nach dem Erwerb eines Gebrauchtwagens entdeckt, dass die Hinterachse angebrochen war. Er wollte entweder sein Geld zurück oder eine neue Achse. Der Streit drohte außer Kontrolle zu geraten, weil der Verkäufer weder den Mangel beheben noch das Auto zurücknehmen wollte. Für Allouche ein Routinefall. Rund die Hälfte seiner etwa 200 Fälle, die er angeblich pro Jahr schlichtet, sind Gaunereien beim Gebrauchtwagenhandel. Nach dem Telefonat blieb »der einzige Friedensrichter Berlins«, wie er sich selbst gern nennt, angespannt.

Allouche gehört zum schiitischen Chahrour-Clan, einer im Libanon sehr großen und einflussreichen Familie. Vor 37 Jahren ist er aus dem Libanon geflüchtet, seit 17 Jahren ist er deutscher Staatsbürger und seit 1991 im Hauptberuf Friedensrichter. Den Job habe er von seinem Ururgroßvater und von seinem Vater im Libanon geerbt.

Auf seiner Visitenkarte prangt der Titel »Arabischer Friedensrichter«, darunter ein Emblem aus einer deutschen und einer palästinensischen Fahne, gekrönt von einer Zeder, dem Wahrzeichen des Libanon. Links und rechts davon jeweils eine Waage der Gerechtigkeit und darunter auf Arabisch Allouches Credo: »Gemeinsam in Frieden & sicher leben«. Seine neueste Errungenschaft ist ein Vordruck für Friedensverträge. Graphisch ist er wie seine Visitenkarte gestaltet und mit »Erklärung. Friedensvertrag« überschrieben. Er nutzt dieses Formular, um von ihm organisierte Verständigungen zu dokumentieren sowie Polizei und Staatsanwaltschaft zu unterrichten.

Ein Beispiel für seine Arbeit: Nach einer durch ein Foul ausgelösten Schlägerei auf einem Fußballplatz in Neukölln erhob die Staatsanwaltschaft Anklage gegen drei Beschuldigte wegen gefährlicher Körperverletzung. Auslöser war eine Strafanzeige eines Opfers unmittelbar nach der Tat. In ihr warf er einem Angeklagten vor, ihn bei der Prügelei mit einem metallenen Gegenstand auf den Kopf geschlagen zu haben. Am nächsten Tag, bei kühlem Kopf, versuchte das Opfer, seine Strafanzeige zurückzunehmen, was nach deutschem Recht nicht zulässig ist. Ein Fall geradezu geschaffen für Hassan Allouche. Täter- und Opferfamilie stammten aus demselben Dorf in der Türkei, und sie waren obendrein noch entfernt miteinander verwandt. Er knüpfte zwischen den drei Beschuldigten und den beiden Opfern Friedensfäden. Die »Friedensvereinbarung«, am 22. Januar 2011 in der Hauptverhandlung vor dem Kriminalgericht Moabit verlesen, erlaubt tiefe Einblicke in das Selbstverständnis des Schlichters Allouche zwischen Anmaßung, muslimischer Tradition und kultureller Fremdheit:[201]

»An die sehr geehrten Staatsanwalt und Polizeipräsidenten in Berlin!

Wir stellen Ihnen diesen Antrag mit dem Begehren, diesen zu berücksichtigen. Unter Respekt, Beachtung und Verpflichtung unsererseits gegenüber dem deutschen Gesetz habe ich Frieden unter den betroffenen Parteien gestiftet … [es folgen Aktenzeichen und fünf Namen] … Möchten Sie bitten, das Verfahren in gegenseitigem Einvernehmen einzustellen. Dies erfolgte nach unseren arabischen Bräuchen und Traditionen, insbesondere weil wir Landsleute sind und in unserer zweiten Heimat Deutschland leben. Wir haben kein Interesse an die Sachen zu verfolgen und bitten um Ihr Verständnis. Dies erfolgt vor dem arabischen Friedens-Richter in Berlin dem geehrten Herren Hassan Allouche.

Hochachtungsvoll.«

Es folgen sechs Unterschriften, darunter die Hassan Allouches, und sein Stempel, um den Vertrag zu besiegeln.

Die Hauptverhandlung endete – ganz im Sinne von Allouche – mit einem Freispruch. »Wegen des Friedensrichters«, erklärten das Opfer und sein Bruder vor dem Jugendgericht, seien sie nicht zur polizeilichen Vernehmung erschienen. Sie hätten gedacht, dass »die Sache eingestellt wird«. Da die Strafverfolger – bar jeden Ehrgeizes – nicht nachsetzten und darauf verzichteten, die säumigen Zeugen staatsanwaltlich zu vernehmen, war es für den Angeklagten und die beiden Zeugen ein Leichtes, mit ähnlich lautenden Aussagen den Jugendrichter vor unüberwindliche Hürden bei der Beweisführung zu stellen. Der angeklagte Ali M. behauptete überraschend, dass er während der Schlägerei gar nicht auf dem Fußballplatz gewesen sei. Das Opfer Ali B. müsse ihn verwechselt haben. Und der war sich in der Hauptverhandlung plötzlich nicht mehr sicher, wie es zu der Platzwunde an seinem Kopf gekommen war. An einen Schlag könne er sich nicht erinnern. Wahrscheinlich rühre die Wunde von einem Sturz auf die Stufe einer Betontreppe der Zuschauertribüne während der Schlägerei.

Nach dem Freispruch machte Jugendrichter Martin Ernst seinem Ärger darüber Luft, wie das Verfahren abgelaufen und ausgegangen war. Zwar habe er nichts gegen einen »privat organisierten Täter-Opfer-Ausgleich«. Aber erst wegen einer Platzwunde am Kopf Panik zu machen und Funk- und Rettungswagen zu alarmieren und dann alles »untereinander kleinreden, das geht nicht«. Beim nächsten Mal werde er sich »mehr Mühe geben und gegen Zeugen gegebenenfalls wegen Vortäuschen einer Straftat und falscher uneidlicher Aussage ermitteln … Mich an der Nase herumzuführen, das lasse ich mir nicht noch einmal bieten.« Interessanterweise sparte der Jugendrichter bei seiner Philippika den Hauptverantwortlichen für die Justizpleite aus: den Friedensrichter Allouche.

Allouche hat weiterhin alle Hände voll zu tun: Kaum fünf Minuten nach dem ersten Telefongespräch läutet sein Handy wieder. In Berlin-Lichtenrade beginnt der Streit um die Hinterachse zu brennen. Hassan Allouche muss an die Front, um zu löschen, eine kurze Entschuldigung, und schon ist er aus der Tür der etwas verschlissenen Sportbar Café Monaco in Berlin-Kreuzberg.

Beim nächsten Treffen berichtet er mit verhaltenem Stolz, wie er die leicht entflammbaren libanesischen Temperamente beim Hinterachsen-Streit gekühlt habe. Ihm war es gelungen, den Verkäufer zur Rücknahme des Autos und Rückzahlung des Kaufpreises zu bewegen. Geld verlangt er für solche Friedensdienste angeblich nicht, gegen »Geschenke« hat er jedoch nichts. Die wird er auch brauchen, weil sein Nebenjob als Sicherheitschef bei einem libanesischen Gebrauchtwagenhändler nicht allzu viel abwerfen dürfte. An seinem trostlosen Arbeitsplatz an der Kreuzberger Yorckstraße wird kaum ein Auto mehr an einen Deutschen verkauft. Hier geht es vor allem um den Export von Rostlauben in den Libanon, nach Polen und nach Afrika zu Preisen zwischen 100 und höchstens 2000 Euro. Wer die Szenerie länger auf sich wirken lässt, meint in ein Armenviertel Beiruts gebeamt worden zu sein.

Zum Einsatz kommt der selbsternannte Friedensrichter in allen Lebenslagen – nach Schlägereien, wenn verliebte Töchter mit »Ungläubigen« untergetaucht sind, oder als Immobilienmakler, wenn nach Revierkämpfen Diskotheken den Besitzer wechseln. Sein oberstes Prinzip ist, die Polizei möglichst rauszuhalten. Das gilt allerdings nicht mehr, wenn ein Konflikt ins Gewalttätige zu kippen droht. Dann ruft er regelmäßig die Polizeibeamten an.

Sein Verhältnis zu den Ordnungshütern ist schwer zu durchschauen. Allouche hat eine höchst ambivalente Doppelrolle. Einerseits bietet er der Polizei die Zusammenarbeit an. Er stellt sich andererseits aber auch in den Dienst muslimischer Clans und Stämme und versucht für sie Informationen bei der Polizei abzuschöpfen. Beispiele: Im Juli 2010 kommt es zu einer Schlägerei zwischen türkischen und arabischen Jugendlichen mit mehreren Verletzten im Kreuzberger Prinzenbad. Das Bad muss geschlossen werden, weil der Sicherheitsdienst fürchtet, dass eine Partei sich rächen will. Der Polizei fällt auf, dass sich keiner der Verletzten bei ihr gemeldet hat. Die Behörden vermuten, dass Allouche hier die Fäden gezogen hat. Ähnlich die Abläufe nach einer Rauferei zwischen zwanzig bis sechzig Türken und Arabern im Columbia-Bad im Sommer 2010. Auch hier ruft er bei der örtlichen Dienststelle an, um zu erfahren, ob und was die Polizei tun werde. Je nach Auskunft instruiert er seine Klientel. Der Berliner Polizeihauptkommissar Claus Röchert kennt diese Anrufe: Mit ihnen will der »Richter von Neukölln« – so sein Spitzname – Informationen bei uns »abschöpfen« und »sich wichtigmachen«. Hier wird deutlich, dass er in einer Grauzone zwischen dem deutschen Staat und seinen Klienten – Libanesen, Palästinensern, Ägyptern und Türken – operiert.

Der Justiz gegenüber tritt er mit einer kaum vorstellbaren Chuzpe auf. Im Amtsgericht Moabit verteilt er hin und wieder Visitenkarten und bietet Richtern dreist eine Zusammenarbeit an. Als die Polizei einmal den Sohn einer ihm nahestehenden Familie vernehmen wollte, fragte Friedensrichter Allouche unbekümmert, ob er bei der Befragung dabei sein dürfe. Das Ansinnen wurde natürlich abgelehnt. Hin und wieder tritt er in Hauptverhandlungen von Strafverfahren, bei denen er im Hintergrund geschlichtet hat, als Zeuge auf – teils mit Geschichten, die sich wie aus 1001 Nacht anhören, teils mit Aussagen, die gewitzt brenzlige Zonen vermeiden. Auf jeden Fall hat er sich dabei bislang immer so geschickt angestellt, dass er am Vorwurf der Strafvereitelung vorbeigeschrammt ist.

Schlichtungen wickelt er fast immer nach demselben Muster ab: Erst hört er die eine Seite an, dann die andere, und im nächsten Schritt versucht er beide Parteien an einen Tisch zu bringen. Bei den Friedensgesprächen zitiert er mal Jesus, mal Allah als Kronzeugen. Beliebt ist bei ihm auch Jesus' Satz aus der Bergpredigt: »Wenn dir einer auf die rechte Wange schlägt, dann halte ihm auch die linke hin.« Häufig zitiert er auch ein Bild aus dem Koran mit einem guten Engel auf der rechten Schulter und dem schlechten Engel auf der linken. Bei einer guten Tat bekommt der Engel auf der rechten Schulter einen Punkt gutgeschrieben, bei einer Sünde der auf der linken. Wer über den rechten Engel ins Paradies möchte, der müsse – so der deutliche Fingerzeig – Frieden vor Allah schließen.

Bei Vermittlungen gibt er vor, den Inhalt der Einigungen nicht zu kennen. Sein Ziel ist angeblich immer nur »Waffenstillstand«, der »Frieden« zwischen zwei Familien. »Von Geld weiß ich nichts.« Das ist aus zwei Gründen geschickt. Einmal bietet er dadurch den beteiligten Familien wenig Angriffsfläche, wenn ein Schlichtungsversuch scheitert. Und diese Taktik liefert den Ermittlungsbehörden keine Handhabe, ihn unter Umständen wegen Strafvereitelung zu verfolgen.

Hin und wieder trägt Allouche bei seinen Missionen eine kugelsichere Weste. Er hat Angst, Opfer einer Blutrache zu werden, wie sein Bruder Bassam A. Der war auch als Streitschlichter aktiv, ist dann aber ermordet worden, weil eine Partei seine Schlichtung als parteiisch empfunden hatte. Seitdem sitzt auch Allouche die Angst im Nacken, weil er damals im Hintergrund beteiligt war. Er meint, dass der Chef eines in Bremen ansässigen Clans ihm nach dem Leben trachtet: »Er will den großen Kopf der Schiiten, neben dem Bruder auch den Friedensrichter.«

In den neunziger Jahren hatte Allouche in der Szene noch einen ausgezeichneten Ruf. In einer polizeilichen Vernehmung äußert sich dazu ein kurdischer Zeuge: »Das ist ein Araber, der zu allen arabischen Gruppierungen und auch zu den Kurden gute Beziehungen hat. Er ist in Berlin bekannt, der wird von allen Seiten akzeptiert. Wenn es Ärger gibt, holt man ihn, und er entscheidet. Er schlichtet den Streit und sagt dann, was richtig ist.«[202]

Heute dagegen ist sein Ruf lädiert. Die Polizei lehnt jede Zusammenarbeit mit ihm ab. Ein Verteidiger nennt ihn einen »Wichtigtuer«, für einen libanesischen Insider hat Allouche »keine Autorität« mehr. Lange Zeit sei er ein »Handlanger« des mächtigen El Z.-Clans gewesen, habe aber dessen Gunst verloren – und damit auch dessen Rückendeckung: »Man respektiert einen Hund nur wegen seines Besitzers«, mit diesem libanesischen Sprichwort umschreibt der Insider den seiner Auffassung nach nur noch geringen Einfluss des »Arabischen Friedensrichters« an der Spree. Den kümmert solch Gerede allerdings wenig. Wo immer zwischen Türken, Libanesen, Palästinensern oder Kurden in Berlin Blut vergossen wird, ist Allouche zur Stelle und bietet seine Dienste an – unverdrossen und ungebrochen.

Der »Kofi Annan« von Bremen

Im schwarzen BMW 730 Diesel, auf der Fahrt vom Hauptbahnhof nach Bremen Neustadt, stapeln sich sofort Fragen, die zu stellen die Höflichkeit verbietet: Wie kann sich der Streitschlichter Mustafa Özbek, der von Hartz IV lebt, ein solches Auto leisten? Sprudeln immer noch dunkle Geldquellen aus seiner kriminellen Vergangenheit? Hat er doch noch nicht endgültig abgeschlossen mit seinen Jobs als Geldeintreiber und Schutzgelderpresser? Die Antwort gibt es am Ende des Besuchs. Der findet nicht in einem Café oder Restaurant statt, sondern in seiner Wohnung. Er lädt zum Mittagessen mit seiner Frau und seinen beiden Kindern zu sich nach Hause ein – eine hoch zu schätzende Geste der Gastfreundschaft.

Mustafa Özbek, ein kurdischer Alevit, hat drei Spitznamen, und alle verraten etwas Typisches über ihn: Charly, Onkel, manchmal auch Onkel Charly – und Kofi Annan von Bremen. Charly wird er wegen seines watschelnden Ganges beim Boxen gerufen, der an Charlie Chaplin erinnert. Alles, was er im Ring lernte, hat er bei Disko-Schlägereien, auf dem Fußballplatz und als Mitglied der »Anti-Skin-Liga« bei der Jagd nach Faschisten ausgelebt. Mit »Onkel« wird im Kurdischen jemand angesprochen, der Respekt genießt – wegen seines Alters, seiner Weisheit oder wegen seiner Macht. Er wird geachtet – so vermutet er –, weil er einer großen kurdischen Familie angehört. Und alle wissen, dass er mit der kurdischen Freiheitsbewegung PKK sympathisiert, die notfalls hinter ihm steht. Und »Kofi Annan von Bremen« wird er genannt, weil er sich als Streitschlichter an der Weser einen Namen gemacht hat.

Seine ersten Frieden stiftete der Kurde 2003, als er noch als Türsteher vor einer Diskothek arbeitete, ein Job, mit dem er sieben Jahre lang sein Geld verdiente. Damals wurde er nach einer Schlägerei und Schießerei zwischen Kurden und Mitgliedern des berüchtigten Miri-Clans angesprochen. Es gab nur leichte Verletzungen und beschädigte Autos. Trotzdem kamen die Schützen in Untersuchungshaft. Dort saßen sie ihrer Auffassung nach zu Unrecht, und die Angegriffenen kündigten an zurückzuschießen. Beide Parteien meinten es sehr ernst und hatten mächtige Familien hinter sich. Trotzdem schaffte es Özbek, dass sie sich wieder die Hand gaben. Mit ihren Repräsentanten ging er zu einem Rechtsanwalt. Und der setzte einen schriftlichen Vertrag auf. In ihm verpflichteten sich beide Familien, dass es zu keinen weiteren Auseinandersetzungen kommen würde. Der Haftbefehl wurde aufgehoben. Wegen der Schlichtungsvereinbarung hatte das Gericht angenommen, dass der Haftgrund entfallen war. Ein erstaunlicher Einbruch einer islamischen Rechtstradition in unseren Strafprozess.

Solche Befriedungsaktionen vermitteln dem 45-jährigen Özbek ein »Glücksgefühl«, wie er sagt, »weil ich Probleme aus der Welt schaffen und Gewalt verhindern kann. Ich fühle mich dadurch geehrt und denke, mit Verständigungen kann ich ein wenig das Unrecht sühnen, das ich begangen habe.« Und da hat der im Alten Land bei Hamburg Geborene in der Tat eine schwere Last abzutragen. Nach einer kleinen Pause und unter erkennbarer Mühe bekennt er: »Ich bin ein Krimineller. Mit Ausnahme von Kinderschänden und Frauen vergewaltigen habe ich alles gemacht.« Angefangen hatte er als 16-Jähriger mit Körperverletzungen. Sein Vater, der die Familie mit redlicher Arbeit im Deichbau, auf einer Werft und bei der Bahn durchbrachte, hatte ihn früh verstoßen. Bis auf eine Lehre als Industriemechaniker hat er alles abgebrochen: die Schule ein Jahr vor dem Abitur, den freiwilligen Militärdienst in der Türkei, die Handelsschule und das Fachabitur. Weil er als Junge häufig geschlagen wurde, lernte er boxen – und das mit beachtlichem Erfolg. Meistergürtel in Bremen und Niedersachen im Halbwelter- und im Halbmittelgewicht schmeichelten seinem Selbstbewusstsein.

Das Abgleiten in die Kriminalität führt er auf zwei Schlüsselerfahrungen zurück: Dass er »mit Gewalt seine Ziele schneller und bequemer erreichen« kann. Bei einem Asylbewerber hatte er »beobachtet, dass der an einem Tag so viel verdiente wie mein Vater in einem ganzen Jahr«. Er geriet auf die schiefe Bahn und lebte fortan in zwei Welten, in der »sauberen Welt der Familie« und in der »Welt der Lügen«, im Milieu der Spieler, Drogenhändler und Schutzgelderpresser. Die zweite prägende Erfahrung waren Identitätsbrüche in seiner Jugend. Er habe sich zunächst immer als Türke gefühlt, bis er Karl Mays »Durchs wilde Kurdistan« gelesen habe. Dabei habe er gemerkt, dass er in Wirklichkeit Kurde sei und mit einer »falschen Identität« aufgewachsen war. Und er sieht sich als »guter Böser«, ein Anhänger von Che Guevara und Rosa Luxemburg einerseits, ein Drogenhändler und Erpresser andererseits.

Der Tiefpunkt seines Absturzes war 2006, als er ein Berufsverbot als Türsteher erhielt. Nicht einmal für diesen Job galt er noch als zuverlässig genug. Vor der Tür war ihm aber auch noch etwas anderes aufgefallen: Die Gäste mit besserer Bildung erreichten manchmal mit Worten mehr als die Machos ohne Schulabschluss mit ihren Fäusten. Da besann er sich auf eine Tradition seiner Familie. Er stammt aus einer vornehmen alevitischen Sippe, deren Oberhäupter als Schlichter gewirkt hatten, wenn es um Land, Geld und Blutrache ging: »Ich habe das Schlichter-Gen im Blut gehabt.«

Über alle diese Schattenseiten seines Lebens kann Özbek heute selbstkritisch, intelligent und in einem flüssigen, bildkräftigen Deutsch berichten, ein Mann mit einem klassischen orientalischen Kopf und intelligenten braunen Augen, ein ehemaliger Krimineller, der, wenn er Parka und Jeans mit einem Anzug tauschen würde, auch als Kaufmann oder Arzt durchgehen könnte.

Wegen dieser Fähigkeiten und seiner Milieukenntnisse wird er hin und wieder angesprochen, wenn es Ärger gegeben hat. Zum Beispiel nach einer Messerstecherei vor und im Diakonie-Krankenhaus im Juli 2009 im Bremer Stadtteil Gröpelingen. Der Auslöser für die Familienfehde: Zwei Iraner und zwei Türken hatten einen Einbruch zusammen begangen. Nachdem ein Iraner als Täter überführt war, hat er die Türken als Mittäter verpfiffen.

Bei den Schlägereien wurde ein Türke am Oberkörper so schwer verletzt, dass er notoperiert werden musste. Außerdem wurden drei Iraner und zwei Kurden erheblich verwundet. Beide Seiten baten Özbek um Hilfe. Für eine Vermittlung hat er bestimmte Voraussetzungen definiert, ohne die er nicht tätig wird: Jede Seite muss sich verpflichten, während der Schlichtung einen Waffenstillstand einzuhalten, keine Beleidigungen, keine Handgreiflichkeiten, keine Waffen. Wird auch nur eine dieser Regeln gebrochen, wäre dies eine Beleidigung des Maklers.

Verständigen sich Täter und Opfer sowie ihre Familien, wird der Pakt mit einem Händedruck und Küssen auf die Wange besiegelt, bei religiösen Familien wird auf den Koran geschworen. Es gab aber auch Vermittlungsversuche, bei denen die Stimmung gegen Özbek zu kippen drohte: In einem Fall waren die Messer schon gezückt, erinnert er sich.

Zu jedem Friedensvertrag gehört für Özbek selbstverständlich der Versuch, das laufende Strafverfahren zu beeinflussen: »Wenn du dich mit dem Täter verträgst, musst du dich entsprechend verhalten.« Nach einer Verständigung geht das Opfer zu seinem Anwalt und teilt ihm mit, dass er sich mit den Tätern versöhnt habe und er diesen Friedenswillen rechtlich umsetzen möge. Für

Özbek sind Verteidiger die »rechtlichen Mittler zwischen Täter, Opfer und Staat«. Er dagegen versteht sich als »Mittler der Parallelgesellschaft«. Bei dieser Rollenverteilung hat sich sein Bild des Verteidigers im Laufe der Zeit verdunkelt: »Die Anwälte sind die großen Huren in diesem Spiel – und zwar seit Jahren.«

In jüngster Zeit plagen Özbek freilich Zweifel an seiner Rolle bei der Beeinflussung des Prozessgeschehens. Die Nähe zur Strafvereitelung sei ihm zu heiß geworden. Hier will er sich nicht mehr die Hände verbrennen.

Bei der Schlichtung zwischen der türkischen und iranischen Familie soll kein Geld geflossen sein, und auch Özbek will keine Provision bekommen haben. Die lehnt er grundsätzlich ab – im Gegensatz zu anderen Bremer Schlichtern. Die kassieren für ihre Bemühungen bei kleineren Delikten 1000 bis 3000 Euro. Das sind für Özbek »Heuchler, die sich des Geldes wegen von der stärkeren Seite beeinflussen lassen«.

Die brisante Frage nach den Schlägereien vor und im Diakonie-Krankenhaus: Ist durch die von Özbek vermittelte Verständigung die Beweislage in den anschließenden Strafverfahren manipuliert worden? Die Staatsanwaltschaft hatte nämlich nach den blutigen Prügeleien zwei getrennte Strafverfahren gegen Mitglieder beider Clans eingeleitet.[203]

Die ersten Tage nach der Gewaltorgie waren bei einigen Verletzten von Angst vor Vergeltung überschattet. Rahib M., einer von ihnen, versteckte sich sogar auf der Station und bat die Schwester obendrein, die Stationstür abzuschließen. »Ein Bekannter hat sich bei mir gemeldet«, erklärt er, »und mir erzählt, dass sich mein Clan und die Gegenpartei heute treffen, um sich zu entschuldigen. Ich habe befürchtet, dass diese Situation ausgenutzt wird und die Gegenpartei hier erscheint, um Rache zu nehmen.« Der Arzt bat die Polizei um Hilfe. Als die Beamten das Zimmer betraten, sah Rahib M. jedoch ganz entspannt fern. Er habe inzwischen einen Anruf bekommen, und erfahren, dass das Gespräch stattgefunden habe und alles gut sei.

Dann passierte etwas für Schlichtungen Außerordentliches: Einer der Beschuldigten teilte der Polizei mit, dass beide Parteien sich ausgesprochen und versöhnt haben. Die Schlichtung werde medial durch Radio Bremen begleitet und in der Fernseh-Sendung »Buten & Binnen« ausgestrahlt. Auch in diesem Punkt beginnt die islamische Paralleljustiz von der ordentlichen Justiz zu lernen: Sie nutzt die Medien, um den Prozessverlauf zu beeinflussen. In der Tat strahlte das Bremer Regionalmagazin kurze Zeit später einen Film mit dem Titel »Versöhnung nach der Messerstecherei« aus.[204] In der ersten Einstellung ist Özbek zu sehen. In dem kurzen Beitrag erklärten die Familienälteren, von der Schlägerei noch verpflastert und bandagiert, dass sie Frieden geschlossen hätten und es keine Blutrache geben werde, weil die Familienehre nicht verletzt worden sei. Und die vier jugendlichen Auslöser des Gemetzels waren gemeinsam bei einem Versöhnungsessen zu sehen. Sie versprachen vor der Kamera, dass so etwas nicht wieder vorkommen werde und man keine Anzeige erstatten würde, wenn die andere Seite ebenfalls darauf verzichte.

Die Verständigung der beiden Familien behinderte die Ermittlungen dann nachhaltig. In der Einstellungsverfügung mangels Beweises stellte der Staatsanwalt fest, dass alle Beschuldigten die Taten bestreiten, von ihrem Aussageverweigerungsrecht Gebrauch machen oder sich auf Notwehr berufen. Das Fazit des Staatsanwalts: »Aufgrund der Vielzahl sich widersprechender Aussagen der Beschuldigten, Geschädigten und Zeugen lässt sich nicht mit hinreichender Wahrscheinlichkeit feststellen, was sich tatsächlich vor dem Diakonischen Krankenhaus zugetragen hat.«[205] Aus ähnlichen Gründen stellten die Ermittler auch das zweite Verfahren gegen die andere Familie ein.

Ist es schon ohne Einigung schwer, bei einer blutigen Schlägerei mit mehr als vier Personen einen Messerstich oder einen Schlag mit einem Baseballschläger einzelnen Tätern beweiskräftig zuzuordnen, so ist dies bei einer Einigung, wie in diesem Fall, fast unmöglich. Bei solchen Konstellationen sind die deutschen Gerichte der islamischen Gegenjustiz fast immer unterlegen.

Erfolglos blieb dagegen Özbeks Mission vor einer wüsten, bundesweit bekannt gewordenen Schießerei auf der Bremer Disko-Meile mit mehreren Schwerverletzten im Jahr 2006. Der iranische Türsteher einer Tabledance-Bar hatte ihn in höchster Not angerufen, nachdem ein albanischer Türsteher und er von einem Trupp eines gefährlichen Mhallami-Clans überfallen und verprügelt worden waren. Es war eine Runde im Revierkampf: Mitglieder des Clans hatten im benachbarten Musikclub gerade »die Tür übernommen«, wie es im Jargon heißt. Das Geheimnis dahinter: Wer an der Tür steht, entscheidet zugleich auch darüber, wer in der Diskothek Rauschgift verkaufen darf.

Nach dem Notruf informierte Özbek zuerst die Polizei. Die Vorwarnzeit war für sie zu kurz, um noch rechtzeitig eingreifen zu können. Dann eilte er zu den Opfern des Überfalls in ein Café, anschließend sprach er mit den Vertretern des Mhallami-Clans in einem nahen Imbiss. Bei denen stieß er jedoch auf Beton: »Die Meile gehört uns. Wir haben hier viel Blut vergossen.« Und sie appellierten an seine religiöse Solidarität: »Warum machst du dich für die Christen stark? Du bist Kurde, du bist Moslem.« Als die Türsteher und ihre Leute zur Tabledance-Bar zurück wollten, kam es zum blutigen Showdown auf der Meile.

Ist Özbek noch immer gefährdet, wieder in die Kriminalität abzuleiten? Er zögert einen Augenblick und sagt dann leise: »Ich habe mit der Kriminalität abgeschlossen.« Nach einer Weile fügt er hinzu: »Man soll nie nie sagen. Ich hatte versprochen, nie Türsteher zu werden, und habe das dann jahrelang gemacht. Und ich wollte nie Rauschgift verkaufen und habe es dann doch getan.« Ein Mann mit guten Vorsätzen, der sich selbst nicht traut.

Auf der Fahrt zurück zum Bremer Hauptbahnhof lüftet er dann von selbst das Geheimnis des schwarzen BMW. Er ahnte wohl, dass dieses Auto bei einem Hartz-IV-Empfänger stutzig macht. Seine Erklärung: Das Auto sei ihm von einem Obst- und Gemüsegroßhändler geliehen worden – als Geste der Dankbarkeit für seine Hilfe bei einem Streit. Der Bremer Händler hatte sich geweigert, Rechnungen einer Essener Händler-Familie für Obst und Gemüse über 200 000 Euro zu begleichen, weil es schlecht und damit unverkäuflich gewesen sei. Die Lieferanten hatten dagegen auf Zahlung bestanden. Der sich geprellt fühlende Händler hatte Özbek gebeten, ihn zu einem Schlichtungstreffen an einer Autobahnraststätte zu begleiten. Und hier drohte der Streit zu eskalieren, drei Pistolen waren schon gezogen. Schließlich gelang es Özbek, die Gemüter zu beruhigen mit dem Hinweis, dass man als Gast gekommen sei, unter der Bedingung, dass die Begegnung friedlich verlaufe. Der glimpfliche Ausgang zeigt zweierlei: Streitschlichter leben gefährlich, und erfolgreiche Missionen führen zu Dankbarkeit und mehren das Ansehen.

Der Imam von Essen

In allen Weltreligionen spielen Wunder eine geheimnisvolle Rolle. Wunder sind nämlich nur durch Gott oder Allah zu erklären. Und so ein Wunder muss wohl auch noch im Industriegebiet von Essen-Altenessen passieren, wenn aus den tristen und abgetakelten Werkshallen und dem Bürogebäude der früheren »Europa Auto Zentrum GmbH« eines Tages eine Moschee wachsen soll. Das jedenfalls ist der Plan von Imam Raschid und dem libanesisch-kurdischen Kultur- und Bildungsverein in Essen. Wo jetzt noch Autowracks, Reifen und Öllachen das Bild prägen, sollen in einem Jahr Gebetsräume, eine Religionsschule und ein Jugendzentrum einladen. Der karminrot gewandete Imam hat trotzdem an diesem unwirtlichen Ort gebetet, weil wir nach dem Freitagsgebet in der zurzeit noch benutzten Salah Eddin Moschee keine Ruhe gefunden hätten. Bei Temperaturen um null Grad müssen ein Gasofen und ein Tee die Runde wärmen.

Raschids Sohn und ein im Libanon geborener Mitarbeiter des

Jugendamtes dolmetschen. Nach zwanzig Jahren in Deutschland kann der Imam die deutsche Sprache angeblich gut verstehen, lässt aber trotzdem die meisten Fragen und alle Antworten übersetzen. Seine Deutschkenntnisse versucht er gerade in einem Integrationskurs zu verbessern. Imam Raschid hat sieben Kinder und lebt von Hartz IV. Weil der Libanon sich bis heute geweigert hat, ihm einen Pass auszustellen, hatte er bis zum letzten Jahr den Status eines Geduldeten und durfte nicht arbeiten. Im vergangenen Jahr erhielt er endlich einen syrischen Pass. Deshalb darf er jetzt einen Job suchen und einen Integrationskurs besuchen – nach zwanzig Jahren in Deutschland. Dieser Fall gehört ins Absurditätenkabinett deutscher Ausländerpolitik.

Wie alle Imame, versteht auch er sich in erster Linie als Prediger und Seelsorger, etwa bei Hochzeiten und Beerdigungen. Im Libanon und in Syrien hat der heute Vierzigjährige Religion studiert, bevor er 1990 vor den Bürgerkriegswirren nach Deutschland flüchtete. Seine zweitwichtigste Aufgabe ist aber inzwischen, Streit zu schlichten in der zweitgrößten libanesisch-kurdischen Kolonie in Deutschland. Er empfindet das als seine religiöse Pflicht, heißt doch ein Vers im Koran: »Unterstützt Euch gegenseitig beim Guten und unterstützt Euch nicht beim Schlechten.«

In den letzten Jahren hat er immer wieder schmerzlich erfahren, wie schnell kleine persönliche oder familiäre Konflikte in gewalttätige Fehden umschlagen können. Manchmal verbringt er 10 bis 15 Prozent seiner ehrenamtlichen Tätigkeit mit der Mediation, manchmal sind es aber auch 40 bis 50 Prozent. Auf die Frage, warum die Clans und Stämme sich denn immer wieder blutig streiten, schweigt er erst einmal. Dann nach einer kurzen Pause: »Die Stämme halten sich nicht an die Gesetze des Islam und an die deutschen Gesetze.« Die Frage nach den Ursachen der vielen Kleinkriege bleibt zunächst offen. Vielleicht weiß auch er keine Antwort, vielleicht aber will er auch keine geben. Dann kommen doch noch zwei Erklärungsmuster: Tradition und Mentalität. Eine Strafanzeige zu stellen, das sei für viele eine Schande, weil man dadurch zu erkennen gäbe, zu feige und zu schwach zu sein, den Streit selbst zu regeln.

Wird er bei häuslicher Gewalt, Familienstreitigkeiten oder Straßenschlachten gerufen, beschränkt er sich auf das Löschen des Feuers. Er leistet »erste Hilfe, will aber auf keinen Fall den Arzt ersetzen«. Auf die Kriminalitätsbekämpfung übertragen heißt das: Er beruhigt die Hitzköpfe, tastet aber die Arbeit der Strafjustiz nicht an. Ja, im Gegenteil, er unterstützt sie. Seine Intervention bei einer Massenprügelei mit über einhundert Beteiligten im Jahr 2005 hat Modellcharakter. Zusammen mit den Oberhäuptern von zwei ineinander verkeilten Familien eilte er zum Tatort. Alle drei wiesen darauf hin, dass die begangenen Straftaten verfolgt werden müssten, dass es aber für eine friedliche Lösung des Konflikts hilfreich wäre, wenn sie den Kampfplatz verlassen würden. Der Imam, die Clanchefs und die Polizei luden die Gewalttäter für den nächsten Tag in die Moschee ein. Dort unterzeichneten die Familienoberhäupter einen Vertrag, der die Wiedergutmachung der Schäden regelte, aber beide Familien das Gesicht wahren ließ. Das Treffen und die Unterzeichnung des Friedensvertrages im Gotteshaus haben nach Auffassung des Imams einen hohen »symbolischen Wert«. Beide Seiten fühlen sich »mit dem Segen der Religion mehr in die Pflicht genommen«. Zwei Tage später griff der Imam die Massenschlägerei dann in seiner Freitagspredigt auf. Der Tenor: Solche Konflikte nutzen keinem. Deutschland habe sie als Gäste aufgenommen, und es sei nicht angemessen, diese Gastfreundschaft auf diese Weise zu erwidern.

Im parallel laufenden Strafverfahren stießen die Ermittler allerdings auf die üblichen Schwierigkeiten. Nach der Schlichtung durch den Imam war keiner der Beteiligten an einer weiteren strafrechtlichen Bearbeitung des Vorfalls interessiert. »Sie erschienen entweder erst gar nicht zur Vernehmung oder konnten oder wollten keine Angaben zu Tatverdächtigen machen«, fasst der Polizeivermerk abschließend zusammen.[206] Zwei türkische

Teilnehmer der Schlägerei wurden wegen Widerstands gegen die Staatsgewalt zu jeweils 240 Euro verurteilt, weil die deutschen Polizeibeamten als Zeugen aussagten. Das Verfahren gegen einen Dritten wurde wegen geringer Schuld und gegen ein Bußgeld von 600 Euro eingestellt. Offenbar war der Schlichtungsvertrag, neben den Beweisschwierigkeiten, ein zusätzlicher Faktor, der zur Einstellung des Verfahrens geführt hat.

Warum es unter den Imamen in Deutschland so wenige gibt, die öffentlich für die Achtung deutscher Gesetze eintreten und für eine Zusammenarbeit mit Polizei und Justiz werben, das ist für Imam Raschid eine erkennbar unangenehme Frage. Den Blick gesenkt, murmelt er nach einer Pause leise, dass er mit dem bundesweit ersten Netzwerk für Konfliktregulierung auch die erste Chance als Friedensstifter bekommen hätte. Die anderen Imame hätten wohl, so formulierte er es diplomatisch und ein wenig verschwurbelt, »Schwächen beim Erkennen der Situation«.

Ein besonderes Anliegen des Imams ist, häusliche Gewalt und Erziehungskonflikte zu befrieden. Zusammen mit dem Jugendamt, der Arbeiterwohlfahrt und der Polizei entwirft er Flugblätter an »alle Muslime in Essen und Umgebung«. Ein Text macht darauf aufmerksam, dass die Polizei bei häuslicher Gewalt Strafanzeige gegen den Mann erstatten muss und unter Umständen ein Hausverbot bis zu zehn Tagen verhängen kann. Und dann folgt hinter dem Wort »Merke« etwas für Muslime sehr Ungewöhnliches: »Diese Maßnahmen können durch die Polizei nicht zurückgenommen werden, auch wenn sich die Ehepartner inzwischen wieder vertragen haben.« Und an Eltern appelliert er, die Kinder so zu erziehen, dass sie kein Unrecht tun und Nicht-Muslime weder beschimpfen noch ihnen Gewalt antun, denn »Allah belohnt denjenigen, der sanftmütig und freundlich ist«. An einer anderen Stelle des Flugblattes heißt es: »Der Schutz der Kinder vor Kriminalität gehört zu den Grundsätzen der islamischen Erziehung.«

Am Text all dieser Flugblätter hat er mitgefeilt. In Essen hat vermutlich kein anderer so viele Erfahrungen mit den traditionellen Erziehungswelten der libanesisch-kurdischen Familien gesammelt wie Imam Raschid. Manchmal braucht er einen langen Atem, um Konflikte zwischen Eheleuten sowie Eltern und Kindern zu schlichten. Die Scheidungsraten bei türkischen und arabischen Familien sollen mittlerweile 40 Prozent betragen. Und immer mehr Töchter begehren gegen den autoritären Erziehungsstil ihrer Väter auf. Monate hat er zum Beispiel benötigt, eine Tochter mit ihren Eltern zu versöhnen. Deren Ehe war gescheitert, ihr Mann war in den Libanon zurückgekehrt, und sie war in ein Frauenhaus geflohen. Für ihre Eltern bedeutete das Verhalten ihrer Tochter eine dreifache Schande: eine missglückte Ehe, ein zu freizügiger Lebenswandel und das Wohnen außerhalb des Elternhauses. Die Tochter hatte große Angst vor den Eltern, denn es gab Mädchen, die in vergleichbaren Situationen umgebracht worden waren. Bei seinen Befriedungsgesprächen verfolgte der Imam drei Ziele: Rückkehr der Tochter ins Elternhaus, Verzicht auf Gewalt und die Einheit der Familie zu retten.

Schließlich gelang dem Geistlichen zusammen mit seinen Netzwerkpartnern ein Kompromiss: In der Moschee unterzeichneten die Tochter, der Vater, der Jugendkontaktbeamte der Polizei und ein Vertreter des Jugendamtes einen Vertrag. Sein Kern: Die Tochter zieht ins Elternhaus zurück; sie darf eine Ausbildung beginnen und ihren Beruf frei wählen; und ein Sozialarbeiter darf sie jederzeit besuchen. Eigentlich Selbstverständlichkeiten, aber nicht bei dieser Familie in der Diaspora in Essen. Bisher haben Eltern und Tochter den Vertrag eingehalten.

Einer seiner ungewöhnlichsten Aufträge als Friedensstifter führte den Imam in einen Gerichtssaal. In Dorsten, Kreis Recklinghausen, war ein zehnjähriges muslimisches Kind über ein Jahr lang vermisst worden. Die Leiche wurde schließlich in der Tiefkühltruhe eines deutschen Nachbarn entdeckt. Der hatte längere Zeit seine Stromrechnung nicht bezahlt, worauf RWE ihm den Strom abstellte. Aufgrund der dadurch entstandenen Verwesungsgerüche hatte ein Nachbar die Polizei alarmiert, und der Mord konnte aufgeklärt werden.

Dieser Ermittlungserfolg brachte jedoch keine Ruhe, sondern Unruhe. Denn ein anderer islamischer Geistlicher heizte die Stimmung unter seinen Glaubensbrüdern mit der falschen Behauptung auf, dass der Körper des Kindes zerstückelt gewesen sei. Imam Raschid wusste, dass das eine Lüge war, weil er den Körper des Kindes vor der Beerdigung gewaschen hatte. Obendrein verbreitete derselbe Imam das Gerücht, dass der Mörder des muslimischen Kindes wahrscheinlich milde bestraft werden würde, weil er Deutscher sei und als psychisch krank eingestuft werde. Um das zu verhindern, hatte er aufgerufen, im Gerichtssaal zu protestieren.

Da kam die Polizei auf die Idee, den Imam Raschid zu bitten, die Gerichtsverhandlung als Zuschauer zu verfolgen, damit sie friedlich verläuft. Seite an Seite mit der deutschen Polizei bewährte er sich in dieser Lage einmal mehr als Konfliktlöser. Nach einer störungsfreien Hauptverhandlung verurteilte das Gericht den Kindsmörder zu einer lebenslangen Freiheitsstrafe. Nach der Urteilsverkündung bedankte sich der Richter beim Imam für seine Hilfe. Und der erklärte seinen Glaubensbrüdern, dass es in Deutschland keine Todesstrafe gäbe und der Mörder des muslimischen Kindes zu der nach deutschen Gesetzen höchsten Strafe verurteilt worden war.

Imam Raschid ist ein bescheidener und beseelter Brückenbauer zwischen Libanesen und Deutschen. Dafür hat die nordrheinwestfälische Landesregierung ihm 2005 den Landespräventionspreis verliehen, eine Auszeichnung, die ihn noch heute »stolz macht«. Im Unterschied zu vielen anderen Geistlichen versteht er sich nämlich als Helfer und nicht als Gegner der deutschen Strafjustiz.

Die Folgen der Schlichtung für die Strafjustiz

Zum Selbstverständnis muslimischer Familien gehört es, Schlichtungen vor und nach Straftaten als Privatsache zu behandeln und Gespräche wie Einzelheiten durch eine Mauer des Schweigens zu schützen. Nur im Ausnahmefall erfahren die Strafverfolgungsorgane etwas von ihnen – und dann meist nicht mehr als die nackte Tatsache, dass sich die Familien geeinigt und kein Interesse mehr an einer Strafverfolgung haben. Die folgenden Fälle sind seltene Ausnahmen. Sie erlauben verblüffende Einblicke in das Aufeinanderprallen deutscher und islamischer Rechtskultur im Strafprozess.

Folter im Keller

Das Gedränge und Geschiebe auf dem Flur des Klinikums Neukölln war so dicht, dass Ärzte und Schwestern kaum in das Zimmer des neuen Patienten, Fuat S., vordringen konnten. Kurz vor 22 Uhr war er mit mehreren blutenden Wunden und Prellungen im Gesicht, an Händen, Knien und Schultern sowie einer Fraktur des zweiten Mittelhandknochens eingeliefert worden. Vor dem Krankenhaus hatten sich nach arabischer Tradition etwa 150 Familienmitglieder und Bekannte des Opfers versammelt, auf den Fluren des Krankenhauses weitere vierzig. Unter ihnen laut Polizeiakten auch »El Presidente«, eine Größe in der Berliner OK-Szene und Streitschlichter. Ferner hatte sich ein palästinensischer Friedensrichter eingefunden, der offenbar die Interessen der palästinensischen Täterfamilie vertreten sollte. Er ließ den

Malträtierten wissen, dass alles »wieder gut« werde. Ungefähr zur selben Zeit rief der Onkel des Verletzten den Friedensrichter Hassan Allouche an und bat um dessen Hilfe. Das war der Startschuss für einen Schattenprozess, der das ordentliche Strafverfahren bis in die Hauptverhandlung hinein begleitete und es zum Schluss massiv beeinflusste.[207]

Das Opfer wollte zunächst keine Aussagen machen. Denn die Familie O., der die Täter angehörten, galt als gefährlich. Angst vor einem »Familienkrieg« und vor »Blutrache« kroch in die Köpfe der Familie des Verprügelten. Mitten in der Nacht änderte das Opfer jedoch seine Haltung – nachdem es erfahren hatte, dass einer der Täter seiner Familie am Telefon gedroht hatte: »Das ist nur eine Warnung. Wenn ich mein Geld nicht bekomme, bringe ich euren Sohn um.« Danach erzählte der Patient den Kriminalbeamten noch in der Nacht, was in den Stunden davor passiert war.

Fuat S. war seit zwölf Jahren spielsüchtig und hatte deshalb seinen Arbeitsplatz und seine Familie verloren. Um an neues Spielgeld zu kommen, stellte er Mustafa O. einen lukrativen Gebrauchtwagendeal mit hoher Gewinnbeteiligung in Aussicht. Mustafa O., auch er Hartz-IV-Empfänger, gewährte ihm ein Darlehen von 150 000 Euro. Die verspielte er, und als der Tag der Rückzahlung kam, musste er dies offenbaren. Seine Familie war nicht bereit, seine Schulden wieder zu bezahlen.

Die Kernpunkte seiner ersten Aussage bei der Polizei: Vor der Wohnung der Familie O. habe Mustafa O. ihm in Anwesenheit von drei Brüdern mit einem Hammer auf Hände, Arme und Beine geschlagen, vor allem auf die Hände, »mit denen du mein Geld genommen hast«. Als Mustafa O. mit den Worten »Gleich bist du tot« eine Pistole hervorholte, mahnte ihn sein Bruder Erhan, das Ding wegzustecken: »Wir wollen keine Blutrache.« Dann sollen die vier den zahlungsunfähigen Spieler als »Geisel« mitgenommen haben, um ihn in einem Keller zu foltern. Auf der Fahrt dahin soll Mustafa O. Fuat S. im Auto vier- bis fünfmal auf die Nase geschlagen und ihm gedroht haben, »Frau und Töchter zu vergewaltigen, einen Bruder zu erstechen und alle ihre Autos zu zerstören«. Im Keller unterhalb eines Cafés sollen die vier ihre Abrechnung mit einem Zimmermannhammer und Schlägen auf Hände, Arme und Knie fortgesetzt haben. Laut Polizeiprotokoll sagte Fuat S. aus, dass er »alle vier namentlich kennen« und »auf Fotos wiedererkennen würde«. »Geschlagen und bedroht hat mich aber nur der Mustafa.« Kein einziger Vorwurf gegen Mustafas Bruder Erhan.

Mustafa war das Problemkind der Familie O. Er besuchte zur Tatzeit gerade eine Drogentherapie. Für sie war die Vollstreckung einer zweieinhalbjährigen Freiheitsstrafe zur Bewährung ausgesetzt worden. Da Mustafa O. bereits 16 Vorstrafen hatte, musste er nach Einschätzung von Prozessbeteiligten mit einer Freiheitsstrafe zwischen sechs und sieben Jahren rechnen. Da ihm die Eltern dies ersparen wollten, hatten sie ein starkes Interesse an einer außergerichtlichen Einigung.

Friedensrichter Allouche hatte noch in der Tatnacht die Familie S. besucht und von ihr den Auftrag bekommen, mit der Familie O. zu reden. Dreimal hat er dann mit beiden Familien jeweils separat gesprochen – angeblich immer mit Wissen der Polizei und unter Polizeischutz. Diese Kooperation wurde von LKA-Beamten, die mit dem Fall befasst waren, allerdings nicht bestätigt. Beide Familien trafen sich schließlich zu einer gemeinsamen Runde in einem Zehlendorfer Restaurant – vermittelt durch Allouche. Sie kamen überein, keine Rache zu üben und auch keine Schlägereien mehr anzuzetteln. Um den Friedensschluss zu bekräftigen, besuchten beide Familien zwei Tage später den verletzten Fuat im Krankenhaus. Mit dabei war ein Anwalt. Er wurde gebeten, nach der Einigung beider Familien alles Weitere »mit der Staatsanwaltschaft zu regeln«, das hieß, Mustafa O. vom Vorwurf der gefährlichen Körperverletzung zu befreien.

Hier erscheint zweierlei bemerkenswert: Ein Rechtsanwalt ist, wie der Krankenhausbesuch zeigt, in das Schattenverfahren eingebunden. Und unter den Beteiligten besteht anscheinend der Eindruck, dass es in der deutschen Strafjustiz wie auf einem Basar zugeht: Nach einer Einigung zwischen Täter und Opfer soll der Staatsanwalt das Verfahren möglichst einstellen.

Ein Informant berichtete erst der Polizei und später in der Hauptverhandlung, was im Restaurant unter anderem vereinbart worden war. Die Familie des Opfers hätte sich verpflichtet, die 150 000 Euro Darlehen, minus Schmerzensgeld, zurückzuzahlen. Dafür sollte der Verletzte im Gegenzug die Strafanzeige zurücknehmen. Ob dies die endgültige Vereinbarung war, der alle zugestimmt hatten, blieb offen.

Während der Ermittlungen bekamen die Kriminalbeamten immer wieder Informationen aus dem Schattenverfahren – allerdings mit widersprüchlichen Botschaften. Bei einer polizeilichen Kontrolle eines Autos, in dem Allouche und ein jüngerer Libanese saßen, erwähnte der Friedensrichter, dass die »Sache« mit den Familien O. und S. geklärt sei. Die Söhne der Familie O. wollten Mustafa als schwarzes Schaf der Polizei und der Justiz opfern, damit der Clan keine Schwierigkeiten mehr mit der Polizei habe. Dann meldete ein anderer Polizeiinformant wieder, dass die »Sache geklärt« sei. Es dauerte nicht lange, bis das Parallelverfahren eine neue Wende nahm: Ein Spitzel hatte gehört, dass ein Jugoslawe angeblich bereit sei, gegen eine Summe von über 10 000 Euro die Verantwortung für die Mustafa zur Last gelegte Tat vor Gericht zu übernehmen. »Diese unbekannte Person hat mit der Tat nichts zu tun, war auch nicht am Tatort und handelt nur aus finanziellen Motiven«, heißt es im Polizeivermerk.

Die Einigung im Strafverfahren rechtlich durchzusetzen war nicht einfach. Da die Strafanzeige wegen gefährlicher Körperverletzung nicht zurückgenommen werden konnte, musste ein anderer Ausweg gesucht werden. Und man wurde fündig. Die Beweislage wurde so geändert, dass die Hauptverantwortung für die Folter von Mustafa auf seinen Bruder Erhan umgeleitet wurde. Der war »nur« mit einer Freiheitsstrafe wegen Körperverletzung aus dem Jahr 2003 belastet und hatte deshalb im Fall einer Verurteilung mit einer wesentlich geringeren Strafe als sein Bruder Mustafa zu rechnen. Und so geschah es. Der zusammengeschlagene Fuat S. verweigerte die Aussage mit dem Hinweis auf sein Auskunftsverweigerungsrecht wegen drohender Selbstbelastung (§ 55 StPO). Dieser Rückzug des Hauptbelastungszeugen brachte einen ersten Etappensieg für die Paralleljustiz: Mustafa wurde aus der Untersuchungshaft entlassen.

Die Anklageschrift stellte – und das kommt in solchen Fällen selten vor – vorsichtig einen Zusammenhang zwischen der Schlichtung nach islamischer Tradition und dem Aussageverhalten des Hauptbelastungszeugen her: Das Schweigen »des Geschädigten über die Ursachen und insbesondere den Verursacher seiner Verletzungen« mag neben dem Berufen auf das Auskunftsverweigerungsrecht seine »Ursache« in einer Einigung der Familien haben.

Die Staatsanwaltschaft hielt die erste Aussage des Opfers trotz einiger Widersprüche für glaubwürdig: Sie war detailgenau und unmittelbar unter dem Eindruck des Geschehens abgegeben. Eine Erstaussage, für die aussagepsychologisch die Vermutung spricht, dass sie wahr ist.

Friedensrichter Allouche, von der Verteidigung überraschend als Zeuge benannt, begann durch seine Aussage im Prozess das bisherige Beweisergebnis auf den Kopf zu stellen. Schon bei seinem ersten Besuch bei der Familie S. habe man über den Vorfall gesprochen, Fuat S. habe schon damals Mustafa O. die alleinige Schuld gegeben. Bei einem späteren Besuch habe er bei geöffneter Wohnungstür dann aber gehört, wie der Gefolterte gesagt habe: Mit den Vorwürfen gegen Mustafa habe er ihm eine »Lektion erteilen« wollen. Das sollte heißen: Er habe Mustafa zu Unrecht beschuldigt.

In der Hauptverhandlung gab der verprügelte Fuat S. dann eine völlig neue Version der Vorgänge zum Besten: Nicht Mustafa O., sondern dessen Bruder Erhan habe ihm das Darlehen gewährt – und zwar nicht 150 000 Euro, sondern nur 90 000 Euro. Und nicht Mustafa, sondern Erhan habe ihn geschlagen – und zwar drei- bis viermal mit der Faust auf die Nase. Im Keller soll Mustafa, in der ersten Aussage noch der Haupttäter, plötzlich gar nicht anwesend gewesen sein. Auf Knie und Hand habe ihn ein unbekannter Albaner mit dem Hammer geschlagen. Als Motiv für die erste, nun angeblich falsche Aussage gab Fuat S. an, dass Mustafa O. ihn beim ersten Treffen mit der Versicherung, ihm werde nichts passieren, getäuscht habe. Deshalb habe er sich an ihm »rächen« wollen und habe alles auf ihn geschoben. Er habe sich das alles ausgedacht. Schließlich berief sich Fuat S. auf sein Auskunftsverweigerungsrecht.

Ergänzt wurde diese völlig neue Version des Geschehens durch ein Geständnis von Mustafas Bruder Erhan: Er habe Fuat die 90 000 Euro geliehen, habe ihn geschlagen und beschimpft. Sein Bruder Mustafa habe Fuat zu »keinem Zeitpunkt« geschlagen. Zu der Zeit sei Mustafa nicht einmal im Keller gewesen.

Unverständlich ist, dass – zumindest nach Aktenlage – weder das Gericht noch die Staatsanwaltschaft Zeugen und Angeklagte nach der Verständigung der Familien und ihren möglichen Folgen für die Beweislage gefragt haben. Zweifelsohne eine Verletzung ihrer Aufklärungspflicht.

Da keine Sachbeweise (etwa Blut- oder DNA-Spuren) zur Verfügung standen, konnte sich das Gericht nur noch auf die veränderten Aussagen des Opfers und eines Angeklagten stützen. Damit kam es offenbar nicht zurecht. Das folgende Urteil ist ein Dokument der Hilflosigkeit und Widersprüchlichkeit.

Zunächst fällt auf, dass im Urteil die Rolle des Friedensrichters Allouche, der hinter den Kulissen von Anfang bis Ende des Verfahrens mitwirkte, und die Verständigung der Familien mit keinem Wort erwähnt werden. Es bewertete das Geständnis des Erhan O. als glaubwürdig und verurteilte ihn wegen Körperverletzung zu einer Geldstrafe von 90 Tagessätzen (1260 Euro). Keine erhebliche Rolle spielte für das Gericht, dass das Geständnis von

Erhan O. in einem zentralen Punkt unwahr war, dass nämlich sein Bruder Mustafa nicht im Folterkeller gewesen sei. Das Gegenteil konnte mit Handy-Verbindungsdaten nachgewiesen werden. Für bare Münze nahm das Gericht überraschend das Motiv von Erhans Tatgeständnis: »Es war allein von dem Gedanken bestimmt, seinen Bruder vor einer Verurteilung für eine Tat zu bewahren, die er nicht begangen hat.« Ja, das Motiv Erhans wird richtig beschrieben, nicht aber die Tatsache, dass die gesamten Ermittlungen bis zur Hauptverhandlung dafür sprachen, dass Mustafa in Wirklichkeit der Haupttäter war. Dieser Auffassung neigte die Richterin in der zweiten Hälfte des Urteils selbst zu. Das Geständnis von Erhan O. war vermutlich der einzige Rettungsanker, um überhaupt zu einer Verurteilung zu gelangen.

Den Hauptangeklagten Mustafa O. sprach das Gericht aus Mangel an Beweisen frei, obwohl die Richterin den Aussagewechsel des Opfers Fuat S. als »unglaubhaft« einstufte. Es erscheine »völlig unplausibel«, dass der Geschädigte sich – noch unter dem Eindruck des Vorfalls stehend – im Krankenhaus eine derartige Geschichte ausgedacht habe und dass er »sich erst in der Hauptverhandlung entschlossen« haben wolle, »die Wahrheit zu sagen«. Dies ist umso unglaubwürdiger, als Mustafa O. aufgrund seiner ersten belastenden Aussage Monate zu Unrecht in der Untersuchungshaft gesessen hätte. Trotzdem hisste das Gericht am Ende die weiße Fahne: Angesichts der »wechselnden und widersprüchlichen Aussagen« des Gefolterten »sowie der zahlreichen Ungereimtheiten konnte das Gericht nicht feststellen, welche der Aussagen des Geschädigten im Ergebnis der Wahrheit entspricht«.

Die Familie der Angeklagten triumphierte. Durch ihre Einigung und deren rechtliche Vollstreckung im Prozess hatte sie die Strafjustiz im zentralen Punkt ausgetrickst. Wie bei der Schlichtung angestrebt, wurde der mutmaßliche Haupttäter freigesprochen, statt für sechs bis sieben Jahre ins Gefängnis zu wandern. Sein Bruder wurde durch dessen Geständnis vermutlich kaum höher bestraft als ohne. Und wahrscheinlich hat auch das Opfer von dem Deal der Familien profitiert: durch den Erlass eines Teils der Spielschulden als Schmerzensgeld. Ein Insider aus einer kurdische Großfamilie in Berlin findet den Ausgang des Verfahrens sogar gerecht: »Es gelten kurdische Gesetze: Was sind ein paar blaue Flecke gegenüber der Tatsache, dass das Opfer gelogen hat und 150 000 Euro weg sind.«

Oberstaatsanwalt Bernhard Mix wurmte der Freispruch so, dass er gegen den seines Erachtens hauptverantwortlichen Beweisverfälscher Fuat S. sofort ein Ermittlungsverfahren wegen Betruges in einem besonders schweren Fall, falscher Verdächtigung und falscher uneidlicher Aussage einleitete.[208] In einem Vermerk fand er deutliche Worte: »Der Fuat S. hat ersichtlich gelogen … Seine Angaben waren unpräzise, unlogisch und wenig detailliert, teilweise verworren. Bezüglich seiner Angaben zur Motivlage waren sie nicht nachvollziehbar. Der Grund, warum er sich an Mustafa habe rächen wollen, ist deutlich an den Haaren herbeigezogen.«

Weil er wegen der Vorwürfe eine hohe Freiheitsstrafe zu erwarten und Spielschulden in sechsstelliger Höhe hatte, musste Fuat S. in Untersuchungshaft. Im Haftbefehl und in der folgenden Anklage stellte Oberstaatsanwalt Mix einen direkten Zusammenhang zwischen dessen falscher Aussage und der Verständigung der Familien her: Ziel seiner falschen Aussage sei gewesen, dass Mustafa O. »vom Vorwurf der gefährlichen Körperverletzung, Bedrohung und Freiheitsberaubung freigesprochen wird, weil dies ein Teil einer außergerichtlichen Einigung zwischen den Familien S. und O. ist«. In der Hauptverhandlung gestand Fuat S. seine Falschaussage und wurde zu einem Jahr und neun Monaten Gefängnis mit Bewährung verurteilt.

Ein wenig Genugtuung für Oberstaatsanwalt Mix. Trotzdem ist er frustriert: »Ich bin überzeugt, dass in diesem Verfahren gelogen wurde, dass sich die Balken biegen. Ich bin überzeugt, dass die Erstbezichtigung Mustafas zutreffend war, weil sie mit anderen Ermittlungsergebnissen übereinstimmte. Das führt zu der traurigen Erkenntnis, dass mit rechtsstaatlichen Mitteln die Wahrheit nur schwer zu beweisen ist, wenn sich Täter und Opfer einig sind.«

Geholfen bei der Änderung der Beweislage hat überdies Friedensrichter Allouche, an dessen entlastender Aussage auf Seiten des Gerichts erhebliche Zweifel bestanden.

Dubios erscheint überdies die Rolle der Anwälte. Das Geständnis von Erhan O., das in einem zentralen Punkt – der Abwesenheit seines Bruders Mustafa im Keller – nicht zutraf, war von seinem Anwalt mitformuliert worden. Der sieht trotzdem keinen Anlass zur Selbstkritik: Der Freispruch und die geringe Geldstrafe entsprächen der »formellen Wahrheit«. Trotzdem müssen sich Verteidiger zwei Fragen gefallen lassen: Haben sie sich unter Umständen wegen Vortäuschen einer Straftat (§ 145d StGB) strafbar gemacht, und haben sie möglicherweise anwaltliches Berufsrecht verletzt? Denn jeder Strafverteidiger ist als Organ der Rechtspflege auch der Wahrheit verpflichtet.

Der vermutlich zu Unrecht erfolgte Freispruch Mustafas wirkte in tragischer Weise bis Ende 2010 nach. Denn hätte die muslimische Paralleljustiz die deutsche Strafjustiz nicht behindert, hätte er, weil im Gefängnis sitzend, mutmaßlich nicht zwei neue brutale Gewalttaten begehen können. Für diese Taten suchte ihn die Berliner Justiz seit November 2010 – mit einer Öffentlichkeitsfahndung und einem internationalen Haftbefehl.[209]

Die Vorwürfe: Im Juli 2010 soll er einen Frührentner in Neukölln zusammen mit einer unbekannten Person niedergeschlagen haben, nachdem der sich über Kinderlärm im Hinterhof beschwert hatte. Obwohl das Opfer frisch an der Halswirbelsäule operiert war und er Mustafa O. das auch gesagt hatte, sollen beide ihn weitergetreten und geprügelt haben. Die zweite Tat soll er im Zuge einer Rempelei und eines Wortwechsels vor einem Charlottenburger Lokal begangen haben, bei der er einen ihm unbekannten Landsmann mit den Worten angemacht haben soll, ob er nicht wisse, wer er sei. Alle hätten Angst vor ihm. Als die

Antwort für Mustafa O. offenbar nicht devot genug ausfiel, soll er ihn mit der Faust ins Auge geschlagen, mit dem Messer in die Oberlippe gestochen, ihm die Kopfhaut aufgeschnitten und 30 Euro gestohlen haben. Einige Zeit später tauchte Mustafa unter – in Syrien, wie Ermittler später herausfanden.

Beide Opfer – der Rentner und der libanesische Asylbewerber Nidal L. – hatten Mustafa O. bei ihren polizeilichen Vernehmungen zweifelsfrei als Täter identifiziert. Angesichts der glänzenden Beweislage waren die Ermittlungsbehörden überzeugt, Mustafa O. endlich für mehrere Jahre hinter Gitter schicken zu können, wenn er eines Tages nach Deutschland zurückkäme – freiwillig oder aufgrund des Haftbefehls. Da der Asylbewerber bei einer Hauptverhandlung in ferner Zukunft lange wieder außer Landes sein könnte, beantragten die Verfolger seine richterliche Vernehmung. Dann die böse Überraschung. Im Namen von Nidal L. tauchte ein Verteidiger als Zeugenbeistand bei den Ermittlern auf und kündigte an, dass sich sein Mandant bei einer richterlichen Vernehmung auf ein Auskunftsverweigerungsrecht wegen drohender Selbstbelastung (§ 55 StPO) berufen werde.

Diesen bevorstehenden Beweisverlust hatten die Ermittler zum Teil selbst zu verantworten. Denn bis zum Antrag auf richterliche Vernehmung ließen die Staatsanwälte über zwei Monate verstreichen, eine viel zu lange Zeitspanne, die den Familien von Täter und Opfer sowie Streitschlichtern genug Gelegenheit bot, die Beweislage zugunsten von Mustafa O. zu manipulieren.

Die Verfolger packte jetzt der Ehrgeiz. Sie waren davon überzeugt, dass die erste Aussage des Asylbewerbers der Wahrheit entsprach. »Ich will kämpfen bis zum Letzten«, sagte einer der Ermittler. »Der Rechtsstaat kann sich so etwas nicht gefallen lassen.« Und die Hartnäckigkeit von Staatsanwaltschaft und Polizei sollte sich auszahlen. Es gelang nämlich in den nächsten Wochen erstmals, einen Beweisverfälschungsversuch eines kriminellen libanesischen Clans vor der Hauptverhandlung zu enttarnen und strafrechtlich zu verfolgen.

Polizeiliche Ermittlungen im familiären Umfeld des Asylbewerbers Nidal L. offenbarten zunächst, warum er plötzlich nicht mehr vor dem Richter aussagen wollte: Die Familien des Täters und des Opfers hatten sich im Libanon geeinigt. Vor der in Berlin als extrem gewalttätig geltenden Familie O. hatten die Informanten so viel Angst, dass sie es ablehnten, sich offiziell vernehmen zu lassen oder ein Protokoll zu unterzeichnen.

Damit war jedoch nicht das letzte Wort gesprochen. Kamel L., der Cousin von Nidal L., überredete ihn, vor Polizei und Richter auszusagen, zunächst nur über die Vertuschungsversuche der Täterfamilie, dann aber auch über das eigentliche Tatgeschehen. Die Messerattacke war für Nidal zu grausam gewesen, um sie ungesühnt zu lassen.

Seine Aussagen in Grundzügen: Nach dem Gewaltexzess hatte man ihn mit einem Großaufgebot in Berlin suchen lassen, um ihn einzuschüchtern. Auch Friedensrichter Allouche bot sich als Vermittler an. Er kam jedoch nicht zum Zuge. Den Kontakt zwischen Nidal L. und der Familie O. stellten schließlich zwei Vermittler aus dem Drogenmilieu her. In einem Café drohten Abdul O. und dessen Onkel dem Opfer Nidal L., sich an ihm und seiner Familie zu rächen, wenn er bei seiner Aussage bliebe. Gleichzeitig aber boten sie ihm an, 10 000 Euro Schweigegeld und einen Rechtsanwalt zu bezahlen. Außerdem hatten sie einen Tipp parat, wie er aus der Bredouille mit seiner ersten Aussage käme: Er solle sich auf ein Auskunftsverweigerungsrecht berufen. Offenbar gehört es in Berliner Gangsterkreisen inzwischen zum Allgemeinwissen, wie man sich von Erstaussagen wieder lösen kann.

Zunächst nahm Nidal L. das Angebot an und erhielt dafür als Anzahlung 3000 Euro sowie 300 Euro für den Rechtsanwalt. Das Bemerkenswerte, ja Anrüchige: Die Familie des geflüchteten mutmaßlichen Gewalttäters finanziert für das Opfer einen Anwalt. Abdul O., eine zentrale Figur der Berliner Rotlichtszene, und dessen Onkel sollen dann nach Erkenntnissen der Ermittler den Zeugen Nidal L. persönlich zu einem Anwalt gebracht haben, den der Verteidiger des untergetauchten Mustafa O. ausgewählt hatte. Der soll den »Opfer-Anwalt« auch in den Fall eingewiesen und ihm seine Akten übergeben haben. Der Auftrag der Familienoberhäupter an den Anwalt des Opfers lautete: Nidal L. solle nichts mehr sagen – und er solle ihm erklären, wie das zu bewerkstelligen sei. Außerdem soll der als Zeugenbeistand verpflichtete Anwalt eine Kopie der Verteidigerakten bekommen haben. Eine moralisch und berufsethisch höchst fragwürdige Zusammenarbeit zwischen Strafverteidiger und Zeugenbeistand. Ein Ermittler über den Anwalt des Opfers: »Ich erwarte von einem Organ der Rechtspflege, dass er, wenn er sieht, dass er für die Verteidigung des mutmaßlichen Täters eingespannt werden soll, ein solches Mandat ablehnt. Denn er ist nicht verpflichtet, ein solches Mandat anzunehmen.«

Als die Familie O. erfuhr, dass Nidal L. trotz der Vereinbarung ausgesagt hatte, meldeten sich noch am Abend die beiden Vermittler bei ihm und forderten die 3000 Euro zurück. Zur Übergabe sollten er und sein Cousin sich an einem bestimmten Treffpunkt einfinden. Dort wurden sie von einer fünfköpfigen Truppe wenig freundlich empfangen. Nidal L. wollte das Geld jedoch nicht an die Vermittler, sondern an den älteren Bruder des untergetauchten Mustafa O. zurückgeben. Er und sein Cousin Nasser wurden daraufhin brutal zusammengeschlagen. Beiden drohte die Gang überdies, sie im Kofferraum eines Autos zu verschleppen. Sie sollen Nidal L. gedroht haben: »Wir verschleppen dich, zerstückeln dich und schicken die Einzelteile in einen Sarg an deine Mutter.« Dem Cousin gelang es jedoch zu fliehen. Und von Nidal L. ließen die Handlanger erst ab, als einer der Vermittler aus dem Drogenmilieu versprach, die 3000 Euro zurückzuzahlen. Diese Version der gescheiterten Vertuschungsaktion und der missglückten Entführung bestätigte der Cousin Kamel bei einer richterlichen Vernehmung.

Mit den Aussagen der beiden Cousins Kamel und Nidal L.

holten die Ermittler Mitte Februar 2011 zu einem Gegenschlag aus. Sie ließen Abdul O., dessen Onkel und den Kopf der Schlägertruppe wegen versuchter Nötigung und versuchten erpresserischen Menschenraubs verhaften. Der Haftgrund lautete Verdunkelungsgefahr: Die Familie O. könnte versuchen, die Beweise gegen den untergetauchten Bruder Mustafa zu verfälschen. Die Haftbefehle gegen Abdul O. und dessen Onkel wegen räuberischer Erpressung mussten allerdings nach wenigen Tagen wieder aufgehoben werden, weil die Verfolger nicht nachweisen konnten, dass sie das Rollkommando für die Rückholung der 3000 Euro beauftragt hatten. Für eine Anklage wegen versuchter Nötigung gegen die beiden, die inzwischen erhoben ist, reichen die Beweise nach Ansicht der Ermittler jedoch aus.

Vielleicht gelingt es der Berliner Justiz ja in einer zweiten Runde, was sie in der ersten nicht geschafft hat: die islamische Paralleljustiz in die Schranken zu weisen.

Einen ersten Erfolg dabei kann sie bereits vermelden. Mitte April 2011 verurteilte sie einen der beiden Vermittler und Anführer des Schlägertrupps wegen gefährlicher Körperverletzung, versuchter Freiheitsberaubung und Drohung zu einem Jahr und sechs Monaten mit Bewährung. Die Strafaussetzung erhielt der Vermittler nur, weil er die Tat gestanden hatte. Der zweite Vermittler blieb straflos, weil er den Konflikt dadurch befriedet hatte, dass er die an Nidal L. geflossenen 3000 Euro Schweigegeld an die Familie O. zurückgezahlt hatte. Er war, wie die Juristen es nennen, vom Tatversuch mit strafbefreiender Wirkung zurückgetreten.

Nach dem Ausbruch der ersten Unruhen in Syrien während der arabischen Revolution war es dem untergetauchten Mustafa O. dort offenbar zu heiß geworden. Von seinem älteren Bruder Abdul O. der Polizei angekündigt, landete er am 21. März 2011 in Berlin-Tegel und wurde dort von der Polizei in Empfang und Untersuchungshaft genommen. Im August 2011 begann der Prozess gegen ihn, angeklagt wegen gefährlicher Körperverletzung in zwei Fällen und der gestohlenen 30 Euro wegen Raubes. Mit zwei richterlichen Vernehmungen und der Aussage eines deutschen Ruheständlers in den Akten dachten die Ankläger gut gerüstet zu sein. Ein Irrtum, wie sich bald herausstellte. Denn der einflussreiche Clan von Mustafa O. und zwei skrupellose Anwälte hatten einen Plan B entwickelt. Ein halbes Jahr nach der Tat präsentierte ein Verteidiger plötzlich einen bis dahin unbekannten Entlastungszeugen. Der berichtete dem Anwalt eine völlig neue Version des Tatgeschehens: Er hätte vor dem Lokal zusammen mit Mustafa O. in einem Auto gesessen, und das Opfer Nidal L. hätte ihnen Kokain angeboten. Der Drogenhändler sei zu ihnen ins Auto gestiegen, damit Mustafa O. den Stoff probieren konnte. Als er feststellte, dass dieser von minderer Qualität war, sei Mustafa O. wütend geworden. Beide seien ausgestiegen, und Nidal L. hätte Mustafa O. angegriffen. Die naheliegende Frage: Warum zaubert die Verteidigung ein halbes Jahr nach der Gewalttat einen bis dahin unbekannten, unermittelbaren Tatzeugen aus dem Hut, der, wenn er wirklich bei der Tat anwesend war, in den ersten Stunden nach der Tat hätte benannt werden müssen? Ist es vorstellbar, dass der in zahlreichen Prozessen erfahrene Mustafa O. seinen Anwälten ein halbes Jahr lang nichts von diesem Entlastungszeugen erzählt und stattdessen aus Deutschland flieht?

Als sich die Ermittler ein eigenes Bild von dem neu aufgetauchten Zeugen machen wollten, erlebten sie eine Fülle von Merkwürdigkeiten. Als der »6-Monats-Zeuge« (so sein Spitzname bei den Fahndern) gefragt wurde, ob er etwas für die Aussage bekommen habe, offenbarte der arglos, dass er erst Geld gewollt habe. Das wurde, weil es sich schlecht mache, abgelehnt. Dann habe er als Lohn für die Aussage nach einem Job bei der Familie O. gefragt, den er dann auch bekommen habe. Die sich aufdrängende Frage: Saß da ein gekaufter Zeuge vor den Ermittlern? Diese Zweifel verstärkten sich im Laufe der Vernehmungen, weil der Zeuge offenbar nicht wusste, welche Kopfverletzungen Nidal L. bei den Auseinandersetzungen davongetragen hatte.

Um die aufgeschnittene Kopfhaut zu erklären, erzählte er eine in einschlägigen Kreisen häufig erzählte Entlastungsgeschichte, die Bordsteinkantenverletzung: Als Nidal L. Mustafa O. treten wollte, hätte er das Gleichgewicht verloren und sei mit dem Hinterkopf auf die Bordsteinkante gefallen. Sein Pech: Damit konnte er nicht den Stich durch die Lippe ins Zahnfleisch plausibel erklären. Eine weitere Erschütterung seiner Glaubwürdigkeit. Und dann berichtete er noch von einer Frau, die mit im Auto gesessen habe, die aber von den Verteidigern nicht benannt worden war. Warum? Taktik, weil die Zeugin nicht zuverlässig genug war? Sie erzählte den Ermittlern im Wesentlichen die Geschichte des 6-Monats-Zeugen, wich aber bei zahlreichen Details ab.

In der Hauptverhandlung erlebten die Prozessbeteiligten zwei Überraschungen. Das Opfer Nidal L. blieb bei seiner Darstellung der Tat, dass nämlich er von Mustafa O. mit einem Messer attackiert worden sei. Das war mutig. Mit seiner Strafanzeige und seiner Aussage in der Hauptverhandlung hatte er einen der mächtigsten und kriminellsten Berliner Clans herausgefordert. Hier Rückgrat zu beweisen hat ihn viel Überwindung gekostet. Er hat Todesängste durchlebt.

Anders der Rentner. Er schwächte seine Aussagen in der Hauptverhandlung deutlich ab: Der Faustschlag ins Gesicht sei in Wirklichkeit ein Schlag mit der flachen Hand gewesen. Im Übrigen sei er sich nicht mehr sicher, ob Mustafa O. wirklich einer der Täter gewesen sei. Auch hier hatten die Ermittler schon vorher eine unzulässige Zeugenbeeinflussung vermutet. Bei einer Durchsuchung der Wohnung nach Bestechungsgeld wurde zwar nichts gefunden, am Rande erzählte die Frau des Ruheständlers jedoch einem Polizeibeamten, dass im Zusammenhang mit der ersten Aussage ihres Mannes ein Enkel ein Treffen mit einem Mann vermittelt habe. Bei einer späteren Vernehmung und in der Hauptverhandlung wollte sie davon dann nichts mehr wissen und berief sich auf ihr Zeugnisverweigerungsrecht als Ehefrau (§ 52 StPO).

Im Oktober 2011 verurteilte die 34. Große Strafkammer Mustafa O. wegen einfacher und gefährlicher Körperverletzung zu zwei Jahren und acht Monaten Gefängnis. Wegen seiner Kokainabhängigkeit ordnete das Gericht zudem seine Unterbringung in einer Entziehungsanstalt an.

Das Urteil ist, zusammengefasst, eine krachende Niederlage der Staatsanwaltschaft und ein Triumph der Verteidiger – trotz der Freiheitsstrafe. Weder mit dem Vorwurf der gefährlichen Körperverletzung gegenüber dem Rentner noch mit dem Raubvorwurf konnten sich die Ankläger durchsetzen.

Weil beide Seiten auf Rechtsmittel verzichteten, konnte das Gericht ein Urteil in abgekürzter Form schreiben – mit der fatalen Folge, dass es auf jede Beweiswürdigung verzichten durfte. Es übernahm ohne jede Begründung die abgeschwächten Aussagen des Rentners in der Hauptverhandlung und schloss sich der Version des 6-Monats-Zeugen an. Die völlig andere Darstellung des Tathergangs durch das Opfer Nidal L. erwähnt die Kammer mit keinem Wort. Angesichts der offenkundigen Schwächen des Urteils ist es völlig unverständlich, warum sich die Anklagebehörde mit dieser milden Strafe zufriedengegeben und keine Rechtsmittel eingelegt hat. Immerhin wies das Vorstrafenregister von Mustafa O. bereits 13 Verurteilungen auf, und er stand zur Tatzeit unter zweifacher Bewährung.

Nach den Feststellungen des Urteils wurde der teilweise gelähmte und frisch operierte Ruheständler in erster Linie von dem unbekannten Mann und nicht von Mustafa O. malträtiert. Aus der angeklagten gemeinsamen Körperverletzung wurde folgerichtig eine Einzeltat von Mustafa O., so dass ihm die schwereren Übergriffe des Unbekannten nicht mehr zugerechnet werden konnten. Und der angeklagte Faustschlag schrumpfte im Urteil auf eine Ohrfeige: auf einen »kräftigen Schlag in das Gesicht« mit »der flachen Hand«. Fassungslos macht, dass das Gericht das Geständnis dieser Schelle bei Strafzumessung auch noch zugunsten des Angeklagten berücksichtigt hat. Einmal besteht der Verdacht, dass es wegen der auffälligen Übereinstimmung mit der abgeschwächten Version des Ruheständlers in der Hauptverhandlung abgestimmt war. Zum anderen hatte sich Mustafa O. wenig kooperativ gegenüber den Ermittlern gezeigt, als er sich weigerte, den Namen des zweiten Raufboldes zu nennen.

Noch anfechtbarer ist das Urteil bei der Würdigung des Übergriffes auf Nidal L. Weil die Kammer nicht ihm, sondern dem erst nach sechs Monaten aufgetauchten neuen Zeugen glaubte, konnte das Gericht seine schwerste Verletzung – die »mindestens 2,5 × 0,5 cm messende und stark blutende Wunde der Kopfhaut« – »nicht mit der erforderlichen Sicherheit« aufklären. Wie kann ein Gericht ein Urteil auf einen Tathergang stützen, der die schlimmste Verletzung nicht erklärt, obwohl das Opfer eine Version des Tatgeschehens geschildert hat, das diese Wunde plausibel erklärt? Hier drängt sich der Verdacht auf, dass es dem Gericht bei dem Urteil nicht um Wahrheit und Gerechtigkeit ging, sondern um eine rein ergebnisorientierte und wenig aufwendige Erledigung des Prozesses.

Weil die Staatsanwaltschaft der vom Rentner in der Hauptverhandlung erzählten abgeschwächten Variante des Tathergangs nicht glaubte, hat sie gegen ihn ein Verfahren wegen uneidlicher Falschaussage eingeleitet. Offenbar war der Zeuge, analysiert ein Ermittler nüchtern, von einem einfachen Kalkül geleitet: »Ärger mit dem mächtigen Clan O. zu vermeiden war ihm wichtiger als Ärger mit der Justiz.« Umgekehrt hat ein Verteidiger gegen den Kronzeugen der Anklage Nidal L. eine Anzeige wegen falscher uneidlicher Aussage und falscher Verdächtigung gestellt. Auch gegen ihn wird deshalb ermittelt. Die Fahnder sind entsetzt, dass ein Zeuge, der Drohungen einer kriminell erheblich belasteten Großfamilie widerstanden hat, dafür ein Ermittlungsverfahren kassiert – auch eine Folge des in entscheidenden Teilen nicht nachvollziehbaren Urteils der 34. Großen Strafkammer.

Die strafrechtliche Aufarbeitung der Folter im Keller zeigt zweierlei: erstens eine moralische und rechtliche Verantwortungslosigkeit der Täter- und Opferfamilie, des Schlichters und der Anwälte. Letztere paukten selbst ein in der Familie als »schwarzes Schaf« erkanntes Mitglied um jeden Preis raus. Und zweitens die Bedrohung des Rechtsstaates durch die islamische Paralleljustiz. In diesem Fall besteht der Verdacht, dass sie aus egoistischen Familieninteressen ein Gericht zu einem Fehlurteil verleitet hat. Nutznießer war ein gefährlicher Mehrfachtäter, der nach dem Freispruch zwei Bürger verletzt hat. Dabei müssen sich vor allem die Verteidiger fragen lassen, wie sie es mit ihrem Rechtsgewissen vereinbaren können, »Urteile« der islamischen Paralleljustiz in derart problematischen Fällen so vorbehaltlos zu vollstrecken. Einige von ihnen scheinen aus finanziellen Gründen vergessen zu haben, dass unser Rechtsstaat ein kostbares Gut ist.

Dieser Vorwurf gilt auch für das Vorgehen der Verteidiger nach der Rückkehr von Mustafa O. nach Deutschland. Nachdem alle Schlichtungsbemühungen zwischen Nidal L. und der Täterfamilie gescheitert waren, kam er mit einer empörend milden Strafe davon. Das hat er vier Faktoren zu verdanken: dem vermuteten sozialen Druck seiner Familie auf den Rentner, bedenkenlosen Strafverteidigern, einknickenden Staatsanwälten und einer bequemen Großen Strafkammer.

Rache auf der Hochzeit

Junis K. saß in einer Essener Teestube, als kurz nach 23 Uhr sein Handy klingelte. Am Apparat der ihm gut bekannte Mehmet F. Beide verdienten ihr Geld im selben Gewerbe: Sie waren Bäcker. Mehmet F. war aufgebracht: Er fühlte sich durch Junis K. in seiner Ehre verletzt. »Du redest schlecht über mich«, soll er dem Sinn nach gesagt haben: »Ich soll an Einbrüchen in deine Bäckerei beteiligt gewesen sein. Ich warte schon vor deinem Haus, und wenn du ein Mann bist, kommst du her, und wir trinken zusammen einen Kaffee.« Junis K. empfand den Anruf und den Umstand, dass Mehmet schon vor seiner Haustür stand, als Provokation. Er suchte die Machtprobe, verließ die Teestube und ging zu seinem Haus. Dort gab es ein lautes Palaver, in dessen Verlauf Junis K. eine Pistole zog und Mehmet F. in den Fuß schoss. Eine Strafaktion mit einer deutlichen Botschaft: Bleib weg von meinem Haus. Junis K. wurde noch am Tatort festgenommen, er hatte aber vorher die Pistole verschwinden lassen.

Am nächsten Tag versammelten sich fünfzig bis sechzig Mitglieder der Familie des Angeschossenen vor einem Essener Krankenhaus, darunter auch einige, die dem Vorstand der Familien-Union angehören – dem vorgestellten Zusammenschluss libanesisch-kurdischer Clans. Nach Erfahrung des Jugendkontaktbeamten Herbert Czarnyan drohte eine größere Konfrontation beider Familien. Ein Mitarbeiter des Jugendamtes libanesischer Herkunft, Streitschlichter Abdul Ali Khan und Czarnyan machten den Versammelten klar, dass neue Aktionen die Ermittlungen gefährden könnten und sie sich an die Regeln des Rechtsstaates zu halten hätten – auch falls der Tatverdächtige aus der Untersuchungshaft entlassen würde. Diese Vorstellung schuf für die meisten von ihnen ein Gerechtigkeitsproblem. Die Möglichkeit, dem Tatverdächtigen auf der Straße zu begegnen, stieß bei der Opferfamilie auf Unverständnis. Die Freilassung könnte als Triumph des Täters und seiner Angehörigen verstanden werden. Trotzdem gelang es den drei Vermittlern, den Unmut der Versammelten zu bremsen. Am Ende sagten die Oberen der Opferfamilie zu, den Frieden mit dem anderen Clan zu wahren und der Justiz zu vertrauen.

Noch am Abend trafen sich beide Familien auf Anregung der Konfliktschlichter und bekräftigten ihren Friedenswillen. Die Mediatoren waren zuversichtlich, dass die Regelung hielt und nur dann gefährdet wäre, wenn es zu einer direkten Begegnung mit dem Tatverdächtigen käme.

Am nächsten Sonntag, beim wöchentlichen Treffen der Familien-Union, trafen sich sechzig bis siebzig Mitglieder verschiedener libanesischer Familien, darunter auch Angehörige der Täter- und der Opferfamilie. Der Vorstand der Familien-Union stand vor einer doppelten Bewährungsprobe. Zum einen gehört die Schlichtung nach Straftaten zum Programm des Vereins. Zum anderen musste sich die Glaubwürdigkeit dieser Selbstverpflichtung in einem Fall beweisen, in den Angehörige zweier Familien verstrickt waren, deren Oberhäupter im Vorstand saßen. Der Druck war also groß. Am Ende des Treffens versprachen alle Versammelten dem anwesenden Kriminalhauptkommissar Czarnyan, den »Waffenstillstand« einzuhalten. Es wurde ein Streitschlichter-Team gebildet. Das hatte neben der Friedenswahrung noch einen zweiten, in diesem Milieu fast revolutionären Auftrag: Es sollte Opfer und Zeugen, anders als in der Vergangenheit, bewegen, vor der Polizei aussagen. Das alles wurde bei einem Versöhnungsessen beider Familien besiegelt, bei dem es traditionell Süßigkeiten gab.

Alles war, so schien es, auf einem guten Weg. Der Tatverdächtige sagte vor der Polizei aus, gestand die Tat und sorgte dafür, dass die benutzte Pistole der Polizei übergeben wurde. Nach dem Eindruck der vernehmenden Polizeibeamten hatte es den Tatverdächtigen viel Überwindung gekostet einzuräumen: »Ich habe geschossen.« Mehr hat er dann auch nicht ausgesagt. Die Polizei weiß immer noch nichts über den Hintergrund der Machtprobe – bis auf die Tatsache, dass Opfer wie Täter nach polizeilichen Erkenntnissen Verbindungen zum kriminellen Milieu haben. Einzelheiten der Vermittlung kennt die Polizei auch nicht. Kriminalhauptkommissar Ralf Menkhorst weiß: »Da ist was gelaufen. Aber sie lassen sich nicht in die Karten schauen.«

Drei Monate später, im Februar 2010, ein freudiges Ereignis: eine Hochzeit mit sechshundert Gästen und Brautleuten – erstaunlicherweise – aus den Familien des Täters und des Opfers. Versöhnung durch der Liebe Band? Kurz vor dem Fest ein Auftritt des tatverdächtigen Junis K., mit breiter Brust und von vier Bodyguards begleitet. Das empfand die Familie des Opfers als die Show eines Gewinners und fühlte sich provoziert. Angeblich aufgehetzt von den Älteren schoss der Bruder des damaligen Opfers Junis K. ohne Vorwarnung ins Bein und flüchtete. Eine klassische Vergeltungstat. Im Hochzeitssaal begann eine Schlägerei zwischen den Familien von Braut und Bräutigam. Die Polizei umstellte den Saal, Frauen und Kinder froren in der Kälte. Dem erfahrenen Schlichter Abdul Ali Khan gelang es schließlich, die Wogen zu glätten.

Als die Kriminalpolizei den angeschossenen Junis K. im Krankhaus vernehmen wollte, bekam sie zunächst einen Korb. Der Verletzte, im Kreis seiner Angehörigen, ließ die Beamten wissen, dass dies der Tag der Familie und nicht der Polizei sei. Er kündigte an, später auszusagen, was er dann auch tat.

Parallel startete der Familienrat der Familien-Union eine Kette von Schlichtungsgesprächen: zuerst ein Besuch bei der Familie des Opfers, dann eine Visite bei der des Täters. Dessen Oberhaupt bereute die Tat im Namen der Familie und versprach, dass nichts passieren würde, solange das Opfer im Krankenhaus läge. Anschließend besuchte der Familienrat den verletzten Junis K. zweimal im Krankenhaus. Und er nahm Mitglieder der Täterfamilie F. zur Wohnung der Opferfamilie K., wo man zusammen Süßigkeiten aß und Kaffee trank. Von allen Schritten war die Polizei unterrichtet. Am nächsten Tag weiteten sich die Schlichtungsbemühungen aus. Oberhäupter beider Clans reisten aus Trier und sogar aus Schweden an, um den noch brüchigen Frieden zu stabilisieren.

Das Ergebnis der Mission war, dass der Täter sich in Begleitung einer Anwältin der Polizei stellte – ohne allerdings eine Aussage zu machen. Für die kurdischen Clans eine symbolische Geste, für die Polizei von eher geringer Bedeutung, denn der Name des Schützen war ihr bereits bekannt. Die Anwältin händigte der Polizei auch die Tatwaffe aus – ein grenzwertiger Weg.

Die Familien-Union machte deutlich, warum ihr der Frieden in diesem Fall so am Herzen lag: Bei weiteren Konflikten hätten die Funken der Gewalt wegen der Verbreitung der Großfamilien leicht auf andere Städte überspringen können. Die Schlichter erklärten, dass sie bei der Aufklärung der beiden Straftaten mit Polizei und Justiz zusammenarbeiten wollten. Neue Töne unter Mhallami-Kurden.

Vor der Hauptverhandlung über die erste Tat, also Junis K.s Schuss auf Mehmet F., kündigte die Familien-Union an, dass sie den Prozess mit einer fünfköpfigen Delegation verfolgen wolle. Stolz berichtete Streitschlichter Abdul Ali Khan, dass der Amtsrichter sogar mit dem Beginn der Hauptverhandlung auf sie gewartet hätte, als sie sich verspäteten. Eine erstaunliche Rücksichtnahme eines deutschen Strafgerichts auf muslimische Mittler. Und dann eine überraschende Wende im Verfahren. Die Anwältin Christiane Theile deutete an, dass die Aussagebereitschaft des Opfers in dieser Hauptverhandlung nicht sichergestellt sei. Mehmet F. wollte – so ein Insider – vermutlich erst einmal abwarten, wie das Verfahren gegen seinen Bruder, den Schützen auf der Hochzeit, sich entwickelte. Nach libanesischen Gerechtigkeitsvorstellungen sollten beide Verfahren »1 zu 1« ausgehen, also beide Täter gleich bestraft werden. Zu diesem Zweck wollte die Anwältin, darüber wurde offen gesprochen, Zeit für eine Einigung der Familien gewinnen. Mit Zustimmung aller Beteiligten setzte der Richter das Verfahren für sechs Monate aus. Kriminalhauptkommissar Ralf Menkhorst kann diese Verhandlungspause nicht nachvollziehen. Für ihn galt der Sachverhalt als aufgeklärt. Hier deutet sich ein Rückfall in alte Zeiten an. Das Opfer entscheidet nach seinen Gerechtigkeitsvorstellungen, ob und wie es aussagt oder nicht. Und das Gericht gibt diesem Wunsch fatalerweise auch noch nach.

Die Nachgiebigkeit des Gerichts und die Vermittlungsbemühungen der Familien-Union zahlten sich nicht aus. Vor allem die jungen Mitglieder beider Familien setzten ihre Fehde fort, im Kindergarten und auf der Straße. Im September 2010 verletzte ein jugendlicher Heißsporn der Familie K. nach einem Streit um ein Mädchen einen Jungen der Familie F. bei einer Messerstecherei. Die Tat wurde weder der Polizei gemeldet noch angezeigt. Einen Monat später dann die nächste Prügelei zwischen beiden Clans. Im Dezember 2010 spitzte sich ihr Privatkrieg erneut zu: Im Zentrum des Stadtteils Altenessen überfielen zwei Söhne der Familie F. den Täter der Messerstecherei auf offener Straße. Sie verletzten ihn durch mehrere Stiche lebensgefährlich. Ein Stoß durchdrang die Bauchwand, ein anderer verletzte einen Lungenflügel. Der Haupttäter wurde wegen gefährlicher Körperverletzung zu fünf Jahren Gefängnis verurteilt, sein Kumpel zu einem Jahr und neun Monaten mit Bewährung. Eine harsche Strafe, die der Vorsitzende der Familien-Union Ibrahim Fakro ausdrücklich begrüßt: »Die Justiz muss endlich durchgreifen und darf die Übeltäter nicht mit einem blauen Auge davonkommen lassen.«

Nach der neuen Eskalation der Gewalt mussten die Beteiligten erst einmal die Scherben zusammenkehren und Bilanz ziehen. Die Familien-Union hatte zwar Massenschlägereien verhindert. Trotzdem ist es für sie ein Desaster, dass sie den monatelangen Streit zweier Mitgliedsfamilien aber nicht befrieden konnte. Rechtsanwältin Theile spricht beschwichtigend von einem »Rückschlag«. Und der Jugendkontaktbeamte Herbert Czarnyan, einer der Architekten des Essener Modells, streicht das Positive im Debakel heraus: Einer der Tatverdächtigen habe sich freiwillig der Polizei gestellt. »Vor 15 Jahren wäre das noch undenkbar gewesen.«

Im Juni 2011 wurde das Verfahren endlich wiederaufgenommen und beendet. Pistolenschütze Junis K. kam überraschend glimpflich davon. Das Amtsgericht Essen verurteilte ihn wegen fahrlässiger Körperverletzung zu neun Monaten mit Bewährung. Er hatte im Prozess behauptet, dass die Pistolenkugel Mehmet F. nur zufällig getroffen habe. Das Opfer hätte sich gewehrt. Dabei habe sich versehentlich ein Schuss gelöst, der das Opfer in den Fuß getroffen hätte. Rechtsanwältin Christiane Theile ist über das milde Urteil empört und hat als Vertreterin der Nebenklage

Berufung eingelegt. Dieses Manöver kann sich aber auch als eine sogenannte taktische Berufung entpuppen: Ihr Mandant will zunächst abwarten, wie die Justiz den Revancheschuss auf der Hochzeit ahndet, und dann entscheiden, ob er mit einer Berufung eine härtere Bestrafung des Schützen erreichen will. Das ist auch der Hauptgrund für den Vorsitzenden der Familien-Union Ibrahim Fakro, das milde Urteil nicht vor dem Ende des zweiten Prozesses zu kommentieren. Nach seinen Gerechtigkeitsvorstellungen müsste der Schütze des Revancheschusses nämlich jetzt ebenso milde bestraft werden, damit der Frieden zwischen beiden Familien wiederhergestellt werden kann. Das geschah aber nicht. Im Juni 2011 verurteilte das Landgericht Essen den Hochzeitsschützen wegen gefährlicher Körperverletzung, Nötigung und Verstoß gegen das Waffengesetz zu einer Gefängnisstrafe von sechs Jahren. Der Hauptgrund für die Verurteilung: Das Opfer blieb bei seiner ersten Aussage. Im Urteil sprach das Gericht sehr offen über die Tat und die Gründe für die harsche Strafe. »Trotz durchgeführter und vermeintlich erfolgreicher Friedensverhandlungen zwischen den Familien hegte der Angeklagte« den Wunsch, den Schuss auf seinen Bruder »zu rächen«. Bei der Strafzumessung berücksichtigte das Gericht strafschärfend die erheblichen Vorstrafen und dass der Angeklagte »aus der Motivation der Selbstjustiz handelte, aus einer Gesinnung, der ein Rechtsstaat aus generalpräventiven Gründen mit besonderer Härte entgegenzutreten hat«.

Das Urteil, das einen Schuss in einen Fuß als fahrlässige Körperverletzung bewertet, ist eine herbe Niederlage für die Essener Justiz – und das aus mehreren Gründen. Da der illegale Waffenbesitz bereits mit einer Mindeststrafe von sechs Monaten zu ahnden ist, ist das Strafmaß für den Schuss faktisch auf drei Monate geschrumpft. Es war offenbar ein schwerer Fehler, das Verfahren für ein halbes Jahr auszusetzen und die Prozessführung von Schlichtungsbemühungen in islamischer Rechtstradition abhängig zu machen. Kriminalhauptkommissar Herbert Czarnyan weiß aus Erfahrung: »Je mehr Zeit nach der Tat verstreicht, desto weniger Sinn sehen die Beteiligten in einer Bestrafung, weil sie es schon intern geregelt haben.« Auch für Kriminalhauptkommissar Ralf Menkhorst ist der Ausgang des Verfahrens angesichts seiner Ermittlungsergebnisse »unbefriedigend«: »Hier hat sich der Einigungsprozess auf das Gerichtsverfahren negativ ausgewirkt«. Und er fühlt sich durch das Ende des Prozesses in seiner Kritik an der Aussetzung des Verfahrens bestätigt: In den verstreichenden Monaten habe das Opfer die Strafanzeige zurückziehen wollen und den Vorfall heruntergespielt. Und die Zeugen hätten in der Hauptverhandlung nur noch »Wischiwaschi« erzählt.

Die Dame des Herzens

Es verletzt sicher den Stolz eines libanesischen Kurden, seine Herzensdame an einen Landsmann zu verlieren. Bei Ismail S. war unklar, ob Jennifer D. ihn oder er sie verlassen hatte. Jedenfalls bandelte sie danach mit Rami M. an und beklagte sich bei ihm, dass Ismail S. sie geschlagen habe. Der Kommentar des Siegers Rami: »Er konnte das nicht ertragen und war neidisch, sauer und hasste mich.« Der sah den Partnertausch jedoch völlig anders: Er habe von Jennifer nichts mehr wissen wollen, und Rami habe wohl nie verwunden, dass sie ihn immer noch liebte.[210]

Wie auch immer, ob gekränkte Gefühle oder verletzte Ehre den Ausschlag gaben: Als die beiden Balzhähne sich zufällig trafen, kriegten sie sich in die Haare: Sie stritten sich, beschimpften einander und provozierten am Ende sogar einen Autounfall. Damit jedoch nicht genug. Zwanzig Mitglieder der Familie von Ismail S. beschlossen, Rami M. eine Lektion zu erteilen. Verletzt wurde dabei aber nicht der Verfolgte, sondern zwei seiner Cousins, Hassan und Tarek W., in deren Wohnung er sich versteckt hatte. Die vielköpfige Gang, mit Messern, Totschlägern und Knüppeln bewaffnet, stieß den Cousins Messer in den Rücken. Ein Stich verursachte einen Lungenriss. Dem inzwischen herbeigeeilten Schlichterteam aus Imam, libanesischem Sozialarbeiter und Jugendkontaktbeamten gelang es schließlich, die Jugendgang der Familie S. zu beruhigen und ihnen mit Unterstützung des Scheichs Abu Walid das Versprechen abzunehmen, dass nichts weiter passieren würde.

Die ersten polizeilichen Vernehmungen brachten ein ziemlich klares Bild von den Messerstechern. Während die beiden Opfer – offenbar aus Angst – die Tatverdächtigen nicht identifizieren konnten, hatten ihr Bruder Ibrahim W. und der verfolgte Rami M. sie genau erkannt: Ali und Ismail S. waren ihrer Auffassung nach die Täter. Der Bruder der beiden verletzten Cousins wollte mit einer ehrlichen Aussage ein Zeichen setzen: »Wir wollen, dass es aufhört mit der Gewalt«, sagte Ibrahim W. aus. »Es darf nicht sein, dass die Familie S. machen kann, was sie will, und wir den Mund halten müssen. Das hört jetzt auf, wenn wir sagen, wer mit den Messern gestochen hat, damit diejenigen auch bestraft werden können.«

Daraufhin regte Kriminalhauptkommissar Menkhorst den Erlass von Haftbefehlen für die beiden erheblich vorbelasteten Tatverdächtigen an, wegen der zu erwartenden empfindlichen Freiheitsstrafen und weil »unterstellt werden« kann, dass man »wie üblich auf die Geschädigten einwirken wird, damit die Aussagen zurückgenommen werden«. Der Kommissar hatte anscheinend keine allzu guten Erfahrungen mit Aussagen im kriminellen libanesischen Milieu gesammelt.

Knapp eine Woche später ergriff der Zeuge Ibrahim W. eine höchst ungewöhnlich Initiative. Er erschien bei Kommissar Menkhorst und bat um eine richterliche Vernehmung. »Er habe Sprüche gehört, wonach Aussagen zurückgezogen werden sollen. Er wolle jedoch bei seiner Aussage bleiben und richterlich vernommen werden.« Der zuständige Staatsanwalt war auch dafür, sah aber zunächst keinen Zeitdruck. Eine folgenschwere Fehleinschätzung.

In den folgenden Wochen fiel der Polizei auf, dass die Opfer Ladungen zu Vernehmungen nicht mehr folgten – teilweise aus fadenscheinigen Gründen. Ihre Anwältin Christiane Theile meinte, dass sie bedroht würden und Angst hätten auszusagen. Menkhorst glaubte hingegen Hinweise zu haben, dass die Parteien inzwischen direkt miteinander verhandelten und die »Angelegenheit wie üblich ohne die Justiz regeln wollen« – und zwar mit Geld.

Und so war es schließlich auch. Bei einem Schlichtungsgespräch in der Kanzlei eines Anwaltskollegen übte die Familie S. starken Druck auf die Anwältin der Opfer aus, dass ihre Mandanten ihre Aussagen ändern. Der Ton war aggressiv, und es fiel der Satz: »Sie müssen auch aufpassen.« Verteidigerin Theile stand auf und verließ den Raum. Am nächsten Tag entschuldigte sich ein Mitglied der Familie S. immerhin bei ihr. Aber das Heft des Handelns war ihr aus der Hand genommen. Entgegen ihrem Votum arrangierte ein Streitschlichter einen Deal: Demnach sollten die Aussagen verweigert oder ohne große Beweiskraft formuliert werden. Als Gegenleistung wurde ein Blutgeld in Höhe von 10 000 oder 15 000 Euro festgelegt, wie später in den richterlichen Vernehmungen bekannt wurde.

Im August 2006 gab Rechtsanwältin Theile im Auftrag ihrer Mandaten vor der Staatsanwaltschaft eine ungewöhnliche schriftliche Erklärung ab: »Zwischen den Familien W. und S. haben zahlreiche aussöhnende Gespräche stattgefunden. Es wurde nunmehr zwischen den Familien Frieden geschlossen. Es hat eine umfassende Aussöhnung stattgefunden. Diese Aussöhnung ist in unserem Kulturkreis üblich. Mir ist daran gelegen, dass die Beschuldigten nicht bestraft werden.«

Natürlich durfte die Essener Justiz diesen naiven Wunsch der Verteidigerin nicht erfüllen. In der Folgezeit führte sie aber das Verfahren so schleppend und nachlässig weiter, dass die beiden verdächtigen Messerstecher straflos blieben – trotz anfänglich guter Beweislage.

Der Hauptgrund: Zwischen der ersten Anregung für eine richterliche Vernehmung und ihrem Vollzug waren zwei Monate ins Land gegangen. Ein Unding, denn eine richterliche Vernehmung kann einem drohenden Beweismittelverlust nur effektiv vorbeugen, wenn sie zügig erfolgt. Obwohl zumindest ein Zeuge die Kriminalpolizei und die Staatsanwaltschaft frühzeitig deutlich und mit guten Gründen vor einem Aussagewechsel gewarnt hatte, sahen die Richter keinen Grund, ihren Ermittlungstrott zu beschleunigen.

Die Quittung bekamen die Strafverfolger bei den richterlichen Vernehmungen. Beide Zeugen, die kurz nach der Tat die Messerstecher noch klar erkannt hatten, konnten sich an ihre erste Aussage bei der Polizei nicht mehr erinnern oder aber die Person des Messerstechers nicht mehr identifizieren. Alle Verfahren wurden mangels hinreichenden Tatverdachts eingestellt – mit Ausnahme des Verfahrens gegen Ali S., der fast fünf Monate in Untersuchungshaft gesessen hatte. Doch auch in seinem Prozess rückten die beiden Schlüsselzeugen von ihren ersten Aussagen ab. Ihre Begründung: Damals hätten sie die Messerstecher verwechselt. Auf Antrag der Staatsanwaltschaft stellte das Gericht dann auch das Verfahren gegen den letzten Tatverdächtigen ein – wegen geringer Schuld gegen eine Auflage in Höhe von 500 Euro.

Das Versagen der Essener Strafjustiz gegenüber der islamischen Schattenjustiz ist in diesem Fall besonders krass. Es hatte zu Beginn der Ermittlungen zwei Zeugen gegeben, die ausdrücklich wollten, dass die beiden von ihnen erkannten Hauptverdächtigen bestraft werden. Diese große Chance haben Staatsanwälte und Richter durch schneckenhafte Ermittlungen vertan.

Verhängnisvolle SMS

Ömer B. und Ayhan L. waren zwar keine Freunde, aber doch gut miteinander bekannt.[211] Als Ayhan L. Ömer B. im Juni 2007 bat, ihm die Telefonnummer von einer gewissen Annette zu geben, hatte der damit keine Probleme: »Ihr sollt ruhig Spaß miteinander haben.« Nach dem Rendezvous muss dann aber doch etwas schiefgelaufen sein. Beide fühlten sich jedenfalls in ihrer Ehre verletzt. Ömer B. war gekränkt, weil er von den Türstehern einer Berliner Disko zurückgewiesen worden war – seiner Auffassung nach auf Veranlassung von Ayhan. L. »Als wenn ich ein Spielzeug wäre, mit dem man ein Tänzchen macht«, schilderte er damals seinen Seelenzustand gegenüber der Polizei. Das konnte er nicht auf sich sitzen lassen und antwortete mit einer verhängnisvollen SMS: »Eine Schlampe redet und vögelt mit jedem und wenn der Tag lang ist, dann kennt sie einen nicht mehr.« Die Reaktion von Ayhan L. folgte prompt: »Ich werde dir jetzt die Ohren lang ziehen«, erwiderte er auf die Beleidigung seiner neuen Flamme.

Sie verabredeten sich zu einem klärenden Gespräch, was für Ayhan L. aber wohl nur ein Vorwand war, um seinem Widersacher zu zeigen, wie gefährlich es ist, ihn zu beleidigen. In der Nähe des Kurfürstendamms kam es zu einer Schlägerei zwischen Ayhan L., seinem Bruder und einem Freund auf der einen Seite und Ömer B. und seinem Bruder auf der anderen. Dabei stach Ayhan L. Ömer B. mit einem 7 Zentimeter langen Messer ins Gesäß. Ömer B. gegenüber der Polizei: »Er hat mich richtig tief gestochen und das Messer noch in der Wunde gedreht.« Dann soll Ayhan L. noch hinzugefügt haben: »Dafür wirst du bluten, jetzt stirbst du.« Er hätte mich »bestimmt getötet, wenn ich nicht weggelaufen wäre«, sagte Ömer B. aus. Im medizinischen Befund hieß es später: Es sei lediglich »einem glücklichen Umstand zu verdanken, dass weder größere Gefäße noch der Hauptnervenstrang im Wundkanal lagen«.

Nach dem Messerstich hatte Ömer B. Glück, dass er am nahegelegenen Kurfürstendamm zufällig auf einen Polizeiwagen stieß, der ihn schnell ins Krankenhaus brachte. Noch in der Nacht, nach der ärztlichen Notversorgung, erhielt er mehrere Anrufe von Ayhan L., dessen Bruder und deren Vater. Sie wollten wissen, in welchem Krankenhaus er läge, »weil mir einige Leute einen Besuch abstatten wollen«, und ob er schon eine Anzeige bei der Polizei gemacht habe. Ayhan L. drohte ihm, »dass er meinen Laden und das Geschäft meines Vaters kaputtmachen« werde. Sein Freund setzte noch eins drauf: Es werde »noch etwas Schlimmeres passieren als der Stich, wenn ich eine Anzeige mache«. Der ältere Bruder Ayhans schlug dann versöhnliche Töne an. Er wollte wissen, »wie man die Sache ohne die Polizei regeln kann«. Er selbst wolle Ayhan bestrafen: »Allah wird wissen, was passiert.«

Die Serie von Anrufen, die Polizeibeamte während der Vernehmung auf einem laut gestellten Handy zum Teil mitgehört hatten, verfehlte ihre Wirkung nicht: Ömer B. hatte »Angst davor, dass diese Leute mein Geschäft oder das meines Vaters zerstören«. Trotzdem stellte er eine Strafanzeige.

Für Ayhan L., der in Untersuchungshaft kam, hätte eine Verurteilung schlimme Folgen gehabt. Die Staatsanwaltschaft führte ihn als Intensivtäter, und er hätte damit rechnen müssen, dass seine Bewährung widerrufen wird. Zuletzt war er zu zwei Jahren und sechs Monaten Jugendstrafe wegen Handels mit Haschisch verurteilt worden.

Dann begann Ömer B., sich schrittweise von seiner ersten Aussage zu distanzieren. Zunächst wurde er unsicher, wer ihn verletzt hatte. Er hielt es auch für möglich, dass Ayhans Bruder Moussa gestochen hatte. Daraufhin wurde auch gegen ihn Haftbefehl erlassen.

Einen Monat später nahm Ömer B. den ersten Teil seiner Aussage zurück: Wenn er zunächst behauptet hätte, dass auf der anderen Seite drei Mittäter beteiligt waren, so sei das »nicht korrekt« gewesen. Es habe nur den einen Messerstich von Ayhan gegeben, die beiden anderen »hätten sich in einer Entfernung von 25 bis 30 Metern zum Tatort aufgehalten«. Leider – so der Anwalt von Ömer B. – sei der genaue Ablauf der Auseinandersetzung schwer zu rekapitulieren. Es seien auf beiden Seiten eine Menge Emotionen im Spiel gewesen. Damit war der Vorwurf der gemeinschaftlichen Körperverletzung bereits auf den einer Einzeltäterschaft geschrumpft.

Im Oktober 2007 hatte Ömer B. schließlich jegliches Interesse an einer Aussage verloren. Vorladungen zur Polizei folgte er nicht mehr. Was dann passierte, könnte aus einem Lehrbuch der Paralleljustiz stammen. Nach Akteneinsicht zog sein Verteidiger die Nebenklage zurück und kündigte an, dass Ömer B. sich in der Hauptverhandlung auf sein Auskunftsverweigerungsrecht berufen werde, weil er sich mit einer neuen Aussage selbst belasten würde. Das gelingt ihm mit der einfachen Behauptung, dass er bei seiner ersten Aussage möglicherweise gelogen habe. Die Erläuterungen des Anwalts über das Erinnerungsvermögen seines Klienten gleichen einer Posse: Ömer B.s »tatsächliche Erinnerungen lassen sich nicht so qualifizieren, dass mit der ausreichenden Sicherheit zwischen Dichtung und Wahrheit unterschieden werden kann. Das ist der damaligen angespannten Situation geschuldet und dass bei der Vernehmung im Krankenhaus sowohl die Schmerzen einerseits, als auch die ihm verabreichten Mittel andererseits den ›klaren Blick‹ auf die tatsächlichen Verhältnisse nicht in dem ausreichenden Maße ermöglichten.«

Schachmatt setzte der Angeklagte Ayhan L. die Justiz dann in der Hauptverhandlung mit einer schriftlichen »Stellungnahme«, die sein Anwalt »auf Grundlage mehrerer Rücksprachen mit mir gefertigt hat«: Der Angreifer sei nicht er, sondern in Wirklichkeit das Opfer gewesen. Bei dem Treffen habe der mit Beleidigungen begonnen, ihn zuerst geschlagen, ihn getreten und ihn in den Schwitzkasten genommen. Da hätte er dann keinen anderen Ausweg gesehen, als sich mit dem Messer zu wehren.

Fast alle Indizien sprechen dafür, dass das Berufen auf Notwehr eine frei erfundene Schutzbehauptung war. Warum hatten Bruder und Vater des Tatverdächtigen den Verletzten immer wieder gedrängt, keine Aussagen zu machen? Warum hatten sie ihm und seinem Vater mit Gewalt gedroht? Warum ist das Notwehrargument erst nach Monaten vom Verteidiger vorgebracht worden? Warum sollte das Opfer den Hauptverdächtigen in der ersten Vernehmung falsch beschuldigt haben, ist es doch unter arabischen Familien höchst gefährlich, jemanden zu Unrecht einer Gewalttat zu bezichtigen? Alle diese Fragen zu klären und die Notwehrbehauptung zu widerlegen gelang dem Staatsanwalt nicht – auch und vor allem, weil das Opfer seine Aussage verweigerte. Weder der Richter noch der Staatsanwalt machten irgendeinen Versuch, dessen Recht zur Aussageverweigerung kritisch zu hinterfragen. Die logische Konsequenz war der Freispruch und obendrein noch eine Entschädigung für die zu Unrecht erlittene Untersuchungshaft.

Dieses Verfahren ist ein Musterbeispiel dafür, dass Täter und Opfer die Strafjustiz wie einen Nasenbären im Ring herumführen können, wenn beide Seiten kein Interesse an einer Strafverfolgung haben und Anwälte skrupellos genug sind, die Interessen ihrer Mandanten ohne Rücksicht auf ihre berufliche Wahrheitspflicht zu verfolgen.

In den Akten findet sich kein einziges Indiz dafür, dass im Hintergrund des Verfahrens ein Schlichter tätig war. Trotzdem sind die ermittelnden Kriminalbeamten davon überzeugt, dass sich Täter und Opfer während des Verfahrens geeinigt haben: Mit einer finanziellen Kompensation, und weil das Opfer Angst hatte, dass die Familie von Ayhan L. im Falle einer Verurteilung den Betrieb seines Vaters und sein eigenes kleines Geschäft zertrümmert hätte.

Gescheiterte Schlichtungen

Erfolgloses Feilschen um Schmerzensgeld

Eberhard Lenz, Vorsitzender Richter am Amtsgericht Moabit, war überrascht, was ihm der erste Zeuge Hassan R. zu Beginn seiner Aussage unterbreitete. »Eigentlich sind nicht Sie, sondern ich bin zuständig für diesen Streit.« Er war der älteste Bruder einer Familie, von denen neun Mitglieder auf der Anklagebank saßen und sich wegen gefährlicher Körperverletzung bei zwei Schlägereien verantworten mussten. Als ältester Bruder genoss er auch den Respekt der Opferfamilie S. Beide Familien stammten aus demselben Dorf in Ostanatolien, waren sogar miteinander verwandt und – das ist wichtig – alevitischen Glaubens.[212]

Wie bei Muslimen ist es auch bei Aleviten Brauch, Konflikte, auch gewaltsame, untereinander zu schlichten. In der Regel tun das sogenannten Dedes aus heiligen Familien, die ihre Herkunft direkt auf Ali zurückführen, den Schwiegersohn und Cousin des Propheten Mohammed.[213] Ein Dede entscheidet allein oder zusammen mit Älteren in einem Rat der Weisen oder in einem Volksrat. Jede alevitische Familie steht unter dem Schutz einer solchen religiösen Leitfigur. Dedes leiten die Rituale und kontrollieren die Einhaltung der sozialen und moralischen Normen.[214] Außerdem fungieren sie als neutrale Schiedsmänner, die für Frieden sorgen. Nach der Schlichtung müssen beide Parteien schwören, dass sich der Streit nicht wiederholen wird. Es schließen sich Versöhnungsrituale mit Küssen und Umarmungen, Essen und Trinken an.

Zunächst hatte der Zeuge Hassan R. zusammen mit einem Neffen des Opfers zu schlichten versucht, war dabei aber gescheitert. Während der ersten Schlägerei war er bei einem Vermittlungsversuch ohnmächtig geworden. Auch seine nächsten Friedensbemühungen schlugen fehl, manchmal nur, wie es scheint, aus läppischen Gründen, zum Beispiel weil versprochene Entschuldigungen ausblieben. Sein Scheitern räumte er im Gerichtssaal auch offen ein, forderte den Richter aber gleichwohl auf, das Verfahren einzustellen: »Es ist doch kein ernsthafter Schaden entstanden, keiner ist tot.«

Das sahen die vier Opfer der Familie S. etwas anders. Sie waren bei den zwei Schlägereien mit Schaufeln, Spaten und Kreissägen erheblich verletzt worden und mussten teilweise vier bis sechs Wochen im Krankenhaus liegen. Sie wollten Genugtuung und stellten Strafanzeigen. Warum der Konflikt zwischen beiden Parteien so eskaliert war, weiß eigentlich niemand so genau. Die Rede ist von einer mangelhaft ausgeführten Renovierung in der Wohnung einer Familie, die einen Riss in der Wohnung der anderen Familie verursacht haben soll. Wahrscheinlicher aber ist, dass wirtschaftliche Gründe dahinterstehen. Beide Familien sind mit ihren Unternehmen in derselben Branche tätig. Sie sind also Konkurrenten. Und beide arbeiten in erster Linie mit Brüdern und Cousins. Wenn mehrere von ihnen wochenlang krank und arbeitsunfähig sind, verursacht das einen erheblichen wirtschaftlichen Schaden.

Unter finanziellen Einbußen hatte aber auch die Familie der Angeklagten zu leiden. Neun von ihnen saßen 2010 vier Monate lang jeden Donnerstag auf der Anklagebank, statt ihrer Arbeit nachzugehen und Aufträge für die Firma auszuführen – ein erheblicher Verdienstausfall. Für die beiden kleinen Familienunternehmen stand in diesem Prozess also finanziell viel auf dem Spiel. Und deshalb hatten beide auch ein starkes Interesse an einer außergerichtlichen Einigung.

Das wurde klar, als bekannt wurde, dass ein von der Familie des Opfers eingeschalteter Schlichter im Gerichtssaal saß und den Prozess beobachtete. Er war auf Bitten der Familie S. extra aus der Türkei eingeflogen, um in Berlin Frieden zu stiften. Da er als potentieller Zeuge in Betracht kam, musste er den Gerichtssaal verlassen. Auch seine Mission missglückte. Der älteste Bruder, Hamib R., sagte in einer Verhandlungspause: »Die wollen nur Geld, 50 000 Euro.« Die Rechnung der vier Verletzten lautete 25 000 Euro Schmerzensgeld und 25 000 Euro für Anwaltskosten, Krankenkasse und Verdienstausfall. Zu viel Geld für die Familie R. Deshalb verweigerten die Angeklagten den friedenstiftenden Handschlag und setzten weiter auf einen Freispruch. Diese Strategie barg Risiken, aber auch Chancen. Im Falle eines Freispruches wären auch alle Schadensersatzforderungen vom Tisch gewesen.

Als nächste Schlichtungsinstanz riefen die Angeklagten den Rat der Weisen im alevitischen Gemeindehaus in Berlin-Kreuzberg an. Drei Dedes und zwei Älteste berieten über den Streit. Ihr Schiedsspruch lautete: Alle Auseinandersetzungen werden beendet. Beide Parteien vertragen sich. Und die Gerichte sollen alle Konflikte klären. Allzu weise erschien dieser Kompromissvorschlag nicht, brachte er doch für keine Seite wirkliche Vorteile. Die Angeklagten mussten weiter mit einer Verurteilung rechnen, und die Opfer waren nicht einmal sicher, ob sie ein Schmerzensgeld bekämen.

Beide Seiten suchten jedoch weiter nach einer Einigung. Die Opferfamilie bat den kurdischen Kulturverein um Hilfe. Die Angeklagten vertrauten weiter in erster Linie auf ihre Verteidiger.

Je länger der Prozess dauerte, desto klarer wurde Staatsanwalt Hans Albrecht, dass der gewalttätig ausgetragene Familienkonflikt mit strafrechtlichen Mitteln nicht zu lösen war. Hinzu kam, dass seiner Auffassung nach weder ein Freispruch noch eine Verurteilung dem »Rechtsfrieden zwischen beiden Familien gedient hätte«. Deshalb forderten Richter und Ankläger Angeklagte und Opfer informell immer wieder auf, sich zu verständigen.

Mitte Dezember 2010 stellte das Gericht die Verfahren gegen

sieben Angeklagte wegen geringer Schuld ein. Trotzdem sah es für den Fortgang des Prozesses nicht gut aus. Die Beweisaufnahme blieb kompliziert, weil die Tatbeiträge bei zwei Schlägereien mit 16 Teilnehmern kaum individuell nachzuweisen waren, insbesondere weil es wenige neutrale Zeugen gab. Bis Mai 2011 war der Prozess bereits terminiert, und mit einer zu erwartenden Berufung hätte er sich noch über zwei Jahre hinziehen können. Schließlich boten Staatsanwalt und Gericht den Verteidigern sogar milde Strafen an, wenn sich die Familien einigten. Das wollten die Hauptangeklagten aber nicht, weil mit der Feststellung ihrer Schuld praktisch auch entschieden wäre, dass sie an die Opfer hohe Schadensersatzsummen hätten zahlen müssen.

Als der älteste Bruder der Opferfamilie Ende 2010 bei zwei Gerichtsterminen unentschuldigt fehlte, übernahmen Richter und Staatsanwalt die Rolle des Schlichters. Ihnen gelang, was Familienältesten und Dedes aus Berlin und der Türkei in den Monaten zuvor misslungen war: eine Einigung, die aber – genauer besehen – ein Einigungsdiktat war. Das Paket: Einstellung der Verfahren gegen drei Angeklagte wegen geringer Schuld und unwesentlicher Nebenstrafe (§ 154 StPO); Einstellung der Verfahren gegen die beiden Hauptangeklagten wegen geringer Schuld gegen Zahlung eines Schmerzensgeldes von 12 550 Euro und eine Einigung zwischen beiden Familien.

Von Vorteil für das Gericht war, dass Richter und Staatsanwalt allein über die Einstellung der Verfahren entscheiden konnten. Trotzdem wollten sie es nur tun, wenn die beiden Streitfamilien nach islamischer Tradition Frieden miteinander schlossen. Nach drei Stunden Feilschen im Richterzimmer war der Gordische Knoten durchschlagen. Rechtsanwalt Peter Zimmermann verlas im Gerichtssaal im Namen der fünf verbliebenen Angeklagten eine Erklärung: Die 12 550 Euro seien eine »friedenstiftende Maßnahme« »ohne Anerkennung einer Rechtspflicht«. Die Angeklagten »bedauerten« die »aufgetretenen Streitigkeiten«. Und der Schlusssatz lautete: »Wir versprechen, dass wir uns vertragen wollen.«

Und dann folgte noch eine Überraschung: Nach der Einstellung des Verfahrens durch das Gericht übernahm plötzlich ein Zuschauer die Moderation einer islamischen Versöhnungszeremonie. Es war Hassan R., der als Zeuge am ersten Verhandlungstag über seine gescheiterten Schlichtungsbemühungen berichtet hatte und wohl geahnt hatte, dass an diesem Tag Entscheidendes passieren würde. Er bestand darauf, dass die fünf Angeklagten und der älteste Bruder der Opferfamilie einander die Hand gaben. Das taten sie schließlich, wenn auch zögerlich und offenbar mit großer Überwindung. Mit Küssen auf die Wange der beiden Familienältesten besiegelte er dann die Einigung nach islamischem Ritual in einem Berliner Gerichtssaal.

Diese totale Verschmelzung von deutschem Strafprozess und islamischer Schlichtungstradition dürfte bisher einmalig sein. Für Staatsanwalt Hans Albrecht muss diese Lösung deshalb auch ein »Ausnahmefall« bleiben. Aus zwei Gründen hält er sie jedoch für vertretbar: Bei einer noch längeren Verfahrensdauer hätte der prozessuale Aufwand in keinem Verhältnis zum Unrechts- und Schuldgehalt der angeklagten Taten gestanden. Und bei den Schlägereien hatte es tatsächlich Täter und Opfer in beiden Familien gegeben. Die Allgemeinheit sei im Übrigen von dieser hartnäckigen Familienfehde nicht betroffen gewesen.

Streit über die Höhe des finanziellen Ausgleichs ist eine der häufigsten Ursachen für das Scheitern von Schlichtungen. Sie misslingen immer wieder und aus den verschiedensten Gründen: Jüngere und moderne Familienflügel sind eher bereit, Kompensationszahlungen zu akzeptieren als ältere und traditionelle. Einige Beispiele für gescheiterte Schlichtungen: Eine Frau will sich von einem gewalttätigen Ehemann scheiden lassen, aber nicht auf das Sorgerecht für die Kinder verzichten; eine Täterfamilie kann ein vereinbartes Schmerzensgeld nicht zahlen; oder aber Schlichtungen scheitern, weil nicht feststeht, ob ein Verdächtiger die ihm vorgeworfene Straftat überhaupt begangen hat.

So schaltete sich in Berlin ein Mitglied des berüchtigten

El S.-Clans zusammen »mit vier älteren arabischen Männern« ein, um einen angeblichen Dieb zur Herausgabe von 200 000 Euro zu bewegen. In dessen Wohnung sagte einer von ihnen: »Wir sind hier, um zu schlichten, um Gutes zu tun und um die Sache zu bereinigen.« Ein anderer meinte: »Sei dir im Klaren, das Geld ist vier Menschenleben wert.«[215] Ein Schlichtungsversuch, der ins Leere zielte. Denn trotz intensiver polizeilicher Ermittlungen konnte nie festgestellt werden, ob der Umschmeichelte und Bedrohte das Geld überhaupt gestohlen hatte. Hier zeigt sich, wie gefährlich Schlichtungen werden können, wenn Friedensmakler sich nicht intensiv darum kümmern, ob überhaupt jemand schuldig ist.

Erfolglos endete auch ein Schlichtungsversuch nach einer Strafanzeige in Hamburg. Beim Verkauf eines Internet-Shops hatte der neue Eigentümer El Z. den Verkäufer Velit H. gebeten, ihm am Anfang behilflich zu sein, unter anderem zwei Laptops für ihn zu besorgen. Dafür hatte er ihm seine EC-Karte vorübergehend überlassen. Alle anderen Fakten sind zwischen Käufer und Verkäufer umstritten – bis auf die Tatsache, dass kurze Zeit später 900 Euro vom Konto des neuen Ladeneigentümers abgehoben waren, ohne dass der dafür Laptops oder andere Waren erhalten hätte.

Um den geprellten Ladenbesitzer zur Rücknahme der Strafanzeige zu bewegen und den Streit beizulegen, erschien der Angezeigte in Begleitung eines Imams im Internet-Laden. Dort beschrieb der Imam seine Mission so: »Wir sind mit Termin zu dir gekommen in friedlicher Absicht zur Streitbeilegung. Im Namen Allahs, wir sind Moslems und wollen keinen Streit unter uns Ägyptern. Wir sind ein Volk.« Der Getäuschte reagierte jedoch harsch, lehnte jeden Kompromiss ab und zischte dem Angezeigten zu: »Ich bringe dich um.« Der Imam und sein Schützling brachen die Friedensmission ab, verwundert über die »Feindseligkeit« und »Respektlosigkeit«, die El Z. gegenüber dem Imam gezeigt hatte. Dass der Schlichtungsversuch scheiterte, war für den Ladenverkäufer im Ergebnis nicht schlimm. In der Gerichtsverhandlung scheiterte der Richter beim Entwirren der widerstreitenden Behauptungen und stellte das Verfahren wegen geringer Schuld ein.

Arabische Trauermusik nach Blutrache

Mitunter bezahlen Friedensrichter ihre Mission mit dem Tod. Dieses Schicksal widerfuhr Bassam A., einem Halbbruder des bereits vorgestellten Friedensrichters Hassan Allouche. Bassam A. wollte dem Beispiel seines Bruders folgend auch schlichten, »allerdings im kleinem Rahmen«, wie er der Polizei erzählte.[216] Einer seiner ersten Einsätze war, einen Streit zwischen Jaoudat C. und Halit S. zu entschärfen. Der Konflikt war aufgeflammt, weil der eine dem anderen den Zugang zu einer Diskothek verwehrt hatte. Nach einer von Bassam moderierten Aussprache schien die Angelegenheit geregelt, weil sie nicht so wichtig sei. Kurze Zeit später erhielt der Schlichter jedoch einen Anruf von Jaoudat C., weil Halit S. ihn in seinem Laden »anmache« und er ihn doch besänftigen möge. Es war der Tag nach dem Ende des Ramadan, der Tag des Zuckerfestes. Wieder bemühte sich Bassam A. zu vermitteln, am Ende ohne Erfolg. Bei einem Schusswechsel tötete Jaoudat C. Halit S., den Kronprinzen eines mächtigen kurdisch-libanesischen Clans. Im folgenden Prozess konnte sich Jaoudat C. erfolgreich auf Notwehr berufen. Verurteilt wurde er nur wegen zweier Streifschüsse auf Hassans Schwestern und wegen illegalen Waffenbesitzes zu einem Jahr mit Bewährung.

Bereits kurz nach dem tödlichen Schuss auf Halit S., den »Prinzen vom Breitscheidplatz« an der Berliner Gedächtniskirche, beschlichen Bassam A. und seinen Bruder Hassan Allouche dunkle Ahnungen. Gegenüber der Polizei erwähnten sie, dass Angehörige der Familie S. »Rache an ihnen üben wollen, da

man offensichtlich der Meinung sei, sie hätten Partei ergriffen«
für den anderen Clan. Während der polizeilichen Ermittlungen
wiederholte Bassam A. immer wieder, dass er »Angst vor Rache
der Familie S.« habe. Zu Recht.

Obwohl die Ermittlungsakten keine Anhaltspunkte dafür boten, kursierte in arabischen Kreisen bald das Gerücht, Bassam A.
sei in Wirklichkeit der Schuldige am Tod des Kronprinzen. Er
habe entweder die Waffe für den Todesschuss beschafft oder sogar selbst geschossen. Und Bassam A. – so ein anderes Gerücht –
soll keineswegs nur als Friedensrichter gehandelt, sondern auch
eigene geschäftliche Interessen gehabt haben. Obendrein fand
die Familie S. das Urteil des Gerichts ungerecht, weil niemand
für den Tod des Kronprinzen verurteilt worden war. Für sie Anlass genug, Selbstjustiz zu üben.

Ein gutes Jahr später versuchte ein Auftragskiller, Bassam A.
zu erschießen. Den Anschlag überlebte er knapp. Gegenüber
der Polizei sprach er offen über die Motive des Schützen. Es
sei ein »Racheakt« der Familie S. gewesen, man laste ihm eine
»Mitschuld« an der Ermordung ihres Kronprinzen an, die nun
»gesühnt« werden solle. Seinem Bruder erzählte er, dass er zwei
Schützen erkannt habe, aber nicht wolle, dass Blutrache geübt
werde. Falls er sterbe, solle sein Bruder nur die Kriminalpolizei
informieren und ihr die Namen nennen.

In den nächsten Monaten mobilisierte sein Halbbruder Allouche alle Beziehungen, um die Blutrache der Familie S. gegen
seinen Bruder zu stoppen. Er schaltete die Oberhäupter der
mächtigsten libanesisch-kurdischen Clans in Berlin ein, den libanesischen Konsul und den Generaldirektor des libanesischen
Parlaments. Doch im Falle seines Bruders versagten seine Künste
als Friedensrichter. Immer neue Drohungen und Einschüchterungen verdunkelten den Alltag von Bassam A. Einmal erhielt er
einen Anruf, bei dem ein »Geschenk zum Ramadan« angekündigt
wurde. Für Kundige hieß diese Botschaft, dass der Anrufer zum
Ramadan oder zum anschließenden Zuckerfest einen Anlass zur

Trauer schaffen wolle – in Erinnerung daran, dass der Kronprinz der Familie S. am Tage des Zuckerfestes getötet worden war. An genau diesem Tag wurde Bassam A., ein Jahr nach dem Tod von Halit S., von einem Killerkommando erschossen. Weder die Vollstrecker der misslungenen noch die Täter der erfolgreichen Blutrache wurden je ermittelt.

Die Ermordung seines Halbbruders verfolgt den Friedensrichter Hassan Allouche bis heute. Seither trägt er häufig eine schusssichere Weste. Nachts schreckt er hin und wieder auf, und Angst übermannt ihn, bei der Erinnerung an einen Anruf kurz nach dem Tode seines Bruders. Statt der Stimme des Anrufers erklang arabische Trauermusik – eine Berliner Variante von »Spiel mir das Lied vom Tod«.

Der Missbrauch der Strafjustiz durch die Opfer

Aussagewechsel für höhere Wiedergutmachungen

Als Rechtsanwalt Olaf D. Franke die Akte seines Mandanten las, stutzte er: Die Aussage des Opfers war merkwürdig vage. Nach einer Schlägerei wurde gegen seinen Mandanten wegen gemeinschaftlicher gefährlicher Körperverletzung ermittelt. Die erste polizeiliche Aussage des Opfers war knapp und zurückhaltend, und die Angaben über die Beteiligten blieben unklar. Aber das war, wie sich bald herausstellte, Absicht. Das Opfer war offensichtlich darauf aus, aus der muslimischen Tradition der Schlichtung und Wiedergutmachung bei Körperverletzungen Kapital zu schlagen.

Da das Opfer die Namen der beiden Tatverdächtigen kannte, rief er den Bruder eines Tatverdächtigen an, ließ sich von ihm aus dem Krankenhaus abholen und zu dessen Familie bringen. Dort verlangte er eine hohe Summe und bot im Gegenzug an, bei der Polizei keine konkreten Angaben zu machen. Die Eltern waren dazu grundsätzlich bereit, konnten aber das Geld nicht aufbringen. Um den Druck zu erhöhen, machte das Opfer eine zweite Aussage bei einem Anwalt, in der er die Täter namentlich benannte und die Verletzungen deutlich schlimmer schilderte. Die Schmerzensgeldforderung senkte er auf 10 000 Euro.

Doch auch diese Summe konnte die Familie eines Tatverdächtigen nicht bezahlen. In einer dritten Aussage verschärfte das Opfer noch einmal die Verletzungen und den Tathergang: Er sei von mehreren Faustschlägen getroffen und sein Kopf sei auf einen Betonboden geschlagen worden. Das Opfer wollte offenbar die deutsche Justiz missbrauchen, um die Höhe des Schmerzensgeldes hochzutreiben. Sein Pech war, dass der Richter das erkannt hatte. Nach kritischen Nachfragen in der Hauptverhandlung bot der Richter schließlich an, das Verfahren wegen geringer Schuld gegen ein Schmerzensgeld von 1500 Euro einzustellen. Der Staatsanwalt war einverstanden, wenn durch diesen Verfahrensausgang der Rechtsfrieden wirklich hergestellt werden würde.

Alle Strafverteidiger, die im muslimischen Milieu tätig sind, kennen das Phänomen der Instrumentalisierung der deutschen Strafjustiz durch Streitschlichtung und Wiedergutmachung. Beliebt ist dieser Weg, um Schulden einzutreiben. Da eine zivilrechtliche Klage Geld und Zeit kostet, stellte der Geldverleiher eine Strafanzeige gegen seinen Schuldner wegen Unterschlagung. Rechtsanwalt Rüdiger Portius berichtet von einem Fall, in dem ein Cousin einem anderen ein Darlehen gegeben hatte, Letzterer dies aber nicht zurückzahlen konnte oder wollte. Als es zur Hauptverhandlung kam, teilten sie dem Gericht plötzlich mit, dass sie den Streit reguliert hätten. Die Verständigung wirkte sich strafmildernd aus. Der säumige Cousin kam mit einer Geldstrafe statt mit einer Freiheitsstrafe davon. Eine Schlichtung mit Hilfe missbrauchter Strafanzeigen.

Noch offensichtlicher zeigt sich die Zweckentfremdung der Strafjustiz in einem Fall ehelicher Gewalt. Eine in Deutschland aufgewachsene Friseurin heiratete einen gutaussehenden Macho aus einem Nachbardorf im Libanon, der aber kein Wort Deutsch und nur schlecht Arabisch sprach. In der Ehe kam es bald zum Streit, zum Streit um die Mitgift, die Wahl arabischer Fernsehprogramme und die gemeinsame Tochter. Sie zeigte ihn wegen Vergewaltigung an, und er bekam ein Wohnungsverbot. Doch dann änderte sich plötzlich das Prozessklima – vermutlich nach Gesprächen der inzwischen verfeindeten Familien.

Nach vier Tagen Hauptverhandlung entschied sich die angeblich Vergewaltigte, von ihrem Zeugnisverweigerungsrecht als Ehefrau Gebrauch zu machen und nicht weiter als Zeugin zur Verfügung zu stehen. Der Freispruch erfolgte prompt. Anschließend wurden die beiden Händchen haltend im Park gesehen. Der Kommentar des Strafverteidigers, Stefan Conen: »Meiner Einschätzung nach hat die Ehefrau die deutsche Justiz als *bargaining chip* benutzt. Die drohende Gefängnisstrafe hat ihren Mann kompromissbereit gemacht.« Der Prozess wirkte wie eine zweite Ehestiftung.

Das Strafverfahren als Geldquelle

Eine andere Variante muslimischer Opfer, die deutsche Strafjustiz für ihre Zwecke zu instrumentalisieren, hat der Bremer Anwalt Martin Stucke erlebt – und es hat ihn ziemlich viel Zeit und Aufwand gekostet, seinen Mandanten davor zu schützen.[217] Der Anlass war eine Vergeltungsaktion der Familie C. gegen die Familie T. Vedat, einer der Söhne der Familie T., hatte am Tag zuvor Ali C. frisch kassiertes Drogengeld mit Gewalt abgenommen. Dieses Geld wollte sich die Familie C. nun gewaltsam zurückholen. Bei einer Schlägerei vor dem Haus der Familie wurde Vedat T. durch ein Messer und einen Schlagstock schwer verletzt.

In einer ersten Vernehmung auf der Intensivstation des Krankenhauses beschrieb der Verletzte den Täter in einer Gruppe von sieben Männern: »Vor allem ein Junge hat mich geschlagen. Der ist circa 180 Zentimeter groß, circa 18 bis 20 Jahre alt und trug eine schwarze Jacke. Die Haare standen hoch, so mit Gel. Ich flüchtete zum Hauseingang zurück, weil der beleuchtet war … Der Junge griff mich mit dem Messer an.« Am nächsten Tag bat er merkwürdigerweise noch einmal um eine Vernehmung, in der er dann aussagte: »Mir ist inzwischen eingefallen, dass der Hussein C. das Messer in der Hand hatte. Den Stich hat er von unten ausgeholt. Der Typ mit gegeltem Haar stand daneben.« Diese Version bestätigte seine Mutter. Den Aussagewechsel erklärte Vedat T. damit, dass er bei der ersten Vernehmung durch die Medikamente und die Operation verwirrt gewesen sei.

Nach Ansicht von Verteidiger Stucke war das aber keine plausible Erklärung. Er recherchierte und meinte den Hintergrund schnell herausgefunden zu haben. Nach der ersten Aussage war

Vedat T. von seiner Mutter, seinem älteren Bruder und zwei Freunden im Krankenhaus besucht worden. Im Kreis der Familie sei die Idee entstanden, Hussein C. zu belasten, weil er zwanzig Jahre älter und Familienvater war. Der Hintergedanke für den Austausch der Beschuldigten war nach Ansicht von Anwalt Stucke, »von der Familie C. 20 000 bis 30 000 Euro zu ergattern. Weil einem Erwachsenen eine härtere Strafe droht als einem Jugendlichen, kann man bei einer Schlichtung mit der Beschuldigung eines Älteren mehr Geld verdienen. Nach Zahlung dieser Summe hätte dann die belastende Aussage richtiggestellt oder bis zur Bedeutungslosigkeit verwässert werden können.«

Da sich Anklage und Gericht wegen der zweiten Aussage von Vedat T. frühzeitig auf den Familienvater Hussein C. als Täter festgelegt hatten, mussten etliche Ermittlungen in der Hauptverhandlung nachgeholt werden, nachdem Zweifel an dieser Version aufkamen. Als Anwalt Stucke dann nach mehreren Zeugenaussagen, die seine Version des Ablaufs bestätigten, der Mutter mit einer Anzeige wegen falscher uneidlicher Aussage drohte, brach diese zusammen und korrigierte ihre Aussage gegen Hussein C. Das Verfahren endete mit seinem Freispruch.

Dieser letztlich erfolglose Versuch, mit Hilfe der deutschen Strafjustiz Tausende von Euro zu verdienen, hat den Staat und damit auch die Steuerzahler viel Geld gekostet. Um die durch eine Falschaussage in die Irre geleiteten Ermittlungen zu korrigieren, brauchte das Gericht neun Monate und 31 Verhandlungstage.

Unter diesem levantinischen Umgang mit Strafverfolgungsorganen leidet vor allem die Polizei. Dem Essener Hauptkommissar Herbert Czarnyan ist aufgefallen, dass polizeiliche Ermittlungen dazu missbraucht werden, die Wiedergutmachungssumme nach oben zu treiben. »Gegenüber der Polizei wird so lange Aussagebereitschaft signalisiert, bis die erhoffte Summe erreicht ist. Danach verfällt der Zeuge regelmäßig der Amnesie.« Ab und zu dient eine Strafanzeige gegen einen konkurrierenden Clan auch dazu, dessen Revier etwa auf dem Drogenmarkt zu übernehmen.

Polizei und Streitschlichter

Der Berliner Schlingerkurs

Die Berliner Polizei hat bisher noch keine klare Linie gegenüber Streitschlichtern gefunden. Und das liegt in erster Linie an ihrer Doppelfunktion: Sie soll präventiv und repressiv tätig sein. Sie soll die öffentliche Sicherheit und Ordnung schützen und als Helfer der Staatsanwaltschaft Straftaten aufklären. In beiden Funktionen fährt die Berliner Polizei gegenüber Friedensrichtern einen Schlingerkurs. Vor dem Innenausschuss des Abgeordnetenhauses räumte der damalige Präsident des Landeskriminalamtes Peter-Michael Haeberer Anfang Dezember 2010 ein, dass die Polizei Friedensrichter bisher gewähren ließ: »Aus präventiver Sicht ist auch fraglich, ob der regelgerechte Einsatz überhaupt bekämpft werden sollte, da diese [Streitschlichter] deeskalierend wirken … und eine Ausweitung der Konflikte möglicherweise verhindert werden könnte.«[218] In der »repressiven Arbeit« betrachtet Haeberer einen Streitschlichter dagegen »eher mit Skepsis, da er in der Regel nicht die Zusammenarbeit mit den Strafverfolgungsbehörden sucht und insofern zur Entwicklung von Parallelgesellschaften beiträgt. Eine Zusammenarbeit im repressiven Bereich ist aus Sicht der Polizei in aller Regel nicht zielführend.«[219]

Experten bei der Staatsanwaltschaft und in seinem eigenen Haus halten diese Bewertung von Friedensrichtern für eine fragwürdige Bagatellisierung ihres schädlichen Wirkens im Schatten von Strafverfahren – in ihren Augen zugleich ein Indiz dafür, dass die Polizeiführung keine besonderen Anstrengungen plant, den Friedensrichtern das Handwerk zu legen.

Viele Streitschlichter unterhalten regelmäßigen Kontakt zur Polizei, wo sie sich aktiv als »treue Staatsbürger« und »Helfer der Polizei« anbieten. Das tun sie nicht ohne Hintersinn. Einmal nutzen sie solche Drähte, um nach Schlägereien oder nach anderen Straftaten Informationen zu sammeln, die ihnen und ihren Kunden bei der Einschätzung der Lage helfen. Gleichzeitig verleihen ihnen diese Kontakte innerhalb der arabischen Szene den Ruf, Einfluss auf Polizei und Justiz zu haben, was ihre Vermittlerrolle stärkt. Außerdem entsteht die Gefahr, dass die Polizei durch Streitschlichter instrumentalisiert wird. Fast alle Berliner Ermittler fordern deshalb eine entschiedenere Haltung gegenüber Streitschlichtern – zumindest bei der Strafverfolgung. Der LKA-Dezernatsleiter Organisierte Kriminalität Carsten Wendt oder Oberstaatsanwalt Bernhard Mix lehnen kategorisch jede Kooperation ab.

Das Essener Modell: Kooperation statt Konfrontation

In Essen sind die Polizei, der Integrationsbeauftragte der Stadt und ein libanesischer Jugendamtsmitarbeiter seit 2007 einen ganz anderen Weg gegangen. Bei Ehe- und Familienstreitigkeiten, aber auch nach Gewalttaten haben sie eine Zusammenarbeit mit dem örtlichen Imam und verschiedenen Streitschlichtern aus libanesischen Sippen institutionalisiert. Mit Hilfe einer Telefonkette rufen sie sich gegenseitig an und eilen zum Tatort, um zu schlichten. Dieses Modell verfolgt zunächst nur präventive Zwecke: nämlich Straftaten vorzubeugen und die Eskalation von Konflikten zu verhindern. Ein exemplarischer Fall:

Ende 2009 wandte sich Isabel K. hilfesuchend an die Polizei, weil sie Angst vor ihrer strenggläubigen islamischen Familie hatte. Sie habe einen Freund, mit dem sie seit dem Ende ihrer Lehre als Arzthelferin in einer gemeinsamen Wohnung lebe. Der Vater vermute hingegen, dass sie sich in einem Frauenhaus versteckt halte, und suche sie. Die Familie, insbesondere der Vater, sei extrem konservativ. Vor ihrem Auszug hätte sie sich nur zu

Hause aufhalten dürfen und es sei ihr untersagt worden, allein auszugehen. Kontakte zu Männern seien strikt verboten gewesen. Bei nichtigsten Anlässen, zum Beispiel wenn sie einen Bus verpasst hätte, sei sie bestraft worden. Ihr Vater und ihr Bruder hätten ihr massiv gedroht, wenn sie sich nicht an die Regeln der Familie halte. Sie habe sich jetzt anonym in einem Frauenhaus angemeldet, aber wenn die Frist auslaufe, habe sie große Angst, dass ihr Vater sie finde. Sie habe das Gefühl, dass ihre Familie jetzt ihren Aufenthaltsort kenne und sie beobachte. Eine Anzeige gegen ihren Vater oder ihren Bruder wolle sie aber auf keinen Fall stellen.

Die Polizei lud daraufhin den Vater zu einem Gespräch und führte ihm die strafrechtlichen und ausländerrechtlichen Konsequenzen vor Augen, mit denen er zu rechnen habe, sollte er Gewalt gegen seine Tochter anwenden. Außerdem boten die Polizei und der Imam ihre Hilfe bei einer einvernehmlichen Konfliktlösung an. Der Hintergrund: Die Tochter wollte den Freund heiraten, und der war bereit, zum Islam überzutreten. Der Vater erklärte sich einverstanden, wenn der Imam als religiöse Autorität zustimmte. Außerdem wurde ein Streitschlichter der Familien-Union eingeschaltet. Nach einem Gespräch mit dem Imam und dem Streitschlichter erklärte sich der Vater bereit, ihren Vorschlägen zu folgen.

Kurz darauf trafen sich das Liebespaar, ein Polizeibeamter und der Imam in der Moschee. Nach einem ausführlichen Gespräch konvertierte der deutsche Freund zum Islam. Danach erläuterte der Imam dem Vater, dass einer Ehe seiner Tochter mit ihrem Freund aus religiösen Gründen nichts mehr im Weg stünde. Der Vater stellte seine Bedenken zurück, bestand aber auf Einhaltung aller traditionellen Riten, also auch auf einer Morgengabe in Höhe von 7000 Euro vom neu Angetrauten.

Und noch einen Merkwürdigkeit: Der Vater beharrte darauf, dass das islamische Hochzeitszeremoniell zunächst ohne die Tochter in seiner Wohnung stattfinden sollte. Er war noch nicht bereit, sie wiederzusehen. Er wollte statt der Tochter das Ja-Wort geben. Und so geschah es. Mit dabei waren, weil die Lage immer noch labil erschien, zwei Polizeibeamte und ein Streitschlichter. Nach der traditionellen Eheschließung nahm der Vater den frischgebackenen Schwiegersohn in die Familie auf und betonte, dass er nun den Rang eines ältesten Sohnes besitze. Das ist eine hohe Auszeichnung und eine Geste der Versöhnung.

Diese enge Kooperation zwischen Polizei, Imam und Streitschlichtern hat sich nach Ansicht ihrer Initiatoren insbesondere bei Heimunterbringungen in Fällen häuslicher Gewalt und bei Entführungen bewährt. Auch bei Schlägereien und Schießereien auf der Straße sei es gelungen, heißblütige Gemüter verfeindeter Familien schneller zu befrieden als früher und massive Polizeieinsätze zu vermeiden.

Der Jugendkontaktbeamte Herbert Czarnyan, einer der Väter des Modells, kann sich vorstellen, diese Kooperation im präventiven Bereich auf einen kleinen repressiven Sektor zu erstrecken, wie etwa auf die Verfolgung von Antragsdelikten wie Beleidigung und einfache Körperverletzung: »Wenn der Rechtsfrieden durch Verzicht auf Strafverfolgung besser zu schützen ist, dann ist es sinnvoller, Strafanträge zurückzuziehen und ein öffentliches Interesse an der Strafverfolgung zu verneinen.« Er weiß aber auch, dass eine solche Befriedungsstrategie bei schweren Fällen nicht greift, etwa wenn ein Tatverdächtiger bereits in Untersuchungshaft sitzt.

Und versagt hat das Essener Modell bisher im Ermittlungsverfahren und in der Hauptverhandlung. Dort hat sich das Aussageverhalten von Beschuldigten oder Angeklagten nach Beobachtungen von Kriminalhauptkommissar Menkhorst bisher nicht verändert – trotz aller Appelle der Familien-Union.

Anwälte an der Grenze zur Strafvereitelung

Es kommt hin und wieder vor, dass sich Täter und Opfer beim Berliner Rechtsanwalt Olaf D. Franke mit der Botschaft melden: Wir haben uns geeinigt. Wie können wir nun ein Strafverfahren vermeiden? Manchmal sitzen sie überraschend und unangemeldet im Wartezimmer, einschließlich der Zeugen, mit denen sich die Beschuldigten bereits abgesprochen haben. Für Verteidiger Franke eine unangenehme Situation. Staatsanwälte halten es für anrüchig, wenn Anwälte vor dem Prozess mit Zeugen sprechen. Das allein ist aber für ihn kein Hindernis, auch in solchen Fällen ein Mandat zu übernehmen, wie zum Beispiel auf Bitten von zwei Ex-Jugoslawen und drei Arabern, die sich an einer Tankstelle in Berlin-Neukölln heftig geprügelt hatten. Der Tankstellenpächter hatte die Polizei gerufen.

Gegen die Araber, die bei der Schlägerei die Oberhand behalten hatten, wurde ein Verfahren wegen gefährlicher Körperverletzung eingeleitet. Für einen der Beschuldigten stand viel auf dem Spiel. Weil einschlägig vorbelastet, drohten ihm eine empfindliche Strafe und ein Widerruf seiner Bewährungsfrist. Und auch den beiden Männern vom Balkan stand Ärger ins Haus. Beide hatten politisches Asyl beantragt und hätten das Land Brandenburg eigentlich nicht verlassen dürfen. Sie hatten gegen das Asylverfahrensgesetz verstoßen und damit eine Ordnungswidrigkeit begangen. Die Interessenlage von Tätern und Opfern und das gegenseitige kulturelle Verständnis brachten beide Seiten zu dem Entschluss, die Justiz am besten ins Leere laufen zu lassen.

Die Geschädigten aus dem ehemaligen Jugoslawien versprachen, ihre Aussagen gegenüber der Polizei vor Gericht nicht zu wiederholen, und sie bekamen dafür eine kleine finanzielle Kompensation. Anwalt Franke wusste Rat, wie das juristisch umzusetzen war. Die beiden Ex-Jugoslawen sollten ihre Aussage mit dem Hinweis verweigern, dass sie sich dadurch selbst belasten würden, nämlich durch die Fahrt nach Berlin eine Ordnungswidrigkeit begangen zu haben.

Die von Verteidigern zur Durchsetzung von außergerichtlichen Schlichtungen gern gezogene Karte der Auskunftsverweigerung stach auch hier. Täter und Opfer kamen im Prozess glimpflich davon, weil das Gericht kampflos akzeptierte, dass die beiden Männer sich auf das Auskunftsverweigerungsrecht beriefen. Dies ist ein plastisches Beispiel dafür, wie Täter und Opfer, die sich in muslimischer Schlichtungstradition geeinigt haben, mit Hilfe eines Anwalts die deutsche Strafjustiz unterlaufen.

Insbesondere in den Reihen der Polizei und der Staatsanwaltschaft beklagen viele dieses Rollenverständnis zahlreicher Strafverteidiger. In den Augen des Essener Kriminalhauptkommissars Ralf Menkhorst haben sich viele Verteidiger bei Schlichtungen von ihrem Auftrag verabschiedet, auch als »Organ der Rechtspflege« zu beraten. Sie nutzen ihre juristischen Kenntnisse – so sein Vorwurf – häufig ausschließlich »im Interesse der Beschuldigten, die sie auch bezahlen«. Anwalt Franke verteidigt seine Haltung damit, dass »dem Rechtsfrieden« mit Schlichtungen in muslimischer Tradition manchmal besser gedient sei als »mit justiziellen Regelungen«. Ein von Verteidigern gern benutztes Argument, um ihre Mitwirkung bei der rechtlichen Umsetzung von Verständigungen zu rechtfertigen. Dem könnte man auch nach deutschem Rechtsverständnis folgen, wenn Verständigungen freiwillig zustande kämen und Täter- und Opferfamilie auf Augenhöhe miteinander verhandeln würden. Solche Fälle sind nach den hier analysierten »Friedensschlüssen« aber eher eine Ausnahme. Schlichtungen werden häufig von Gewalt oder Gewaltdrohungen begleitet. Verständigungen sind daher meistens keine freiwilligen Verträge, sondern Machtdiktate der stärkeren

Familien. Es ist ein Rechtsfrieden einer anderen Rechtskultur. Im Übrigen gibt Rechtsanwalt Franke zu, dass in Deutschland durch Schlichtungen und ihre Vollstreckung »das staatliche Strafmonopol unterlaufen wird«.

Richtig aufgebracht ist der Bremer OK-Abteilungsleiter Wilhelm Weber: »Über die Rechtsanwälte wird schleichend die Scharia eingeführt.« Auch bei den Staatsanwälten haben solche Verteidiger viel Kredit verspielt. Ein Ankläger erklärt: »Es gibt Spezialisten für diese Personengruppe, die verhandeln mit, um die Kuh vom Eis zu holen. In Einzelfällen geht es nur um die Mandanten und ihren Erfolg – egal wie.«

Besser nichts wissen

Selbst Strafverteidiger wissen häufig nicht, ob Streitschlichter neben ihnen für ihre Mandanten tätig sind. Olaf D. Franke merkt zwar manchmal, dass ein »Einigungsprozess stattfindet«, und Rechtsanwalt Nicolas Becker fällt auf, dass der »Verletzte plötzlich das Interesse an der Strafverfolgung verliert«. Im Übrigen stellen beide fast wortgleich fest, dass sie »nicht viel davon mitkriegen, was intern läuft, zum Beispiel was gezahlt wird oder wie der Interessenausgleich geschaffen wird«. Und »sie wollen es auch nicht wissen«, weil Schlichtungen leicht »Elemente der Strafvereitelung« enthalten können, räumt Rechtsanwalt Becker ein. Hier wandeln die Verteidiger in der Tat auf einem schmalen Grat. Denn Kern der meisten Absprachen ist ja, die Beweisführung zugunsten der Tatverdächtigen zu beeinflussen. Helfen Verteidiger dabei, geraten sie schnell in den Verdacht, sich selbst wegen Strafvereitelung, falscher Verdächtigung oder Beihilfe zur Falschaussage strafbar zu machen und gegen anwaltliches Berufsrecht zu verstoßen.

Dubios sind insbesondere Fallkonstellationen, in denen Beschuldigte und ihre Verteidiger in einem späten Stadium des

Ermittlungsverfahrens zusammen schriftliche Erklärungen ausarbeiten, um den Hauptvorwurf auf einen weniger belasteten Mittäter umzuleiten oder eine Notwehrsituation zu begründen. Gemeinsam ist all diesen Fällen, dass die Tatverdächtigen sich zunächst intensiv bemühen, dass das Opfer seine Aussagen zurücknimmt oder abschwächt, und dass es bis zur schriftlichen Erklärung keine oder nur schwache Indizien für die neue Version des Tatgeschehens gab. Dem unbefangenen Beobachter drängt sich in solchen Fällen oft der Eindruck auf, dass hier Tatverdächtige wahrheitswidrig Sachverhalte konstruieren und Anwälte dabei helfen, die angestrebten Prozessziele zu erreichen.

Die Verteidigung von Mitgliedern kurdischer, palästinensischer oder libanesischer Großfamilien ist für einige Anwälte zu einer lukrativen und verlässlich sprudelnden Einnahmequelle geworden. Die Familien greifen immer auf dieselben Anwälte zurück, wenn sie sich in ihren Augen bewährt haben. Ein Berliner Clan prahlte unlängst mit einer Liste mit Handy-Nummern von zwölf Anwälten, die jederzeit zur Verfügung stünden. An der Spree sind gut ein Dutzend Anwälte dafür bekannt, dass sie regelmäßig Tatverdächtige aus diesem Milieu verteidigen. Teilweise handelt es sich um die versiertesten der Hauptstadt, die im Ruf stehen, höhere Honorare zu nehmen, als die Gebührenordnung vorsieht.

Unter den Strafverteidigern, die regelmäßig Mitglieder aus libanesischen Großfamilien vertreten, gibt es zwei Typen. Die einen beraten professionell und distanziert ohne eine bestimmte politische Haltung oder Kenntnis der landesspezifischen kulturellen Gepflogenheiten. Für den Bremer Anwalt Erich Joester etwa wäre es undenkbar, dass in seinem Konferenzzimmer eine Schlichtung stattfindet. Die anderen sind am Islam interessiert, engagieren sich für die Integration, reisen in die Heimatländer ihrer Mandanten oder sind sogar zum Islam konvertiert.

Zur zweiten Gruppe gehört sicher der Duisburger Rechtsanwalt Ralf Büscher, der vor dreißig Jahren zum Islam übergetreten ist. Er hat keine Probleme damit, dass sich Imame und Vertreter von Großfamilien in seiner Kanzlei treffen, um eine Verständigung zu erreichen. Die Website des Zentralrats der Muslime empfiehlt ihn als »muslimische[n] Rechtsanwalt« für Strafrecht. In der Stadt mit einem türkischen Bevölkerungsanteil von etwa 10 Prozent waren vor einigen Jahren 90 Prozent seiner Mandanten Muslime. Heute sind es noch ungefähr 50 Prozent. Und darüber ist er auch froh. Denn der »orientalische Umgang mit der Zeit« führe hin und wieder dazu, dass seine Mandanten nicht zur Hauptverhandlung erschienen und dann in Untersuchungshaft mussten, oder sie versäumten Berufungstermine. Und um die Zahlungsmoral sei es auch nicht immer gut bestellt gewesen. Türkische Mandanten sind, so seine Erfahrung, an informellen Einigungen ohne Strafjustiz ebenso interessiert wie libanesische Kurden.

Die Essener Rechtsanwältin Christiane Theile schätzt, dass 60 bis 70 Prozent ihrer Mandanten aus dem libanesischen und türkischen Kulturkreis kommen. Sie versteht sich ganz offen als »Vermittlerin zwischen Paralleljustiz und Strafjustiz«. Sie glaubt, bei der schwierigen Klientel Respekt gewonnen zu haben, weil sie gelegentlich auch Druck auf ihre Mandanten ausübt und rechtliche Grenzüberschreitungen bei der Verteidigung ablehnt. Sie passt auf, dass ihre Mandanten gut rasiert, ordentlich gekleidet und pünktlich bei Gericht erscheinen. Und sie lehnt nach eigenem Bekunden alle Wünsche ab, Sachverhalte zugunsten von Beschuldigten zu verfälschen. Während ihre Mandanten offenbar mit ihr zufrieden sind, ist ihr Ruf in der Essener Strafjustiz nicht ganz so gut. Dort gilt sie als sogenannte Konfliktverteidigerin, die ihre Mandanten um jeden Preis herauspaukt.

Kanzleien wie die der Anwälte Büscher und Theile hängen ökonomisch weitgehend von ihrer muslimischen Klientel ab. Auch in Berlin gibt es inzwischen eine ganze Reihe von Anwälten, die einen Teil ihrer Umsätze mit der Verteidigung von Mitgliedern arabischer Großfamilien machen. Dem Berliner Landeskriminalamt ist aufgefallen, dass diese Mandanten zwar meistens über kein geregeltes Einkommen verfügen, aber trotzdem »Fahrzeuge der gehobenen Preisklasse« fahren und »namhafte Berliner Anwälte in Strafverfahren« engagieren.[220]

Geld sammeln für das Opfer

In Anwaltskanzleien eröffnen sich aber auch völlig unproblematische Perspektiven, die islamische Paralleljustiz mit der ordentlichen Strafjustiz zusammenzuführen. Der 1999 eingeführte Täter-Opfer-Ausgleich erlaubt es, die islamische Tradition der Schlichtung und Wiedergutmachung mit dem modernen deutschen Strafrecht zu verschmelzen. Er ist ein Instrument der außergerichtlichen Konfliktschlichtung, eine Art Mediation in Strafsachen, die schon begrifflich kaum noch von der islamischen Schlichtung zu trennen ist. Der Ausgleich ermöglicht, eine Strafe zu mildern oder sogar, bei geringfügigen Vergehen, ganz auf Strafe zu verzichten – mit oder ohne Auflagen.

Ein Vorreiter beim Zusammenführen beider Rechtskulturen ist der Berliner Anwalt Nicolas Becker. Er schildert einen komplizierten, aber für dieses Verfahren typischen Fall: Ein Mann hatte seine von ihm seit drei Jahren getrennt lebende Ehefrau mehrfach mit einem 20 Zentimeter langen Küchenmesser in die Bauchhöhle, in den Oberkörper, in Wange, Hals und Arme gestochen. Die schlimmste Verletzung war ein Riss in der Leber. Dafür wurde er wegen gefährlicher Körperverletzung zu vier Jahren Gefängnis verurteilt. Beckers Kampf um eine mildere Strafe für seinen Klienten endete letztlich erfolglos, weil der von ihm angestrebte Täter-Opfer-Ausgleich einen kleinen Fehler hatte. Mit dem Anwalt der Frau hatte er einen von ihr auch schon unterschriebenen Vertrag ausgehandelt, der in der Hauptverhandlung verlesen wurde. Die wichtigsten Punkte waren ein Geständnis des Ehemannes, eine Entschuldigung, seine Einwilligung in die

Scheidung und ein Schmerzensgeld in Höhe von 10 000 Dollar. Im Gegenzug sollte sich die Frau in der Hauptverhandlung auf ihr Zeugnisverweigerungsrecht als Ehefrau berufen. Alle Bedingungen wurden mit zum Teil erheblichem Aufwand erfüllt – bis auf eine.

Damit die Ehefrau wieder heiraten konnte, musste ihr Ehemann sie nach islamischem Recht verstoßen. Das war nicht so einfach zu bewerkstelligen, da ihr Mann in Untersuchungshaft saß. In einer Sondersprechstunde im Gefängnis verstieß der Mann dann seine Frau dreimal in Anwesenheit eines Imams, eines Dolmetschers und eines Zeugen. Nur in einem Punkt sperrte sie sich zum Schluss. Sie nahm aus bisher noch ungeklärten Gründen die 10 000 Dollar Schmerzensgeld nicht an. Zunächst hatte sie Sorge, dass sie das Geld auf ihre Hartz-IV-Bezüge hätte anrechnen lassen müssen. Das ist jedoch nach der Rechtsprechung des Bundessozialgerichts bei solchen Entschädigungen nicht der Fall. Es ist aber sehr gut denkbar, dass die tatsächliche Ursache bei ihrer Familie im Libanon zu suchen ist. Ohne die Genehmigung ihres Vaters und ihres älteren Bruders durfte die Frau – so ist es Brauch – den Vertrag nämlich nicht annehmen. Deshalb saßen ihr Vater und ihr älterer Bruder, obwohl im Libanon, indirekt immer mit am Verhandlungstisch.

Weil die Frau die 10 000 Dollar nicht angenommen hatte, lehnte die Schwurgerichtskammer in Berlin eine Strafmilderung ab. Ausgleichsbemühungen des Täters allein, so die Richter, reichen für einen Täter-Opfer-Ausgleich nicht aus. Nur wenn ein »kommunikativer Prozess« zwischen beiden Parteien stattgefunden habe, könne ein umfassender Frieden im Sinne des Gesetzes entstehen. Der sei aber ohne Schmerzensgeld nicht denkbar – trotz der Unterschrift der Frau unter den Vertrag und »ernsthafter Bemühungen« des Ex-Ehegatten.

Wesentlich erfolgreicher war Rechtsanwalt Becker bei einem Täter-Opfer-Ausgleich in einem Verfahren wegen schweren Raubes in einem Berliner Bordell. Vor der Hauptverhandlung hatte er bei den Mitverteidigern von sieben muslimischen Angeklagten angefragt, ob sie sich an einer Geldsammlung für das durch einen Messerstich schwerverletzte Opfer beteiligen wollten. Das haben dann einige getan, unter anderem auch der von ihm vertretene Angeklagte. Der hatte ein Geständnis abgelegt und durch eine Entschuldigung beim Opfer »Unrechtseinsicht« und »Reue gezeigt«, wie es in den Urteilsgründen heißt. Im Rahmen eines Täter-Opfer-Ausgleichs hat das Gericht dann strafmildernd berücksichtigt, dass sein Mandant 1500 Euro in den Opfer-Fonds eingezahlt hatte. Ein Mitverteidiger ist überzeugt, dass es Rechtsanwalt Becker durch die Geldsammelinitiative gelungen ist, die Freiheitsstrafe für seinen Mandanten auf zwei Jahre zu drücken und damit zu ermöglichen, dass die Strafe zur Bewährung ausgesetzt wird.

Auf eine ähnliche Karte setzten die Verteidiger der zwei Brüder und ihres Kumpels, die die Beziehung ihrer Schwester Mona zu einem von der Familie nicht akzeptierten Freund gewalttätig beenden wollten.[221] Um eine mildere Strafe zu erreichen, schlossen das Opfer und die drei Täter eine »Wiedergutmachungsvereinbarung«. In ihr erkannten die drei Täter an, dass sie »schadensersatzpflichtig« sind, den »Vorfall« »bereuen« und sich bei dem Geschädigten »entschuldigen«. Außerdem zahlten die drei jeweils 600 Euro an das Opfer. Das erklärte sich mit der Zahlung der insgesamt 1800 Euro »zum Zwecke der Wiedergutmachung« ausdrücklich »einverstanden«. Trotzdem erkannte die 13. Große Kammer des Berliner Landgerichts den Täter-Opfer-Ausgleich nicht an.[222] Auch hier fehlte den Richtern der notwendige »kommunikative Prozess« zwischen Täter und Opfer, der auf einen »friedensstiftenden Ausgleich« zwischen beiden schließen lässt. Die Wiedergutmachungsvereinbarung war erst zwei Tage vor Beginn der Hauptverhandlung geschlossen und nur von den Anwälten unterzeichnet worden. Außerdem hätten die Angeklagten die Hauptverhandlung nicht genutzt, um sich bei den Opfern zu entschuldigen. Resümee der Kammer: Die Vereinbarung hatte nur den Zweck, »eine Verurteilung der Angeklagten wegen versuchten Mordes zu verhindern und das Strafmaß der Angeklagten zu reduzieren, was für einen erfolgreichen Täter-Opfer-Ausgleich nicht ausreicht«. Es kann nicht sein, so die Vorsitzende Richterin Regina Alex, dass sich »Täter eine niedrigere Strafe erkaufen«.

Einen neuen Weg, den Täter-Opfer-Ausgleich mit der islamischen Verständigung zusammenzuführen, ist der Hamburger Verteidiger Johann Schwenn gegangen. Er verfasste ein Gnadengesuch, um die Vollstreckung einer Freiheitsstrafe von drei Jahren und vier Monaten abzuwenden. In einer Versöhnungserklärung teilte das muslimische Opfer dem Gericht mit, dass es den Gnadenantrag »unterstütze«. Der Täter habe ihn »um Vergebung« gebeten: »Ich und meine Familie haben erkennen können, dass er Reue empfunden und Einsicht in die Tat gezeigt hat.« Außerdem habe er ein Schmerzensgeld in Höhe von 8000 Euro zugesagt bekommen. Die Schwurgerichtskammer ließ sich von dieser Erklärung aber nicht erweichen. Der Täter-Opfer-Ausgleich kam zu spät, und die über dreijährige Freiheitsstrafe wog zu schwer, um auf eine Vollstreckung der Strafe auf dem Gnadenwege zu verzichten.

Die Rechtsprechung der Untergerichte zögert bisher, Verständigungen in islamischer Rechtstradition im Rahmen des Täter-Opfer-Ausgleiches anzuerkennen. Das liegt zum einen daran, dass die Schlichtungen ohne Beteiligung von Täter und Opfer zwischen den Familien direkt oder mit Hilfe eines Mittlers stattfinden. Oder die Verständigungen werden von den Verteidigern ausgehandelt. Bei beiden Varianten fehlt der vom Bundesgerichtshof geforderte »kommunikative Prozess« zwischen Täter und Opfer. Allerdings gibt es eine Neigung, solche Verständigungen wenigstens bei der Strafzumessung strafmildernd zu berücksichtigen. Etwas anderes gilt freilich dann, wenn es nach Versöhnungsgesprächen zu Ausgleichszahlungen kommt, der Täter sich bei dem Opfer entschuldigt und dieses gegenüber dem Gericht erklärt, nicht mehr an einer Strafverfolgung interessiert zu sein.[223]

Die Kapitulation der Strafjustiz

Es ist Alltag in der Strafjustiz, dass Tatverdächtige ihre Aussagen im Laufe eines Ermittlungsverfahrens ändern, zum Beispiel nach ihrer Entlassung aus der Untersuchungshaft oder nach der Aktensicht ihres Verteidigers. Die Aussagen werden dann der Beweislage angepasst. Es ist das Recht eines jeden Beschuldigten, nichts zu sagen oder die Unwahrheit zu sagen. Es gehört aber keinesfalls zum Alltag der Strafjustiz, dass Familien im Verbund mit Streitschlichtern entscheiden, welcher der beschuldigten Söhne oder Neffen in einem Strafverfahren zum Schluss die Verantwortung für einen Messerstich oder einen Schuss übernehmen soll, unabhängig von der Wahrheit. Und es gehört auch nicht zum Alltag der Strafjustiz, dass eine islamische Paralleljustiz Zeugen systematisch beeinflusst, damit sie ihre Aussagen im Gegensatz zu ihrer Wahrheitspflicht verweigern oder sie ändern.

Die deutsche Strafjustiz hat bisher zwei Probleme mit ihrem muslimischen Widerpart nicht gelöst.

Erstens ist die Paralleljustiz nur selten zu erkennen. Der ehemalige Leiter der Abteilung Organisierte Kriminalität bei der Bremer Staatsanwaltschaft und jetzige Bundesanwalt Jörn Hauschild schätzt, dass in über 90 Prozent aller Strafverfahren mit Tätern und Opfern aus dem muslimischen Kulturkreis die Schlichtungen nicht bekannt werden. Die geschilderten Fälle sind also nur die Spitze des Eisberges. Und zweitens hat die Strafjustiz bisher keine Mittel gefunden, sich gegen die Schattenjustiz zu wehren. Die Bilanz der Aktenanalyse ist alarmierend: Von den 20 untersuchten Strafverfahren, in deren Hintergrund Streitschlichter tatsächlich oder mutmaßlich die Strippen gezogen haben, sind

15 Verfahren (75 Prozent) durch Freisprüche oder Einstellungen mangels Beweises beziehungsweise wegen geringer Schuld beendet worden. Anders ausgedrückt: In 75 Prozent der Verfahren hat die deutsche Strafjustiz den Kampf ums Recht gegen die islamische Paralleljustiz verloren.

Gut aufgestellt ist die Strafjustiz nur dann, wenn sie sich in Verfahren gegen Verdächtige aus dem muslimischen Milieu auf Sachbeweise und unbeteiligte Zeugen stützen kann. Das war zum Beispiel in einem Verfahren vor dem Essener Schwurgericht gegen die beiden Kurden Mütamez und Refik F. der Fall.[224] Sie waren wegen gefährlicher Körperverletzung angeklagt, weil sie auf einem vollen Bahnsteig des Essener Hauptbahnhofs zwei Iraker verfolgten, sie packten, zehnmal auf sie einstachen und sie dabei lebensgefährlich verletzten. Es war ein Akt der Selbstjustiz und Rache aus »nichtigem Anlass«, wie Staatsanwältin Elke Hinterberg anmerkte. Die beiden Messerstecher waren ihrem jüngeren 16-jährigen Bruder zu Hilfe geeilt, nachdem die beiden Iraker diesen vorher geschlagen hatten. Die Anklage und damit später auch das Urteil hatten mit von Überwachungskameras aufgenommenen Videoaufnahmen der Hetzjagd sowie Aussagen unbeteiligter Zeugen ein solides Beweisfundament. Schaden konnte deshalb auch nicht, dass einige Zeugen aus dem Umfeld der direkt Beteiligten im Prozess ihre Aussagen änderten, vermutlich aufgrund einer Verständigung beider Familien. Während sie bei der Polizei die Messerstiche noch genau zuordnen konnten, vermochten sie das im Prozess plötzlich nicht mehr, weshalb der Kammervorsitzende Andreas Labentz anregte, gegen sie ein Verfahren wegen uneidlicher Falschaussage einzuleiten. Das Verfahren endete trotz einer außergerichtlichen Versöhnung beider Familien mit angemessen harten Freiheitsstrafen, nämlich mit jeweils sechs Jahren Gefängnis für beide Brüder.

Polizei: Im Beweisdickicht

»Es ist trotz zweimonatiger Ermittlungen und der Vernehmung von über 20 Zeugen bisher nicht zweifelsfrei geklärt, wer tatsächlich die Schüsse aus den Pistolen abgegeben hat.«[225] Dieser eine Satz aus einem Polizeivermerk verrät alles über das Beweisdickicht, das Kriminalbeamte bei Ermittlungen in arabischen, türkischen oder kurdischen Großfamilien zu durchdringen haben – insbesondere dann, wenn ein Friedensrichter seine Hände im Spiel hat, wie in diesem Fall. Intensive Bemühungen, gegen Streitschlichter wegen Strafvereitelung zu ermitteln, hat es bislang offenbar nicht gegeben oder sie sind wie das Hornberger Schießen ausgegangen. Der Bremer OK-Leiter Wilhelm Weber hat zweimal Strafanzeigen gegen Unbekannt wegen Strafvereitelung gestellt, beide Verfahren sind jedoch wegen Beweisschwierigkeiten im Sande verlaufen. Obwohl nach Aussagen von Kriminalbeamten viele Streitschlichter Schlüsselfiguren in der organisierten Kriminalität sind, waren Sonderdezernate und Arbeitsgruppen der Polizei an dieser Front bisher chronisch erfolglos.

Von den Ermittlungsbehörden leidet die Polizei am meisten darunter, wenn Tatverdächtige als Folge von Schlichtungen Sachverhalte bagatellisieren, ihre Aussagen verändern oder Erinnerungslücken haben. Ein Berliner Kommissar beklagt »die hohe Freispruchquote. Die Staatsgewalt kann das nicht akzeptieren.« Noch schärfer der Berliner OK-Chef Carsten Wendt: »Das Rechtssystem wird ausgehebelt. Mit den bisherigen polizeilichen Mitteln ist der Nebenjustiz allein nicht beizukommen.« Dieselbe Tonlage bei seinem Bremer Kollegen Wilhelm Weber: »Der Rechtsstaat ist hier verloren.« Und er setzt mit seiner Kritik an Staatsanwälten und Richtern noch eins drauf: »Die Justiz kennt das Problem, tut aber nichts dagegen.« Dann räumt er aber ein: »Vielleicht kann sie auch nichts tun. Sie ist an die Strafprozessordnung gebunden.« Was nun zutrifft, die Attacke oder die Abwiegelung, wird nicht so recht klar.

Auf jeden Fall kann sein früherer Partner bei der Staatsanwaltschaft, Jörn Hauschild, nur feststellen: »Das Problem hat die Polizei noch nicht an uns herangetragen.« Und das stimmt. Einer der Gründe für die abwartende, träge Haltung der Justiz gegenüber Streitschlichtern war bisher, dass dieses Thema zwischen Polizei, Staatsanwaltschaft und Gerichten nicht mit der notwendigen Aufmerksamkeit behandelt wurde. Als der Berliner OK-Chef Carsten Wendt vor einiger Zeit bei der Staatsanwaltschaft anregte, muslimische Gewaltopfer möglichst schnell nach der Tat richterlich zu vernehmen und ihre Aussagen mit Video aufzuzeichnen, war das Echo verhalten. Und zum Thema Videographie erhielt er ein juristisches Gutachten, warum dieses Instrument in diesen Fällen rechtlich schwierig anzuwenden sei und es für die Beweisführung nicht viel bringe.

Staatsanwaltschaft: Ratloses Klagen

Die Berliner Staatsanwältin Katrin Götz ist mit ihrer Geduld am Ende: »Das geht nicht mehr, die dürfen das Blaue vom Himmel lügen.« Sie soll Verbrechen jugendlicher Intensivtäter aufklären und stößt dabei immer häufiger auf Opfer, die ihre Aussagen verändern. Vor allem bei Gewalttaten im Gefängnis erlebt Staatsanwältin Götz, dass Deutsche sich »nicht mehr trauen, gegen Araber auszusagen«.

Diese Angst könnte im folgenden Fall eine Rolle gespielt haben. Ein arabischer Gefangener soll einen deutschen Mitgefangenen »geritzt« und geschlagen haben, um ihm dessen Handy wegzunehmen. Das brachte dem Araber ein Ermittlungsverfahren wegen schwerer räuberischer Erpressung ein. Kurze Zeit später gibt das Opfer eine neue Version des Tathergangs. Die Verletzungen habe er sich selbst an seinem Arbeitsplatz im Elektrobereich zugezogen. Obwohl Staatsanwältin Götz von der Richtigkeit der ersten Aussage überzeugt war, musste das Gericht den Araber freisprechen, weil es keine anderen Beweise, wie Videoaufnahmen oder Tatzeugen, gab. Diese Niederlage wollte Ermittlerin Götz jedoch nicht kampflos hinnehmen. Sie klagte das aussagewendige Opfer wahlweise wegen uneidlicher Falschaussage oder falscher Verdächtigung an – mit Erfolg. Für seine Aussageänderung erhielt er vier Monate Gefängnis mit Bewährung wegen uneidlicher Falschaussage, denn eine der beiden Einlassungen des Opfers musste schließlich falsch gewesen sein. Das Urteil ist unter Wahrheits- und Gerechtigkeitsaspekten nur ein Behelf. Es ist aber eine deutliche Kampfansage gegenüber Zeugen mit einem taktischen Verhältnis zur Wahrheit: Die Justiz will und kann sich gegen Beweismanipulationen wehren.

Das klappt aber nicht immer, weil die in der Strafprozessordnung bereitgestellten Druckmittel häufig nur wenig Kraft entfalten, um Zeugen zu wahren Aussagen zu zwingen. Eine oft stumpfe Waffe ist beispielsweise die Beugehaft. Häufig sitzen Zeugen bereits im Gefängnis, so dass sie durch Beugehaft nicht zu schrecken sind. Die Jugendrichterin Kirsten Heisig hatte die Erfahrung gemacht, dass die harten Jungs aus dem Kiez durch Beugehaft selten einzuschüchtern sind: »Das beeindruckt niemanden aus Neukölln.«[226] Andere Erfahrungen konnte eine Moabiter Kollegin machen: Als sie in einer Hauptverhandlung anfing, das Antragformular für eine Beugehaft auszufüllen, wurde der Zeuge weich. Zuvor hatte er noch mit Rückendeckung seines Vaters jede Antwort verweigert.

Zeugen können sich aber auch viel simpler aus ihrer Zeugenpflicht winden, indem sie behaupten: »Ich kann mich nicht erinnern.« Mit diesem einen Satz haben sie ihre Aussagepflicht formell erfüllt. Das Gegenteil nachzuweisen, nämlich dass sie sich erinnern können, ist schwer. Die ernüchternde Bilanz der Staatsanwältin Götz: »Wenn die nichts sagen wollen, dann schaffen sie es oft.«

Wenn Oberstaatsanwalt Bernhard Mix auf Hinweise stößt, dass im Hintergrund des Verfahrens ein Streitschlichter tätig ist, weiß er, dass er auf »Zeugen nicht mehr bauen kann«. Für ihn hat der Boykott der deutschen Strafjustiz durch eine islamische Gegengerichtsbarkeit »verheerende Folgen für den Rechtsstaat«. Mit Sorge erfüllen ihn insbesondere die Folgen für das künftige Verhalten vor Gericht: »Wenn jemand geschnappt wird, kommt der irgendwie raus.« Auch der ehemalige Bremer Oberstaatsanwalt und heutige Bundesanwalt Jörn Hauschild blickt eher düster in die Zukunft: »Es wäre eine schreckliche Entwicklung, wenn schwere Straftaten in diesem Kulturkreis nicht mehr aufgeklärt werden könnten. Der Staat müsste sich darauf beschränken, Opfer aufzusammeln.«

Sogar die Abteilung Organisierte Kriminalität der Staatsanwaltschaft Berlin hat bisher nur »Hinweise«, aber noch nie einen »konkreten Anfangsverdacht« für ein strafbares Verhalten eines Schlichters gehabt. Oberstaatsanwalt Sjors Kamstra räumt ein: »Da kommen wir mit den Mitteln der Strafprozessordnung nicht ran.« Zum Beispiel erlaubt der Verdacht einer Strafvereitelung, der bei Friedensrichtern häufiger gegeben sein wird, keine Telefonüberwachung. Geradezu erschreckend der Offenbarungseid von drei Berliner OK-Staatsanwälten zur Arbeit der Friedensrichter: »Wir haben keine Erkenntnisse über Vermittler. Wir kennen sie nicht.« Eine Erklärung für dieses erstaunliche Wissensdefizit könnte sein, dass die Verfolger die Aufklärung von Fällen für wichtiger halten, als den Konfliktmaklern das Handwerk zu legen.

Im merkwürdigen Kontrast zu diesen Kassandrarufen der Polizei steht die Passivität fast aller Strafverfolger gegenüber der Schattenjustiz. Jörn Hauschild zum Beispiel gibt zu, noch nie nach einem Streitschlichter gefragt zu haben, wenn sich das Aussageverhalten von Zeugen und Tatverdächtigen plötzlich verändert hatte. Fast alle Staatsanwälte haben sich mit der Zuschauerrolle zufriedengegeben. In den 20 untersuchten Fällen gab es nur zwei Staatsanwälte, die in der Anklageschrift veränderte Einlassungen ausdrücklich auf Einigungsgespräche zurückgeführt und damit als Problem offen benannt haben: der

Berliner Oberstaatsanwalt Bernhard Mix und die Berliner Staatsanwältin Katrin Faust.

Ein anderes Einfallstor für die Paralleljustiz ist in Berlin der häufige Gebrauch des Auskunftsverweigerungsrechts (§ 55 StPO). Da ein Opfer seine erste, in der Regel belastende Aussage nicht einfach zurücknehmen kann, raten Anwälte den Zeugen, eine Aussage in der Hauptverhandlung mit der Begründung zu verweigern, dass sie sich dabei selbst belasten würden, wegen der ersten, nun angeblich falschen Aussage. Mit dieser Strategie schlagen die Verteidiger zwei Fliegen mit einer Klappe: Das Opfer braucht in der Hauptverhandlung nicht mehr wahrheitsgemäß auszusagen und erweckt zugleich den Eindruck, dass die erste Aussage falsch war. Für einen Berliner Staatsanwalt »treiben« die Verteidiger mit dem Auskunftsverweigerungsrecht in diesen Fällen »Schindluder«. »Es kann nicht wahr sein«, empört sich auch Staatsanwältin Katrin Götz, »ich weiß aber auch nicht, wie man da rankommt.« Bei Anklägern folgt häufig der sie entlastende Hinweis, dass die Richter nicht besser seien: »Die Gerichte geben sich beim Auskunftsverweigerungsrecht auch schnell zufrieden.« Die Gründe dafür liegen auf der Hand: Es kostet Arbeit und Ärger, einen solchen Fall einmal durchzufechten. Da ist es bequemer, die Akte zuzuklappen und das Verfahren zu beenden – durch Einstellung oder Freispruch.

An diesem Frontverlauf ist erkennbar, wie schwer es der Strafjustiz fallen wird, den Einfluss der muslimischen Nebenjustiz wieder zurückzudrängen. »Wir können Druck aufbauen, die können aber mehr Druck dagegensetzen. Wir sind an die Strafprozessordnung gebunden«, so Katrin Götz. Andererseits appelliert sie an ihre Kolleginnen und Kollegen: »Wir müssen mehr Zeit und Kraft aufwenden. Wir dürfen nicht nachgeben.«

In einem besonderen Feld – der Untersuchungshaft – hat die Bremer Justiz den Hebel vom Gegeneinander zum Miteinander umgelegt. Staatsanwälte und Richter erkennen hier in Einzelfällen Versöhnungsverträge als Gründe für Haftverschonungen an. Ein Fall in Kurzform: Cefik S. saß in Untersuchungshaft. Er hatte die Brüder Abbas und Mehmet M. und Abbas' Freundin aus persönlicher Abneigung und wegen geschäftlicher Konflikte bedroht und beleidigt – mit einem Arsenal aus Fick-dich- und Hurensohn-Sprüchen und Kugel-in-den-Kopf-Warnungen. Einmal hatte Abbas M. beobachtet, wie Cefik S. einem Dritten aus fünf Zentimeter Entfernung Reizgas ins Gesicht sprühte. Dadurch war er zu einem wichtigen Belastungszeugen geworden. Ausschlaggebend für den Haftbefehl war aber wohl ein anderer Umstand. Der vielfach vorbestrafte Cefik S. hatte Abbas M., seinen Bruder Mehmet und seine Freundin über Monate gestalkt, bis sie psychisch am Ende waren. Selbst ein nach dem Gewaltschutzgesetz verhängtes Kontaktverbot brachte keinen Schutz für die drei. In vier Monaten verstieß der Stalker über zwanzig Mal gegen das Verbot. Dann brachte die Justiz den unbelehrbaren Nachsteller Cefik S. mit dem etwas fragwürdigen Argument einer Verdunkelungsgefahr hinter Gitter.

Eine Haftverschonung erreichte sein Verteidiger dann auf einem sehr ungewöhnlichen Weg. Er präsentierte dem Haftrichter einen Friedensvertrag mit fünf Punkten, unterzeichnet von Vater und Sohn S. und den Brüdern M. Darin erklärten beide Seiten ihre Absicht, den Konflikt befrieden zu wollen und nicht weiter eskalieren zu lassen. Beide Seiten verpflichteten sich gegenseitig, sich in Ruhe zu lassen. Und der Stalker sagte zu, wozu er rechtlich seit dem Kontaktverbot seit Monaten eigentlich verpflichtet war: Abbas M., seinen Bruder Mehmet und Abbas' Freundin nicht mehr zu belästigen.

Eine Schlichtung für eine Haftverschonung zu nutzen ist eine besonders phantasievolle Innovation des Verteidigers, um deutsches Strafprozessrecht mit islamischer Rechtstradition zu verschmelzen. Dass die Bremer Strafjustiz da mitgemacht hat, verwundert an der Weser und in anderen Städten noch mehr. Der OK-Abteilungsleiter bei der Bremer Kriminalpolizei Wilhelm Weber sieht in dieser Haftverschonung »ein Unterlaufen der

Strafjustiz« und hat die »Sorge, dass der Frieden nicht hält«. Der Berliner Oberstaatsanwalt Ralph Knispel empfindet die Bremer Praxis bei der U-Haft befremdlich: »Erklärungen, sich an Gesetz und Recht zu halten, würden mir als Grundlage für eine Haftverschonung nicht reichen.« Ähnlich äußert sich seine Essener Kollegin Inge Steffens: »Bei der Haftverschonung muss die Justiz jederzeit kontrollieren können, ob die erteilten Auflagen eingehalten werden, und notfalls sofort reagieren. Diese Kontrolle darf nicht durch einen ›Friedensvertrag‹ abgegeben werden.«

Richter: Träge Routine

Die Kulisse sah bedrohlich aus – und sollte es wohl auch sein. Auf den vollbesetzten Zuschauerbänken des Saales 500 des Kriminalgerichts Moabit erkannten Ermittler viele gute Bekannte, unter anderem Mitglieder der Familie C. – ein kurdischer Clan mit viel Einfluss und regelmäßigem Kontakt zu Polizei und Strafjustiz – sowie Angehörige einer zweiten kurdischen Familie.[227] Zu Beginn des Prozesses wollten die Clans Solidarität mit den vier Angeklagten demonstrieren, die im März 2010 zur Mittagszeit ein Pokerturnier im Hyatt-Hotel am Potsdamer Platz in Berlin überfallen hatten. Durch ihre Präsenz wollten die Familienmitglieder die Angeklagten wohl aber auch einschüchtern und kontrollieren. Denn das Verfahren gegen die Hintermänner des Coups stand noch aus, unter anderem gegen zwei Angehörige der Clans, die den Prozess beobachteten. Trotz der Geständnisse von drei der Angeklagten gab es bis zum Prozessbeginn keine Angaben zur Beute und nur wenig Informationen über die Drahtzieher.

Beim Landeskriminalamt sagt man, dass einer der Hintermänner den Jüngeren eingeschärft habe, seinen Namen zu verschweigen, »da man sich irgendwann wiedersehen werde«. Zudem hatte einer der Angeklagten in der Untersuchungshaft einen Kassiber erhalten, in dem er beschimpft und – so sein Anwalt – als Verräter bedroht wurde.»Schauen im Gerichtssaal dann noch ältere Angehörige zu, überlegt man zweimal, ob man sich zur Sache äußert«, kommentiert ein Justizmitarbeiter.[228]

Solche Drohkulissen kannte die verstorbene Jugendrichterin Kirsten Heisig auch. Ihre Folgen für das Aussageverhalten von Zeugen und Angeklagten – plötzlicher Gedächtnisverlust und hartnäckige Aussageverweigerung – sind für sie die Schlüssel für zwei tiefgreifende Veränderungen im Jugendgerichtsalltag: die gesunkene Geständnisbereitschaft und die hohe Freispruch-quote.[229] Dahinter stecken nach ihrer Erfahrung entweder Dro-hungen oder Absprachen der Familien von Tätern und Opfern. Für sie sitzen die wahren Richter in den Gerichtssälen auf den Zuschauerbänken.[230] Ein ähnliches Klagelied stimmt der für den Berliner Stadtteil Marzahn-Hellersdorf zuständige Jugendrichter Stephan Kuperion an: »Das Gericht ärgert sich, wenn Zeugen oder Tatverdächtige ihre Aussagen ändern. Wir wissen, dass wir vorgeführt werden. Das Gericht ist aber machtlos.« Von den Friedensrichtern könne man auch nichts erfahren. Die »eiern nur rum«. Dann noch ein kleiner Seitenhieb auf die Polizei: Sie ermittle schlecht, sie müsse so fragen, dass die Aussagen nach einer Änderung wenigstens noch zu einem Teil verwertbar blieben.

Solche offenen und selbstkritischen Stimmen sind unter den Richtern rare Ausnahmen. Sie sind tatsächlich am weitesten von der Paralleljustiz entfernt. Aber das kann keine Entschuldigung dafür sein, dass sich in den analysierten Fällen kein einziger Richter nachvollziehbar bemüht hat, das Wirken der Schlichter und mögliche Folgen für die Beweisführung aufzuklären. Fast kein Richter hat sich dagegen gewehrt, dass sich Zeugen nach einer Einigung zwischen Täter und Opfer auf ein Auskunftsver-weigerungsrecht berufen, um ihre erste Aussage faktisch gegen-standslos zu machen. Kein Richter hat konsequent versucht durchzusetzen, dass das Auskunftsverweigerungsrecht sich zu-nächst nur auf die Beantwortung einzelner Fragen beschränkt.[231]

Alle haben die pauschale Ablehnung einer Aussage akzeptiert. Und deshalb hat sich in den untersuchten Fällen auch nur ein Richter bemüht, eine unberechtigt verweigerte Auskunft mit der Androhung von Zwangsmitteln wie Ordnungsgeld oder Beugehaft durchzusetzen.

Diese passive Haltung der Richter gegenüber ihrer islamischen Konkurrenz ist auch dem Strafverteidiger Olaf D. Franke aufgefallen. Er vermutet dahinter eine Mischung aus ehrenhaften und wenig ehrenhaften Motiven. Es gibt nach seiner Auffassung Richter, die die friedenstiftende Wirkung der Schlichtung sehen und hinnehmen. Dass sie die Waffen strecken, würde man aber von ihnen nie hören. Mindestens ebenso wichtig für die »Kapitulation des Rechts« sei aber, dass sie veränderte Aussagen »aus Gründen der Arbeitsbelastung« dulden.

Manchmal scheinen deutsche Richter aber auch schlicht überfordert, den Strafanspruch bei gewalttätigen Konflikten zwischen libanesischen Familien durchzusetzen. Träge, mutlos und mit krummem Rückgrat hat in Essen ein Amtsrichter eine Chance verspielt, die Vorteile des deutschen Rechtsstaates zu beweisen.[232] Der Auslöser eines drei Jahre dauernden Verfahrens war ein »normaler« gewalttätiger Konflikt zwischen zwei libanesischen Familien in einem Mehrfamilienhaus – freilich mit drei Besonderheiten. Es war erstens ein Mehr-Generationen-Streit. Zunächst prügelten sich die Kinder, dann die Frauen mit Besenstielen und zum Schluss die Männer mit Fäusten, Baseballschlägern und Messern. Zweitens steigerte sich die Angst bei zwei Mädchen der angegriffenen Familie so, dass sie aus dem Schlafzimmerfenster aus einer Höhe von vier Metern in den Hof sprangen und sich dabei verletzten. Und drittens lehnte das attackierte Familienoberhaupt Rezan K. alle Versöhnungsangebote der Täterfamilie ab – zumal er einige Tage später erneut Opfer eines Messerangriffs wurde. Er weigerte sich, die Strafanträge zurückzuziehen, und beharrte auf einem deutschen Gerichtsverfahren. Für Herbert Czarnyan war es in seinen 15 Jahren Polizeidienst der »einzige Libanese, der in einem Konflikt mit seinen Landsleuten Gerechtigkeit durch ein deutsches Strafgericht wollte«.

Dem örtlichen Schlichterteam gehörten ein Jugendkontakt-beamter, ein interkultureller Mitarbeiter und die Rechtsanwältin der Familie S. an. Ihnen gelang es damals immerhin, einen Waffenstillstand zu schmieden: Beide Familien verpflichteten sich, auf Gewalt gegeneinander zu verzichten und die polizeilichen Ermittlungen nicht zu stören.

Dann startete die Staatsanwaltschaft Essen eine außergewöhnliche Initiative, die beiden Familien wegen ihres Rechtsbewusstseins eigentlich hätte entgegenkommen müssen: Weil sie in einem Haus wohnten und die Streitereien zumindest vorübergehend durch einen Schlichter beigelegt waren, regte die Staatsanwaltschaft einen Täter-Opfer-Ausgleich an und schickte die Akten zur zuständigen Fachstelle. Nur, mit der wollte keine der Streitparteien etwas zu tun haben. Die Täterfamilie reagierte auf Einladungen gar nicht. Und das Opfer ließ wissen, dass es »kein Interesse an einer außergerichtlichen Regelung« hätte. Rezan K. erwarte »eine gerichtliche Klärung dieser Angelegenheit«.

Gut ein Jahr nach den beiden blutigen Raufereien erhob die Staatsanwaltschaft Essen Anklage gegen sieben Mitglieder der Familie S. wegen gefährlicher Körperverletzung. Zwar waren auch die Angeklagten durch Messerstiche der Opfer verletzt worden, weshalb sich die Mitglieder der Familie S. auch auf Notwehr berufen hatten. Diese Behauptung sah die Staatsanwaltschaft aber durch die glaubwürdigen Einlassungen der Opfer und durch die Aussagen der Polizeibeamten als widerlegt an. Als sie die Wohnung betraten, hatten sie ein gefesseltes Opfer und sämtliche Dielen-Möbel demoliert vorgefunden. Nach Anklageerhebung verspielte das Amtsgericht Essen dann jede Autorität – auf Kosten der Glaubwürdigkeit unseres Rechtsstaates.

Vier Monate nach Anklageerhebung erschien das Opfer bei der Geschäftsstelle des Gerichts und beklagte sich darüber, dass einer der Angeklagten ihn weiter »bedrohen und beschimpfen« würde. Dieser habe ihn »schon einmal mit einem Messer im Gesicht verletzt«. Jetzt habe er Angst, von dem Angeklagten umgebracht zu werden. Vor einer Woche habe dieser auch seine zehnjährige Tochter fast die Treppe hinuntergestoßen. Zum Schluss des Gespräches machte das Opfer einen in dem Kulturkreis ungewöhnlichen Vorschlag: Es regte an, möglichst bald einen Termin für die Hauptverhandlung zu bestimmen, da es glaube, »dass eine Verurteilung den Angeklagten und seine Familie beeindrucken könnte«. Er wolle noch dazu »auf jeden Fall als Zeuge auftreten«.

Vier Monate nach der Bitte des Opfers sollte die Hauptverhandlung beginnen. Dieser Versuch stand jedoch unter keinem guten Stern. Zunächst erschien die Tochter des Opfers mit ihrer Mutter in der Geschäftsstelle des Gerichts und erklärte, dass sie »keinen Bock habe, zur Hauptverhandlung zu kommen. Sie wäre volljährig, und sie könne selber entscheiden, ob sie kommen müsse oder nicht«. Ein höchst irritierendes Verständnis von ihrer Zeugenpflicht, für das unser Rechtsstaat aber offenbar mitverantwortlich ist: Sie habe gehört, erklärte sie auf der Geschäftsstelle, »dass sowieso nichts passiert, wenn man nicht kommt, und man dann höchstens etwas bezahlen muss«. Darauf hingewiesen, dass sie als Zeugin die rechtliche Pflicht zur Aussage hätte, sprang ihr ihre Mutter zur Seite und kündigte ein Attest an. Während der Vater um jeden Preis ein Gerichtsurteil wollte, um mit seinen Nachbarn wieder in Frieden leben zu können, boykottierten Mutter und Tochter den Prozess, wo sie nur konnten.

Sicher kannten beide damals bereits die Ängste ihres Mannes beziehungsweise Vaters im Vorfeld der Gerichtsverhandlung. Der war nämlich kurz zuvor zur Polizei gegangen und hatte vor Übergriffen der Familie S. »im Rahmen der Gerichtsverhandlung gewarnt«. Der Grund seiner Sorge: Vor einem Jahr hatte ein anderes Mitglied der Familie S. vor einem Gerichtstermin gedroht, dass »noch niemand geschlagen oder getötet worden ist, dass dies aber noch kommen kann, wenn einer von uns bestraft wird«. Nach einer Gefährdungsanalyse der Kriminalpolizei Essen waren diese Drohungen durchaus ernst zu nehmen, unter anderem, weil Angehörige der »Familie S. durch brutale Übergriffe bis hin zur Tötung eines Polizei-Beamten aufgefallen waren«.

Durch diese Gefährdungslage aufgeschreckt, fragte der Amtsrichter beim Polizeipräsidium nach, ob die Polizei die gebotene Sicherheit kurzfristig gewährleisten könne. Als das verneint wurde, hob der Richter mit Zustimmung des Staatsanwaltes den Verhandlungstermin auf. Ein rechtsstaatlicher Offenbarungseid. Aufgrund vager, über ein Jahr alter Drohungen sahen sich Polizei und Gericht nicht in der Lage, einen ordnungsgemäßen Prozess durchzuführen. Zur Einordnung: Hier ging es nicht um einen Prozess gegen Terroristen oder Mafiabosse, sondern um Familiengewalt.

Weitere fünf Monate später startete die hasenherzige Essener Justiz einen neuen Anlauf zur Hauptverhandlung. Einem Schlichterteam, bestehend aus dem Familienoberhaupt der Familie S., dem Imam, dem interkulturellen Mitarbeiter und dem Jugendkontaktbeamten, gelang es schließlich, von beiden Familien Zusicherungen zu bekommen, dass sie auf Gewalt während der Gerichtsverhandlung verzichten würden. Der Imam und das Familienoberhaupt S. kündigten sogar an, die Verhandlung zu beobachten, um ihren friedlichen Ablauf zu garantieren. Ihre Anwesenheit war dann allerdings gar nicht mehr nötig. Wegen geringer Schuld stellte das Schöffengericht ein Dreivierteljahr später alle Verfahren ein – knapp drei Jahre nach den Taten. Das Opfer, das diesen Prozess unbedingt wollte, war bestürzt. Sein bitterer Kommentar gegenüber dem Jugendkontaktbeamten Herbert Czarnyan: »Ich verstehe die Welt nicht mehr. Ich verlasse mich auf das deutsche Rechtssystem, und die anderen stehen als Sieger da.«

Die Länge des Verfahrens, der wegen angeblich drohender Gewalt aufgehobene Gerichtstermin und der Ausgang des Prozesses senden die fatale Botschaft: Der deutsche Rechtsstaat ist zu schwach, um einer Kombination aus dreisten Aussageverweigerungen, Lügen und Drohungen aus dem libanesisch-kurdischen Milieu Paroli zu bieten.

Der Vorsitzende des Schwurgerichts I beim Landgericht Bremen Klaus-Dieter Schromek führt diese passiv-nachgiebige Haltung der Richter und Staatsanwälte unter anderem darauf zurück, dass sie das »Phänomen der Paralleljustiz nicht ernst genug nehmen, weil ihre Gefahren für die Strafrechtspflege bisher nicht ausreichend erkannt wurden«. Weil die Verständigungen ethnischer Clans sich in einigen Strafverfahren stark auf die Ermittlungsmöglichkeiten auswirken, fordert er seine Kollegen auf, »unnachgiebiger zu verhandeln«. Wie man das macht, hat er beispielhaft in einem sich über 23 Verhandlungstage hinziehenden Prozess demonstriert. Er hat das eigentlich Unmögliche möglich gemacht: nämlich aus einer Massenschlägerei mit 15 bis 20 Kampfhähnen zwei Haupttäter zu isolieren und zu überführen. Der aggressive Wortführer einer Gruppe erhielt wegen versuchten Totschlags sechs Jahre, ein Nebentäter ein Jahr und acht Monate wegen gefährlicher Körperverletzung ohne Bewährung.[233]

Der Auslöser des Straßenkampfes in Bremen erscheint nichtig: Es ging um den Ausgleich eines 500-Euro-Schadens für ein zerstörtes Autorücklicht. Als der Verursacher sich weigerte, diesen Schaden zu bezahlen, beschlossen zwei Söhne der Familie S., mit Hilfe einiger Freunde das Geld selbst einzutreiben. Da die andere Seite Ärger voraussah, hatte sie zwanzig Jugendliche zusammengetrommelt. Beleidigungen wie »Du Hurensohn« heizten die Schlägerei auf einem Garagenhof neben einem Restaurant an. In ihrem Verlauf griff sich Perver T. den eigentlich unbeteiligten Besitzer des Restaurants Hakan A. und stach ihm dreimal mit dem Messer in Brust und Schulter. Einer der Stiche verletzte ihn lebensgefährlich am rechten Lungenflügel. Er wurde notoperiert und war erst nach sechs Wochen wieder arbeitsfähig.

In einer langen und zähen Hauptverhandlung, die in einer

64-seitigen Beweiswürdigung dokumentiert ist, schlug die Kammer eine Schneise durch das Beweisdickicht. Der Hauptgrund für die – wie es im Urteil heißt – »ausgesprochen schwierige und zeitaufwendige« Beweisaufnahme war: »Beinahe sämtliche Zeugen, die in ihren Aussagen im Ermittlungsverfahren noch detaillierte Angaben gemacht und dabei die beiden Angeklagten Perver T. und Ali T. erheblich belastet hatten, rückten in der Hauptverhandlung plötzlich von ihren früheren Aussagen ab oder relativierten deren Inhalt.« Plötzlich waren alle Erstaussagen nur noch »Informationen vom Hörensagen«, »Vermutungen, die man aufgeschnappt« habe, oder aber die Erstaussagen seien »durch unzulässige Vernehmungsmethoden« oder »Beeinflussung durch die Vernehmungsbeamten« falsch gewesen.

Alle Indizien sprechen dafür, dass es vor dem Prozess zwischen den Familien eine Verständigung gegeben hat, auch wenn die Akten keine Hinweise darauf enthalten. Dafür attackiert das Urteil aber scharf einen Unbekannten, dem die Kammer in seltener Offenheit vorwirft, Zeugen »fachkundig für ihre Vernehmung auf die Hauptverhandlung vorbereitet« zu haben. Das zeige sich daran, »wie sie nunmehr auftretende Erinnerungslücken oder offensichtliche Widersprüche zu ihren polizeilichen Vernehmung zu erklären versuchen«.

Die Hauptverhandlung brachte hervor, dass vier Entlastungszeugen zuvor einen der Verteidiger in seiner Kanzlei besucht hatten. »Die Fragen zu Inhalt und Ablauf der Gespräche (in der Kanzlei) waren den Zeugen sichtbar unangenehm«, heißt es im Urteil. Und weiter: »Ob die Verteidiger dieses Verfahrens unmittelbar oder mittelbar an der Präparation der Zeugen mitgewirkt haben, hat die Beweisaufnahme nicht ergeben.« Aus der Tatsache, dass das Gericht einen nicht beweisbaren Verdacht in die Urteilsgründe schreibt, kann man schließen, dass es den Umgang des Rechtsanwalts mit den Zeugen vor dem Prozess sehr kritisch sieht.

Dem Schwurgericht ist es in mindestens drei Fällen gelungen, durch aussagepsychologische Analysen, das Verlesen von polizeilichen Vernehmungsprotokollen und Aussagen polizeilicher Verhörpersonen in der Hauptverhandlung Erinnerungslücken von Zeugen zu beheben und veränderte Aussagen zu korrigieren. An einer Stelle erklärt die Urteilsbegründung »unsicheres Aussageverhalten« und »vage Angaben« dadurch, dass dieser Zeuge »keine eigenen Wahrnehmungen wiedergegeben hat, sondern aus dem Umfeld des Angeklagten instruiert wurde«. In einem anderen Fall änderte ein Zeuge, der in der Hauptverhandlung seine Angaben im Ermittlungsverfahren wesentlich abgeschwächt, teilweise sogar geleugnet hatte, seine Aussagen sofort, als ihm angekündigt wurde, dass ein Vernehmungsbeamter als Zeuge geladen werden würde. Als einer der Hauptbelastungszeugen der Angeklagten in der Hauptverhandlung sich auf sein Auskunftsverweigerungsrecht berief, drohte der Kammervorsitzende ihm mit Ordnungsmitteln einschließlich Erzwingungshaft. Da knickte er ein. »Diese Aussageunwilligkeit erscheint ungewöhnlich, da er im Ermittlungsverfahren beide Angeklagten erheblich belastet hatte. Offenbar war ihm sehr daran gelegen, nicht erneut gegen den Angeklagten auszusagen«, kommentierte das Gericht sein Verhalten.

Am schwierigsten und aufwendigsten war es, die Behauptungen der beiden angeklagten Messerstecher, in Notwehr gehandelt zu haben, als Schutzbehauptungen zu entlarven. Das schaffte die Kammer mit einer sich über zehn Seiten erstreckenden minutiösen Rekonstruktion der Massenschlägerei, garniert mit bissigen Kommentaren über die misslungenen Versuche, die Beweislage zu manipulieren: »Die Kammer gewinnt den Eindruck, dass die Aussage des Zeugen D. auf die Notwehrargumentation des Angeklagten Ali T. hin ausgerichtet und konstruiert« ist, die »Abstimmung ihrer Angaben jedoch letztlich nicht in allen Punkten gelungen war«.

Vorbildlich ist auch ein Urteil der Zweiten Großen Strafkammer des Landgerichts Essen aus dem Mai 2011 im Umgang mit einer Schlichtung und einem durch sie veränderten Aussageverhalten von Zeugen in der Hauptverhandlung.[234] Es verurteilte die beiden Brüder Abdul und Bassam G. wegen einer Schlägerei und einer beinahe tödlich verlaufenen Messerstecherei zu fünf Jahren bzw. einem Jahr und neun Monaten mit Bewährung. Allerdings hatte das Gericht es in einem Punkt erheblich leichter als andere Gerichte in vergleichbaren Situationen: Der Hauptangeklagte Abdul G. war »im Wesentlichen geständig«. Dieser Umstand hat es natürlich erleichtert, andere Beweisklippen zu umschiffen.

Auslöser der Gewalt im Kaufhauskomplex Alleecenter in Essen-Altenessen waren angeblich »schiefe« bzw. »böse Blicke« des Opfers Jussuf R. auf den Angeklagten Bassam G., durch die er sich provoziert fühlte und auf die er meinte, reagieren zu müssen. Die beiden begannen eine Schlägerei, zu der dann sein Bruder Abdul stieß. Der stach dann das Opfer siebenmal mit dem Messer in Brust, Rücken und die linke Flanke, wodurch es lebensgefährlich verletzt wurde. Dieser Gewaltexzess ist nicht ohne die zum Teil gewalttätige Fehde zu verstehen, die die beiden beteiligten libanesischen Familien seit längerem ausfechten.

Zwei Hürden hatte die Kammer bei der Beweiswürdigung zu überspringen: In der Hauptverhandlung erklärten der verletzte Jussuf R. und zwei Zeugen überraschend, dass sie im Widerspruch zu ihren Aussagen bei der Polizei den Messerstecher nicht sicher hätten identifizieren können und dass das Opfer den Angeklagten vor der Tat beleidigt hätte. Beide Erklärungen betrachtete die Kammer als unglaubwürdig und stützte sich dabei auf drei Argumente: das glaubwürdige Teilgeständnis des Haupttäters, die Vernehmung der Polizeibeamten, die die drei zu Beginn des Ermittlungsverfahrens verhört hatten, und den Einfluss einer Schlichtung auf die Zeugen: »Die Kammer ist überzeugt«, dass das »geänderte Aussageverhalten« der Zeugen »auf eine Absprache im Vorfeld der Hauptverhandlung« vor dem Hintergrund einer tatsächlichen oder vermeintlichen »Versöhnung der Familie« zurückzuführen ist. Ein Zeuge hatte ausgesagt, dass »so etwas von Libanesen unter sich geklärt« werde. Ein anderer hatte »gehört«, das Gericht solle mit der Sache nichts mehr zu tun haben. Dazu passte auch die Angabe des Opfers, dass es nach seiner Vernehmung ein »Familientreffen« gegeben habe.

Unterfüttert wurde diese Argumentation durch Auffälligkeiten bei der Vernehmung der Zeugen in der Hauptverhandlung. Nach Ansicht des Gerichts deuteten ihre Bekundungen auf eine »bewusste und absprachegemäße Falschaussage zur Entlastung« des Hauptangeklagten Abdul G. hin. So waren die Zeugen ersichtlich darauf bedacht, »zum Punkt zu kommen« und darauf hinzuweisen, dass ihre Aussagen zur Person des »Messerstechers« bei der Polizei unzutreffend gewesen seien. Ein Zeuge »betonte wiederholt und unnötig«, dass er vor Gericht die Wahrheit sagen müsse, da man da nicht lügen dürfe. »Auf den Widerspruch zur polizeilichen Aussage angesprochen«, waren die Zeugen nach Ansicht des Gerichts nicht in der Lage, diesen »plausibel« zu erklären. Bei einem Zeugen, so das Urteil, »verarmte« die Aussage an dieser Stelle »auffällig«.

Dass der Haupttäter Abdul G. trotz eines bedingten Tötungsvorsatzes bei den sieben Stichen nicht wegen Totschlags verurteilt wurde, lag daran, dass das Gericht zugunsten des Angeklagten davon ausging, dass er freiwillig von einer weiteren Tatausführung Abstand genommen habe und deshalb vom Tötungsversuch strafbefreiend zurückgetreten sei.

Große Unsicherheit verrät das Urteil hingegen bei der Frage, ob die »Versöhnung« zwischen Täter- und Opferfamilie strafmildernd bei dem Haupttäter Abdul G. zu berücksichtigen sei. Zu Recht berücksichtigte die Kammer die angebliche oder tatsächliche Befriedung zwischen den Familien nicht im Rahmen des Täter-Opfer-Ausgleiches. Es gab keine Anhaltspunkte dafür, dass der Verletzte, wie vom Gesetz gefordert, in diesen Befriedungsprozess eingebunden war. Verfehlt erscheint hingegen die Auffassung des Gerichts, diese Verständigung zwischen den Familien bei der konkreten Strafzumessung zugunsten des Messerstechers einzupreisen. Hier hat die Kammer ignoriert, dass die Versöhnung zwischen den Familien auch das Ziel hatte, durch veränderte Zeugenaussagen die Beweisführung in der Hauptverhandlung zu verfälschen. Die positiven und negativen Elemente solcher Verständigungen sind rechtlich nicht voneinander zu trennen. Deshalb hat die Kammer nach dem Urteil ja auch konsequent angeregt, gegen die drei Zeugen Verfahren wegen uneidlicher Falschaussage einzuleiten. Eine Strafmilderung wäre nur zu rechtfertigen gewesen, wenn die Zeugen nach der Verständigung nicht versucht hätten, die Beweiserhebung in der Hauptverhandlung zu manipulieren.

Es gibt bisher nur wenige Urteile, die die negativen Folgen einer Schlichtung auf einen Strafprozess so konkret und differenziert beschreiben wie dieses. Dass die Kammer die beiden Täter trotzdem verurteilen konnte, lag neben dem Teilgeständnis des Haupttäters an der Vernehmung von Polizeibeamten als Verhörspersonen und der Geschwätzigkeit von Zeugen, die offen über den Versöhnungsprozess zwischen Täter- und Opferfamilie redeten und sich beim Versuch der Beweisverfälschung nicht eben klug anstellten. Diese Redseligkeit ist aber eher eine Ausnahme. In der Regel verschweigen Täter und Opfer sowie ihre Familien Schlichtungen gegenüber den Ermittlern.

Das Berliner Urteil im Heiratserlaubnis-Fall sowie die Urteile der Bremer und Essener Strafkammern zeigen, dass sich die Strafjustiz erfolgreich gegen die islamische Gegengerichtsbarkeit wehren kann. Besonders hervorzuheben ist das Bremer Verfahren. Unter den analysierten Strafverfahren, in deren Kulissen mutmaßlich oder tatsächlich geschlichtet worden ist, gibt es kein anderes Gericht, das auch nur entfernt so viel Zeit und Arbeit aufgewandt hat, um den Strafanspruch des Rechtsstaates gegen die Schattenjustiz durchzusetzen.

Dieser vorbildliche Prozess zeigt zweierlei. Erstens: Es ist möglich, mit den vorhandenen strafprozessrechtlichen Instrumenten auch solche Täter zu verurteilen, die sich mit Opfern geeinigt haben, den deutschen Strafprozess auszuhebeln. Zweitens: Dies in allen einschlägigen Fällen zu versuchen würde die Strafverfolgungskapazitäten in Berlin, Bremen oder Essen deutlich übersteigen. Die Strategie muss daher sein, der islamischen Schattenjustiz punktuell und in ausgewählten Fällen zu demonstrieren, dass die deutsche Strafjustiz über die stärkeren Bataillone verfügt. Jeder Versuch von Friedensrichtern oder Schlichtern, den deutschen Strafanspruch zu unterlaufen, muss vom Risiko des Scheiterns überschattet sein. Dem Vorsitzenden Richter des Schwurgerichts I in Bremen, Schromek, ist klar, was auf dem Spiel steht: »Wenn Streitschlichter es bei Tötungsdelikten und anderer schwerer Gewaltkriminalität schaffen, die Justiz auszubooten, wird es weitere Konfliktregelungen dieser Art geben. Das wird in Teilen der Strafverfolgung zu einer Gefährdung oder gar einem Verlust des staatlichen Gewaltmonopols führen.«

Der wehrhafte Rechtsstaat

Eine politische Grundsatzentscheidung unserer Verfassungsväter war es, im Grundgesetz das Modell einer »wehrhaften Demokratie« zu verankern. Das heißt zum Beispiel, dass Parteien
oder Vereine, die die freiheitliche demokratische Grundordnung
bekämpfen, verboten werden können. Die Idee eines wehrhaften
Rechtsstaates kennt das Grundgesetz dagegen nicht – zumindest
nicht ausdrücklich. Das überrascht nicht. Aus dem Scheitern der
Weimarer Republik konnten die Verfassungsväter ihre Lehren
ziehen, sie haben aber vermutlich nicht im Traum daran gedacht,
dass unser Rechtsstaat eines Tages von einer informellen islamischen Gerichtsbarkeit herausgefordert werden würde. Um ihr
zu begegnen, ist es nicht notwendig, das Grundgesetz zu ändern
und parallel zur »wehrhaften Demokratie« das Verfassungsprin-
zip eines »wehrhaften Rechtsstaates« zu erfinden. Er muss nur
praktiziert werden.

Dafür muss sich die Einstellung von Kriminalbeamten, Staatsanwälten und Richtern gegenüber der islamischen Paralleljustiz
ändern. Die mitunter träge Routine muss durch Energie, Fleiß
und Kampfeswillen ersetzt werden, sonst schafft sich »der Rechtsstaat in Teilen selbst ab«, wie der Berliner Oberstaatsanwalt Ralph
Knispel prognostiziert. Die türkische Autorin Necla Kelek sieht im
Kampf fürs Recht und den Schutz der Freiheit sogar eine Voraussetzung für eine bessere Integration: »Menschenrechte, Grund-
rechte sind nicht teilbar, nicht kulturell relativierbar … Solange
die deutsche Gesellschaft sich diesen – ihren eigenen – Identitäts-
kern nicht wirklich bewusst macht und ihn nicht offensiv zu verteidigen bereit ist, wird die Integration nicht gelingen können.«[235]

Wie konnte es passieren, dass unser Rechtsstaat in der Auseinandersetzung mit der islamischen Schattenjustiz so heillos in die Defensive geraten ist? Warum konnten sich in Berlin, Essen, Bremen und an anderen Orten ein eigenes Rechtssystem und eine eigene Gerichtsbarkeit entfalten? Nach Sichtung der Sachlage gibt es darauf nur eine Antwort: weil wir uns nicht dagegen wehren.

Die Strafjustiz steht unter einem enormen Erledigungsdruck, der ihr kaum Luft zum Atmen lässt. Sie kann ihrer Aufgabe nur noch punktuell gerecht werden – mit meist wechselnden, politisch motivierten Prioritäten. Mal stehen Mafiosi, mal Wirtschafskriminelle, mal jugendliche Intensivtäter im Fokus der Justizpolitik. Keine Aufmerksamkeit wurde dagegen bisher der Paralleljustiz geschenkt, obwohl sie unmittelbar in das Räderwerk unserer Justiz greift. Und das geben einige ehrliche und selbstkritische Ermittler auch zu: »Die Justiz hat sich«, bilanziert die Essener Staatanwältin Inge Steffens, »auf dieses Phänomen noch nicht eingestellt, weil wir nicht wissen, was passiert und was damit bezweckt wird.« Ähnlich ihre Berliner Kollegin Katrin Götz: »Man weiß nicht, wie man sich einstellen soll.« Diese Ratlosigkeit ist die Ursache dafür, dass Polizei und Justiz in Berlin, Bremen und Nordrhein-Westfalen bisher weder ein Konzept noch eine Strategie haben, um ihrem muslimischen Widerpart zu begegnen.

Diese Ohnmacht ist selbstverschuldet. Denn Politik und Strafjustiz haben die Gefahr, die unserem Rechtsstaat durch Friedensrichter und Streitschlichter droht, bisher nicht erkannt oder nicht ernst genommen. Die Weichen müssen neu gestellt werden. Der Rechtsstaat muss sich künftig offensiv gegen die muslimische Paralleljustiz verteidigen, wo es notwendig ist – aber auch mit ihr zusammenarbeiten, wo es sich anbietet. Denn es sollte nicht vergessen werden, dass beide Rechtssysteme und Gerichtsbarkeiten letztlich demselben übergeordneten Ziel verpflichtet sind: Rechtsfrieden herzustellen und zu wahren. Wenn das Ziel durch reine Konfliktbewältigung zu erreichen ist, kann eine Kooperation möglich, ja sogar sinnvoll sein. Wo aber der Schwerpunkt nach unserem Rechtsverständnis in der Unrechtsbewältigung liegt – zum Beispiel bei der mittleren und schweren Kriminalität –, muss die Maxime Konfrontation heißen.

Schlichterteam als Feuerwehr

Das Essener Modell, bei dem Polizei, muslimische Sozialarbeiter, Familienoberhäupter und Geistliche zusammenarbeiten, hat sich bisher in zwei Bereichen bewährt: bei der Schlichtung von Ehe- und Familienstreitigkeiten und bei der Deeskalation von Schlägereien. Dass Vater und Tochter in Gegenwart eines Imams und eines Polizeibeamten in einer Moschee einen Vertrag über ihr künftiges friedliches Zusammenleben unterzeichnen, mag viele irritieren. Es gehört aber zur Lebenswirklichkeit der Bundesrepublik und dient dazu, neue Brücken zwischen Mehrheits- und Minderheitsgesellschaft zu bauen. Und es mag auch noch gewöhnungsbedürftig sein, dass bei Massenprügeleien neben Polizeimannschaften auch ein interkulturelles Schlichterteam als Konfliktfeuerwehr zum Tatort eilt. Aber es hat in Essen zweifellos geholfen, den einen oder anderen Brandherd schneller und nachhaltiger zu löschen – mit weniger Blutvergießen und weniger Straßensperren.

Es ist deshalb sicher auch kein Zufall, dass sich Vertreter der Bremer Polizei das Essener Modell Ende 2010 angeschaut haben, um es eventuell auf die Hansestadt zu übertragen. Dafür spricht, dass beide Städte mit 500 000 bis 600 000 Einwohnern eine ähnliche Größe haben und viele Konflikte überschaubarer sind als in Berlin, wo 3,2 Millionen Menschen leben.

Der Übertragung des Essener Modells auf die Metropole stehen vor allem zwei Hürden im Wege: die Größe der Stadt und die Rolle der Streitschlichter an der Spree. Praktikabel wäre eine Zusammenarbeit zwischen der Polizei und ihnen überhaupt nur in

Stadtteilen wie Neukölln oder Wedding. Das Essener Modell ist ohne das über Jahre gewachsene Vertrauensverhältnis zwischen einem Dutzend Personen auf beiden Seiten nicht vorstellbar. Hinzu kommt, dass die führenden Schlichter im libanesisch-kurdischen Milieu in Essen allem Anschein nach polizeilich unbelastete Flügel der Großfamilien repräsentieren. In Berlin dagegen operieren auch Kriminelle und OK-Größen als Streitschlichter. Deshalb lehnen die meisten Berliner Polizeipraktiker es ab, von sich aus auf die Konfliktmakler zuzugehen.

Kampf ums Recht

Den Kampf ums Recht hat die deutsche Strafjustiz gegen ihren muslimischen Widerpart bisher verloren, weil sie glaubt, sich gegen Erinnerungslücken und Bagatellisierungen, Aussageveränderungen und -verweigerungen nicht wehren zu können. Das ist ein Irrtum. Sie kann nicht alle Schlachten gewinnen, aber doch viele, wenn sie anfangen würde zu kämpfen, statt kampflos die weiße Fahne zu hissen.

Beginnen sollten Kriminalbeamte, Staatsanwälte und Richter damit, das Wirken von Friedensrichtern und Verständigungen oder den Verdacht von Schlichtungen aufzuklären – durch Nachfragen und Nachhaken. Möglicherweise könnten dabei Indizien gesammelt werden, um Ermittlungsverfahren gegen Streitschlichter wegen Strafvereitelung nicht nur einzuleiten, sondern auch erfolgreich abzuschließen.

Wenn Aussagen geändert oder relativiert werden oder eine »Amnesie« auftritt, können diese mit Vorhalten aus den polizeilichen Vernehmungsprotokollen und mit der Vernehmung von Verhörspersonen in der Hauptverhandlung gekontert werden. Das wird in Einzelfällen auch gemacht, aber nicht regelmäßig. Staatsanwälte könnten zum Beispiel versuchen, eine Beweisführung ausschließlich auf Verhörspersonen zu stützen, statt von vornherein resignativ davon auszugehen, dass diese Beweismittel dem Gericht für eine Verurteilung nicht ausreichen werden. Wenn Richter eines Tages für die besonderen Beweisschwierigkeiten in Verfahren mit Tatverdächtigen und Zeugen aus dem islamischen Kulturkreis sensibilisiert sind, dann müsste es auch praktisch möglich sein, was rechtlich schon heute geht, nämlich eine Beweiskette nur mit Verhörspersonen zu knüpfen. Die Essener und Berliner Strafjustiz haben damit in jüngeren Urteilen begonnen.

Haben Staatsanwälte und Richter den Eindruck, dass ein Zeuge nach einer Schlichtung den Angeklagten zu Unrecht entlastet, bietet es sich an, den Druck auf ihn zu erhöhen, zum Beispiel durch einen Hinweis auf die Strafbarkeit einer uneidlichen Falschaussage. Ja, man sollte in Ausnahmefällen auch wieder zum Mittel der Vereidigung greifen, um Zeugen zu zeigen, dass ihr Spiel mit der Unwahrheit riskant ist.

Von Desinteresse zeugt auch, dass Richter und Staatsanwälte sich so schnell geschlagen geben, wenn sich Zeugen auf ihr Auskunftsverweigerungsrecht berufen. Das ist zwar bisher zu rechtfertigen. Denn nach der bisherigen Rechtsprechung und Literatur ist diese Strategie der Verteidiger rechtlich zulässig.[236] Aber über die im Zusammenhang mit der Paralleljustiz entstandenen neuen Rechtsfragen hat der Bundesgerichtshof noch nicht geurteilt.

Ihn zu einer Grundsatzentscheidung über diese Praxis von Berliner Strafverteidigern zu zwingen würde sich nach Ansicht des renommierten Strafprozessrechtlers Werner Beulke lohnen. Würde das Auskunftsverweigerungsrecht wirklich so weit reichen, könnte sich – so seine Argumentation – »jeder Beschuldigte von seiner ersten Aussage distanzieren. Damit gäbe es praktisch keine Aussagepflicht mehr.«[237] Dieses Vorgehen könnte für ihn im Strafprozess als Rechtsmissbrauch angesehen werden. Beulke spielt damit auf eine Rechtsprechung des Bundesgerichtshofes an, nach der die Strafprozessordnung für besondere, engumgrenzte

Fälle ein ungeschriebenes Missbrauchsverbot enthält. Ein solcher Missbrauch soll danach vorliegen, »wenn ein Verfahrensbeteiligter die ihm durch die Strafprozessordnung eingeräumten Möglichkeiten zur Wahrung seiner verfahrensrechtlichen Belange benutzt, um gezielt verfahrensfremde oder verfahrenswidrige Zwecke zu verfolgen«.[238]

Diese Rechtsprechung ist in erster Linie entwickelt worden, um rechtsmissbräuchlich agierenden Strafverteidigern das Handwerk zu legen – zum Beispiel einen 300. Beweisantrag abzulehnen. Das ungeschriebene Missbrauchsverbot ist noch nie im Zusammenhang mit Zeugen angewandt worden. Eine solche Lücke durch richterliche Rechtsfortbildung zu schließen ist für die Auseinandersetzung mit der islamischen Schattenjustiz unverzichtbar.

Zur Schlichtung und ihrer rechtlichen Umsetzung gehört oft die Forderung der Schlichter, das Opfer solle seine erste, in der Regel belastende Aussage bei der Polizei in der Hauptverhandlung nicht wiederholen. Da jeder Zeuge in jeder Phase des Verfahrens der Wahrheit verpflichtet ist, ist das Berufen auf ein Auskunftsverweigerungsrecht in einer späteren Phase eigentlich verfahrenswidrig. So könnte argumentiert werden, um in diesem Komplex eine Entscheidung des Bundesgerichtshofes zu provozieren. Das kostet Arbeit und Ärger, aber ohne diesen Aufwand ist der Gegenjustiz schwer Paroli zu bieten.

Zudem könnten Ermittlungsverfahren wegen uneidlicher Falschaussage oder sogar wegen Meineids eingeleitet werden, wenn bei einem Freispruch der Verdacht einer falschen Aussage naheliegt und er nachweisbar erscheint. Das haben zwei Berliner Staatsanwälte nach Niederlagen im Hauptverfahren erfolgreich getan.[239] Auch in Essen sind nach einem veränderten Aussageverhalten in der Hauptverhandlung in zwei Fällen Verfahren wegen uneidlicher Falschaussage eingeleitet worden. Auf diese Weise kann den Zeugen demonstriert werden, dass eine Verfälschung der Beweislage strafrechtliche Risiken birgt.

Mindestens ebenso wichtig im Konflikt mit der Paralleljustiz ist es, die richterliche Vernehmung schnell und auf breiter Front einzusetzen. Bei häuslicher Gewalt, Vergewaltigung oder Kindesmissbrauch ist es in einigen Bundesländern inzwischen üblich, richterliche Vernehmungen durchzuführen, weil bei diesen Delikten häufig Aussagen zurückgezogen oder abgeschwächt werden. Aus denselben Gründen fordern alle Kriminalbeamte und Staatsanwälte, diese Ermittlungsmethode stärker als bisher im Kampf gegen die negativen Auswirkungen der Schlichtung auf die Beweisführung zu nutzen.

Nach der Strafprozessordnung hat die Staatsanwaltschaft auch »für die Erhebung der Beweise Sorge zu tragen, deren Verlust zu besorgen ist« (§ 160 II StPO).[240] Zu diesem Zweck kann sie auch richterliche Vernehmungen beantragen, wenn sich eine Beweislage zu verschlechtern droht. Nach den mit der islamischen Paralleljustiz gesammelten Erfahrungen müssen Ermittler mit einer solchen Entwicklung in allen Fällen rechnen, in denen Tatverdächtiger und Opfer aus dem muslimischen Kulturkreis stammen.

Drei gewichtige Argumente sprechen für eine zügige und vermehrt auch richterliche Vernehmung. Erstens misst die Strafprozessordnung richterlichen Vernehmungen sowie ihren Protokollen eine »größere Vertrauenswürdigkeit« zu als nichtrichterlichen Vernehmungen und ihren Protokollen.[241] Zweitens erhöht eine richterliche Vernehmung psychologisch die Schwelle, Aussagen zu ändern oder zu widerrufen.[242] Und drittens: Die erste Aussage unmittelbar nach der Tat ist aussagepsychologisch für die Ermittlungen immer noch das stärkste Beweismittel, wenn keine Sachbeweise zur Verfügung stehen.[243] Aussagepsychologen vermuten, dass die erste Aussage der Wahrheit entspricht – wenigstens, wenn sie unmittelbar nach dem Geschehen erfolgt.

Diese Erfahrung sucht die Polizei zu nutzen, wenn sie Opfer so schnell wie möglich nach der Tat im Krankenhaus vernimmt – und sei es um Mitternacht oder sogar in den frühen Morgenstunden. Zu dieser Zeit sitzt die Wahrheit noch in allen Einzelheiten im Gedächtnis, so dass es sehr viel Energie und intellektuellen Aufwand erfordert, dieser »Macht der Tatsachen« zu widerstehen und eine davon »abweichende Lügengeschichte zu erfinden und glaubwürdig vorzutragen«.[244] Hinzu kommt nach den Erfahrungen von Oberstaatsanwalt Ralph Knispel, dass sich Zeugen meist hüten werden, »Mitglieder einer arabischen Großfamilie kurz nach der Tat zu Unrecht falsch zu belasten«.

Wenn die Strafjustiz den Rechtsstaat offensiv gegen die Schattengerichte verteidigen will, müssen Zeugen in der Regel drei Tage, spätestens jedoch innerhalb einer Woche nach der Tat richterlich vernommen werden – nicht in jedem Bagatellfall, aber bei schweren Straftaten wie gefährlicher Körperverletzung oder versuchtem Totschlag. Das ist zum Beispiel unlängst in Berlin passiert. Nach der Schießerei in der Neuköllner Emser Straße ist es dem Staatsanwalt gelungen, den überraschend aussagewilligen Saber R. und seinen Bruder richterlich vernehmen zu lassen.[245] Das war in der Praxis des Kriminalgerichts Moabit aber bisher ein Ausnahmefall.

Um richterliche Vernehmungen bei schweren Straftaten mit Schlichtungen im muslimischen Milieu zum Regelfall zu machen, muss die Gerichtsorganisation umgebaut werden, damit flexibel reagiert werden kann. Das wird bei der Richterschaft auf erheblichen Widerstand stoßen. Schon heute wehren sich Richter vehement gegen eine höhere Zahl richterlicher Vernehmungen. Offiziell berufen sie sich dabei auf ihre Unabhängigkeit, die jetzt schon erdrückende Arbeitslast und die Tatsache, dass Ermittlungen ohnehin nicht ihre Aufgabe seien. Tatsächlich wird diese ablehnende Haltung aber eher von Trott und Bequemlichkeit gespeist. Der vermehrte Einsatz von Ermittlungsrichtern in diesen Verfahren wird ein Gradmesser für die Justizverwaltung sein, wie ernst sie die Herausforderung durch die islamische Paralleljustiz nimmt.

Zur besseren Beweissicherung der Erstaussage sollte – wie von vielen Staatsanwälten und Kriminalbeamten gefordert – auch die Videoaufzeichnung häufiger als bisher eingesetzt werden (§ 58a StPO). Sie dient neben dem Zeugenschutz der Beweissicherung und ist in ihrem Beweiswert dem Protokoll einer polizeilichen Vernehmung überlegen.[246] Die Videoaufzeichnung, die eine frühe, der Tat nahe Erstaussage abbildet, bringt etliche Vorteile: etwa detailgetreue, unverfälschte Informationen einschließlich nonverbaler Reaktionen. Allerdings hatte die Videoaufzeichnung auch einige Schattenseiten: Die Polizei darf die Videographie nur mit Zustimmung des Zeugen nutzen. Und sie wird kurz nach der Tat Rücksicht auf das Aussehen und den Zustand der häufig Schwerverletzten nehmen und zum Schutz des Persönlichkeitsrechts in vielen Fällen auf eine Aufzeichnung verzichten müssen. Im Vergleich zu frühen richterlichen Vernehmungen erscheint die Videoaufzeichnung deshalb nur die zweitbeste Lösung.

Gegen Friedensrichter ermitteln

Streitschlichter sind in der Lage, zwischen gekränkten Vätern und untergetauchten Töchtern neue Friedensbande zu knüpfen oder bei Clankriegen erhitzte Gemüter zu kühlen, das heißt, auch ohne Sozialarbeiter oder Polizisten Konflikte zu lösen. Das mag in unserer Rechtskultur befremdlich erscheinen, ist aber nicht ernsthaft zu kritisieren. Diese Beurteilung des Schlichtens schlägt aber um, wenn Friedensrichter beginnen, die Beweislage in Strafverfahren zu manipulieren, wenn sie Zeugen beeinflussen, Ratschläge im Umgang mit Beweismitteln erteilen und alles tun, damit die Ermittlungsziele nicht erreicht werden. Diese Aktivitäten müssten eigentlich für einen Anfangsverdacht ausreichen, um Ermittlungsverfahren gegen Streitschlichter wegen Strafvereitelung einzuleiten. Das ist aber bisher weder in Berlin, noch in Essen, noch in Bremen ernsthaft versucht worden. Wilhelm Weber, Chef-OK-Ermittler in der Hansestadt, hält die

Verfolgung von Streitschlichtern in muslimischen Kreisen für »hoffnungslos«. Diese Passivität der Strafverfolgungsbehörden gegenüber Friedensrichtern verrät zweierlei: falsche Prioritäten und fehlenden Ermittlungsehrgeiz.

Um Täter aus dem muslimischen Kulturkreis effektiv verfolgen und verurteilen zu können, müssen die Prioritäten geändert werden. Zumindest vorübergehend ist es wichtiger, Zeit und Aufwand in Ermittlungen gegen Friedensrichter zu investieren als etwa in eine Anklage wegen Drogenhandels. Wenn ein Friedensrichter verurteilt oder gegen einen von ihnen ermittelt wird, wird das die ganze Zunft verunsichern und sie anhalten, vorsichtiger und mehr im Sinne der deutschen Gesetze zu operieren. Dadurch wird es für die Strafjustiz auf lange Sicht leichter werden, schwere Straftaten, wie gefährliche Körperverletzungen oder Erpressungen, wirksamer zu ahnden. Die Feststellung, die Strafverfolgung von Friedensrichtern sei hoffnungslos, ist in einem wehrhaften Rechtsstaat nicht akzeptabel.

Wahrheitsfindung – eine von Anwälten missachtete Pflicht

Anwälte sind in Verfahren mit muslimischen Tatverdächtigen und Opfern die Bindeglieder zwischen Paralleljustiz und deutscher Strafgerichtsbarkeit – entweder als Strafverteidiger oder als Nebenklägervertreter des Geschädigten. Sie sind sozusagen die rechtlichen Über- und Umsetzer von Verständigungen in islamischer Rechtstradition.

Es ist durchaus glaubhaft, wenn Verteidiger behaupten, von Einigungen zwischen Hauptbelastungszeugen und Tatverdächtigen manchmal nichts zu wissen und diese nur zu ahnen. Dann beraten sie wie in jedem anderen Verfahren. Daneben gibt es zwei weitere Vorgehensweisen, eine »handwerklich« saubere und eine dubiose. Bei ersterer setzt der Verteidiger die legale und kriminalpolitisch durchaus erwünschte Verständigung im Rahmen des Täter-Opfer-Ausgleichs um. Im zweiten Fall agiert der Verteidiger so, dass die Grenzen der Strafbarkeit und des Berufsrechts berührt und in einigen Fällen sogar überschritten werden.

Wie im Kapitel »Anwälte an der Grenze zur Strafvereitelung« beschrieben, ist das Verhalten von Verteidigern fragwürdig, wenn sie nach erfolgter Schlichtung an schriftlichen Erklärungen von Beschuldigten mitformulieren, um vor Gericht das gewünschte Ergebnis zu erreichen. Das passiert zum Beispiel, wenn die Hauptverantwortung für eine Tat von einem Tatverdächtigen plötzlich auf einen anderen verlagert oder eine Notwehrsituation des mutmaßlichen Haupttäters aus dem Hut gezaubert wird. Bei beiden Konstellationen haben Verteidiger an der Veränderung einer Beweislage mitgewirkt, für die es bis zu den Erklärungen keine Indizien gab. Solche Formulierungshilfen sind nicht verboten, selbst dann nicht, wenn Verteidiger an ihrer inhaltlichen Richtigkeit zweifeln. Der Verteidiger darf einen Beschuldigten darüber belehren, dass er für eine unwahre Aussage nicht zur Verantwortung gezogen wird. Er darf aber nicht zu ihr raten.[247]

Einen Verteidiger, der sich an der Verfälschung von Beweislagen beteiligt, wegen Strafvereitelung zu verurteilen ist sehr schwer. Der Bundesgerichtshof hat nämlich die Schwelle für die Annahme eines Vorsatzes bei Strafverteidigern sehr hoch gelegt. Ein Vorsatz für eine Verdunkelung oder Verzerrung des Sachverhalts soll schon dann nicht mehr vorliegen, wenn der Verteidiger einen Sachverhalt »wahrscheinlich für unrichtig« hält und ihn trotzdem in den Prozess einführt.[248] Mit dieser kaum zu widerlegenden Einlassung ist eine Verurteilung eines Strafverteidigers wegen Strafvereitelung nach einer Schlichtung nahezu ausgeschlossen. Verfahren gegen Strafverteidiger bei Schuldverlagerungen unter Mittätern oder erfundenen Notwehrlagen als Folge von Schlichtungen drohen daher wie das Hornberger Schießen auszugehen.

Es gibt aber auch Fälle, wo eine Verfolgung von Verteidigern erfolgreich sein kann, etwa wenn ein Anwalt bei Absprachen von Zeugenaussagen zur Entlastung seines Mandanten hilft. Diesen Verdacht hatte das Bremer Schwurgericht I in einem Urteil erstaunlich offen geäußert.[249] Eine solche Steuerung von wahrheitswidrigen Zeugenaussagen wäre auf jeden Fall eine Strafvereitelung durch den Verteidiger.

Die Wurzel des Unbehagens gegenüber vielen Verteidigern, die als rechtliche Vollstrecker der islamischen Paralleljustiz agieren, liegt in ihrem Rollenverständnis. Sie handeln oft als reine Interessenvertreter ihrer Parteien und nicht mehr als Organe der Rechtspflege, die sich sowohl den Interessen ihrer Mandanten als auch der Wahrheit verpflichtet fühlen sollten. Ein von Parteiinteressen geleiteter Verteidiger sagte dazu: »Entscheidend ist die formelle Wahrheit. Ob das Urteil der Wahrheit entspricht oder gerecht ist, interessiert nicht.«

Ein solches Rollenverständnis erzürnt seit einigen Jahren den Bundesgerichtshof und hat zu einer heftigen Kontroverse zwischen den höchsten Strafrichtern und Strafverteidigern geführt.[250] Der Hauptvorwurf des Bundesgerichtshofes: »Die Möglichkeiten der Strafjustiz müssen … auf Dauer an ihre Grenzen stoßen, wenn die Verteidigung im Strafverfahren zwar formal korrekt … und im Rahmen des Standesrechts geführt wird, sich aber dem traditionellen Ziel des Strafprozesses, der Wahrheitsfindung in einem prozessordnungsgemäßen Verfahren nicht mehr verpflichtet fühlen.«[251] Problematisch ist deshalb auch das Verhalten einer Essener Verteidigerin, die Aussetzung einer Hauptverhandlung zu beantragen, weil sich die Familien des Opfers und die Beschuldigten noch nicht geeinigt hätten und das Opfer noch nicht wüsste, in welchem Umfang es den Täter belasten soll. Hier ist die Verpflichtung gegenüber der Wahrheit eindeutig zugunsten einseitiger Interessenvertretung zurückgetreten.

Zur Ehrenrettung der Strafverteidiger sei erwähnt, dass in den Akten und Interviews auch immer Fälle auftauchen, in denen sie sich gewehrt haben, an den von ihren muslimischen Mandanten gewünschten Beweisverfälschungen mitzuwirken. Für die briefliche Intervention des Weddinger Imams, wonach das Opfer einer Messer-Attacke den Täter zu Unrecht belastet habe, musste zum Beispiel erst ein zweiter Nebenklägervertreter engagiert werden, nachdem der erste sich offenbar geweigert hatte, den Brief ins Verfahren einzuführen.[252] Die Mehrzahl der untersuchten Fälle legte jedoch nahe, dass es eine relativ große Zahl von Verteidigern mit muslimischer Klientel gibt, bei denen die Verpflichtung gegenüber der Wahrheit teilweise abhandengekommen ist. Das ist eine der Ursachen dafür, dass die Paralleljustiz die ordentliche Strafjustiz in einer bestimmten Art von Verfahren immer wieder lahmlegen kann.

Dabei gibt es einen sauberen Ausweg aus dem Konflikt zwischen Wahrheitspflicht und Interessenvertretung, wie ihn namhafte Anwälte praktizieren: Nur wenn sie wirklich von der Wahrheit der Version ihres Mandanten überzeugt sind, lassen sie ihn aussagen, in allen anderen Fällen raten sie ihm zu schweigen. Andere Anwälte bitten ihre Mandanten außerdem, nichts zu sagen, wenn sie dem Gericht misstrauen und damit rechnen müssen, dass die Richter die Aussage seines Mandanten selektiv zu dessen Lasten wahrnehmen.

Fazit: Die vorbildlichen Urteile der Großen Strafkammer in Berlin, Essen und Bremen zeigen, dass die Strafprozessordnung genug Handlungsmöglichkeiten bietet, um die islamische Schattenjustiz wesentlich effektiver zu bekämpfen als bisher. Richter und Staatsanwälte müssen nur mehr Härte, Hartnäckigkeit und juristische Phantasie mobilisieren, um ihre selbstverschuldete Ohnmacht zu überwinden. Die beiden wichtigsten Instrumente: Die Justiz muss den Druck auf unwillige oder lügende Zeugen durch Ordnungsmittel und durch eine konsequente Ablehnung des Auskunftsverweigerungsrechts in Missbrauchsfällen erhöhen. Und eine frühe richterliche Vernehmung verbessert die Chance, die durch Schlichtungen regelmäßig gefährdete Erstaussage des Opfers beweismäßig zu sichern.

Hilfreich sind sicher auch, wie in Bremen bereits praktiziert, Fortbildungskurse zur »Forensischen Ethnologie«, um Staatsanwälte und Richter stärker für das Verhalten von muslimischen Zeugen und Tatverdächtigen zu sensibilisieren.

Ausblick

Einige Innen- und Justizminister, zum Beispiel von Berlin, Bremen und Nordrhein-Westfalen, haben die Gefahr erkannt, die Polizei und Strafjustiz von Streitschlichtern oder Friedensrichtern droht.[253] Für den Berliner Innensenator Ehrhart Körting sind Friedensrichter »kein Instrument, das wir dulden können, denn sie behindern die polizeiliche Repressionsarbeit«. Nach den Erfahrungen des Bremer Senators für Justiz und Verfassung, Martin Günthner, »untergräbt« die Streitschlichtung »den deutschen Rechtsstaat und höhlt auf Dauer das Vertrauen in die Justiz und auch in die Arbeit der Polizei« aus. Am pointiertesten gibt der Bremer Innensenator Ulrich Mäurer Auskunft: »Der Rechtsstaat kann es nicht dulden, wenn sein Strafmonopol unterlaufen wird und sich einzelne Personen – gleichgültig aus welchen Motiven – das Recht anmaßen, das Recht in die eigene Hand zu nehmen und Selbstjustiz zu üben.« Lediglich der nordrhein-westfälische Justizminister Thomas Kutschaty will in seinem Bundesland bisher nur »Einzelfälle« wahrgenommen haben. Diese Bilanz mag damit zusammenhängen, dass er für die Strafrechtspflege des größten Bundeslandes zuständig ist und ihm dabei wohl entgangen ist, dass zum Beispiel in Essen die Schlichtung »gang und gäbe« ist, wie Kriminalhauptkommissar Ralf Menkhorst aus seinem Arbeitsalltag weiß.

Einigkeit besteht unter den Senatoren und Ministern auch darüber, wie sich die Schlichtung auf Strafverfahren auswirkt, dass nämlich »Zeugen keine Aussagen machen und dadurch den Strafprozess behindern« (Innensenator Körting) oder Zeugen bestimmter Ethnien »vorgeben, nichts wahrgenommen zu haben oder sich nicht mehr an ihre Wahrnehmungen erinnern können« (Justizsenator Günthner). Bei der Frage aber, was zu tun ist, schweigen die politisch Verantwortlichen, bleiben vage oder widersprechen sich selbst. Während der Bremer Innensenator Mäurer meint, das die »Möglichkeiten« der Strafprozessordnung bereits heute »effektiv genutzt« werden, ist sein Kollege Günthner der Auffassung, dass sich Polizei und Justiz »stärker noch als bisher darauf einstellen und die vorhandenen rechtlichen Möglichkeiten noch konsequenter nutzen« müssen.

Vor Jahren hat die Polizei der Gewalt und der Kriminalität innerhalb und zwischen den Ethnien keine große Aufmerksamkeit geschenkt, nach dem Motto: Lass die sich doch gegenseitig die Köpfe einschlagen. Diese Sicht ist lange überholt – und das aus mehreren guten Gründen. Zum einen gibt es die politische und die verfassungsrechtliche Pflicht, die Gesundheit und das Leben von Migranten ebenso zu schützen wie die der Deutschen – und zwar unabhängig von ihrer Staatsbürgerschaft. Zum Zweiten hat sich an der Gewaltbereitschaft und Kriminalität von Migranten aus der sich verfestigenden Parallelgesellschaft in den letzten zehn Jahren nichts geändert. Ob sie gewachsen und die Gewalt brutaler geworden ist, wie insbesondere die Praktiker behaupten, soll hier dahingestellt bleiben.[254]

Es gibt aber zahlreiche pessimistische Prognosen über die Kriminalitätsentwicklung im muslimischen Milieu, insbesondere in libanesisch-kurdischen Großfamilien. Der Freiburger Psychologieprofessor und Ethnopsychologe Ilhan Kizilhan weist darauf hin, dass die zweite Generation im Begriff sei, die Macht in den Familienclans zu übernehmen.[255] Dieser Machtwechsel löse innerfamiliäre Konflikte aus. Insbesondere künftige Anführer hätten Identitätsprobleme. Sie fühlten sich den alten Traditionen weniger verpflichtet als die Elterngeneration, seien aber noch nicht in der Gesellschaft angekommen. In dieser Umbruchphase müssen sich Staat und Gesellschaft, sagt Kizilhan voraus, auf »kriminologische Auffälligkeiten« einstellen: »Damit werden wir noch in den nächsten fünfzehn Jahren zu tun haben.«[256]

Auch Staatsanwälte und Kriminalbeamte blicken eher düster in die Zukunft, insbesondere im Bereich der Organisierten Kriminalität: Der ehemalige Bremer Oberstaatsanwalt Jörn Hauschild mahnt und warnt zugleich: »Der Staat muss konsequent durchgreifen. Wenn arabische Großfamilien die Staatsmacht nicht mehr ernst nehmen, verfestigen sich die Strukturen.« Sein Kollege von der Kriminalpolizei Wilhelm Weber fürchtet, dass sich die »OK-Größen immer mehr etablieren und ihr Geld in legalen Geschäften anlegen. Dann werden sie immer schwerer zu überführen sein.«

Diese Prognosen scheinen plausibel. Es gibt genug Alarmzeichen dafür, dass die von der organisierten Kriminalität ausgehenden Gefahren in die deutsche Gesellschaft auswuchern: Bedrohung und Einschüchterung von Polizisten, Anwälten und Richtern; durch Kriminalität verursachte Angsträume in Essener Stadtteilen und der niedersächsischen Provinz, Schießereien auf öffentlichen Straßen und Brandstiftungen aus Rache für polizeiliche Durchsuchungen. Und das heißt auch, dass sich das Sicherheitsgefühl in einigen Stadtteilen und Regionen der Republik erheblich verschlechtert hat.

Diese Entwicklung kann nur gebremst werden, wenn Konzepte auf drei Ebenen gleichzeitig entwickelt und umgesetzt werden: Kriminelle Clans müssen bekämpft, die islamische Paralleljustiz muss zurückgedrängt und die Migranten müssen integriert werden.

Weder in Berlin noch in Bremen und Nordrhein-Westfalen hat die Innen- oder Justizverwaltung bisher ein Konzept oder eine Strategie entwickelt, um der besonderen Herausforderung durch die islamische Paralleljustiz die Stirn zu bieten. Innen- und Justizminister sowie -senatoren scheinen ihr Problembewusstsein noch nicht so weit geschärft zu haben, dass sie diese Aufgabe in Angriff nehmen wollen.

Isolierte Maßnahmen gegen Streitschlichter werden – da hat der Bremer Senator Günthner sicher recht – nicht weiterhelfen, wenn es nicht gleichzeitig gelingt, in das »System der Abschottung ethnischer Clans ... einzudringen und es aufzubrechen«. Zu diesem Zweck hat der Bremer Senat begonnen, ein »Null-Toleranz-Konzept« zu entwickeln. Es hat das Ziel, den »Unangreifbarkeitsmythos« einzelner Clans durch stärkeren »Verfolgungs- und Kontrolldruck« zu zerstören.

Die Bremer Pläne verfolgen zwei richtige Ansätze: Die Informations- und Sammelstelle ethnische Clans (ISTEC) trägt Daten und Informationen zu ethnischen Gruppen wie den Mhallami-Kurden zusammen – unabhängig von der Staatsbürgerschaft und ohne Angst vor Diskriminierungsvorwürfen. Und die Kriminalpolizei ermittelt nicht nur gegen einzelne Mitglieder, sondern erforscht zugleich die Strukturen der Clans.

Beide Ermittlungsansätze hat der Berliner Senat bisher aus politischen Gründen abgelehnt. Er sieht lieber weg und wiederholt damit Fehler der gescheiterten Integrationspolitik der letzten zwanzig Jahre. Die Kriminalität von Einwanderern aus dem muslimischen Kulturkreis gehört zu unserer Lebensrealität. Und sie zu benennen ist sinnvoller, als sie zu verschweigen, »damit sie« – so Bundeskanzlerin Merkel auf dem 4. Integrationsgipfel – »nicht von Rattenfängern benannt werden«.[257]

Der Zusammenhang zwischen Migration und Kriminalität ist auch heute noch »politisch und ideologisch ein Minenfeld«.[258] Weil es bisher keine polizeilichen Massenstatistiken gibt, die den Migrationshintergrund erheben, können sich Auf- und Abwiegler hier mangels Zahlen ungehindert austoben. Vielen Politikern wird das nur recht sein, weil sie dann die Kultur des Wegsehens ungestört weiter pflegen können. Ehrlicher und politisch vernünftiger ist es hingegen, bei der Polizeilichen Kriminalstatistik wie beim Mikrozensus und beim Zensus 2011 den Migrationshintergrund mitzuerheben. Warum sollen wir bei der Kriminalpolitik auf Zahlen verzichten, die sich bei der Ausländer- und Schulpolitik als hilfreich erwiesen haben? Und wenn es dafür bisher keine Rechtsgrundlage geben sollte, dann steht es dem Gesetzgeber frei, das entsprechende Gesetz an dieser Stelle zu ändern. Aus denselben Gründen sollte bei allen Sonderstatistiken wie der Intensivtäterstatistik oder den Lagebildern der organisierten Kriminalität der Migrationshintergrund mit abgefragt werden – wie zum Beispiel in Bremen.

Diese Ehrlichkeit von Kriminalstatistiken ist aus zwei Gründen wichtig: Sie zeigt der Polizei, ob sie richtig aufgestellt ist, und der Politik, wo sie gegebenenfalls kriminal-, sozial- und integrationspolitisch gegensteuern muss.

Geradezu stolz scheint das Berliner Landeskriminalamt darauf sein, dass es nicht gegen »Familien und sogenannte Clans« ermittelt, sondern stets gegen »Einzelpersonen, die Straftaten begangen haben«. Ein solcher Ansatz ist kriminalpolitisch, insbesondere bei der Bekämpfung der organisierten Kriminalität, überholt. Effektiv kann gegen arabische Clans nur vorgegangen werden, wenn ihre Strukturen und Aktivitäten von Polizei, Sozial-, Ausländer- und Steuerbehörden gemeinsam unter die Lupe genommen werden.

Aufgrund der Erkenntnis, dass Integration die beste Prävention ist, hat die Stadt Essen 2008 den nächsten Schritt getan: Im Handlungskonzept »Chancen bieten, Grenzen setzen« hat sie neben Prävention und Repression eine dritte Säule errichtet, nämlich Integration. Es vernetzt die Arbeit von Jugendamt, Schulamt, Jobcenter, Polizei, Ausländeramt, Staatsanwaltschaft und Integrationsmanagern. Den Anstoß zu diesem Programm gaben Straftaten, die als Ausdruck misslungener Integration arabischer Großfamilien gedeutet wurden. Die Bandbreite dieses Konzepts reicht von Kita-Plätzen, der Kontrolle von Schulschwänzern und nach Altersgruppen gestaffelten Bildungsangeboten bis zu Gesprächen der Polizei mit den Clanchefs.

Die islamische Paralleljustiz ist ein Produkt der Parallelgesellschaft und insofern auch eine Folge gescheiterter Eingliederung.

»Wenn Friedensrichter arbeitslos werden, ist das ein Zeichen von Integration«, wagt der Neuköllner Migrationsbeauftragte Arnold Mengelkoch einen Blick in die ferne Zukunft. Da es aber noch Jahre, wenn nicht Jahrzehnte dauern wird, bis Streitschlichter in Berlin, Essen oder Bremen arbeitslos werden, muss die Justiz ihnen schon heute die rote Karte zeigen.

Das politische Echo

Die Parteien und muslimische Verbände haben dieses erstmals im August 2011 erschienene Buch lange totgeschwiegen – aus drei Gründen: Integrationspolitik ist ein Minenfeld, bei dem politische Lorbeeren kaum zu ernten, aber viele Wählerstimmen zu verlieren sind; nach der Sarrazin-Debatte war die Nation vom Thema Islam erschöpft und genervt; und nach dem unbegreiflichen Versagen des Staates bei der Aufklärung der braunen NSU-Mordserie glaubten sich Parteien, Medien und Bevölkerung in der Schuld der Muslime, was über Monate jede Kritik an ihnen verbat. SPD, Grüne und Linke tabuisieren das Thema islamische Paralleljustiz bis heute oder warnen von »Panikmache«.[259] CDU und CSU dagegen wollen nicht mehr wegschauen und haben, angestoßen durch das Buch, etliche politische Initiativen gestartet.

Als erste Landesjustizverwaltung hat das bayerische Justizministerium Ende 2011 eine Arbeitsgruppe »Paralleljustiz« ins Leben gerufen, um Fakten über Schlichtungen im Straf- und Familienrecht zu sammeln.[260] Stichprobenartige Umfragen bei Staatsanwaltschaften, Strafgerichten, Familiengerichten, Polizei, Rechtsanwälten und Dolmetschern sowie Erkenntnisse von Teilnehmern der Arbeitsgruppe haben ergeben, dass es in Bayern »Einzelfälle von Paralleljustiz« gibt, es aber »kein Massenphänomen« ist. Bekannt wurden parallele Strukturen bei Albanern, Sinti und Roma und Jesiden.[261]

Ende Juni 2012 hat Bayerns Justizministerin Beate Merk in einem Pressegespräch eine erste Zwischenbilanz der Arbeitsgruppe gezogen.[262] Über weitere konkrete Fälle von Paralleljustiz wusste sie nicht zu berichten. Bestätigt und legitimiert sah sich die Ministerin jedoch durch den Imam Sigidullah Fadai. Aufgrund seiner Kenntnisse des muslimischen Milieus ist auch in Bayern das »Phänomen der Paralleljustiz in allen Lebensbereichen bekannt«, bei häuslicher Gewalt, bei Streit über nicht gezahlte Löhne und Familienkonflikten. Auch gäbe es, wie in tribalen Gesellschaften nicht ungewohnt, Tendenzen »zur Selbstjustiz«.

Ministerin Merk will nun durch »vertrauensbildende Maßnahmen das Entstehen von Paralleljustiz verhindern« und die »Justizpraxis« für das Thema »sensibilisieren«. Sie will Wohlfahrtsverbände, Polizei, Schulen und Imame über das Thema »Paralleljustiz« informieren, muslimische Geistliche und Lehrer fortbilden und für Vertrauen in unsere Rechtsordnung werben. Mehrsprachige Flyer sollen über die Grenzen zwischen zulässiger und unzulässiger Schlichtung aufklären. Die Generalstaatsanwaltschaft München hat bei allen drei bayerischen Staatsanwaltschaften besondere Ansprechpartner benannt, die bei tatsächlicher oder mutmaßlicher Schlichtung im Hintergrund von Strafverfahren Fakten sammeln und beraten sollen. Außerdem wurde ein Informationspapier an alle Staatsanwaltschaften des Landes verteilt. Es enthält Handlungsempfehlungen für Verfahren, in denen der Verdacht einer Beeinflussung durch Streitschlichter bzw. Friedensrichter besteht. Die drei bemerkenswertesten der sieben Punkte sind, erstens: »Null-Toleranz gegenüber allen Formen der Paralleljustiz.« Das bedeutet »für die Strafverfolgungsbehörden: vollständige Ausermittlung des Sachverhalts und Zurückhaltung bei Deals«. Zweitens: »Vernehmungen in Streitfällen, in denen das Handeln einer Paralleljustiz nicht ausgeschlossen werden kann, müssen in jedem Fall sofort erfolgen, und dies möglichst auch durch den Ermittlungsrichter.« Und drittens: »Im Falle der Verweigerung eines Zeugnisses ist den Gründen hierfür nachzugehen, und diese sind gegebenenfalls glaubhaft zu machen.«[263] Obwohl Bayern im Vergleich zu Berlin, Bremen oder Nordrhein-Westfalen wesentlich weniger Probleme mit der außergerichtlichen Streitschlichtung im muslimischen Kulturkreis zu haben scheint, ist die bayerische Justizministerin Beate Merk ihren Kollegen in den genannten Ländern bei der Aufklärung und Abwehr islamischer Paralleljustiz weit voraus. Streitschlichtern das Handwerk zu legen ist der Ministerin »ein echtes Herzensanliegen«.

Auch in Baden-Württemberg hatte die grün-rote Landesregierung Probleme, Fälle außergerichtlicher Streitschlichtung im Hintergrund von Strafverfahren zu entdecken. Die CDU-Landtagsfraktion hatte ihr das Thema »Friedensrichter« durch eine Anfrage im Landtag im Oktober 2011 sowie Diskussionen am »Runden Tisch Islam« und im Integrationsausschuss des Landtages aufgezwungen. In der gemeinsamen Stellungnahme des Innen-, Justiz- und Integrationsministeriums teilte die Regierung der Opposition mit, dass ihr »keine statistischen auswertbaren Erkenntnisse über die Tätigkeit sog. Friedensrichter« vorliegen: »Bei einer Abfrage der Staatsanwaltschaften des Landes wurden wenige Einzelfälle genannt, in denen vage Hinweise auf die Tätigkeit außergerichtlicher Vermittler oder Schlichter vorhanden waren. Eine strafrechtliche Relevanz oder Auswirkungen auf eine sachgerechte Bearbeitung waren in diesen Fällen nicht gegeben.«[264] Allzu viel Arbeit wollte die Regierung bei der Aufklärung des Phänomens freilich auch nicht investieren: Eine »anlassbezogene Erkenntnisabfrage aller Behörden« ist mit »vertretbarem Aufwand und in angemessener Zeit nicht möglich«. Fazit der Landesregierung: Die bisherigen Erkenntnisse lassen die »Entstehung bzw. die Verfestigung einer ›Paralleljustiz‹ in Baden-Württemberg nicht erkennen«.[265]

Die Sitzungen des Runden Tisches Islam und des Integrationsausschusses brachten auch keine neuen Einsichten – weil es keine empirischen Untersuchungen gab, Experten sich deshalb zwangsläufig nur abstrakt äußern konnten und die CDU-Opposition die Stuttgarter Regierung beim Thema Friedensrichter ohne Pfeile im Köcher herausforderte: »Wir haben keinen konkreten Fall in Baden-Württemberg als Aufhänger«, räumte ihr integrationspolitischer Sprecher Bernhard Lasotta ein: »Wir wollen aber erkunden, ob es von irgendwelchen Gruppen systematische Bestrebungen gibt, eine Paralleljustiz aufzubauen.«[266] Diese Annäherung verrät ein hohes Maß an Unkenntnis von der Wirkweise informeller Strukturen. Schlichtung, finanzielle Wiedergutmachung und Selbstjustiz sind bereits vor Jahrzehnten durch religiös-konservative Muslime nach Deutschland importiert worden und nicht von festen Gruppen oder Organisationen. Diese informellen Strukturen sind seither hier lebendig, ohne bisher von der Mehrheitsgesellschaft bemerkt zu werden. Allenfalls islamistischen Gruppen wie den Salafisten kann man nachsagen, dass sie in einem zu gründenden Gottesstaat Gerichte errichten wollen, die nach der Scharia urteilen sollen.

Weil es bisher keine Erkenntnisse über das Wirken von Friedensrichtern im Ländle gibt, will die Landesregierung das Thema auch nicht weiter verfolgen. Am 9. Mai 2012 hat der Integrationsausschuss des Landtages mit den Stimmen von SPD und Grünen gegen die der CDU sogar offiziell beschlossen, die Tätigkeit sogenannter Friedensrichter in Baden-Württemberg vorerst nicht weiter wissenschaftlich zu untersuchen. Die Begründung ist erstaunlich: Weil ein Suchlauf in den Bibliotheken der Universitäten ergebnislos verlaufen sei und die Teilnehmer des Runden Tisches Islam und der Deutschen Islamkonferenz im Dezember 2011 keine Fälle gekannt hätten, mache es die »dünne Datenlage schwierig, empirische Daten für Baden-Württemberg abzuleiten«.

Für die Integrationsministerin Bilkay Öney (SPD) ist selbstverständlich, dass es keine »Paralleljustiz« geben darf. Im selben Atemzug verweist sie jedoch darauf, dass das »Thema Schlichten« »nicht per se ein islamisches Thema« ist. Unter dem Motto »Schlichten statt Richten« werbe auch die deutsche Justiz für »Schlichtungsverfahren«.[267] Genau da liegt der Hund begraben. Wenn Unternehmen oder Privatleute Mediatoren in Anspruch nehmen, geschieht das in einem ordentlichen Verfahren mit juristisch geschulten Schlichtern nach den Vorgaben des Gesetzgebers und den Grundsätzen des Rechtsstaates – und nicht informell in Wohnungen oder Teestuben unter der Regie von juristischen Laien in der Tradition der Scharia.[268] Der Verweis auf die deutsche Schlichtungspraxis und ihren Ausbau durch das neue Mediationsgesetz ist eine bei SPD-Politikern und etlichen Islamrechtlern und -wissenschaftlern beliebte, aber völlig untaugliche Beruhigungspille, um die von der islamischen Paralleljustiz ausgehenden Gefahren zu relativieren.

Das Berliner Abgeordnetenhaus will auf Vorschlag des Abgeordneten und Integrationsbeauftragten der CDU-Fraktion Burkhard Dregger dem Vorbild Bayerns folgen und das Phänomen Paralleljustiz tiefer ergründen. Ende Mai 2012 hat der Integrationsausschuss vier Experten zum Thema »Islamische Friedensrichter« gehört.[269] Eine kleine Auswahl aus den zentralen Botschaften:

Der Verfassungsrechtler Naseef Naeem vom »Arabischen Seminar« der Universität Göttingen verwies auf den grundsätzlichen Unterschied zwischen den Rechtsordnungen westlicher Demokratien und orientalischer Länder.[270] Während sich das deutsche Familienrecht am Individuum orientiere, definiere das Familienrecht in orientalischen Ländern den Menschen »als Erstes als Teil der Community«. Dieses Verständnis von der Familie als Staatsersatz sei mit der Einwanderung nach Deutschland »transferiert worden«. Die Kriterien, nach denen die Friedensrichter oder Imame urteilen, seien komplett das Gegenteil von dem, was wir unter den Rechten eines Individuums in Deutschland verstehen. Sie bewahren nicht Rechte des Individuums, sondern Rechte des Kollektiven. Das heißt, die Schlichtung zielt von Anfang bis Ende darauf, »Frieden in einer Community zu schaffen, koste es, was es wolle. Da werden Leute auch unter Druck gesetzt.« Der gebürtige Syrer hat für diese Praxis deutliche Worte: »Die Integration dieses Phänomens in unsere Rechtsordnung lehne ich strikt ab. Integration von Migranten läuft nur, wenn man es schaffen wird, diese Migranten in die Rechtsordnung zu integrieren.«[271]

Der Politologe und Islamwissenschaftler Ralph Ghadban legte den Fokus auf die Anwendung der Scharia in Deutschland: »In der islamischen Parallelgesellschaft« haben sich im Familien-, Zivil- und Strafrecht »juristische Vorstellungen« und »Aktivitäten von Akteuren« entwickelt, die »stark von der Scharia beeinflusst« werden und »weder von der Politik noch von den Institutionen des Rechtsstaates kontrolliert werden. Der Imam berät auch bei Ehe- und Erziehungskonflikten« und bei »häuslicher Gewalt gegen Frauen und Kinder«. Das »sind Delikte, die eigentlich in die Zuständigkeit der Justiz und der Jugendämter fallen, aber an ihnen vorbei nach islamischem Recht, oft zum Nachteil der Opfer, behandelt werden«.[272] Ihn beunruhigen nicht so sehr die »Aktivitäten der sog. ›Friedensrichter‹ – das sind Einzelfälle, aber spektakulär, weil es um Mord geht«: »Das Hauptproblem« ist für ihn »die alltägliche Beratung bei Gewalt in der Familie nach der Scharia« … »Die läuft in den Moscheen.«[273] »Man muss die Imame in den Moscheen zwingen, wenn sie Familienrecht machen, in den Dialog mit uns zu kommen, damit wir wissen, was sie machen.«[274]

Carl Chung vom Mobilen Beratungsteam für Demokratieentwicklung, Menschenrechte und Integration tat sich schwer, die Phänomene, die unter den Stichworten »Islamische Friedensrichter« oder »Islamische Paralleljustiz« beschrieben werden, in der »Realität Berlins« wiederzufinden.[275] Er fand die »empirische Basis« dafür »bedenklich gering«, glaubte allerdings, dass die im Buch »recherchierten Fälle in bestimmten traditionsverwurzelten Milieus, … beispielsweise in Neukölln, sehr wohl allgemein bekannt sind«.[276] Er fand es schwierig, aufgrund der vorliegenden Fakten »definitive Aussagen über die Kapitulation der Strafjustiz vor der islamischen Parallelgesellschaft zu machen«. Außerdem müsse schärfer zwischen »legaler und legitimer Mediation und krimineller Streitschlichtung zur Strafvereitelung« unterschieden werden.

Die Senatorin für Arbeit, Integration und Frauen Dilek Kolat

(SPD) hielt sich bedeckt.[277] Klar sei, dass Phänomene wie »Parallel- und Selbstjustiz« nicht »hinnehmbar« und »zu bekämpfen« seien. Aber wenn man über solche Begriffe redet, müsse man auch die »Dimension einschätzen« können. Da wisse man noch nicht genug, wissenschaftliche Erkenntnisse wären hilfreich. Solange Schlichtung und Mediation nicht gegen die Rechtsordnung verstießen, seien sie nicht problematisch. Ja sie könnten sogar gute Dienste leisten, »wenn hier Probleme weggeräumt werden und man sich einigt, ohne dass es zu einem Gerichtsverfahren oder zu einer Eskalation des Konflikts kommt«.

Für Burkhard Dregger (CDU) hat die Anhörung zwei Erkenntnisse gebracht: Alle Experten haben »gewisse Erscheinungsformen einer ›Paralleljustiz‹ als Herausforderung für den Rechtsstaat und das staatliche Gewaltmonopol« gewertet. Um ihre »Hintergründe« und »Erscheinungsformen« zu untersuchen und den Handlungsbedarf gegenüber »rechtswidrigen oder sonst abzulehnenden« Formen außergerichtlicher Streitschlichtung zu erkunden, möchte er, dass die Fraktionen von SPD und CDU den Senat auffordern, eine »ressortübergreifende Arbeitsgruppe« mit diesen Zielen einzusetzen.

Der Berliner Justizsenator Thomas Heilmann (CDU) steht dieser Initiative offen gegenüber. Er hat das Thema Streitschlichtung ebenfalls auf die politische Tagesordnung seines Ressorts gesetzt. Für ihn ist die Schlüsselfrage auch: Wie groß ist die »Dimension« der außergerichtlichen Streitschlichtung? Dabei geht es ihm in erster Linie nicht um »Zahlen«, sondern um den »Einfluss« von Streitschlichtern und den hinter ihn stehenden Familien. Zu diesem Zweck sucht er, etwas naiv, das direkte Gespräch zu Streitschlichtern in der Stadt und hat islamische Verbände gebeten, ihm Zugänge zu verschaffen. Erst wenn er ein Bild von der Verbreitung der Schlichteraktivitäten hat, will er sich der Frage nach den politischen Handlungsmöglichkeiten nähern. Abstrakt sieht er zwei Alternativen: regulativ/repressiv oder kooperativ.

Der Bremer Senat hat im Januar 2011 in einer Antwort auf eine kleine Anfrage der CDU-Fraktion eingeräumt, dass Strafverfolgungsbehörden das Phänomen der Streitschlichtung im »Hintergrund von und im Zusammenhang mit Strafverfahren« seit längerem beobachten – nicht nur in Bremen, sondern bundesweit.[278] Aufgefallen seien aber bisher nur »Einzelfälle, in denen durch ›Friedens- oder Versöhnungsgespräche‹ zwischen den Familienoberhäuptern versucht worden sei, Konflikte außergerichtlich beizulegen«: »Wenn anschließend Zeugen nicht mehr oder nur noch sehr zurückhaltend aussagebereit sind, ist die Vermutung einer Zeugenbeeinflussung nicht von der Hand zu weisen.« Erfreulich klar die Trennlinie, die der Senat zwischen Täter-Opfer-Ausgleich und Streitschlichtung zieht: »Ein Täter-Opfer-Ausgleich obliegt nicht der Initiative und Gestaltung privater Streitschlichter, sondern steht als justizielles Instrument unter der ausschließlichen Verantwortung der Staatsanwaltschaften und der Strafgerichte.«[279] Um diesen staatlichen Anspruch durchzusetzen, hat der Senat in Bremen-Nord, einem sozialen Brennpunkt, eine Anlaufstelle für den Täter-Opfer-Ausgleich eingerichtet.

Der Bremer Senat will den Gefahren informeller Konfliktlösungen in der Kulisse von Strafverfahren zweigleisig begegnen: durch Förderung der Integration und den Einsatz aller staatlichen Mittel, »um alle Versuche« »zu unterbinden«, »staatlich legitimierte Gewalt zu untergraben«.[280] Eine besondere Herausforderung sieht der Senat in den »ethnisch abgeschotteten Großfamilien«. Um ihre durch mangelnde Integration entstandene Parallelwelt aufzubrechen, hat der Senat eine »ressortübergreifende Arbeitsgruppe« gebildet und die Polizei ein »Verfahren beim Einschreiten gegen informelle Gruppierungen, Clans, Cliquen und Risikofamilien« entwickelt. Im Polizeipapier wird mit bemerkenswerter Offenheit festgestellt, dass »das Machtmonopol des Staates« von gewissen Personen und Gruppen »nicht akzeptiert« wird. Die damit in erster Linie gemeinten libanesischen

Großfamilien würden »zum Teil« Konflikte »ohne Einschaltung staatlicher Organe mit illegalen Mitteln« lösen und versuchen, »Polizeikräfte zur Verhinderung von Maßnahmen« einzuschüchtern. Auch wenn es an der Weser in den letzten zwei Jahren nicht mehr zu spektakulären Straftaten gekommen ist, haben es die Sicherheitsbehörden bisher nicht geschafft, diese Strukturen aufzubrechen, wie man in der Justizbehörde einräumt.

Der CDU-Opposition reichen deshalb die bisherigen Initiativen nicht. In ihren Augen hat der Bremer Senat die von der »Paralleljustiz« ausgehende Bedrohung bisher vernachlässigt. Sie soll wieder Thema in der Bürgerschaft werden. Auf Initiative der Staatsanwältin und rechtspolitischen Sprecherin Gabi Piontkowski fordert die CDU-Fraktion in einem Antrag den Senat auf, das Phänomen Paralleljustiz zu erforschen, »damit Erkenntnisse und Hinweise der Einflussnahme der Paralleljustiz auf Ermittlungsverfahren schneller erkannt und entgegnet werden kann«.[281] Im Übrigen regt die CDU-Fraktion an, die Fortbildung von Richtern und Staatsanwälten in diesem Gebiet zu intensivieren und größere personelle Ressourcen bereitzustellen.

Auf Initiative Bayerns hat die 83. Justizministerkonferenz Mitte Juni 2012 einstimmig beschlossen, die Paralleljustiz zu einem gemeinsamen Anliegen aller Bundesländer zu machen. Damit steht das Thema auf der politischen Agenda der Bundesrepublik – trotz des weiter hinhaltenden Widerstands der meisten rot-grün bzw. grün-rot regierten Länder. Der Beschluss im Wortlaut:

»1) Die Justizministerinnen und Justizminister sind sich einig, dass eine Paralleljustiz, die außerhalb unserer Rechtsordnung stattfindet und dem Wertesystem des Grundgesetzes widerspricht, nicht geduldet wird oder würde.

2) Die Justizministerinnen und Justizminister wollen durch intensive Aufklärung über unser Rechtssystem und damit verbundene vertrauensbildende Maßnahmen der Ausbreitung einer Paralleljustiz entgegenwirken. Sie bitten die Integrationsministerkonferenz, die Innenministerkonferenz und die

Kultusministerkonferenz, sich ebenfalls des Themas anzunehmen.

3) Sie halten eine Sensibilisierung der Justizpraxis über Hintergründe und Erscheinungsformen einer Paralleljustiz für notwendig, um Ansätze einer Paralleljustiz erkennen zu können und ihr den Boden zu entziehen.«

Die Begründung der bayerischen Beschlussvorlage für die Justizministerkonferenz nimmt im ersten Satz ausdrücklich Bezug auf das »Buch von Dr. Joachim Wagner ›Richter ohne Gesetz‹« und »mehrere Medienberichte über ›islamische Friedensrichter‹«.

Der Beschluss der Justizministerkonferenz hat eine gravierende Schwäche: Die Länder verzichten darauf, empirische Erkenntnisse über die Dimension des Phänomens Paralleljustiz zu verbreitern und zu vertiefen. Dieses Defizit hat das hessische Justizministerium erkannt. Es will Forschungsmittel – allein oder mit anderen Ländern zusammen – zur Verfügung stellen, um informelle Justizsysteme zu durchleuchten.

Die rot-grünen Regierungen und die grün-rote in Stuttgart beschränken sich dagegen bisher auf Minimalprogramme: Umfragen bei der Justiz über Paralleljustiz, Sensibilisierung der Justiz und eine intensivere Fortbildung von Staatsanwälten und Richtern:

Der nordrhein-westfälische Justizminister Thomas Kuschaty (SPD) hält die Paralleljustiz inzwischen »für ein sehr wichtiges Thema«: »Man muss allen Tendenzen entgegenwirken, die auch nur zur Paralleljustiz führen könnten.« Die bisherigen Aktivitäten des Ministeriums stehen allerdings in einem krassen Gegensatz zu dieser Einschätzung. Viel ist im größten Bundesland bisher nämlich nicht geschehen. Im November 2011 haben die Staatsanwaltschaften des Landes das Thema auf der jährlichen Dienstbesprechung aufgegriffen, das sie vor der Erstausgabe dieses Buches, wie ein Sprecher des Ministeriums einräumt, nicht »auf dem Schirm hatten«. Außerdem sollen die Staatsanwaltschaften alle

Fälle mit einem Bezug zur Paralleljustiz registrieren. Da bisher noch keine Abfrage stattgefunden hat, gibt es bis heute keine Einschätzung über die Verbreitung der Paralleljustiz zwischen Rhein und Ruhr.

Der baden-württembergische Justizminister Rainer Stickelberger (SPD) hat den Beschluss der Justizministerkonferenz zwar »mitgetragen«, weil eine »Paralleljustiz nicht geduldet werden kann«. Das war aber offenbar nicht mehr als ein politisch opportunes Lippenbekenntnis. Maßnahmen in Vollzug des Beschlusses der Justizministerkonferenz will der Minister indes nicht ergreifen. Als Antwort auf eine entsprechende Frage des Verfassers war lediglich die Presseerklärung des Integrationsausschusses beigefügt, die mitteilt, dass man das Thema nicht weiter untersuchen wolle. Ganz offenbar hat die Stuttgarter Regierung kein Interesse an dem Thema Paralleljustiz.

Die Hamburger Justizsenatorin Jana Schiedek (SPD), die schon auf der Justizministerkonferenz wenig Sympathie für den bayerischen Vorstoß aufbrachte, will das Phänomen »Paralleljustiz« zunächst näher ergründen, bevor sie über Maßnahmen entscheidet. Dafür will sie sich mit der »Rechtspraxis« austauschen. Sind damit lediglich Umfragen bei Staatsanwälten und Gerichten gemeint, wird dieses Instrument wie in anderen Ländern vermutlich nicht weiterhelfen. Notwendig ist, andere Personenkreise beim Sammeln von Informationen einzubeziehen, wie zum Beispiel Anwälte. Der Hamburger Anwalt Matthias Oehler etwa, dessen Mandanten zu 70 Prozent nichtdeutscher Herkunft sind, weiß, dass die Paralleljustiz unter Türken, Iranern, Afghanen und Indern »absolut verbreitet« ist: »Die Behörden wissen nicht, was passiert. Und sie wollen auch nichts wissen, weil es politisch nicht opportun ist.«

Ebenfalls durch das Buch angeregt, hat die CDU/CDU-Bundestagsfraktion im April 2012 einen Kongress zum Thema »islamische Paralleljustiz« ausgerichtet. Dort haben zum ersten Mal Praktiker öffentlich Klartext über die Akzeptanz unserer Rechtsordnung und unserer Strafjustiz in bestimmten muslimischen Milieus in Berlin gesprochen.[282] Einige Schlaglichter aus Statements und Thesen:

Nach Beobachtungen des Neuköllner Integrationsbeauftragen Arnold Mengelkoch arbeiten kurdisch-libanesische, libanesische und palästinensische Familien-Clans daran, »rechtsstaatliche Standards zu unterlaufen und aus Nord-Neukölln einen einzigen undurchsichtigen Basar zu machen. Das mag bunt aussehen und sehr lebendig wirken. Aber es entwickelt sich ein Klima der Angst unter denen, die nicht zu den mächtigen Familien gehören … Die Herausforderung für den Rechtsstaat findet längst statt.«

Für Kriminaldirektor Carsten Wendt, Leiter der Abteilung organisierte Kriminalität im Landeskriminalamt Berlin, droht eine »islamische Paralleljustiz« den »staatlichen Anspruch auf Strafverfolgung« auszuhebeln. Eine »kriminelle Minderheit« »respektiert den Rechtsstaat nicht«. Sie versucht durch »Vermittlungsbemühungen, Familienoberhäupter und Vereine« Strafverfahren »massiv zu beeinflussen« und dem Rechtsstaat dadurch »seine Grenzen« aufzuzeigen. Das geschieht durch »Gewaltandrohung und Ausübung von Gewalt sowie Geldzahlungen gegenüber Geschädigten oder auch Zeugen, damit sie gegenüber den Strafverfolgungsbehörden entweder gar nichts sagen oder bewusst falsche Angaben machen«.

Nach den Eindrücken von Nader Khalil, Jugendbetreuer im Deutsch-Arabischen Zentrum in Neukölln, ist »Streitschlichten« »ein Geschäft geworden, bei dem viele nicht zu ihrem Recht kommen, es wird auf Kosten des Opfers geschlichtet. Der Täter, der eigentlich seine Strafe bekommen soll, kommt davon und zahlt dem Opfer eine Summe, falls die überhaupt bei ihm ankommt … Friedensrichter verstecken sich nicht, sie laufen mit ihrer Visitenkarte durch die Stadt.«

In den Augen der Anwältin und Frauenrechtlerin Seyran Ateş sind »Einflüsse einer Paralleljustiz zu ›spüren‹«, aber noch »nicht gesichert zu belegen«: »Frauen berichten von Familienräten und

Beratungen bei Geistlichen, wenn sie familiäre Probleme haben. In der Regel werden Frauen bei solchen Anlässen gemaßregelt, und die Männer erhalten Rückendeckung für ihre Machtposition.«

Auch der Vizepräsident des Amtsgerichts Berlin-Tiergarten und Islamrechtler Professor Peter Scholz konzediert, dass es das »Phänomen außerstaatliche Streitschlichtung durch Autoritätspersonen bei Migrantinnen und Migranten aus dem Vorderen Orient, insbesondere bei den kurdisch-libanesischen Clans«, gibt. Nach dem jetzigen Erkenntnisstand hält er es jedoch für verfehlt, in dieser informellen Konfliktregelung eine »islamische Paralleljustiz« zu sehen. Auch sei die Streitschlichtung durch Friedensrichter aufgrund der wenigen – wenn auch spektakulären – Fälle derzeit kein »aktuelles Problem der Berliner Strafjustiz«. Mit dieser Einschätzung steht er im krassen Widerspruch zu den Erfahrungen etlicher Staatsanwälte am Kriminalgericht Moabit und Kommissare am Berliner Landeskriminalamt, insbesondere im Bereich der organisierten Kriminalität.

Im Bundesjustizministerium ist auf Anregung des CDU-Rechtspolitikers Patrick Sensburg eine Planstelle für Scharia-Recht eingerichtet worden. Von dort aus sollen unter anderem Informationen über Verbreitung und Ausmaß islamischer Paralleljustiz in Deutschland zusammengetragen werden. Ein überfälliger Schritt. Denn bisher weiß das Ministerium nichts über sogenannte islamische Friedensrichter, wie eine Antwort des Parlamentarischen Staatssekretärs Max Stadler auf eine Anfrage des Integrationsbeauftragten der CDU/CSU-Bundestagsfraktion Michael Frieser offenbart: Der Bundesregierung liegen keine »empirischen Erkenntnisse« darüber vor, in »welchem Umfang« Friedensrichter oder Streitschlichter »im Umfeld deutscher Strafverfahren in Erscheinung getreten sind«.[283]

Empirische Erkenntnisse zusammenzutragen wird nicht ganz einfach werden, wie die weitgehend erfolglosen Bemühungen der bayerischen und der baden-württembergischen Landesregierung zeigen. Ihre Fehlversuche können zwei Ursachen haben. Erstens: In den beiden wirtschaftlich prosperierenden südlichen Bundesländern sind informelle Konfliktlösungsmechanismen im muslimisch geprägten Milieu tatsächlich weniger stark ausgeprägt als in den ärmeren Ländern wie Berlin, Bremen und Nordrhein-Westfalen. Da die islamische Paralleljustiz eine Folge misslungener Integration ist, könnte es durchaus sein, dass im Süden der Republik »Integration durch Arbeit« so erfolgreich gewirkt hat, dass parallele Rechtsstrukturen nicht oder nur in geringem Umfang entstanden sind.[284] Zweitens: Es könnte aber auch sein, dass die Landesregierungen bei der Suche nach Parallelstrukturen schlicht die falschen Instrumente angewandt haben und ihre Recherchen deshalb zwangsläufig ins Leere laufen mussten. Ministerielle Umfragen bei Behörden oder Gerichten allein, also eine Erforschung des Sujets von oben, können nicht viele Erkenntnisse zutage fördern. Schlichtungen in der Tradition der Scharia spielen sich im Unterholz der islamischen Parallelgesellschaft ab und erreichen daher nur selten Gerichte und Behördenspitzen. Befriedungsversuche von Konflikten in muslimischen Familien durch Imame und nichtreligiöse Mittler finden zum Beispiel im Vorfeld der Familiengerichtsbarkeit statt, so dass selbst Familienrichter in Berlin oder Nordrhein-Westfalen nichts von ihnen mitbekommen.[285] Und im Bereich der Strafgerichtsbarkeit schätzen Experten, dass bis zu 90 Prozent aller Schlichtungen Richtern und Staatsanwälten verborgen bleiben.[286] Außerdem fehlt Behörden, Staatsanwälten und Richtern bisher häufig die Sensibilität, das Phänomen überhaupt zu erkennen. Es ist daher kein Wunder, dass ministerielle Umfragen allein bisher nur wenige Erkenntnisse über die Schattenjustiz gebracht haben. Erfolgversprechend sind journalistische Recherchen und wissenschaftliche Untersuchungen nur dann, wenn sie auch unten ansetzen: zum Beispiel bei den Mitgliedern libanesischer oder kurdischer Großfamilien, bei Schlichtern und Imamen, Frauenhäusern und Ehe- und Familienberatern, Kultur- und Moscheevereinen, Kriminalbeamten und Rechtsanwälten. Das ist sehr aufwendig, kann aber durchaus zum Erfolg führen, wie die beispielhafte Dissertation von Martina Schmied über »Familienkonflikte zwischen Scharia und Bürgerlichem Recht« in Österreich zeigt.[287]

Es ist wenig überzeugend, wenn sich Islamrechtliche wie Professor Peter Scholz abwiegelnd darauf berufen, dass »gesicherte wissenschaftliche Erkenntnisse« über die Verbreitung der »außergerichtlichen Streitschlichtung« nicht vorliegen. Das ist richtig, sagt aber über deren Existenz und Relevanz nichts aus. Denn die Wissenschaft hat sich um das Phänomen islamische Paralleljustiz bisher so gut wie nicht gekümmert.[288] Hier liegt ein reizvolles Forschungsfeld für Universitäten und Forschungseinrichtungen, für Kriminologen und Soziologen, Islamrechtler und Islamwissenschaftler. Bundesregierung und Landesregierungen sollten Forschungsprojekte anregen und finanzieren, um das Neben- und Gegeneinander mehrerer Rechtsordnungen in der muslimischen Parallelgesellschaft zu erhellen. Ohne weitere Fakten wird es schwer bleiben, einen konstruktiven öffentlichen Dialog über die Akzeptanz der deutschen Rechtsordnung als Integrationsfaktor in der muslimischen Parallelgesellschaft zu führen.

Teil II

Schlichtung bei Familienkonflikten: männerfreundlich und frauenfeindlich

Wer sich keine Ikea-Möbel leisten kann, der geht in Reckling-hausen zu »Demirs Möbelmarkt«. Hier können Hartz-IV- und Sozialhilfeempfänger Lampen für 15 Euro und Bürostühle für 20 Euro erstehen, sich aber auch komplett einrichten. In einer 400 Quadratmeter großen Halle türmen sich gebrauchte Schreib-tische, Waschmaschinen und Sessel meterhoch. Diese Möbel-berge hat der Libanese Haj Nur Demir bei Haushaltsauflösun-gen und Entrümpelungen zusammengetragen. Der 61-jährige Möbelhändler – groß, schlank, grauhaarig, Schnauzer – strahlt eine freundlich-zugewandte Autorität aus, die ihm sicher auch in seinem Zweitberuf hilft: Er ist ein angesehener Streitschlichter. Er setzt die Tradition seines Vaters und seines Großvaters fort, die schon im Libanon im Auftrag der Gerechtigkeit aktiv waren: »Friedensstifter kann man nicht von heute auf morgen lernen.«

Seit 1972, schätzt er, hat er in Deutschland und seiner Heimat über 2000 Streitfälle geschlichtet, ohne jede juristische Ausbil-dung. Am häufigsten – rund die Hälfte seiner Fälle – wird er bei Familienkonflikten gerufen. Manchmal genügt eine Telefonaus-kunft, manchmal muss er auch richtig kämpfen – unter Einsatz seines Lebens. Zum Beispiel auf einer Hochzeit in Hannover, als plötzlich einige Gäste versteckte Messer und Schwerter zogen. Sie hassten den Vater des Bräutigams und wollten das Hochzeitsver-gnügen sprengen. An seiner Schlichterehre gepackt, warf Demir sich in den Tumult. Lange Zeit konnte er sich kein Gehör ver-schaffen. Erst als er auf die Bühne sprang und der Sängerin das Mikrophon entriss, drang er mit seiner Stimme durch, und es gelang ihm, die gewalttätigen Störenfriede zu besänftigen.

Hilfe suchen bei Demir vor allem verlassene Ehemänner und Väter von zerstrittenen Paaren, weil immer mehr Frauen gegen prügelnde Paschas oder nichtsnutzige Café-Hocker rebellieren und sich aus dem Ehekäfig befreien, selbst mit mehreren Kindern. Auch bei ehelicher Gewalt ist Demirs oberstes Ziel, die Einheit der Familie zu retten. Dem traditionellen patriarchalischen Familienbild verpflichtet, spricht er in solchen Fällen zuerst mit den Vätern eines zerrütteten Paares und dann erst mit den Eheleuten. Dem Mann macht er klar, dass er seine Frau besser behandeln und auf Gewalt verzichten müsse. Und der Frau verdeutlicht er, dass sie als geschiedene Frau mit Kindern keinen Mann mehr bekommen werde. Damit nutzt er schamlos aus, dass geschiedene Frauen mit Kindern im religiös-konservativen muslimischen Milieu wie Aussätzige behandelt werden. Am Ende seiner Mission kehrt die Frau meist zu ihrem Mann zurück, die Einheit der Familie ist gerettet. Das befriedigt Demir, Kriterien wie persönliche Bedürfnisse oder Glück in der Ehe spielen für ihn kaum eine Rolle.

Niemand weiß, was den rheinland-pfälzischen Justizminister Jochen Hartloff (SPD) Anfang Februar 2012 geritten hat, sich öffentlich über »islamische Schiedsgerichte« Gedanken zu machen, die im Zivilrecht, etwa bei Scheidungen oder der Verteilung des Sorgerechts, »auch islamische Rechtsvorstellungen« berücksichtigen könnten. Auch Sport und Kirchen hätten ja eigene Gerichtsbarkeiten, argumentierte er.[1] Von fast allen Seiten bezog er Prügel – von Bundesjustizministerin Sabine Leutheusser-Schnarrenberger (FDP), die davor warnte, von einer »möglichen Paralleljustiz« auch nur zu sprechen, bis zur Emma-Chefredakteurin Alice Schwarzer, für die »Scharia und Rechtsstaat einander widersprechen«. Allein der Vorsitzende des Zentralrats der Muslime Aiman Mazyek lobte das öffentliche Nachdenken Hartloffs: »Eine außergerichtliche Streitschlichtung ist zu begrüßen, weil sie unsere Gerichte entlastet und oft nachhaltiger die Streitparteien befrieden kann.«[2]

Auf das vernichtende öffentliche Echo reagierte der Mainzer Justizminister mit einer »Klarstellung«: Er habe sich weder »für Scharia-Recht eingesetzt«, noch halte er »Scharia-Richter für denkbar«. Er habe sich lediglich zu »außergerichtlichen Streitbeilegungen unter dem Einfluss islamisch geprägter Rechtsetzung geäußert«.[3] Offenbar hat er bisher nicht mitbekommen, dass Schlichtungen nach islamischem Familienrecht in Berlin-Neukölln, Flensburg oder Recklinghausen bereits zum Alltag gehören. In Nachbarländern wie Österreich, Belgien, Italien oder Frankreich ist sie auch verbreitet.

Die Flensburger Fachanwältin für Familienrecht Sabine Scholz kennt eine »informelle Paralleljustiz in Familienangelegenheiten« schon lange – und zwar im Vorfeld der deutschen Familiengerichtsbarkeit: »Es gibt zwei Rechtskreise, einen deutschen und einen islamischen, der die Frauen benachteiligt.« Auch der Neuköllner Integrationsbeauftragte Arnold Mengelkoch weiß, dass es eine »informelle islamische Familiengerichtsbarkeit« in seinem Berliner Stadtteil gibt. Er vermutet, dass 10 bis 15 Prozent der Muslime aus den »konservativen-religiösen« und »stammeskulturellen Milieus« ihre Familienkonflikte nach dem Motto »Die Familie ist alles, der Staat ist nichts« regeln.

Familien- und Eherecht als Kern der Scharia

Die deutsche Islamrechtswissenschaft hat der informellen bzw. außergerichtlichen Anwendung islamischer Normen hierzulande bisher wenig Aufmerksamkeit geschenkt. Mathias Rohe, der Doyen der Islamrechtler in Deutschland, ist bei seinen Feldstudien schon auf Fälle gestoßen, »in denen muslimische Beteiligte zum Beispiel Eheschließungen oder Ehescheidungen ausschließlich nach traditionell-islamischen Normen vorgenommen haben«.[4] Aufschlussreich sind die Gründe, die er für diese Praxis ausgemacht hat. An erster Stelle nennt er den Versuch Einzelner,

»eine religiöse Parallelstruktur zu errichten, weil sie sich nicht den Institutionen eines säkularen nicht-islamischen Staates unterwerfen wollen«. Andere Gründe sind fehlende Papiere aus den Herkunftsländern, Unkenntnis der deutschen Rechtsordnung, »Scheu« vor »staatlichen Instanzen«, »denen die notwendige Sensitivität« für muslimische Lebensverhältnisse fehlt und die Anerkennung islamischer Eheschließungen oder Scheidungen in den Heimatländern.[5] Erkenntnisse darüber, wie verbreitet die informelle Anwendung islamischer Vorschriften ist, gibt es nicht. Auch der Islamrechtler Peter Scholz sieht die »Gefahr, dass es unterhalb der Ebene des Rechts zur Bildung einer islamischen Parallelordnung kommt«, deren Mitglieder deutsches Recht »wegen mangelnder Akzeptanz oder aufgrund sozialen Drucks nicht mehr in Anspruch nehmen«.[6] »Anhaltspunkte« für eine »derartige Entwicklung« in Deutschland sieht Scholz nicht.[7] Hier irrt er. Denn eine solche Parallelordnung gibt es als informelle islamische Familiengerichtsbarkeit bereits. Sie ruht auf drei Säulen: der Schlichtung in der Tradition der Scharia, der partiellen Anwendung des islamischen Familienrechts und der Selbstjustiz – verbunden durch das Selbstverständnis »Wir regeln das unter uns«. Das islamische Familien- und Eherecht ist der Kern der Scharia. Dabei geht es in Berlin, Nordrhein-Westfalen oder Schleswig-Holstein nicht um archaische Auswüchse wie Steinigungen oder Handabschlagen. Gemeint ist der Alltag des Familienrechts: Eheschließungen und Scheidungen, Unterhalt und Sorgerecht für Kinder.[8]

Die von Türken und Arabern nach Deutschland importierte Schlichtung folgt einer jahrtausendealten orientalischen, vom Islam rezipierten Rechtstradition. Sie wurzelt im Brauchtum und im Koran. Bei einem Ehezwist etwa fordert der Koran in Sure 4, Vers 35, einen »Schiedsrichter aus seiner Familie und einen Schiedsrichter aus ihrer Familie« einzusetzen. »Wenn sie (beide) eine Aussöhnung wollen, wird Allah sie (beide) in Einklang bringen.« Der Islamrechtler Peter Scholz: »Die im Koran erwähnte Streitschlichtung unter Muslimen und Ehegatten hat mit dem Institut des Streitschlichters Eingang in das islamische Recht gefunden.«[9]

Begonnen werden Eherettungsversuche in der Regel von den Vätern der Eheleute. Scheitern sie, werden die Clan- oder Stammesältesten eingeschaltet. Bleiben auch deren Bemühungen erfolglos, werden nichtreligiöse Mittler und in religiösen Familien Imame beauftragt. Eine ähnliche Schlichtungstradition gibt es auch bei Jesiden, Sinti und Roma sowie Albanern.

Schlichtersprüche wirken im Ergebnis wie Gerichtsurteile: Eine in ein Frauenhaus geflüchtete Tochter kehrt in die Familie zurück und darf dafür eine Ausbildung beginnen; eine schwangere Tochter muss heiraten und zur Familie des Freundes ziehen, um die Familienehre zu retten, oder eine Ehefrau kehrt zu ihrem Mann zurück gegen das Versprechen, dass er die Kinder und sie nicht mehr prügelt und misshandelt.

Die Macht bei der Schlichtung von Ehe- und Familienkonflikten liegt ausschließlich in der Hand von Männern und ist daher, kaum verwunderlich, männerfreundlich und frauenfeindlich. Werden Mittler und Geistliche aktiv, orientieren sie sich am islamischen Familienrecht. Dadurch ist in Deutschland eine parallele Familienrechtsordnung entstanden, die in weiten Teilen im Widerspruch zu unserem Grundgesetz und unserem Familienrecht steht.[10] Die krassesten Abweichungen sind

- die stärkere Rechtsstellung des Mannes gegenüber der Frau
- die Missachtung des Heiratsfähigkeitsalters bei islamischen Trauungen
- das Wiederaufkommen von Vielehen
- die Praxis der Zeitehen bei Schiiten
- die Ungleichbehandlung von Mann und Frau bei der islamischen Scheidung
- die Duldung von Zwangsehen
- das Verbot der Mischehe zwischen Muslima und Ungläubigen

- bei der Schlichtung hat die Einheit der Familie Vorrang vor der Gleichheit der Geschlechter und dem Selbstbestimmungsrecht der Frau und
- Selbstjustiz von Familien, wenn ihre Machtansprüche oder ihre Ehre durch Ehefrauen, Schwestern oder Töchter verletzt werden.

Aus dem Koran, aber auch aus anderen Quellen wird deutlich, dass Frauen gegenüber Männern eine »mindere Rechtsstellung« haben.[11] In Vers 34 der 4. Sure des Korans heißt es: »Die Männer stehen über den Frauen, weil Gott sie von Natur vor diesen ausgezeichnet hat und wegen der Ausgaben, die sie von ihrem Vermögen als Morgengabe gemacht haben. Und wenn ihr fürchtet, dass irgendwelche Frauen sich auflehnen, dann ermahnt sie, meidet sie im Ehebett oder schlagt sie. Wenn sie daraufhin wieder gehorchen, dann unternehmt weiter nichts gegen sie.« Nach orthodoxer Auslegung des Korans besitzt der Mann das »letztendliche, ihm nicht entziehbare Herrschaftsrecht in der Familie«.[12] Zu ihm gehört ein umfassendes Aufenthaltsbestimmungsrecht des Mannes gegenüber der Frau, ab einer bestimmten Altersgrenze (sieben Jahre bei Jungen, neun Jahre bei Mädchen) das Sorge- und Aufenthaltsbestimmungsrecht gegenüber den Kindern und eine Bevorzugung des Mannes im Erb- und Scheidungsrecht.

Nach islamischer Tradition ist eine Heirat in erster Linie eine Familienangelegenheit und nur in zweiter Linie eine persönliche Entscheidung von Braut und Bräutigam.[13] Scheidungen sind nach dem Koran zwar erlaubt, werden aber nur akzeptiert, wenn es keine andere Lösung mehr gibt. Allgemein gilt: »Die Scheidung ist das Verabscheuenswerteste unter den von Gott erlaubten Dingen und nur als letzter Ausweg zu betrachten.«[14] Das ist die religiöse und kulturelle Folie, vor der die traditionelle muslimische Familie bei Heiraten und Scheidungen ihre Ehre verteidigt und Gehorsam der Kinder erwartet.

Ein Wanderer zwischen den Rechtswelten ist Imam Ferid Heider – als Geistlicher wie als Schlichter. Der studierte Theologe ist in der arabischen Community Berlins sehr begehrt, weil er als Sohn eines Irakers und einer Deutsch-Polin fließend Deutsch spricht. Er rotiert zwischen vier Moscheegemeinden – die eine wünscht eine Freitagspredigt auf Deutsch, die andere braucht einen Dolmetscher. In einer Weddinger Hinterhofmoschee erklärt der 33-jährige Jungprediger zwischen Gebetsraum, Bäckerei und Stapeln religiöser Bücher, wie er sich einen »moderaten Islam« vorstellt, der sich gegenüber der Mehrheitsgesellschaft öffnet. Bei einer Trauung etwa legt er Wert darauf, dass das Paar auch standesamtlich heiratet, weil es im Falle einer Scheidung zu »Problemen kommen« könnte. Und er will mit der Tradition der Zwangsehe brechen, weil sie »selten eine Zukunft« hat: »Sie endet meist in Gewalt und Scheidung.« Deshalb versucht er vor jeder Eheschließung mit der Braut allein, ohne Eltern, zu sprechen und sie vor einer Zwangsehe zu warnen. Hier spielt er eine einsame Außenseiterrolle unter den Vorbetern. Der Frauenrechtsorganisation Terre des Femmes ist in den letzten Jahren keine einzige Zwangsheirat »bekanntgeworden, in dem ein Imam vorher ein persönliches Gespräch mit einem Mädchen geführt hat«. Anderseits befolgt er strikt den Koran und würde nie eine Muslimin mit einem ungläubigen Deutschen trauen.

Auch beim Schlichten ist er in erster Linie als »religiöser Friedensstifter« und nicht »als Eheberater« tätig. Sein oberstes Ziel ist daher auch, die Ehe zu erhalten. Als Mittler wird er ein- bis zweimal pro Woche angerufen, in 90 Prozent aller Fälle bei Familienstreitigkeiten. Ein zentrales Problemfeld: ethnische Intoleranz. Immer wieder erlebt er, dass sich Eltern aus »nationalistischen Gründen« querlegen, wenn ihre Kinder über ethnische Grenzen hinweg heiraten wollen, wenn etwa ein Türke eine Palästinenserin ehelichen will. Solche Konflikte zu lösen, kostet ihn manchmal Wochen und Monate. In den Freitagspredigten kritisiert er diese nationale Engstirnigkeit immer wieder und erklärt, dass Lebensbündnisse unter Muslimen aus verschiedenen Ländern islamrechtlich zulässig sind. Trotzdem rät er den Heiratswilligen, nicht gegen den Willen der Eltern zu heiraten und sich zu gedulden, bis die Eltern nachgeben: »Mit Heiraten gegen den Elternwillen habe ich schlechte Erfahrungen gemacht.« So rät er zum Beispiel einer Somalierin, nicht gegen den Willen ihres Vaters einen deutschen Konvertiten zu ehelichen, die beide in seiner Gemeinde beten. Der Vater in Somalia hatte für seine Tochter bereits einen Cousin als Mann ausgesucht und will von dieser Wahl nicht lassen – trotz aller Briefe, Anrufe und Geschenke. Imam Heider: »Man darf nicht nur darauf abstellen, was islamrechtlich möglich ist, sondern muss auch die gesellschaftlichen Folgen einbeziehen.« Hier erweist sich der Prediger ethnischer Toleranz dann doch wieder als Gralshüter patriarchalischer Familienstrukturen.

Explosiven Konfliktstoff für tragische Frauenschicksale liefern sogenannte Imam-Ehen, Ehen, die nur islamisch geschlossen werden und für das soziale Umfeld verbindlich sind. Ihren Anteil schätzen Insider wie die Neuköllner Ehe- und Familienberater Kazim Erdogan und Abed Chaaban auf 10 bis 20 Prozent. Die Praxis der nur religiösen Eheschließung ist fatal. Denn in Imam-Ehen sind Frauen praktisch rechtlos: Sie haben keinen durchsetzbaren Anspruch auf Unterhalt, keine Teilhabe am ehelichen Vermögen, nur geringen Schutz bei Scheidungen, und Kinder werden unehelich geboren. Das realisieren viele Frauen nicht, weil sie nach religiösen Hochzeiten fälschlich denken, sie seien auch rechtlich verheiratet. Ein böses Erwachen gibt es erst, wenn die Ehe zerbricht. Diesem Irrtum sitzen Frauen besonders dann auf, wenn, wie in traditionellen Familien, die religiöse Eheschließung einen höheren Stellenwert hat als die staatliche. »Vor Allah die Ehe zu schließen ist wichtiger als die Zivilehe«, bringt die türkischstämmige Rechtsanwältin und Frauenrechtlerin Seyran Ates das Selbstverständnis vieler Brautpaare und ihrer Familien auf den Punkt.

Hinzu kommt, dass Imame nach der Scharia kein Monopol auf Eheschließungen haben. Trauen können auch Scheichs und »gute, fromme Muslims«, die die Heiratsformeln kennen, so Abed Chaaban. Für den Bund fürs Leben braucht man keine Moschee. Er kann in jeder Wohnung und jedem Büro in Anwesenheit von zwei Zeugen vollzogen werden. Diese Formlosigkeit ist sicher ein Grund dafür, dass in Berlin inoffizielle Heiratsbüros florieren. Dort trauen gegen ein Honorar selbsternannte Imame und angesehene Personen ohne Ausbildung muslimische Paare und verfassen Heiratsverträge nach islamischem Recht. Imam Heider schätzt, dass »10 bis 20 Prozent aller muslimischen Ehen von solchen Geschäftemachern geschlossen werden«. Für den Weddinger Geistlichen ist dieser »Wildwuchs ein Ärgernis«. Wenn solche Bündnisse zerbrechen, muss er häufig die Scherben aufsammeln, weil die Heirats-Imame als »Ansprechpartner« für das Paar nicht mehr da sind: Die Eheleute haben den Namen des Segenspenders vergessen oder sein Büro existiert nicht mehr, wenn die Heiratsurkunde verschollen ist oder ein Streit über die Brautgabe entflammt.

Ein solcher »Bevollmächtigter« für Heiraten und Scheidungen ist Ali Chahrour, zugleich erster Vorsitzender des Berliner Al-Moustafa-Vereins, einem libanesischen Komitee für Integration und Frauenrechte. Der Vereinssitz ist ein kleiner Laden in der Neuköllner Sonnenallee, eingepfercht zwischen einem Geschäft für »arabische Backwaren« und einem arabischen Imbiss mit Fisch-Sandwiches und Bohnengerichten. Ali Chahrour legt Wert darauf, dass er – im Gegensatz zu anderen Heiratsbüros – bei einem »islamisch-schiitischen Gericht« im Libanon als »Bevollmächtigter« registriert ist. Der Bürgerkriegsflüchtling, der mit 18 Jahren nach Deutschland kam, traut daher nur Libanesen und Deutsch-Libanesen nach der Scharia. Er schätzt, dass 20 bis 30 Prozent aller religiösen Eheschließungen unter Arabern in Berlin von Heiratsbüros vollzogen werden. Weil diese rechtlich unverbindlich sind, empfiehlt er seinen Brautpaaren allerdings, sich immer auch standesamtlich trauen zu lassen.

Der gelernte Elektroschweißer ist ein juristischer Laie. Wo er das schiitische Familienrecht studiert hat, bleibt im Dunkel. Wahrscheinlich hat er den Job als Ehebevollmächtigter, weil er im Libanon wie in Neukölln eine »bekannte Vertrauensperson« ist. Eheschließungen findet er im Gegensatz zu Scheidungen »einfach«: Die Frau muss mit einem deutschen oder libanesischen Dokument beweisen, dass sie nicht verheiratet ist, und der Vater muss einverstanden sein, auch wenn die Frau volljährig ist. Der Mann dagegen braucht nur seinen Personalausweis vorzulegen und nicht belegen, dass er ledig ist. Bei der Frage, warum er Männer und Frauen bei der Feststellung des Personenstandes unterschiedlich behandelt, schmunzelt er, weil er sie erwartet hat. Die Antwort ist verblüffend ehrlich: Die Scharia erlaubt den Männern Ehen mit mehreren Frauen, und deshalb müsse er Männer auch nicht fragen, ob sie bereits verheiratet seien. Ihn kümmert also nicht, dass er Vielehen fördert. Allzu ernst scheint es der libanesische Heiratsstifter mit den Frauenrechten also noch nicht zu nehmen.

Hin und wieder wird das Gespräch durch das Trällern eines Kanarienvogels unterbrochen. »Er möchte heiraten«, erklärt Ali Chahrour, aber das Weibchen im Käfig überhört seine Liebesmelodien bisher beharrlich.

Für deutsche Rechtsvorstellungen höchst befremdlich ist, dass Frauen nach der Scharia schiitischer Lesart Männern vor der Heirat Bedingungen stellen können. Verletzen sie diese, dürfen sich die Frauen scheiden lassen. Drei solcher Bedingungen kommen bei Ali Chahrour immer wieder vor: zum Beispiel, dass sich der Mann keine Zweitfrau nehmen oder er sie nicht schlagen darf oder der eheliche Wohnort Berlin bleiben muss und nicht nach Beirut verlegt werden darf. Solche Bedingungen werden in Eheverträgen oder aber auch nur mündlich vereinbart. Da ist es kein Wunder, dass es später bei Scheidungen häufig zu Händeln über Ehevoraussetzungen kommt.

In der Kreuzberger Sehitlik-Moschee, die wie rund 800 andere muslimische Gotteshäuser in Deutschland von der türkischen Religionsbehörde DITIB finanziert und beaufsichtigt wird, sind die Verhältnisse dagegen offenbar geordnet. Dort dürfte es nur vor Imamen geschlossene Ehen eigentlich nicht geben. Der Vorsitzende des Moscheevereins Ender Cetin versichert, dass sich die Vorbeter hier an das moderne türkische Familienrecht halten. Es schreibt vor, dass eine religiöse Ehe erst nach einer standesamtlichen Heirat geschlossen werden darf. Diese Vorschrift beherzigen offenbar nicht alle Imame in DITIB-Moscheen, wovon der Düsseldorfer Pizzabäcker Refik M. profitiert hat. Er lebte mit einer Türkin mit deutschem Pass zusammen, ohne von seiner ersten Frau amtlich geschieden zu sein. Mit schlechtem Gewissen vor Allah, denn Sex außerhalb der Ehe ist nach dem Islam Sünde. »Sein Glaube« habe ihn gezwungen, diesen ruchbaren Zustand zu beenden. Der Vorbeter, der in alles eingeweiht war, habe beide dann religiös getraut, obwohl er rechtlich noch verheiratet war. Das ist die harmloseste Variante der Imam-Ehe. Sie hat nur den Zweck, etwas religiös zu legitimieren, was Millionen Deutsche täglich tun, nämlich ohne staatlichen oder christlichen Segen ein Bett zu teilen.

Kinderheiraten

Wesentlich gefährlicher ist dagegen ein anderes Modell der Imam-Ehe: Geistliche trauen Mädchen, die wegen ihres Alters nach dem Bürgerlichen Gesetzbuch nicht ehefähig sind. Nach der jüngsten Studie des Bundesfamilienministeriums über »Zwangsverheiratungen in Deutschland« waren 53 Prozent aller, die nur religiös getraut wurden bzw. sollten, jünger als 18 Jahre.[15] Durch vorgeschaltete Imam-Ehen das Heiratsmindestalter zu unterlaufen, verstößt gegen das deutsche Familienrecht und die UN-Kinderkonvention.[16] Hierzulande dürfen Mädchen unter 16 gar nicht heiraten und unter 18 nur mit Genehmigung des

Familiengerichts. Der Essener Familienrichter Michael Schütz lehnt solche Anträge, meist aus dem arabischen Kulturkreis, in der Regel ab – auch wenn das Paar darauf verweist, dass es nach islamischem Recht bereits verheiratet ist. Um die rechtlichen Schranken zum Schutz vor Kinderheiraten kümmern sich aber viele religiös-konservative Familien und Geistliche nicht. Bei der Frauenrechtsorganisation Terre des Femmes melden sich immer wieder 14- und 15-jährige Mädchen vor allem mit kurdischem und albanischem Migrationshintergrund, die gegen ihren Willen verheiratet werden sollen – manchmal von der Schulbank weg. Eine Betreuerin erinnert einen Anruf aus einem Polizeirevier aus Nordrhein-Westfalen: Ein 14-jähriges Mädchen flehte um Hilfe, weil sie am nächsten Tag religiös verheiratet werden sollte. Rat suchte auch eine Frau, die mit 17 eine Imam-Ehe eingegangen war und sich von ihrem Mann trennen wollte. Die Hürde: Er wollte das Sorgerecht für das gemeinsame Kind. Als Mutter eines unehelichen Kindes gehört ihr nach deutschem Familienrecht das Sorgerecht, nach der Scharia steht die Vormundschaft grundsätzlich dem Vater zu. Sie hatte deshalb große Angst, dass der Vater das Kind als Waffe gegen sie nutzt und es entführen könnte.

Vielweiberei mit Hartz IV

Noch verhängnisvoller wirkt sich die Imam-Ehe auf das Verbot der Polygamie aus. Wer glaubt, dass die Vielweiberei nur noch ein Hobby von arabischen Scheichs und Golf-Potentaten ist, der irrt. Die Vielehe gehört inzwischen wieder zur Lebenswirklichkeit muslimischer Migranten in Deutschland, nicht offiziell, aber im Geheimen. Nach den Beobachtungen von Claus Röchert, in Berlin Leiter der AG Integration und Migration der Polizeidirektion 5, ist die Vielehe in der »arabischen Community ein gängiges Phänomen, insbesondere unter Libanesen und Palästinensern«.

Der Palästinenser Nader Khalil, der junge Straftäter betreut, vermutet, dass 20 Prozent von seinen Freunden eine Zweitfrau haben. Der libanesische Familienhelfer Abed Chaaban in Neukölln schätzt, dass 30 Prozent aller muslimischen Männer in Berlin mit zwei Frauen verheiratet sind – mit einer staatlich, mit der anderen islamisch. Der hessische Landtagsabgeordnete Ismail Tipi, zuvor 23 Jahre Korrespondent der türkischsprachigen Zeitung *Hürriyet* in Deutschland, geht von einer »größeren Zahl« von Doppelehen hierzulande aus: »Allein in meinem Freundeskreis kenne ich vier Familien.« Die Zahl der Mehr-Ehen hat nach den Erfahrungen von Röchert, Chaaban, der Flensburger Familienrechtsanwältin Sabine Scholz und einer Neuköllner Männer- und Väter-Selbsthilfegruppe in den letzten Jahren sogar zugenommen. Trotzdem: Vielehen sind noch lange kein Massenphänomen, aber auch »keine Einzelfälle« mehr.

Dass sich die Polygamie trotz Verbots hierzulande einnistet, hat mindestens fünf Ursachen. Erstens: Die Scharia duldet Vielehen mit bis zu vier Frauen. Zweitens: In der Anonymität der modernen Gesellschaft und der Vielfalt der Partnerbeziehungen lässt sich das Zusammenleben mit mehreren Frauen bzw. Familien gut tarnen. Drittens: Wirtschaftlich braucht der Mann sich nicht um die Zweitfrau zu kümmern, weil der Staat die Unterhaltspflichten für die offiziell alleinstehende Zweitfrau und ihre Kinder über Hartz IV übernimmt. Viertens: Die Imame scheren sich nicht um den Hintergrund von Eheschließungen, interessieren sich nicht dafür, ob sie gerade die Erst-, Zweit- oder Drittfrau trauen. Und fünftens: Religiöse Eheschließungen werden nicht kontrolliert. Sie werden nur bei der Moschee registriert, bei der sie geschlossen werden. Es gibt kein Zentralregister für islamische Ehen. Das heißt: Männer können von Gotteshaus zu Gotteshaus ziehen, ohne dass jemand überwacht, wie oft sie heiraten.

Die Vielehen werden in zwei Modellen gelebt: Bei dem einen sind die Frauen aus religiösen oder kulturellen Gründen mit dem Dreierbund einverstanden, bei dem anderen, wesentlich häufigeren, wird die zweite Ehe heimlich geführt. Sie kommen in allen sozialen Schichten vor, bildungsfernen wie akademischen. Tipis polygame Freunde zum Beispiel sind nicht auf Hartz IV angewiesen, sondern finanzieren ihre beiden Frauen aus ihren Einkommen.

Ayse F., eine im schleswig-holsteinischen Pinneberg lebende Türkin, war Opfer eines Bigamisten, ohne es zu wissen. Seit 16 Jahren ist sie mit einem irakischen Kurden verheiratet, in den sie »ohne Ende verliebt« war und mit dem sie vier Kinder hat. Zunächst hatten sie in Bosnien staatlich geheiratet. Beide lebten von Hartz IV, allerdings hatte ihr Mann erhebliche Nebeneinkünfte aus kriminellen Quellen. Wenn er manchmal Tage oder Wochen verschwand, hatte das Ayse F. nicht zu interessieren: »Eine Frau hat nichts zu fragen.« Dann erhielt sie Telefonanrufe von einer unbekannten Frau, die sie auf Kurdisch »beschimpfte und beleidigte«. Beim heiligen Koran schwor ihr Mann, dass sie die einzige Frau sei, und beschwichtigte die Kinder damit, dass »Mama sich das ausdenkt«. Eine mehrjährige Odyssee durch Frauenhäuser begann – auf der Flucht vor ihrem gewalttätigen Mann und dem Telefonterror der mysteriösen Frau. Anfang 2009 erhielt sie Post von einem Berliner Jugendamt, weil ihr Mann für zwei ihr unbekannte Kinder keinen Unterhalt bezahlt hatte. Sie verschaffte sich die Telefonnummer der anonymen Anruferin, verstellte sich beim Telefonieren als Mann, und die Zweitfrau erzählte ihr arglos, dass sie ihren gemeinsamen Mann schon vor Jahren in einer Berliner Moschee islamisch geheiratet habe. Ein Tiefschlag für sie und ihre Kinder, die nun auch auf dem Laptop ihres Vaters ein zweites Familienleben entdeckten: ihren Vater beim Grillen und Spielen mit zwei ihnen fremden Kindern. Es folgten Monate mit Gewalt, Demütigungen und Versöhnungen, bis sie 2011 die Scheidung einreichte. Seitdem lebt sie in ständiger Angst vor ihrem Noch-Mann, weil sich eine Frau nach seiner Auffassung »nicht scheiden lassen darf«. Ayse F.: »Es geht um seine Ehre und seinen Besitz.« Außerdem ließ er sie wissen, dass ihm die »Scheidung durch ein deutsches Gericht egal ist. Entscheidend ist allein die Scheidung nach dem Koran. Und solange bist du meine Frau.«

Auch bei der Terre des Femmes melden sich immer wieder Frauen, die in eine Vielehen-Falle geraten und verzweifelt sind. Ein Beispiel aus der Liste: Ein Türke hatte eine Deutsche türkischer Herkunft standesamtlich geheiratet und ihr versprochen, die Hochzeitsreise an den Bosporus zu machen. Doch dann fuhr er überraschend allein und brachte eine neue Frau mit, die er in einer Berliner Moschee religiös heiratete. Seiner Erstgetrauten erzählte er offen, dass die Neue nun seine Erstfrau sei. Die Deutsch-Türkin brach zusammen, zumal sie inzwischen auch noch schwanger war. Damit nicht genug der Zumutungen. Ihr Mann ließ sie wissen, dass er und seine neue erste Frau ihr Kind großziehen wollten. Er habe nach dem Islam das Recht, bis zu vier Frauen zu haben. Religiöse Ehen seien nach seinem Verständnis mehr wert als staatliche. Die Zweitfrau solle nach der Geburt des Kindes arbeiten. Ihre Frage an Terre des Femmes: »Kann ich die Ehe annullieren lassen?« Was natürlich nicht geht. Nachdem ihr Mann sie auch noch mehrfach schlug, will sie sich scheiden lassen.

Dass in Deutschland heute wieder in Miniharems gelebt wird, liegt daran, dass viele Geistliche sich bei Heiraten an der Scharia orientieren und einige Männer das Nebeneinander von islamischem und deutschem Familienrecht rücksichtslos zu ihrem Vorteil nutzen. Fast alle Imame fragen wie Ali Chahrour nicht nach dem Familienstand des Mannes, weil die Religion Vielweiberei erlaubt. Eine Ausnahme bildet hier der Weddinger Vorbeter Ferid Heider. Er verlangt von beiden Brautleuten Auszüge aus den Melderegistern, um ihren Familienstand zu prüfen und Vielehen möglichst zu verhindern.

Auch die Flensburger Rechtsanwältin Sabine Scholz sieht in den Imamen die Hauptverantwortlichen, dass das Polygamieverbot umgangen und Frauen erschütterndes Leid zugefügt wird. Als Verfahrensbeistand für zwei Kinder lernte sie einmal eine

Frau kennen, die weitere sechs Kinder hatte. Jahrelang hatte sie nicht gewusst, dass sie eine Zweitfrau war, da sie nur religiös getraut war. Als der Geistliche sie verheiratete, hätte der, so ihr Vorwurf, eigentlich wissen müssen, dass ihr Mann bereits standesamtlich verheiratet war und bereits vier Kinder hatte, denn er lebte mit seiner Erstfamilie im selben Stadtteil, in der Flensburger Nordstadt. Nur schwer kann die Anwältin ertragen, dass der Staat diese Zweitehe auch noch finanziert, weil das Jobcenter den Vater der Kinderschar unbehelligt lässt. Die Zweitfrau gab sich gegenüber den Ämtern, auch nicht korrekt, als Alleinerziehende aus und kassierte mit Wohngeld, Kindergeld, Erziehungsgeld und Unterhaltsvorschuss für die acht Kinder so viel, dass sie nicht einmal mehr einen Hartz-IV-Antrag stellen musste. Den Behörden erzählte sie, dass sie bei einigen Kindern den Vater nicht kenne, bei anderen nannte sie den wirklichen Vater, der ihr gegenüber, was sie aber Jahre nicht wusste, einen anderen Namen nutzte als bei ihrer Konkurrentin. Immer wenn der Mann bei der Erstfrau weilte, machte er der Zweitfrau weis, dass er beruflich nach Berlin müsse, und tauchte dann für mehrere Tage oder Wochen nicht mehr auf. Das gewissenlose Doppelspiel des Mannes flog erst auf, als die Kinder aus beiden Ehen in der gemeinsamen Schule entdeckten, dass sie denselben Vater hatten. Die betrogene Frau lebt heute mit ihren acht Kindern in einem Frauenhaus – gedemütigt durch jahrelange versteckte Bigamie.

Bei den offen praktizierten Vielehen haben sich mehrere Formen entwickelt. In Berlin lebt ein Libyer, berichtet einer aus der Neuköllner Männer- und Väter-Selbsthilfegruppe, mit einer konvertierten Deutschen und einer Libanesin in einer Wohnung zusammen. Sie dulden einander aus religiösen Gründen. Oder aber die Erstfrau erträgt eine Zweitfrau, weil sie keine Kinder bekommen oder wegen einer Krankheit ihre ehelichen Pflichten nicht erfüllen kann. Im Türkischen gibt es sogar einen besonderen Begriff für solche Zweitfrauen: Kuma. Weil Doppelehen dort offiziell verboten sind, so der hessische Abgeordnete Ismail Tipi, werden diese Frauen gegenüber der Öffentlichkeit als »Töchter von Tanten« oder »Cousinen« vorgestellt. Auch der Neuköllner Integrationsbeauftragte Arnold Mengelkoch kennt mehrere Formen von Vielehen. Zum Beispiel einen Libanesen schiitischen Glaubens, der mit zwei sich gut verstehenden Frauen und neun Kindern unter einem Dach wohnt. Und ein Syrer teilte sein Leben mit zwei Frauen in getrennten Wohnungen, von denen eine über eineinhalb Jahre nicht wusste, dass er mit der anderen auch verheiratet war. »Arabische Imame«, weiß Mengelkoch, »trauen bis zu zwei Frauen religiös, was die türkischen Hodschas nicht tun.«

Auch offene Vielehen können außerordentlich konfliktreich verlaufen, im Extremfall sich sogar in einem Mord zuspitzen. Anfang Juni 2012 enthauptete der türkische Kurde Orhan S. seine Frau Semanur auf einer Dachterrasse in Berlin-Kreuzberg und warf den Kopf in den Hinterhof – begleitet von dem Ruf »Allah ist groß«. Diese scheußliche Greueltat wurzelt sicher in erster Linie in der paranoiden Schizophrenie des Täters, aber auch in seinen chaotischen Familienverhältnissen. Die Ehe mit Semanur, mit der er sechs Kinder im Alter von 11 Monaten bis 13 Jahren hatte, war von seinen Eltern in der Türkei arrangiert worden. Orhan S. beugte sich damals, heiratete aber wenig später die im selben Haus lebende Iranerin Leyla religiös. Sie bekam von ihm einen Sohn und eine Tochter, heute zehn und neun Jahre alt. Nach der Geburt der Tochter zog er für vier Jahre zu seiner Zweitfrau. Von seiner Erstfrau konnte Orhan S. offenbar aber nicht ganz lassen. Als er von ihr sein viertes Kind bekam, trennte sich seine Zweitfrau Leyla von ihm. Als Orhan S. wegen Steuerschulden und nicht bezahlter Sozialbeiträge seiner Baufirma für zehn Monate ins Gefängnis musste, zogen beide Frauen sogar zusammen und kümmerten sich gemeinsam um alle Kinder, wie es sich ihr beider Mann gewünscht hatte. Als er aus dem Gefängnis kam, begannen bei ihm die psychischen Probleme, und die Frauen verhakten sich in einem Dauerstreit miteinander. Auch wenn der grausame Mord wohl primär durch Orhans psychische Krankheit zu erklären ist, so ist doch zu fragen, ob der deutsche Staat dem anscheinend wachsenden Phänomen der Vielweiberei in muslimisch geprägten Stadtvierteln wirklich tatenlos zusehen muss wie bisher. Die Leidtragenden sind im Zweifel die Frauen, die dem psychischen Stress polygamer Ehen auf die Dauer nicht gewachsen sind.

Unbegreiflich ist, dass der deutsche Sozialstaat solche Vielehen auch noch finanziert. Nach Auffassung der Jobcenter Neukölln und Berlin-Mitte bleibt ihnen bisher rechtlich keine andere Wahl. Während es in arabischen Ländern selbstverständlich ist, dass Männer für den Unterhalt einer Zweit- oder Drittfrau aufkommen und sich deshalb nur Reiche diesen Luxus leisten können, übernehmen das in Deutschland die Jobcenter, so dass auch Arbeitslose der Vielweiberei frönen können. Jenny Brautzsch, Migrationsbeauftragte bei den Neuköllner Arbeitsvermittlern, findet die Situation, vorsichtig formulierend, »unbefriedigend«: »Wir werden getäuscht.« Offiziell gibt es Vielehen bei den Berliner Arbeitsagenturen nicht, aber die meisten wissen, dass da ein Problem schlummert. Während Carsten Kosterski, Chef der Leistungsabteilung in Berlin-Mitte, bisher nur »Einzelfälle« ausgemacht hat, hat Jenny Brautzsch den »Eindruck, dass es öfter vorkommt«. Zahlen gibt es bisher nicht.

Die Ohnmacht der Jobcenter gegenüber Mehr-Ehen hat zwei Ursachen. Imam-Ehen haben, erstens, nach unseren Gesetzen keine rechtliche Bedeutung. Und zweitens tricksen die nur religiös verheirateten Zweit- oder Drittfrauen beim Jobcenter: Sie geben sich als Alleinerziehende aus und geben vor, den Vater nicht zu kennen – was ihnen den zusätzlichen Vorteil bringt, noch einen Alleinerziehendenzuschlag zu kassieren. Der Berliner SPD-Abgeordnete Erol Özkaraca findet das grotesk: »Vollverschleierte Frauen, die ein uneheliches Kind haben, gibt es nicht. Da muss man vermuten, dass es eine Zweit- oder Drittfrau ist.« Dieser Verdacht drängt sich den Leistungsstellen in bestimmten

Stadtteilen in der Tat auch immer wieder auf. Etwa wenn eine traditionell gekleidete Frau Jahr für Jahr ein Kind bekommt und den Vater angeblich weiterhin nicht kennt. Er verdichtet sich noch, wenn die Frau beim Jobcenter immer in Begleitung desselben Mannes erscheint. Carsten Kosterski: »Das ist ungewöhnlich und nicht glaubhaft, aber wir kommen nicht ran. Wenn einer auf eine Vielehe abzielt, dann kommt ihm dieses System zugute.« Das hat mehrere rechtliche Gründe: Für den Anspruch auf Hartz IV dürfen die Leistungsstellen nicht danach fragen, ob Arbeitslose verheiratet sind oder nicht, entscheidend ist vielmehr, wer im Haushalt lebt. Deshalb dürfen sie auch nicht nach einer möglichen Vielehe fragen. Und wenn »die Frauen sich dann auch noch weigern, den Vater des Kindes zu nennen, haben wir keine Chance«, hat Jenny Brautzsch schmerzlich erfahren: »Moralisch ist das unakzeptabel.« Aber nicht nur das. Es ist auch ein Fall für den Staatsanwalt. Denn die Zweit- oder Drittfrau begeht auch einen Betrug, weil sie durch falsche Angaben den Vater der Kinder von seinen Unterhaltspflichten befreit. Trotzdem haben es Arbeitsagenturen bei Außenprüfungen bisher noch nicht in einem Fall geschafft, eine Vielehe auffliegen zu lassen. Fehlende Sensibilität? Mangelnder Eifer? Oder sind unsere Gesetze wirklich so formuliert, dass Jobcenter und Staatsanwälte Sozialbetrug bei Vielehen wirklich hilflos dulden müssen? Dann müsste der Gesetzgeber aktiv werden.

Enttäuscht ist Jenny Brautzsch vor allem von den Imamen, die Ehen mit Zweit- oder Drittfrauen bedenkenlos segnen, obwohl sie wissen, dass die meisten Männer, wie es arabischer Tradition entspräche, ihren Miniharem gar nicht ernähren können. Hartz IV sei Dank. Und ärgerlich findet sie obendrein, dass die muslimischen Migrantenverbände »sofort dichtmachen, wenn man sie auf dieses Thema anspricht«.

Auch die Abteilung »Unterhaltsvorschuss« beim Jugendamt Neukölln geht davon aus, dass einige ihrer muslimischen Antragstellerinnen in Vielehen leben, hat aber keine Vorstellung von der

Dimension dieses Phänomens. Nach dem Unterhaltsvorschussgesetz können alleinerziehende Frauen und Männer unabhängig von ihrer Nationalität einen Unterhaltsvorschuss von 133,– Euro für Kinder bis zum sechsten Lebensjahr und 180,– Euro für Kinder vom sechsten bis zum zwölften Lebensjahr erhalten. Aufgefallen ist den Sachbearbeiterinnen, dass die Zahl der alleinerziehenden muslimischen Frauen in den letzten beiden Jahren zugenommen hat. Im islamischen Kultuskreis soll es alleinerziehende Frauen eigentlich nicht geben. Zu erklären ist die Vermehrung entweder durch eine steigende Zahl von nur religiös geschlossenen Ehen oder durch mehr Vielehen. Die Sachbearbeiterinnen wundern sich hin und wieder darüber, dass ihre »Alleinerziehenden« ein zweites oder drittes Kind bekommen. Und sie entdecken, freilich nur in wenigen Fällen, zufällig in Akten, dass der als Vater des Kindes Benannte schon mit einer anderen Frau verheiratet ist – und zwar staatlich. Vorgehen können sie gegen diese Ehepraxis nicht, weil ihnen rechtlich und faktisch die Hände gebunden sind. Solange die Frauen nach dem Personenstandsregister ledig sind, darf das Jugendamt nicht fragen, ob die Frauen religiös verheiratet sind, weil solche Ehen hierzulande rechtlich bedeutungslos sind. Und sie müssen sich mit der Versicherung der Frau zufriedengeben, dass sie ohne einen Mann lebt, obwohl das faktisch fast keine konservative Muslimin tut. Würde sie nämlich mit einem Mann zusammenwohnen, würde der Anspruch auf Unterhaltsvorschuss entfallen. Ob die Angaben der Frau über ihr Alleinleben stimmen, kann die Unterhaltsvorschussstelle überdies heute nicht einmal mehr kontrollieren. Der Prüfdienst für solche Fragen ist in Neukölln aus Kostengründen abgeschafft worden – sehr zum Bedauern der Sachbearbeiterinnen. Wie leicht lässt sich unser Sozialstaat ausbeuten!

Ehen auf Zeit

Gegen den Verfassungsgrundsatz, dass eine Ehe immer auf Dauer angelegt sein muss, verstoßen die im schiitischen Familienrecht erlaubten Ehen auf Zeit. Die Dauer wird dabei manchmal ausdrücklich festgelegt, manchmal auch nur zwischen den Partnern intern vereinbart. Die Anwältin und Autorin Seyran Ates ist bei ihren Mandantinnen immer wieder auf Fälle gestoßen, in denen die Ehe für ein Wochenende, eine Reise, eine Pilgerfahrt oder für ein Jahr religiös geschlossen wurde – mit der Möglichkeit, zu verlängern. Durch religiöse Heiraten sollen zudem Besuche bei Prostituierten oder längere Seitensprünge vor Allah und der Gemeinde legitimiert werden. Auch die Berliner Familienrechtsanwältin Christina Clemm wundert sich seit geraumer Zeit, dass zwei Mandantinnen in relativ kurzen Abständen mit jeweils neuen Ehemännern bei ihr auftauchten. Es sind alleinerziehende moderne Frauen, die kein Kopftuch tragen und nicht in Großfamilien leben. Sie lassen sich mit wechselnden Partnern religiös auf Zeit trauen, »um den Schein gegenüber der Familie und der Gemeinde zu wahren«, wie Christina Clemm herausgefunden hat: »Das ist wichtig für ihr psychisches und physisches Wohl.« Dieses rechtlich unverbindliche Ehemodell hat jedoch ebenfalls Schattenseiten, wenn eine Frau zum Beispiel während der Zeitehe schwanger wird und der Mann das Kind nicht anerkennt. Dann kann ihr nur das deutsche Familiengericht helfen.

In den Augen Nader Khalils vom »Deutsch-Arabischen Zentrum« in Neukölln herrscht bei Eheschließungen in muslimischen Einwanderervierteln »Chaos« – vor allem in arabischen und kurdischen Milieus. Aber auch in konservativ-religiösen türkischen Kreisen orientieren sich heute noch viele eher am Brauchtum als am türkischen oder deutschen Familienrecht. Nach der neuen Studie des Bundesfamilienministeriums über »Zwangsverheiratungen in Deutschland« hatten 44 Prozent aller von Pflichtehen bedrohten oder betroffenen Frauen und Männer einen türkischen Migrationshintergrund.[17] Und an diesem Durcheinander sind nach Terre des Femmes in erster Linie die Imam-Ehen schuld: Sie »höhlen das deutsche Familienrecht aus. Bei illegalen Ehen Minderjähriger verkommt die standesamtliche Eheschließung zu einem formalen Akt, und sie lädt zu Mehrfach-Ehen und zu Zwangsheiraten ein, da eine staatliche Kontrollinstanz fehlt.«

Dass die standesamtliche Trauung vor der religiösen Eheschließung stattfindet und somit reine Imam-Ehen verhindert, ist vermutlich nur in den von der türkischen Religionsbehörde DITIB gemanagten Moscheen gesichert. Diese sollen sich am modernen türkischen Familienrecht orientieren. Es gibt Moscheen wie das Islamische Zentrum in Hamburg, die sich selbst verpflichtet haben, den Vorrang der staatlichen Ehe durchzusetzen. Andere Gotteshäuser wie die Omar-Moschee in Berlin-Kreuzberg empfehlen religiös Getrauten auf der Heiratsurkunde auch standesamtlich zu heiraten. Aber was in den anderen 1550 Moschee-Gemeinden, die nicht von DITIB beeinflusst sind, passiert, weiß keiner.[18] Was ist von einem Imam wie dem Münchner Abu Adam zu erwarten, der selbst mit drei Frauen zusammenlebt? Oder vom Vorbeter der Berliner Al-Nur-Moschee Nasser el Isser, der zwei Frauen hat und in einem Gotteshaus predigt, das auf seiner Website die »schariarechtliche Lebenspraxis« zu einem wichtigen Auswahlkriterium bei der Partnersuche erklärt?[19]

Nach einer neuen Studie des Bundesamtes für Migration und Flüchtlinge wurden 94 Prozent der Vorbeter im Ausland geboren; 40 Prozent leben nur für ein paar Monate oder Jahre in Deutschland, und 70 Prozent sprechen mittelmäßig bis gar kein Deutsch.[20] Die Mehrheit der Imame kennt also ihre neue Heimat nicht oder nur schlecht und damit natürlich auch nicht unsere Rechtsordnung. Die beschriebene Praxis der religiösen Trauungen bei minderjährigen Mädchen sowie bei Zwangs-, Viel- und Zeitehen lässt daher vermuten, dass sich die Mehrheit der nichttürkischen Geistlichen und Gemeinden eher von der Scharia als vom Bürgerlichen

Gesetzbuch leiten lässt. Für Imame ist nach Seyran Ateş entscheidend, dass in Ehen »ihr religiöses Verständnis gelebt wird – und wenn das gesichert ist, lassen sie sich pragmatisch benutzen«. Außerdem locken finanzielle Anreize. Eheschließungen sind für Vorbeter eine wichtige Einnahmequelle. Die 70 bis 150 Euro pro Jawort sind bei den nicht üppigen Salären fest eingeplant.

Diesem Wirrwar hat der deutsche Gesetzgeber auch noch durch eine 2009 in Kraft getretene Änderung des Personenstandsgesetzes Vorschub geleistet.[21] Er hat nämlich den Vorrang der staatlichen vor der religiösen Trauung aufgehoben – mit der Folge, dass jede katholische oder protestantische, aber eben auch jede muslimische Trauung zeitlich vor der standesamtlichen stattfinden kann. Etliche Bundestagsabgeordnete haben die Folgen der Änderung für muslimische Migrantinnen anscheinend übersehen. »Da ist uns etwas durchgegangen«, räumte der SPD-Rechtspolitiker Dieter Wiefelspütz ein.[22] Aus der Gesetzgebungsgeschichte ergibt sich jedoch, dass das Bundesjustizministerium und etliche Landesjustizministerien die Auswirkungen sehr wohl vorausgesehen haben. Das sogenannte »Voraustrauungsverbot« hat der Gesetzgeber aufgehoben, weil es bei der evangelischen und katholischen Kirche »keine praktische Bedeutung« mehr hatte.[23] Für beide großen Kirchen war und ist bis heute selbstverständlich, dass das kirchliche Jawort erst nach dem standesamtlichen gegeben wird. Außerdem ist, soweit bekannt, eine Buße wegen des Verstoßes gegen den Vorrang der staatlichen Heirat nie verhängt worden.

Der Bundesrat wehrte sich zunächst gegen den Wegfall des Voraustrauungsverbotes, weil der Vorrang der staatlichen Heirat vor der kirchlichen zwar bei den großen Kirchen gesichert sei, was »jedoch für die – tendenziell an Bedeutung gewinnenden – anderen zwischenzeitlich in Deutschland verbreiteten Religionsgemeinschaften nicht festgestellt werden kann«.[24] Klar ist, wen der Bundesrat meint: den Islam. Das Bundesjustizministerium ließ sich jedoch nicht beirren und verteidigte den Wegfall des

Vorrangs der staatlichen Trauung mit einer entlarvenden Begründung: »Die Erfahrungen haben gezeigt, dass ›andere in Deutschland vertretene Religionsgemeinschaften‹ trotz wiederholten Hinweises durch verschiedene deutsche Stellen nicht dazu bewegt werden konnten, ihre Eheschließungspraxis« an dem geltenden Personenstandgesetz »auszurichten«. Da die katholische und evangelische Kirche den zeitlichen Vorrang der staatlichen vor der kirchlichen Trauung ohnehin praktizieren und die Vorschrift in der Vergangenheit »wirkungslos« gewesen sei, könne sie wegfallen.[25] Übersetzt: Weil die muslimischen Verbände den Vorrang der staatlichen vor der religiösen Heirat nicht sicherstellen wollen, verzichtete der Gesetzgeber auf einen gesetzlichen Zwang. Oder anders formuliert: Statt sie zur Beachtung der geltenden Gesetze aufzufordern, nimmt der deutsche Gesetzgeber lieber Rücksicht auf fremde Gepflogenheiten. Opfer sind die muslimischen Frauen. Ein trauriges Beispiel falsch verstandener Toleranz gegenüber der muslimischen Minderheitsgesellschaft. Zu Recht prangert daher Terre des Femmes seit langem die »deutliche Aufwertung der religiösen Eheschließung gegenüber der zivilrechtlichen« durch den deutschen Gesetzgeber an und fordert eine möglichst schnelle Rückkehr zum alten Recht – vor allem zum Schutz muslimischer Frauen und ihrer Kinder.

Imam-Ehen erleichtern Zwangsheiraten

»Total häufig« erreichen die Frauenschutzorganisation auch Hilferufe vor und nach Zwangsheiraten in Deutschland. Ein Fall von vielen: Eine Sechzehnjährige wandte sich an Terre des Femmes, nachdem ihr Vater sie einem Kosovo-Albaner versprochen hatte. Danach überwachte ihre Familie und ihr Bruder sie ständig und nahmen ihr Handy und Laptop weg. Eine solches Eheversprechen der Eltern, so die Beraterinnen von Terre des Femmes, wirkt »wie ein Siegel: Es löst eine absolute Kontrolle bis zur Heirat aus.«

Bis heute sind keine verlässlichen Aussagen über das Ausmaß von Zwangsverheiraten in Deutschland möglich. Daran hat auch die jüngste, nichtrepräsentative Studie des Bundesfamilienministeriums nichts geändert. Demnach haben im Jahr 2008 366 Beratungs- und Schutzeinrichtungen 3443 Personen bei angedrohten oder vollzogenen Zwangsheiraten beraten.[26] Die Zahl der Konsultationen erlaubt jedoch keine Rückschlüsse auf die Zahl der tatsächlich vollzogenen Zwangsheiraten. 60 Prozent der Beratungen fanden vor der Eheschließung statt, und niemand weiß, was danach passiert ist.[27] Die Forscher schätzen, dass der Anteil der Doppelberatungen sehr hoch liegt, zwischen 14 und 43 Prozent.[28] Diese Unwägbarkeiten machen es unmöglich, auf die Zahl vollzogener Zwangsheiraten rückzuschließen. Trotzdem hält Thomas Mirbach, einer der Autoren der Studie, die Zahl der Beratungsfälle in einem Jahr für »sehr hoch«, wenn man im Hinterkopf behält, dass das »Dunkelfeld wahrscheinlich viel höher« ist. Andere Untersuchungen sind punktuell und noch weniger aussagekräftig. Sie pendeln zwischen einigen hundert und 2000.[29] Fazit: Die Zwangsehe ist hierzulande kein »Massenproblem«, wie Rechtsanwältin Hayriye Yerlikaya formuliert, aber nach wie vor ein »ernstzunehmendes Problem«, so der Deutsche Caritasverband.[30]

83 Prozent aller Ratsuchenden zum Thema Zwangsehe stammten aus dem islamischen Kulturkreis, gut 59 Prozent von ihnen waren in stark religiös geprägten Familien aufgewachsen.[31] Offenbar entspricht es einer gewissen Tradition, Zwangsehen in der Heimat zu vollziehen. Denn in nur 28 Prozent der Fälle sollte die Eheschließung in Deutschland stattfinden.[32] Auffällig auch, dass bei 32 Prozent der Genötigten nur eine religiöse Heiratszeremonie geplant war, wodurch jede staatliche Kontrolle vermieden wird.[33]

Erschreckend ist nach der Untersuchung immer noch das Ausmaß psychischer und physischer Gewalt bei Zwangsheiraten. Weigerte sich eine Tochter oder Schwester, den Erwählten zu ehelichen, kam es in 70 Prozent der Fälle zu Beschimpfungen,

Erniedrigungen, Erpressungen oder Gewaltdrohungen durch die Familie.[34] In solchen Krisen wird manchmal auch ein Schlichter wie Haj Nur Demir um Hilfe gebeten. Bei einem gewaltschwangeren Konflikt war er einmal mehrere Wochen im Einsatz. Eine junge Frau aus Höxter hatte sich erdreistet, einen Mann selbst auszusuchen, war dabei aber ihrem Onkel in die Quere gekommen, der sie bereits für seinen Sohn als Braut auserkoren hatte. Ihr Vater war mit dem Plan seines Bruders einverstanden. 30-mal pendelte Demir als Makler zwischen Höxter, Hildesheim und Recklinghausen. Am Ende ergab sich die Ausbruchswillige ihrem fremdbestimmten Schicksal. Der Ausgang ist typisch für das Wirken von Schlichtern: Für sie zählt der Familienwille mehr als das Selbstbestimmungsrecht der Tochter. Damit werden sie objektiv zu Mittätern bzw. Gehilfen bei Zwangsehen – Straftaten, für die sie allerdings noch nie zur Rechenschaft gezogen worden sind.

Dieses Damoklesschwert droht eigentlich auch vielen Imamen. Halide M., die das Stuttgarter Schutzhaus Rosa leitet, hat ebenso wie die türkische Anwältin Gülsen Celebi noch »nie erlebt, dass ein Imam eine Zwangsehe verhindert hat. Bei Kenntnis müsste er es eigentlich.« Noch schärfer geht Terre des Femmes mit ihnen ins Gericht: »In den allermeisten Fällen ist der Imam nur ein weiteres Druckmittel der Familie, um das Mädchen zur Heirat zu bewegen.« Ähnliche Erfahrungen hat der Erlanger Islamrechtler Mathias Rohe bei seinen Feldstudien gesammelt: »Manche Imame haben keine Ahnung vom deutschen Recht. Sie bauen knochenhart religiöse Drohkulissen auf und bagatellisieren Schläge, um die Einheit der Familie zu erhalten.«

Imame als Vollstrecker des traditionellen Familienbildes

Diese bitteren Erfahrungen mit Geistlichen bestätigen Frauenhäuser und Mädchenzufluchten, wenn sie als Schlichter eingreifen. Die Schutzeinrichtungen sind die einzigen Stellen, die den Kampf von Vätern, Verwandten, Schlichtern und Imamen um ausgebrochene Töchter und getürmte Ehefrauen unmittelbar miterleben. Seit 25 Jahren kümmert sich in Berlin die anonyme Schutzeinrichtung Papatya besonders um muslimische und jesidische Mädchen, die vor Gewalt, Missbrauch und Zwangsheiraten fliehen. Ulrike A., eine der Mitarbeiterinnen, hat keinen guten Eindruck von Imamen und anderen Schlichtern. Vor allem Jesiden und libanesische Clanoberhäupter arbeiten mit harten Bandagen, um die Ehre der Familie wiederherzustellen, die durch eine Flucht ins Frauenhaus verletzt wird.

Nach den Erfahrungen von Ulrike A. empfinden Frauen und Mädchen Imame und Streitschlichter »als Vertreter der Eltern« und nicht als ihre Unterstützer. Sie erlebt die Geistlichen »als Vollstrecker des traditionellen Familienbildes« und als »Vertreter einer Religion, die sie der westlichen Liberalität, dem Atheismus und dem Christentum überlegen finden«. Dabei gehen die Vorbeter nicht selten »trickreich und manipulativ« vor – auch gegenüber dem Frauenhaus. Sie »bagatellisieren häusliche Gewalt« und vermitteln den »Eindruck, dass sie die Verhältnisse verändern können und der Ehemann oder der Vater die Frau oder Tochter nicht mehr schlagen« wird. Den Mädchen erzählen sie am Telefon, dass die »Oma im Sterben liegt oder die Mutter nicht mehr isst oder der Vater sich die Augen ausweint«. Manche Mädchen können das nicht aushalten und werden weich. Am Ende ihrer Zeit im Frauenhaus entscheiden sich viele Mädchen, in die Familie zurückzugehen. Besonders erbittert Ulrike A., dass die Geistlichen den Koran als moralisches Druckmittel nutzen, obwohl viele Familien »weder religiös sind noch etwas vom Islam wissen«.

Dabei erweisen sich Zwangsehen, arrangierte Ehen und Import-Ehen zunehmend als Sackgassen für eheliches Glück. Der Neuköllner Psychologe Kazim Erdogan schätzt nach 12 Jahren Ehe- und Familienberatung, dass 80 bis 90 Prozent dieser Lebensbündnisse über kurz oder lang zerbrechen. Es sind die am meisten gefährdeten Ehen, die Bugwelle einer anschwellenden Scheidungsflut auch bei normalen muslimischen Ehen. Zwar gibt es hierüber keine Statistiken. Aber alle Insider sind sich einig, dass die Scheidungsraten in den letzten Jahren in die Höhe geschnellt sind. Kazim Erdogan geht von einer Scheidungsquote von 40 Prozent aus, Thomas Rüth, Gründer des Jugendhilfswerkes Essen, von 30 Prozent. Damit liegt die Scheidungsquote bei muslimischen Paaren zwar immer noch deutlich unter der deutscher Ehen mit 50 Prozent im Jahr 2008. Aber unverkennbar ist, dass auch die muslimische Ehe zerbröckelt.

Nach übereinstimmender Expertenmeinung gehen 90 Prozent der Scheidungsbegehren von Frauen aus. Über die häufigsten Trennungsgründe ist sich die Neuköllner Männer- und Väter-Selbsthilfegruppe schnell einig: Enttäuschung darüber, dass der in der Türkei wie ein »anatolischer Held« auftretende Brautwerber in Deutschland von Hartz IV lebt, Spielsucht, Behandlung der Frauen als Gebärmaschine und Haushaltshilfe, Beschimpfungen und Demütigungen, häusliche Gewalt in mindestens 50 Prozent aller Scheidungen und eine größere wirtschaftliche Unabhängigkeit der Frauen, durch einen eigenen Beruf oder Hartz IV. Wenn eine Frau einen Mann heutzutage loswerden will, verzichtet sie auf Unterhalt, weil der Staat ihn übernimmt. »Kaum ein Mann in Neukölln bezahlt noch Unterhalt«, glaubt Nader Khalil zu wissen.

Andererseits empfinden es die meisten in der Selbsthilfegruppe aber auch richtig, dass bei drohenden Scheidungen zunächst Imame oder Schlichter die Ehe zu retten versuchen, bevor Anwälte, Familienrichter und Jugendämter tätig werden: Mittler sprechen die gleiche Sprache und kennen die Kultur; Anwälte und Gerichte sind teuer; Prozesse dauern lange und entscheiden nur zugunsten einer Partei; dem Frieden ist besser gedient, wenn beide Seiten einverstanden sind. Die meisten Muslime begreifen nach Ansicht von Seyran Ates »das deutsche Familienrecht als frauenfreundlich und männerfeindlich. Sie bewerten die Gleichbehandlung der Geschlechter nach deutschem Recht als Unrecht, als Ungleichbehandlung des Mannes gegenüber den Frauen.«[35] Der Familienhelfer Abed Chaaban schätzt, dass 70 Prozent der Araber Scheidungen von deutschen Familiengerichten nicht akzeptieren und sie lieber den »traditionellen Konfliktlösungsmodellen vertrauen«. Muslimische Frauen dagegen fangen nach den Erfahrungen von Rechtsanwältin Christina Clemm an, »deutsche Familiengerichte zu akzeptieren, weil sie ihnen helfen«.[36]

Besondere Orientierungsschwierigkeiten beim Zusammenprall beider Rechtskulturen haben offenbar Imame wie der Weddinger Ferid Heider. Für ihn steht außer Frage, dass »Gottes Gebot das Wichtigste ist«. Daraus schließt er, dass sich jeder Muslim »vor einem deutschen Gericht fragen muss, wie der Fall nach islamischem Recht zu lösen ist und er sich am Ende nach seinem Gewissen entscheiden muss, wie er mit dem Urteil eines Familiengerichts umgeht«. Er räumt ein, dass sich muslimische Männer bei Urteilen des Familiengerichts »über das Erziehungsrecht für die Kinder häufig benachteiligt fühlen, weil nicht mehr sicher ist, dass die Kinder auch muslimisch erzogen werden«. Andererseits findet er das Recht der Frauen auf Scheidung »eine gute Errungenschaft«, das es nach der Scharia nur unter ganz engen Voraussetzungen gibt. Anscheinend entscheidet der um Integration bemühte Weddinger Imam von Fall zu Fall, welche Rechtsordnung für ihn verbindlich ist.

Will sich eine muslimische Frau scheiden lassen, ist das immer auch ein Angriff auf die Ehre des Mannes und die ihrer Eltern und Schwiegereltern. Nach häufig erfolglosen Vermittlungsversuchen der Familie spielen dann Imame und nichtreligiöse Schlichter eine Schlüsselrolle in der informellen Familienjustiz.[37] Der bereits im vorderen Teil des Buches porträtierte Essener Imam Raschid verbringt etwa 15 Prozent seiner Tätigkeit mit der Vermittlung bei Familienkonflikten, der Imam der Berliner Sehitlik-Moschee Mehmet Tekin etwa 10 Prozent.[38] Die Arbeiterwohlfahrt in Essen hat sogar einen türkischen Imam als »interkulturellen muslimischen Vermittler« angestellt.[39] Alle Geistlichen schlichten nach islamischem Familienrecht, das heißt, sie versuchen, die Scheidung um fast jeden Preis zu verhindern. Wenn es passt, verweisen sie auf positive Beispiele aus dem Koran oder dem Leben des Propheten. Der Münchner Imam und Schlichter Abu Adam macht keinen Hehl daraus, was er von den Fähigkeiten deutscher Familienrichter und seinen eigenen denkt: »Mein Urteil ist gerechter als das des Staates.«[40] Es gibt aber auch Geistliche wie den Münchener Imam Sidigullah Fadai, die jede Vermittlung ablehnen: »Wir verweisen Ratsuchende auf die verbindliche deutsche Rechtsordnung.«

Ebenso interessant wie entlarvend ist, dass die neue Studie des Bundesamtes für Migration und Flüchtlinge über »Islamische Religionsbedienstete in Deutschland« die Schlichterrolle von Geistlichen bei Familienkonflikten gar nicht erwähnt. Sie taucht dort verharmlosend in der Rubrik »Beratung von Gläubigen bei Alltagsproblemen und Konflikten« auf, ohne die historische und gesellschaftliche Bedeutung der Friedensstifter in der muslimischen Kultur anzusprechen. Dabei kommen die Forscher zu der wenig aussagekräftigen Erkenntnis, dass »persönliche Beratungen« nicht im Zentrum der Arbeit von Imamen und Dedes (Geistliche bei den Aleviten) stehen, aber zum »festen Aufgabenspektrum« gehören.[41]

Streitschlichtung im Vorfeld der Familiengerichtsbarkeit

Selbst Rechtsanwältinnen erfahren erstaunlich wenig von der informellen muslimischen Familienjustiz. Mandantinnen kommen nämlich erst zu ihnen, wenn das »Kind in den Brunnen gefallen ist«, so die Rechtsanwältin Christina Clemm, oder wenn sie schon »durch die Hölle sind«, wie es Rechtsanwältin Gülsen Celebi ausdrückt. Trotzdem erleben sie hin und wieder, dass sich Vorbeter oder Friedensstifter einmischen. Das wichtigste

Indiz: Anträge auf Schutz vor drohender Gewalt oder Scheidung werden plötzlich ohne erkennbaren Grund zurückgezogen. Ein Beispiel: Eine Kurdin wendet sich an eine Berliner Anwältin, um sich scheiden zu lassen, weil ihr Mann sie ständig schlägt. Nach einigen Wochen ruft er plötzlich an und bittet die Anwältin, die Rechnung zu schicken. Der Fall sei erledigt. Die Familienkonferenz in der Türkei habe entschieden, dass sie beide es noch mal versuchen sollen. 14 Tage später meldete sich die Frau wieder bei ihr – mit gebrochenem Nasenbein. In einem anderen Fall setzte der Imam einer salafistischen Moschee in Berlin eine Mandantin unter Druck, eine Strafanzeige gegen ihren Mann wegen Freiheitsberaubung und Vergewaltigung zurückzuziehen. Weigere sie sich, würde sie den Schutz ihrer Familie in Tunesien verlieren. Die Stuttgarter Anwältin und CDU-Bundestagsabgeordnete Ute Granold erinnert sich mit unguten Gefühlen an den Auftritt von sieben Männern aus dem Kosovo in ihrer Kanzlei. Sie teilten ihr mit, dass ihre unter ehelicher Gewalt leidende Mandantin den Scheidungsantrag zurücknehmen wolle. Der Versuch der Anwältin, mit ihr allein darüber zu sprechen, scheiterte. Der Druck der siebenköpfigen Einschüchterungstruppe war zu stark. Als sie ihre Mandantin dann in Anwesenheit der Männer fragte, ob sie den Antrag freiwillig zurücknähme, schwieg diese zunächst. Nach langer Pause rang sie sich zu einem leisen Ja durch. Zwei Jahre später meldete sie sich wieder – nun mit dem Wunsch, sofort in eine Schutzwohnung zu ziehen und dem Mann endgültig die rote Karte zu zeigen. Die Flensburger Rechtsanwältin Sabine Scholz hat schon zweimal erlebt, dass drei »Friedensstifter« sogar noch im Familiengericht auftauchten, um ihre Mandantinnen von Anträgen auf das alleinige Sorgerecht für die Kinder abzuhalten. Sie wollten mit in den Gerichtssaal und konnten gar nicht begreifen, dass Familienrechtssachen nicht öffentlich verhandelt werden. Aber solche Auftritte sind eher Ausnahmen.

Die deutschen Familiengerichte bekommen von der islamischen Schattenjustiz fast nichts mit.[42] Weder Michael Schütz in Essen noch Jan Pohl in Duisburg-Hamborn noch zwei Familienrichterinnen in Berlin haben Schlichter oder Imame erlebt, die ihnen ins Verfahren grätschen. Die Quote einvernehmlicher Scheidungen liegt nach ihrer Ansicht bei Türken und Arabern zwischen 80 und 95 Prozent und damit genauso hoch wie bei Deutschen. Offenbar erreichen die Familiengerichte nur die rechtlichen Konflikte unter Muslimen, bei denen die außergerichtliche Streitschlichtung vorher versagt hat.

Selbstjustiz: »Wir regeln das unter uns.«

Zur informellen islamischen Familienjustiz gehört in extremen Fällen auch die Selbstjustiz in Form von Ehrenmorden, mit Gewalt durchgesetzten Zwangsheiraten, Entführungen und Blutrache. Die gemeinsame Klammer ist der Satz: »Wir regeln das unter uns.« Wurzeln fast aller dieser Gewalttaten sind entweder verletzte Familienehre oder abweichende Rechtsvorstellungen.

Nach Recherchen des »Spiegels« fliehen jährlich Hunderte von muslimischen Migrantinnen vor dieser Selbstjustiz in Schutzeinrichtungen und Frauenhäuser.[43] Die Berliner Hilfsorganisation Papatya nimmt jährlich 60 Mädchen und junge Frauen auf, die gegen das Gefängnis Großfamilie und ihre konservativen-religiösen Strukturen aufbegehren, weil sie deren Ehrvorstellungen nicht teilen oder einen freien westlichen Lebensstil bevorzugen. Jede Zweite sei von einer Zwangsheirat bedroht gewesen, jede Fünfte habe von einem Ehrenmord in ihrer Familie berichtet. Die meisten dieser Flüchtlinge haben einen muslimischen Hintergrund. Im Hamburger Mädchenschutzhaus »Zuflucht« hat fast jedes zweite Mädchen vor drohenden oder vollzogenen Zwangsheiraten Unterschlupf gesucht. Im Stuttgarter Schutzhaus Rosa bitten jährlich 80 Opfer um Aufnahme.[44] Die baden-württembergische Jugendhilfeeinrichtung Jasemin berichtet von 400 Beratungskontakten, das Online-Portal Sibel von mehr als

300 Hilferufen pro Jahr. Der in Weinheim ansässige Verein peri e. V. will seit 2008 etwa 50 Mädchen und Frauen zur Flucht verholfen haben.[45]

Verantwortlich für diese Flucht vor der Selbstjustiz sind archaische Traditionen und patriarchalische Denkmuster, die Töchtern oder Ehefrauen keinen freien Willen zugestehen. Es gebe, so der Freiburger Psychologieprofessor und Ethnologe Jan Kizilhan, in schlecht integrierten Clans eine »kollektive Verständigung« darüber, was Frauen dürfen und was unehrenhaftes Verhalten sei: »Diese Verständigung ordnet und regelt das Zusammenleben.«[46] Wenn eine Frau dagegen verstößt, ist das Ansehen der Familie beschädigt. Es wiederherzustellen, legitimiert in den Augen religiös-konservativer Kreise Gewalt, im äußersten Fall sogar Mord.

Seit der Tötung Hatun Sürücüs, die von ihrem jüngeren Bruder im Januar 2005 wegen ihres westlichen Lebensstils in Berlin auf offener Straße erschossen wurde, scheint der Ehrenmord zur Lebenswirklichkeit der Bundesrepublik zu gehören. Zwar gibt es immer noch spektakuläre Fälle wie die Ermordung von Arzu Ö. durch ihre fünf Geschwister, die bundesweites Aufsehen erregen.[47] Über die meisten Ehrenmorde berichtet indes nur noch die Regionalpresse – wie etwa über einen Prozess vor dem Kieler Landgericht. Angeklagt war eine Hinrichtung auf offener Straße. Das Opfer, ein irakischer Kurde, soll nach Augenzeugenberichten gekniet haben, als ihm die Täter die Kehle durchschnitten. Der Hintergrund der Bluttat: Eine Frau, die mit ihrem Ehemann nach islamischem Recht verheiratet war, hatte diesen Silvester 2011 verlassen, um mit dem Opfer zusammenzuleben. Um die Ehre der Familie wiederherzustellen, beschlossen ihre vier aus dem Libanon stammenden Brüder und ein Schwager, den neuen Liebhaber umzubringen. Wegen eines Verfahrensfehlers der Staatsanwaltschaft verurteilte das Landgericht Kiel die fünf im April 2012 nur wegen Totschlages – und nicht wegen Mordes – zu Gefängnisstrafen zwischen fünf und vierzehn Jahren.[48]

Niemand weiß, wie viele Ehrenmorde jährlich in der Bundesrepublik begangen werden. Studien des Bundeskriminalamtes und des Max-Planck-Institutes für ausländisches und internationales Strafrecht gehen von sieben bis zehn pro Jahr aus. Die Kriminologen haben in den Jahren von 1996 bis 2005 78 Fälle identifiziert.[49] Der Ethnologe Kizilhahn, der gleichfalls Ehrenmorde untersucht hat, glaubt, dass die Zahl »mit Sicherheit höher« sei. Sein schärfster Kritikpunkt: »Nicht nachvollziehbare und verdeckte Morde wurden von den Forschern ebenso wenig geprüft wie vermeintliche Suizide, Unfälle und Vermisstenmeldungen.«[50]

Gemeinsam ist allen Ehrenmorden, dass sich in ihnen fast immer Familienkonflikte gewalttätig zuspitzten. Nach der Studie des Bundeskriminalamts ging es in mehr als der Hälfte der Fälle um eine tatsächliche oder geplante Trennung vom Ehemann (55 Prozent), um eine außereheliche Beziehung (20 Prozent), einen westlichen Lebensstil (7 Prozent) und eine nicht geduldete Beziehung (13 Prozent).[51] Die meisten Tatverdächtigen stammten aus der Türkei: In der Studie des Bundeskriminalamtes von 2006 waren es 71 Prozent, in der des Max-Planck-Institutes aus dem Jahr 2011 66 Prozent.[52] Danach folgen arabische Länder (14 Prozent), Länder des ehemaligen Jugoslawien und Albanien mit 8 Prozent und Pakistan und Afghanistan mit 6 Prozent. Die Anwältin und Frauenrechtlerin Seyran Ates berichtet, dass 90 Prozent ihrer Mandantinnen Angst vor einem Ehrenmord hatten.[53]

Wie wenig das Selbstbestimmungsrecht einer Frau in religiös-konservativen Kreisen zählt, zeigt eine im Sommer 2011 vor dem Landgericht Essen verhandelte Entführung.[54] Eine 25-jährige Libanesin war gekidnappt worden, weil sie sich geweigert hatte, ein sechs Jahre zuvor gegebenes Heiratsversprechen ihrer Mutter einzulösen. Eine fünfköpfige Gang aus dem verschmähten Mann, seiner Mutter, seiner Schwester und zwei Helfern zerrte die Widerspenstige in einen Kleinbus und fuhr mit ihr in ein abgelegenes Haus. Drei Tage wurde sie dort gefangen gehalten. Hier wurde sie mit dem Mann, den sie nicht wollte, unter Zwang islamisch verheiratet und anschließend sexuell genötigt. Als sich nach der Tat abzeichnete, dass die Entführer mit hohen Freiheitsstrafen zu rechnen hatten, kam es zu Versöhnungsgesprächen zwischen den Familien, an denen auch die Entführte teilnahm, und zur Zahlung von »Blutgeld«. Daraufhin erklärte die Malträtierte, dass sie kein Interesse mehr an einer Strafverfolgung habe. Diese Schlichtung mit finanzieller Kompensation berücksichtigte das Gericht im Rahmen des Täter-Opfer-Ausgleiches strafmildernd, so dass die Kidnapper mit unverständlich geringen Strafen zwischen sechs Monaten und zwei Jahren mit Bewährung davonkamen. Wie viel Gewalt, sexuelle Nötigung und Demütigungen gegen muslimische Frauen müssen eigentlich noch passieren, bis die deutsche Strafjustiz endlich Zeichen setzt und für solche Exzesse Gefängnisstrafen ohne Bewährung verhängt?

Wird die Ehre einer Familie doppelt verletzt, kann die Rache sogar in Mord münden. Bei einer Hochzeit in Bottrop soll der Bruder der Libanesin Jehan S. von einem Trio erstochen worden sein.[55] In den Augen der drei mutmaßlichen Rächer hatte sie zwei Fehler begangen. Einmal hatte sie ihren Mann, mit dem sie nur nach muslimischem Ritus verheiratet war, verlassen und – mindestens so schlimm – auch noch das alleinige Sorgerecht für die zwei Kinder beansprucht. Das hatte ihr das Familiengericht auch zugesprochen. Trotz eines großzügigen Umgangsrechts für ihren Mann von drei Wochenenden im Monat soll er ihr nach dem Urteil gedroht haben, dass er entweder ihren Bruder oder ihren Vater töten werde.

Diese Drohung haben der verlassene Ehemann und sein Bruder nach Überzeugung der Schwurgerichtskammer des Essener Landgerichts auch wahr gemacht. Ein gutes Jahr später verurteilte es die beiden wegen Mordes zu einer lebenslangen Haftstrafe. Ein dritter Angeklagter wurde freigesprochen. Welcher der beiden auf der Hochzeit zugestochen hatte, konnten die Richter nicht feststellen. In der Begründung sprach der Vorsitzende Richter Andreas Labentz einige deutliche Worte über Zeugen und die verfeindeten Familienclans: Sie hätten den Respekt vor dem deutschen Rechtssystem vermissen lassen und »von vornherein ihre eigenen Ziele verfolgt«. Eine Zeugenbelehrung, die Wahrheit zu sagen, hätte man sich bei den meisten Zeugen ersparen können. Die Kammer vermutet sogar, dass sich viele Zeugen aus Angst vor Vergeltung gar nicht erst gemeldet hätten.[56]

Bei allen drei Fällen von Selbstjustiz ließen sich Täter und ihre Familien ausschließlich von islamischen Ehr- und Rechtsvorstellungen leiten. Alle Paare waren nur islamisch und nicht standesamtlich getraut. Und die Familienehre war ihnen wichtiger als unsere Rechtsordnung und das Urteil eines Familiengerichts. »Die Familie steht über dem Gesetz«, bilanziert ein Arbeitspapier der Bremer Informations- und Sammelstelle ethnischer Clans die Haltung vieler libanesisch-kurdischer Großfamilien gegenüber unseren Gesetzen. Und wenn man Jan Kizilhan glaubt, sieht die Zukunft hier eher dunkel aus. Er prophezeit, dass es »in den nächsten 10 bis 15 Jahren mehr Gewaltakte im Namen der Ehre geben wird«: »Wir haben einen nach außen nicht sichtbaren Kampf der Migrantengenerationen«, erklärte der Wissenschaftler gegenüber dem »Spiegel«.[57] Die zweite und dritte Generation nutzen noch die alten Werte, um die Herrschaft zu sichern: »Zugleich lehnen sich immer mehr weibliche Familienmitglieder dagegen auf.« Diesen Widerstand der Frauen will Thomas Rüth vom AWO-Jugendhilfe-Netzwerk in Essen sogar politisch nutzen: »Den Generationenkonflikt können wir nicht über Männer und Imame lösen, sondern nur über Frauen.«

Zwischen Bürgerlichem Gesetzbuch und Scharia

Bisher hat sich kaum jemand Gedanken darüber gemacht, welche rechtlichen und politischen Folgen das Neben- und Gegeneinander von Scharia und Brauchtum einerseits und Bürgerlichem Gesetzbuch andererseits in Deutschland hat. Es gibt zahllose unbeantwortete Fragen. Wie stark orientieren sich Muslime in Deutschland an der Scharia? Wie verbreitet ist die außergerichtliche Schlichtung im Vorfeld unserer Familiengerichte? In welchem Umfang schadet die Paralleljustiz bei Familienkonflikten der Integration?

Nach den Beobachtungen von Nader Khalil vom »Deutsch-Arabischen Zentrum« in Neukölln hängt die Akzeptanz des deutschen Familienrechts und der Familiengerichte vor allem vom »Grad der Integration und der Bildung« ab: »Die Integrierten fühlen sich an das deutsche Familienrecht gebunden.« Bei den Bildungsfernen und sozial Schwachen hält er die Schlichtung dagegen »für sehr verbreitet«, ebenso wie der Berliner Polizeihauptkommissar Claus Röchert, Leiter der Arbeitsgemeinschaft Integration und Migration in der Polizeidirektion: »Vor allem arabische Moscheen sind hier aktiv.«

Nach dem Eindruck der Familienrechtsanwältin Sabine Scholz nehmen die Schlichtungen sogar zu. Zwei Indizien: Der Anteil der Mandantinnen aus dem muslimischen Milieu hat abgenommen, obwohl die Scheidungsraten steigen. Und wenn scheidungswillige Ehefrauen Frauenhäuser wieder verlassen, ziehen sie häufiger als früher ihre Scheidungsanträge zurück, offenbar weil Familienälteste oder Imame im Hintergrund die Fäden gezogen haben. Auch dem Neuköllner Erziehungs- und Familienberater Kazim Erdogan ist aufgefallen, dass »Schlichter und Hodschas die Oberhand gewinnen«, »weil sich viele mit den Entscheidungen von Jugendämtern und Familiengerichten nicht identifizieren können und nach anderen Lösungen suchen«.

Ist die Integration ein Indikator für die Verbreitung der Schlichtung und die Bevorzugung islamischen Familienrechts, dann kann die jüngste Studie des Bundesinnenministeriums »Lebenswelten junger Muslime in Deutschland« aufschlussreiche Fingerzeige geben. Sie ist zwar nicht repräsentativ, entspricht in ihrer Tendenz aber vorausgegangenen Untersuchungen. Danach befürwortet eine große Mehrheit der deutschen Muslime (78 Prozent) die Integration mehr oder weniger, bei den nichtdeutschen Muslimen sind es noch rund 52 Prozent.[58] Bei den deutschen und nichtdeutschen Muslimen haben die Forscher jedoch auch Untergruppen »mit starken Abneigungen gegen den Westen, tendenzieller Gewaltakzeptanz und ohne Integrationstendenz« ausgemacht, bei den deutschen Muslimen sollen es 15 Prozent sein, bei nichtdeutschen Muslimen 24 Prozent.[59] Angesichts der in den letzten Jahren gewachsenen Religiosität, die sich nach allen Studien negativ auf die Integration auswirkt, überrascht nicht, dass nach einer repräsentativen Umfrage gut 48 Prozent der Muslime dem Satz »Die Befolgung der Gebote meiner Religion ist für mich wichtiger als die Demokratie« eher oder völlig zustimmen.[60] Es ist sicher legitim, dieses für die Demokratie erhobene Meinungsbild auf den Rechtsstaat zu übertragen, ist die Scharia doch ein Kernstück der islamischen Religion. Fazit der empirischen Erkenntnisse: Bei der Mehrheit der deutschen und nichtdeutschen Muslime ist zu vermuten, dass sie das deutsche Familienrecht eher akzeptiert als das islamische. Aber es gibt daneben auch eine starke, bis in die Mitte der muslimischen Gesellschaft reichende Minderheit, die sich lieber auf Traditionen und Religion verlässt und sich am islamischen Familienrecht orientiert, wenn es um Heirat, Scheidung oder das Sorgerecht für die Kinder geht.

Diskriminierte Frauen bei der Scheidung

Die Haltung der muslimischen Verbände gegenüber dem islamischen Familienrecht und der Schlichtung ist unklar. Die Tradition der außergerichtlichen Verständigung haben sie bisher öffentlich nicht kommentiert. Der türkische Moscheenverband DITIB bietet auf seiner Hotline Hilfe bei häuslicher Gewalt, sexuellem Missbrauch und Zwangsheiraten an. Der Zentralrat der Muslime treibt, von der Öffentlichkeit bisher unbemerkt, ein ärgerliches Doppelspiel. Einerseits bekennt er sich in einer Charta ausdrücklich zum Grundgesetz und zum deutschen »Ehe-, Erb- und Prozessrecht«.[61] Andererseits klärt er auf seiner Website im Abschnitt »Fragen und Antworten« über das islamische Familienrecht in einer Weise auf, die Islamrechtlicher Mathias Rohe als »Scharia pur mit einigen Abweichungen« empfindet.[62] Zu den Abweichungen zählt er die Empfehlung, neben einer islamischen Trauung eine »standesamtliche Eheschließung« durchzuführen. Bei der Scheidung hingegen fällt der Verfasser in archaische Traditionen zurück. Ein Mann kann sich durch das Aussprechen der Scheidungsformel »talaq« (Ich verstoße dich) und das Abwarten einer dreimonatigen Frist einseitig von seiner Frau trennen, während sich die Frau nur durch ein »Gericht oder einen Schiedsrichter« unter sehr engen Voraussetzungen scheiden lassen kann.[63] Andere Interpretationen der Scharia erlauben Männern sogar Schnellscheidungen ohne Frist, die gegenüber Frauen noch ungerechter sind. Es reicht, dass Männer die Formel »Ich verstoße dich« dreimal wiederholen – je nach Rechtsschule formlos oder in Anwesenheit von zwei Zeugen.[64] Diese Scheidungsvoraussetzungen zwingen die deutsche Justiz manchmal zu bizarren Reaktionen: Sie müssen islamische Scheidungen organisieren, damit die Frau nicht nur staatlich, sondern auch religiös wieder heiraten kann. Im Berliner Familiengericht Kreuzberg-Tempelhof holte eine Familienrichterin zwei Justizwachleute als Zeugen, in deren Anwesenheit der Mann seine Frau dreimal verstieß. Das kam nicht bei allen Kollegen gut an: zu viel Verbeugung vor einer hier nicht geltenden Rechtsordnung.[65]

Das auf der Website des Zentralrates der Muslime propagierte einseitige Scheidungsrecht des Mannes widerspricht nach Ansicht von Mathias Rohe unserem Grundgesetz, und zwar dem Gebot der Geschlechtergleichheit wie dem Schutz von Ehe und Familie.[66] In arabischen Kreisen in Berlin oder Essen stürzt die Vorschrift, dass nur islamische Gerichte oder Schiedsrichter Frauen scheiden können, das weibliche Geschlecht in Not und deutsche Gerichte in Probleme.[67] Denn solche Institutionen gibt es hier nicht, und sie können sich deshalb gegen den Willen ihres Mannes etwa in Berlin eigentlich nicht religiös scheiden lassen. Ohne eine solche Scheidung können sie aber, und das ist eine schwere Hypothek, religiös nicht wieder heiraten. Der Jugendhelfer Nader Khalil räumt ein, dass solche Situationen für Frauen »schwierig sind«. Das ist auch der Hauptgrund dafür, dass Ali Chahrour als Scheidungsbevollmächtigter eines libanesischen Gerichts es ablehnt, Ehen gegen den Willen des Mannes zu trennen. In solchen Fällen verweist er die Frauen, wenig hilfreich, auf Gerichte im Libanon.

In einfachen Fällen schlüpft Ali Chahrour in die Rolle eines Scheidungsrichters, der nach mittelalterlich anmutenden Grundsätzen Ehen in Berlin-Neukölln auflöst. In Anwesenheit von zwei Zeugen – »gläubige, saubere Personen« – kann der Ehemann auch bei ihm den Lebensbund einseitig auflösen. Er muss nur erklären, dass er nach der letzten Periode keinen sexuellen Kontakt mehr zu seiner Frau hatte, und dann muss er drei Monate warten, bis die Scheidung vollzogen ist. Innerhalb dieser Frist kann er sein Scheidungsbegehren aber widerrufen, wenn die Frau einwilligt. Ist die Frau unter 48 Jahre und sechs Monate, muss sie dem Scheidungsbevollmächtigten versichern, dass sie nach ihrer Regel keinen sexuellen Kontakt zu irgendeinem Mann gehabt hat. Ist sie älter, bleibt ihr diese peinliche Erklärung erspart. Kann die Frau keine schwerwiegenden Scheidungsgründe wie eheliche Gewalt, Beleidigungen oder Unterhaltsverweigerung vorweisen, gilt die Scharia bei Ali Chahrour ohne Einschränkungen: Die Frau kann sich gar nicht scheiden lassen. Dass die Ehe unter Umständen bereits von einem deutschen Familiengericht aufgelöst ist, macht seiner Auffassung nach eine Scheidungszeremonie nach schiitischem Familienrecht nicht überflüssig.

Auch in arabischen Moscheen haben es inzwischen einige Imame übernommen, Frauen zu helfen und sie religiös zu scheiden, obwohl ihnen das nach der Scharia eigentlich nicht erlaubt ist. Der Weddinger Imam Ferid Heider würde die Verantwortung für einen solchen Schritt deshalb auch nie allein übernehmen, »weil ihm dafür die Kompetenz fehlt«. Aber es hat schon Fälle gegeben, in denen er sich mit zwei oder drei Imamen aus anderen Gemeinden zusammengeschlossen hat, um Frauen in »schwierigen und langwierigen Verfahren« gegen den Willen des Mannes zu scheiden. Dazu sind sie aber nur bereit, wenn der Mann seine »starke Stellung« bei der Scheidung missbraucht, sich etwa weigert, zu Gesprächen in die Moschee zu kommen. Hier zeigt sich abermals, wie ernst einige Vorbeter die Scharia in Deutschland nehmen.

Grundgesetzwidrig ist nach Mathias Rohe auch das ebenfalls auf der Zentralrats-Website referierte Verbot für muslimische Frauen, Nicht-Muslime zu heiraten.[68] Diese Vorschrift religiöser Intoleranz beachten die meisten Imame rigoros und stürzen dadurch Muslima mit deutschen Freunden in existentielle Gewissensnöte und tödliche Gefahr. Meistens wird der Konflikt dadurch gelöst, dass die Männer zum Islam konvertieren. Kritisch wird die Lage jedoch, wenn Männer dies nicht tun. An Terre des Femmes hatte sich einmal ein deutsch-libanesisches Paar gewandt, das nach zwei Rendezvous von der Familie der Frau ständig überwacht wurde, unter anderem, weil die Tochter bereits einem anderen versprochen worden war. Trotz massiver Drohungen gegen den Mann und seine Familie trat er nicht zum Islam über. Nachdem sich das Paar mehrere Monate versteckt hatte, heirateten sie standesamtlich. Zur Familie der Braut hat das Paar heute keinen Kontakt mehr. Noch bedrückender ist das Schicksal einer von Seyran Ates als Rechtsanwältin betreuten Muslimin, die heimlich einen Ungläubigen geheiratet hatte und mit der Schuld gegenüber ihrer Familie nicht leben kann. Obwohl sie ihren Mann weiterhin liebt, will sie sich jetzt scheiden lassen.

Für den Islamrechtler Mathias Rohe ist der Verweis auf die Scharia auf der Website des Zentralrats der Muslime ein Zeichen für eine »ambivalente Haltung«: Da ist eine Strömung, die »mit Erläuterungen zu verschiedenen Artikeln des Grundgesetzes für unsere Verfassung wirbt«, während eine andere Strömung an »traditionellen Vorstellungen« festhält und dadurch zu erkennen gibt, dass sie »in Deutschland nur halb angekommen ist, weil sie sich seine Rechtsnormen nicht zu eigen macht«. Diese Kritik von Mathias Rohe, der sich als Brückenbauer zwischen den Kulturen versteht, wiegt schwer, denn sie entlarvt ein gespaltenes Selbstverständnis des Zentralrates der Muslime zwischen Grundgesetz und verfassungswidrigen Teilen der Scharia.

Religionsfreiheit contra Gleichberechtigung

Nun genießen ethnische und religiöse Minderheiten auch den Schutz der im Grundgesetz garantierten Vertrags- und Religionsfreiheit. Jeder Türke und Araber darf, verfassungsrechtlich garantiert, islamisch heiraten, und Großfamilien können ihre von Religion oder Tradition geprägten Strukturen konservieren. Und natürlich dürfen Schlichter Familienkonflikte nach islamischer Rechtstradition befrieden, solange keine deutschen Gesetze verletzt werden.[69] Das gelingt im Vorfeld der deutschen Familiengerichtsbarkeit offenbar recht gut. Imam Raschid schätzt, dass seine Erfolgsquote bei 70 Prozent liegt, der Familienhelfer Abed Chaaban geht sogar von 80 Prozent aus. Anders ausgedrückt: Die Mehrheit der Familienstreitigkeiten im religiös-konservativen und stammesstrukturellen muslimischen Milieu wird nicht von deutschen Familiengerichten, sondern von Familien-, Glaubens- oder Gemeindeautoritäten geregelt.[70]

Dieser Befund hat einen offensichtlichen Vorteil: Die deutsche Justiz wird entlastet. Überdies gelingt es Schlichtern häufig, Gewalt oder eine Eskalation von Gewalt bei Familienstreitigkeiten zu verhindern. Die ehemalige Familienrichterin Andrea Kaminski entdeckt noch einen dritten Vorzug: Sie glaubt, dass mit Sprache und Gebräuchen vertraute Vermittler die Spannungen zwischen den Ansprüchen der Großfamilien und den Freiheitsbedürfnissen von Mädchen und Ehefrauen sogar besser lösen können als deutsche Familienrichter: »Ein Friedensrichter, der statt der deutschen Justiz mit der Familie eine Lösung findet, kann nützlich sein und Rechtsfrieden einkehren lassen.«[71]

Eine solche Sicht ist legitim, aber naiv. Sie übersieht, dass Mädchen und Frauen nach der Rückkehr in den Familienschoß persönliche Interessen und Bedürfnisse zurückstellen müssen und dass der Frieden oft schnell wieder zerbricht. Außerdem sind für diese Schlichtungserfolge langfristig hohe rechtliche und politische Preise zu zahlen. Die Vermittlungsmissionen werden nämlich nach den Erfahrungen des Psychologen und Familienberaters Kazim Erdogan oft »von Gewalt oder Drohungen mit Gewalt« begleitet. Sie bewahren patriarchalische Familienstrukturen, die die Ungleichheit der Geschlechter zementieren und das Selbstbestimmungsrecht der Frauen ignorieren. Sie hinterlassen bei nur religiösen Ehen weitgehend rechtlose Frauen und Kinder. Und sie untergraben die Akzeptanz unserer Familienrechtsordnung in der muslimischen Minderheitsgesellschaft.[72]

Es verwundert daher auch nicht, dass ein Teil der Fachwelt beim besonderen Problemfeld Zwangsheirat »jede Form von Mediation mit den Familien der Opfer« »als extrem gefährlich« ansieht, wie es in der Broschüre des Hamburger Senats »Aktiv gegen Zwangsheirat« heißt.[73] »Erfahrungen aus der Praxis« hätten gezeigt, dass »Mediation die Opfer einem hohen Risiko aussetzt und in Extremfällen zu Gewalt und Mord im Namen der Ehre führen kann«. Bei Gesprächen auf EU-Ebene hatte Großbritannien sogar ausdrücklich klargestellt, keiner Empfehlung zuzustimmen, »die in irgendeiner Weise Mediation als ein Mittel zur Lösung von Zwangsheiratsfällen befürwortet«.[74] Das alles hat die deutsche Politik bisher nicht zur Kenntnis genommen, wie das öffentliche Nachdenken des rheinland-pfälzischen Justizministers Jochen Hartloff (SPD) über eine außergerichtliche Streitschlichtung nach muslimischen Rechtsvorstellungen verrät.

Rechtstreue als Integrationsvoraussetzung

Schon heute ist klar, dass viele Muslime beim Spagat zwischen Scharia und Bürgerlichem Gesetzbuch die Orientierung verloren haben. Ein Schritt des Gesetzgebers würde sofort ein wenig Ordnung ins Chaos bringen: nämlich, wie von Terre des Femmes gefordert, den Vorrang der staatlichen vor der religiösen Heirat wieder einzuführen – und zwar sanktionsbewehrt. Das hätte zur Folge, dass Paare erst religiös – evangelisch, katholisch oder muslimisch – heiraten dürften, wenn die standesamtliche Trauung vollzogen ist. Dadurch könnten die Rechte muslimischer Frauen und Kinder wesentlich gestärkt werden.

Politischer Handlungsbedarf besteht außerdem noch bei Zwangsheiraten. Hilfreich ist sicher, dass die Deutsche Islamkonferenz im April 2012 mit Zustimmung der muslimischen Verbände Zwangsheiraten als »schwere Eingriffe in das Persönlichkeits- und Selbstbestimmungsrecht« »ablehnt« und über die schon bestehende Strafbarkeit hinaus »ächtet«. Solche Erklärungen haben freilich nur einen symbolischen Wert. Das gilt im Übrigen, wie es scheint, auch für die neue Strafvorschrift gegen Zwangsheirat. Das Bundeskriminalamt hat zwar im Jahr 2009 93 Fälle, 2010 bereits 158 und 2011 129 Fälle mit Verdacht einer Zwangsheirat registriert.[75] Ob es aber jemals zu einer Verurteilung von Eltern oder eines Imams wegen Beihilfe kommen wird, erscheint zweifelhaft. Die Rechtspflegestatistik des Statistischen Bundesamtes gibt keine Auskunft, weil sie die Zwangsheirat als Form der schweren Nötigung bisher nicht als gesonderte Kategorie ausgewiesen hat. Keine der befragten Mädchen- oder Frauenschutzorganisationen oder Rechtsanwältinnen hat bislang von einer Verurteilung wegen Zwangsverheiratung gehört. Für Myriam Schrank, leitende Sozialpädagogin bei der Schutzeinrichtung »Zuflucht«, greift »der strafrechtliche Schutz der Mädchen in der Praxis nicht«: »Durch das Verlassen des Elternhauses haben die Töchter Vater und Mutter ohnehin schon viel Leid angetan. Sie wollen ihre Eltern nicht zusätzlich anzeigen. Und wenn es trotzdem zu Ermittlungen kommt, fehlen dann die Zeugen. Vorwürfe werden immer bestritten.«

Trotzdem möchte die Praxis die besondere Strafvorschrift gegen Zwangsverheiratung nicht missen, weil sie, so Ulrike A. vom Frauenhaus Papatya, »als Türöffner bei den helfenden Institutionen« wie dem Jugendamt nützt. Ähnlich eine erste Einschätzung von Terre des Femmes. Auch die Frauenrechtsorganisation hat »keine Welle von Verfahren erwartet«, aber eine Signalwirkung auf zwei Ebenen beobachtet. Einmal für die Betroffenen, denen der »Staat sagt, dass er solche Menschenrechtsverletzungen nicht dulden wird«. Und zum anderen sind Schulen und Ämter »sensibler« geworden.

Der deutsche Staat hat bei der Bekämpfung der Zwangsheirat über die erhöhte Sensibilisierung hinaus offenbar keine entscheidenden Fortschritte gemacht. Harte Schnitte hat er bisher auch nicht gewagt. Die hatte eine Resolution der Parlamentarischen Versammlung des Europarates schon 2005 empfohlen, ist aber in Deutschland weitgehend unbeachtet geblieben. Sie schlägt unter anderem folgende Punkte vor: Das Mindestalter von 18 Jahren für die Ehe soll auch für Frauen gelten; jede Ehe muss vor einer staatlichen Stelle geschlossen werden; ein Standesbeamter oder eine Standesbeamtin sollen bei Zweifeln am freien Willen der Partner mit ihnen ein Gespräch führen. Auch Änderungen des Familienrechts regt die Versammlung an: Behörden sollen das Recht erhalten, die Anerkennung einer im Ausland geschlossenen Zwangs- oder Kinderehe zu verweigern, und die Annullierung einer Zwangsheirat soll vereinfacht werden.[76] Letzteres hat der Gesetzgeber bereits getan. Auch die übrigen Empfehlungen sollten Bundesregierung und Gesetzgeber ernsthaft prüfen.

Wichtiger aber noch als Änderungen des Personenstands- und Familienrechts ist, dass endlich ein öffentlicher Dialog zwischen Mehrheits- und Minderheitsgesellschaft über die Akzeptanz unserer Rechtsordnung beginnt. Weder die Parteien noch die muslimischen Verbände haben bisher begriffen, geschweige denn anerkannt, dass die gelebte Anerkennung und Befolgung unserer Gesetze eine zentrale Integrationsvoraussetzung ist.

Anmerkungen Teil I

1 Zitate ohne Fußnoten stammen in der Mehrzahl aus 23 qualitativen, halb standardisierten Interviews mit Kriminalbeamten, Staatsanwälten, Verteidigern, Richtern und Islamwissenschaftlern. Je nach Kompetenz und Perspektive wurden die Schwerpunkte unterschiedlich gesetzt. Hinzu kommen als Quellen für Zitate kürzere Gespräche mit Experten in den Bereichen Strafrecht, Strafprozessrecht, Kriminologie und islamisches Strafrecht.
Die Idee zu diesem Buch ist bei der Lektüre eines Artikels in der *Süddeutschen Zeitung* von Johannes Boie in der Ausgabe vom 31. Juli/1. August 2010 entstanden. Dem jungen Kollegen schulde ich Dank für die Begegnung mit einem faszinierenden Sujet.

2 Heisig, Das Ende der Geduld, S. 142

3 Hinweise auf die entsprechenden Aktenzeichen verdanke ich Kriminalbeamten, Staatsanwälten und Strafverteidigern. Aus Gründen des Persönlichkeitsschutzes wurde auf die Nennung der Aktenzeichen verzichtet, sie sind aber dem Autor und dem Verlag bekannt.

4 Aus Gründen des Persönlichkeitsschutzes wurden auch alle Namen von Zeugen und Tatverdächtigen verfremdet.

5 Rohe, Das islamische Recht, S. 139

6 Bundeskanzlerin Angela Merkel, in: *Der Tagesspiegel* vom 6. Oktober 2010, S. 5; vgl. zum Verhältnis Grundgesetz und Scharia auch Bahners, Die Panikmacher, S. 235 f. und S. 247

7 Zentralrat der Muslime, http://zentralrat.de/3035.php

8 Bahners weist zu Recht darauf hin, dass ein Rechtsstaat von seinen Bürgern auch gelebt werden muss: »Das bloße Bekenntnis zum Gesetzesgehorsam macht noch nicht den Rechtsstaat. Er ist angewiesen auf die Rechtsgesinnung seiner Bürger, auf die zur Einstellung verfestigte Einsicht, dass die Forderungen des guten Lebens mit gutem Grund die Form von Rechtspflichten annehmen.« (in: Die Panikmacher, S. 238)

9 Rohe, Das islamische Recht, S. 9

10 www.epochtimes.de/articles/2010/09/13/616581.html

11 www.rp-online.de/panorama/ausland/Richter-will-Verurteilten-laehmen-lassen_aid_896114.html

12 Zu Recht weist Bahners darauf hin, dass die Scharia keine »Kodifikation« ist, die in einer »Schublade parat« liegt: »Das Wort bezeichnet nicht mehr als den Grundsatz, dass das gesetzte Recht mit der Offenbarung harmonieren soll, beziehungsweise umgekehrt, dass die religiösen Pflichten für den Gläubigen auch rechtliche Verbindlichkeit gewinnen.« (in: Die Panikmacher, S. 237 f.)

13 Tesev YaYinlari, Kasim 2006, DEGISEM TÜKIYE'DE DIN, TOPLUM VE SIYASET, S. 11

14 Hilmar Krüger, zitiert nach: *Der Spiegel*, Nr. 41/2010, Scharia in Deutschland, S. 18

15 Ebd.

16 Ebd.

17 Rohe, Grenzen der Religionsausübung – Scharia in Deutschland? www.deutsche-islamkonferenz.de/cln_110/nn_1318688/sid_9846E E1959A0D1B9F7FB5BD2329AAEAF/SubSites/DIK/DE/Magazin/Recht/Scharia/scharia-inhalt.html?nnn=true

18 Die Scharia kennt neben den qisas-Strafen noch zwei andere Strafarten: die hadd- und die tazir-Strafen. Die hadd-Delikte sind absolut. Sie lassen keinen Spielraum. Ist eine Straftat erwiesen, muss der Richter entsprechende Strafen verhängen. Hadd-Delikte sind unerlaubter Geschlechtsverkehr, Verleumdung wegen unerlaubten Geschlechtsverkehrs, Alkoholkonsum, Diebstahl, gewaltsamer Straßenraub, Abfall vom Islam und Aufruhr. Der Strafkatalog für diese Delikte reicht von Geißelhieben über das Abschlagen der rechten Hand oder des linken Fußes bis zur Steinigung und Kreuzigung. Mit diesen drakonischen Strafen bei ausgewählten Delikten will der Gesetzgeber den Kernbestand der islamischen Gesellschaft schützen.

Die dritte und größte Gruppe von Strafen im islamischen Strafrecht sind die tazir-Strafen für Urkundenfälschung, Betrug, Erpressung, Falschaussage oder Beleidigung – alles Delikte, die in Koran und Sunna aber nicht vorkommen. Die entsprechenden Strafen verhängt der Richter als Züchtigungs- oder Besserungsstrafen nach eigenem

Ermessen. Bei den tazir-Strafen kann der Richter auf Strafe verzichten, wenn der Täter Reue zeigt. Sure 5, Vers 40: »Wer aber nach seiner Sünde bereut und sich bessert, gewiss, ihm wird sich Allah gnädig zukehren, denn Allah ist allvergebend, barmherzig.« Diese Reue kann zu einem wichtigen Faktor bei der Schlichtung werden.

19 Rohe, Das islamische Recht, S. 139

20 Das Nebeneinander von Vergeltung und Wiedergutmachung des Schadens gab es bereits im altorientalischen Gerechtigkeitsdenken. Einer der frühesten Gesetzestexte in Mesopotamien, der Codex Eschnunna (um 1920 v. Chr.), erlaubte es zum Beispiel, auf Körperverletzungen mit abgestuften Geldbußen zu reagieren: »Wenn ein Mann die Nase eines Mannes abbeißt und abtrennt, zahlt er eine Mine Silber. Für ein Auge zahlt er eine Mine, für einen Zahn eine halbe Mine, für ein Ohr eine halbe Mine, für einen Schlag auf die Wange 10 Schekel Silber.« Auch die Strafzumessungsregeln des Codex Hammurabi (1792–1750 v. Chr.) kannten Vergeltung wie Blutgeld: »Wenn ein Bürger das Auge eines Bürgersohnes zerstört hat, so zerstört man sein Auge.« (§ 196) War das Opfer einer Körperverletzung hingegen ein Sklave, konnte sich der Bürger freikaufen. (Codex Hammurabi, Die Gesetzesstele Hammurabis in der Übersetzung Wilhelm Eilers, S. 74 ff.) Im Alten Testament spielt das Talionsprinzip eine Schlüsselrolle: »Auge um Auge, Zahn um Zahn, Hand um Hand, Fuß um Fuß.« (2. Mose 21,24) Aber auch hier gab es alternativ die Möglichkeit, den Verdienstausfall und das Arztgeld zu übernehmen und den Schaden wiedergutzumachen (2. Mose 21,18–19).

Der Grieche Zaleukos, um 650 v. Chr., war der Erste, der in einem Gesetz die Möglichkeit des Freikaufs ausschloss, um Rechtsbeugung, Korruption und sozialen Gegensätzen entgegenzuwirken: »Wenn jemand ein Auge ausschlägt, soll er erleiden, dass sein eigenes Auge ausgeschlagen wird, und es soll keinerlei Möglichkeit zu materieller Ersatzleistung geben.« In der jüdischen, der römischen und der deutschen Rechtstradition bis zum Hochmittelalter erlaubte das Strafrecht bei Körperverletzungen wieder private Bußleistungen: Ein Verletzter oder seine Angehörigen konnten ein gesetzliches Sühnegeld vom Täter verlangen. Erst im 13. Jahrhundert wirkten zwei Tendenzen gegen dieses Rechtsverständnis: Straf-

und Zivilrecht trennten sich. Das private Bußgeldstrafrecht wurde schrittweise von der behördlichen »peinlichen Strafe« an Leib und Leben abgelöst, und die Blutgerichtsbarkeit wurde mehr und mehr den verschiedenen Landesherren übertragen. Durch das biblische Talionsgebot gerechtfertigt gingen die Landesherren dazu über, härtere Strafkataloge anzuwenden. Die absoluten Straftheorien Kants und Hegels stellten die staatliche Strafzumessung dann auf ein neues Fundament, das noch heute gilt. Bestimmend sind drei Grundsätze. Strafbar ist nur der, dessen Täterschaft erwiesen ist und der schuldhaft gehandelt hat; die Strafe muss sich an der Schwere der strafwürdigen Tat bemessen; und die Taten sind ohne Ansehen der Person mit dem gleichen Strafmaß zu bestrafen. (Vgl. http://de.wikipedia.org/wiki/Auge_f%C3%BCr_Auge)

21 Vgl. Kizilhan, »Ehrenmorde«, S. 122

22 Ebd., S. 120

23 Ebd.

24 Christiane Hoffmann, Das verlorene Gesicht, in: *Frankfurter Allgemeine Sonntagszeitung* vom 6. März 2011, S. 6

25 Ebd., S. 7

26 Die folgende Darstellung stützt sich auf Artikel vom 17. März 2011 in der *Süddeutschen Zeitung*, S. 9, und in *Der Tagesspiegel*, S. 6

27 *Süddeutsche Zeitung* vom 17. März 2011, S. 9

28 *Der Spiegel* Nr. 19/2011, S. 94

29 »Berlin zahlt, um Blutrache zu vermeiden« vom 4. September 2008: http://nachrichten.t-online.de/bundesregierung-zahlt-blutgeld-blutrache-in-afghanistan-befuerchtet/id_16086536/index

30 Baumeister, Ehrenmorde, S. 63 ff.

31 Ebd., S. 48 f. und S. 65 f. Es gibt allerdings auch die Auffassung, dass der Koran die Blutrache verbietet. Vgl. dazu ebd., mit Hinweisen auf Schacht und Schönig, S. 65, Fußnote 291.

32 Ebd., S. 48 f. und 65 f.

33 Ebd., S. 46

34 Vgl. ebd., S. 270 f.

35 Rohe, Das islamische Recht, S. 69

36 *Welt Online* vom 29. September 2010. Umfrage des Meinungsforschungsinstituts Monopol, www.welt.de/politik/article90463/Tuerkische_Studenten_halten_Ehrenmorde_fuer_legitim.html

37 Christine Schirrmacher, Frauen unter der Scharia, Strafrecht und Familienrecht im Islam, in: Internationale Gesellschaft für Menschenrechte (IGFM), 2008, http://web.europenews.dk/de/node/545

38 Ebd.

39 Rohe, Das islamische Recht, S. 34

40 Baumeister, Ehrenmorde, S. 71

41 Toprak/Nowacki, Gewaltphänomene, S. 11

42 Kizilhan, Islam, Migration und Integration, S. 2

43 Jescheck, Islamisches und westliches Strafrecht, S. 543 und S. 557

44 Rohe, Islamisierung des deutschen Rechts?, S. 801 und S. 805

45 Ebd.

46 Kizilhan: »Frieden in diesem Sinne bedeutet nicht einen Zustand konfliktfreier Harmonie, sondern einen bestimmten Modus der Konfliktbearbeitung«, »Ehrenmorde«, S. 121

47 Heisig, Das Ende der Geduld, S. 141

48 Ebd.

49 Kizilhan, aus einem unveröffentlichten Gerichtsgutachten zu Friedensverhandlungen zwischen einer kurdischen und einer jesidischen Familie

50 Kizilhan, »Ehrenmorde«, S. 122

51 Ebd.

52 Nach Kizilhan kann eine Heirat durchaus ein Mittel sein, um Frieden zwischen zwei Familien zu schaffen: »In besonders schwierigen Konflikten, bei denen schon Menschen ums Leben gekommen waren, wurden wegen der ›Macht des Blutes‹ zwei Personen miteinander verheiratet, um eine familiäre Bindung zu schaffen.« Aus dem Gerichtsgutachten für einen Prozess in Bremen.

53 Urteil der 13. Großen Strafkammer vom 12. Juli 2011. Alle folgenden Zitate sind dem unveröffentlichten Urteil entnommen; das Aktenzeichen sind dem Autor und dem Verlag bekannt.

54 Ebd., S. 12

55 Vgl. im Buch Seite 199 ff.

56 Urteil der 13. Großen Strafkammer vom 12. Juli 2011; S. 17

57 Ebd., S. 15, 19, 25 ff.

58 Ebd., S. 30

59 Körting vor dem Innenausschuss des Berliner Abgeordnetenhauses am 6. Dezember 2010, Protokoll, S. 2

60 Das Aktenzeichen ist dem Autor und dem Verlag bekannt.

61 Das Aktenzeichen ist dem Autor und dem Verlag bekannt.

62 Das Aktenzeichen ist dem Autor und dem Verlag bekannt.

63 Das Aktenzeichen ist dem Autor und dem Verlag bekannt.

64 Gesetzentwurf der Bundesregierung zur Förderung der Mediation und anderer Verfahren der außergerichtlichen Konfliktbeilegung, www.bmj.de

65 Zum Gegensatz von Unrechtsbewältigung und Konfliktbewältigung im Rahmen des Täter-Opfer-Ausgleiches vgl. Fischer, Strafgesetzbuch, § 46a StGB, Rdnr. 3

66 So unter anderem der Islamrechtler Professor Peter Scholz in seinen Thesen für den Kongress der CDU/CSU-Bundestagsfraktion »Islamische Paralleljustiz in Deutschland – eine Herausforderung für den Rechtsstaat?«; Berlin, 23. April 2012

67 Nach der Stoffsammlung »Paralleljustiz« des Bayerischen Staatsministeriums der Justiz und für Verbraucherschutz soll es solche Parallelstrukturen außerdem bei armenischen Christen, katholischen Albanern, christlichen Libanesen und Russlanddeutschen geben, S. 8 f.

68 So die vermutlich von Professor Mathias Rohe beeinflusste Textpassage in der Stoffsammlung »Paralleljustiz« des Bayerischen Ministeriums der Justiz und für Verbraucherschutz, S. 8

69 Das tun sie auch nicht, vgl. Stoffsammlung Paralleljustiz, S. 8, und Scholz, Betrifft Justiz 2011, 168

70 Rohe, www.swr.de/international/de/-/id=233334/nid=233334/did=9668086/1sb1p5l/

71 Die entsprechende Excel-Tabelle wurde dem Autor vom Lawaetz-Institut zur Verfügung gestellt.

72 Vgl. S. 279 ff. in Teil II »Schlichtung von Familienkonflikten: männerfreundlich und frauenfeindlich«.

73 Das unveröffentlichte Zahlenmaterial wurde dem Verfasser von Dietrich Oberwittler, einem der Verfasser der Studie, zur Verfügung gestellt.

74 Das Aktenzeichen ist dem Autor und dem Verlag bekannt.

75 Ceylan, Die Prediger des Islam

76 Ebd., S. 9 und S. 16

77 Ebd., S. 17

78 Ceylan, Ethnische Kolonien, S. 166

79 Ceylan, Die Prediger des Islam, S. 90

80 Es gibt inzwischen einen Streit, ob die Volksgruppe der Mhallamis überhaupt Kurden oder nicht vielmehr Araber sind. Sie sprechen Arabisch und sollen genetisch mehr den Arabern als den Kurden ähneln. Der Streit kann an dieser Stelle jedoch auf sich beruhen, weil er für die hier diskutierten Fragen und Probleme irrelevant ist.

81 Sarrazin, Deutschland schafft sich ab, S. 296.

82 Henninger, Importierte Kriminalität, 714 ff.

83 Kizilhan: »Die Ursache der Existenz von Blutrache oder Ehrenmorde ist meines Erachtens immer noch in den Herkunftsländern zu sehen, auch wenn die zum Teil gescheiterte Integration der Migranten zum Beispiel in Deutschland dazu beitragen hat.«, »Ehrenmorde«, S. 118; vgl. auch Bannenberg, Kriminalität bei jungen Migranten und Präventionsansätze, S. 156

84 Ghadban, Sind die Libanon-Flüchtlinge noch zu integrieren?, S. 1

85 Nach Auffassung von Martina Sauer und Dirk Halm gibt es keine Parallelgesellschaften in Deutschland, und es sei auch kein Trend zu ihnen erkennbar (vgl. Sauer/Halm, Erfolge und Defizite der Integration türkischstämmiger Einwanderer in Deutschland, S. 101 ff.). Sie kommen zu diesem Ergebnis mit Hilfe einer Definition der Parallelgesellschaft von Thomas Meyer, der fünf Indikatoren für die Existenz einer Parallelgesellschaft entwickelt hat: kulturell-religiöse Homogenität, lebensweltliche und zivilgesellschaftliche Segregation, Verdoppelung der mehrheitsgesellschaftlichen Institutionen, formal freiwillige Segregation und siedlungsräumliche Segregation (vgl. ebd., S. 102). Diese Kriterien zugrunde gelegt, ermitteln Halm und Sauer, dass nur 13 Prozent der Migranten tendenziell parallelgesellschaftliche Strukturen ausbilden (vgl. ebd., S. 104). Unabhängig von den benutzten Kriterien und ihrer Ableitung im Einzelfall weist der methodische Ansatz von Sauer und Halm jedoch so gravierende Schwächen auf, dass ihre Schlussfolgerungen nicht tragfähig sind. Das von ihnen benutzte Konzept der Parallelgesellschaft blendet zentrale strukturelle Indikatoren wie etwa »soziale und wirtschaftliche Teilhabe« aus, nach eigenem Eingeständnis »die wohl wichtigsten Bestandteile gesellschaftlicher Integration« (vgl. ebd., S. 107). Ohne harte Faktoren wie Schulbildung, Berufsausbildung und Beschäfti-

gung ist jedes Urteil über Parallelgesellschaften verzerrt und argumentativ nicht ausreichend unterfüttert. Hinzu kommt, dass viele Daten ihrer Erhebung aus »der Perspektive der Migranten« erhoben sind (vgl. ebd., S. 28). Integration ist aber immer eine doppelte Aufgabe: eine der Einwanderer und eine der Aufnahmegesellschaft. Wenn die Mehrheitsgesellschaft die Entwicklung muslimischer Migranten nicht wahrnimmt, muss das Urteil über die Existenz von Parallelgesellschaften zwangsläufig unvollständig bleiben.

86 Haug, Jugendliche Migranten – muslimische Jugendliche, S. 9 und S. 40

87 Ebd., S. 40

88 Toprak/Nowacki, Gewaltphänomene, S. 16

89 Kriminologisches Forschungsinstitut Niedersachsen, Religion, Integration und Delinquenz, S. 123. Kritisch gegenüber der Methode der Erhebung und ihrer Interpretation ist Bahners, Die Panikmacher, S. 263

90 Kriminologisches Forschungsinstitut Niedersachsen, Religion, Integration und Delinquenz, S. 123

91 Ebd., S. 127

92 Sauer/Halm, Erfolg und Defizite der Integration türkischstämmiger Einwanderer in Deutschland, S. 35. Bei diesen Prozentsätzen sind die Kategorien »sehr religiös« und »eher religiös« zusammengefasst. Die negativen Auswirkungen der stärkeren Religiosität auf die Integrationsbereitschaft könnten sich noch dadurch potenzieren, dass offenbar viele Muslime von einer Überlegenheit ihrer Religion gegenüber anderen Glaubensrichtungen ausgehen. Nach einer Umfrage des Amtes für Statistik der Stadt Essen im Jahre 2010 stimmten nur 5 Prozent der Deutschen dem Satz »Es gibt nur eine Religion, die die wahren Werte vertritt« eher beziehungsweise voll und ganz zu. Bei den Befragten mit arabischem Hintergrund waren es dagegen 48 Prozent, bei denen mit türkischem Hintergrund noch 43 Prozent.

93 Brettfeld/Wetzels, Muslimisches Leben in Deutschland, S. 325

94 Ebd., S. 326

95 Ebd., S. 326 f.

96 Zum Forschungsstand siehe Ghadban, Islam in der Diaspora, S. 1 f.

97 Brettfeld/Wetzels, Muslime in Deutschland, S. 112; Ghadban, Islam in der Diaspora, S. 3

98 Ebd, S. 3

99 Brettfeld/Wetzels, Muslime in Deutschland, S. 20

100 »Mit Zähnen und Klauen verteidigen«, Hans Monath im Gespräch mit Hans-Ulrich Wehler, in: *Der Tagesspiegel* vom 8. Oktober 2010, S. 4

101 Sigmar Gabriel, SPD-Parteitag am 26. September 2010, Redemanuskript, S. 24

102 Verfassungsschutzbericht 2009, S. 187

103 Unveröffentlichter Vermerk des Bundesamtes für Verfassungsschutz

104 Bahners: »Türken haben gegenüber anderen Einwanderern einen erheblichen Rückstand bei den Bildungserfolgen und der Integration auf dem Arbeitsmarkt.«, Die Panikmacher, S. 34

105 Brettfeld/Wetzels, Muslimisches Leben in Deutschland, S. 332 f., vgl. auch Sarrazin: »Muslimische Migranten entstammen meist bildungsfernen Familien, die in ihren Heimatländern durchweg der Unterschicht angehörten. Insoweit ist ein Teil dessen, was in der Bildungspolitik als Integrationsproblem wahrgenommen wird, tatsächlich ein Schichtenproblem.« (Deutschland schafft sich ab, S. 235)

106 Berufsbildungsbericht der Bundesregierung 2011, S. 51, www.bmbf. de

107 Sauer/Halm, Erfolge und Defizite der Integration türkischstämmiger Einwanderer in Deutschland, S. 119

108 Ebd, S. 40 und S. 42

109 Sarazzin, Deutschland schafft sich ab, S. 294

110 Brettfeld/Wetzels, Muslimisches Leben in Deutschland, S. 339

111 Ghadban, Die Libanon-Flüchtlinge in Berlin, S. 228 f.

112 Toprak/Nowacki, Gewaltphänomene, S. 6

113 Ebd., S. 7

114 »Kampf im Klassenzimmer: Deutsche Schüler in der Minderheit«, ein Film von Nicola Graef und Güner Balci, ARD, 21. Juli 2010

115 Kriminologisches Forschungsinstitut Niedersachsen, Religion, Integration und Delinquenz, S. 128

116 Ebd., S. 131

117 Heiratsregeln von Jesiden und Straftaten im Ergebnisbericht der

Bund-Länder-Projektgruppe »Ethnisch abgeschottete Subkulturen«, S. 9. Sexuelle Übergriffe auf Opfer sind Reusch zufolge
»häufig von einer Anmaßung und Menschenverachtung seitens
der Täter geprägt, die ihre Wurzeln meist im national-religiösen
Überlegenheitswahn muslimischer Jungkrimineller haben, welche
sich gerade gegenüber ›ungläubigen‹ Frauen und Mädchen in besonders abstoßender Weise äußert«; Migration und Kriminalität,
S. 9

118 Kizilhan, Islam, Migration und Integration, S. 2 f.

119 Abdullah Gül, Interview in der *Süddeutschen Zeitung* vom
10./11. Oktober 2010, S. 8

120 Vgl. zu dieser Flüchtlingsbewegung: Ghadban, Sind die Libanon-
Flüchtlinge noch zu integrieren?, S. 1 ff.; Henninger, Importierte
Kriminalität, S. 714; Ergebnisbericht der Bund-Länder-Projekt-
gruppe »Ethnisch abgeschottete Subkulturen«, S. 6 ff.

121 Landeskriminalamt NRW, Organisierte Kriminalität, Lagebild
Nordrhein-Westfalen 2009, S. 27

122 Ghadban, Sind die Libanon-Flüchtlinge noch zu integrieren?, S. 8

123 Vgl. Ghadban, Die Libanon-Flüchtlinge in Berlin, S. 189 ff. und
ders., Sind die Libanon-Flüchtlinge noch zu integrieren?, S. 11 f.

124 Integriertes Handlungskonzept »Chancen bieten, Grenzen setzen«
zur Förderung der Integration von Menschen mit libanesischem
Einwanderungshintergrund, S. 2

125 Auskunft des Statistischen Amtes der Stadt Essen aufgrund einer
noch unveröffentlichten Umfrage aus dem Jahre 2010

126 Auskunft des Statistischen Amtes der Stadt Essen aufgrund derselben Umfrage aus dem Jahr 2010

127 Die unveröffentlichten Zahlen wurden dem Verfasser vom Kriminologischen Forschungsinstitut Niedersachsen übermittelt

128 Ebd.

129 Zitiert nach Sarrazin, Deutschland schafft sich ab, S. 305

130 Reusch: »Sie haben eine Selbstbedienungsmentalität entwickelt,
die darauf abzielt, sich zu nehmen, was immer sie wollen und
wann und so oft sie es wollen. Ihre Taten dienen in erster Linie
der Finanzierung eines aufwendigen Lebensstiles, den sie sich bei
ihrem Bildungs- und Ausbildungsstand durch Arbeit nie leisten
können.«; Migration und Kriminalität, S. 8

131 Ghadban, Sind die Libanon-Flüchtlinge noch zu integrieren?, S. 10

132 Auskunft des Ausländeramtes der Stadt Essen gegenüber dem Verfasser

133 Auskunft des Neuköllner Migrationsbeauftragten Arnold Mengelkoch gegenüber dem Verfasser

134 »Ehemalige Dorfstrukturen der Herkunftsregion wurden in Deutschland zumindest ansatzweise nachgebildet, so dass die herkömmlichen Familienstrukturen und Traditionen in der Fremde noch verstärkt gepflegt werden und zu unterschiedlich stark ausgeprägten Siedlungsschwerpunkten/Ghettoisierungstendenzen führen.« (Ergebnisbericht der Bund-Länder-Projektgruppe »Ethnisch abgeschottete Subkulturen«, S. 8)

135 Ghadban, Sind die Libanon-Flüchtlinge noch zu integrieren?, S. 9

136 Die folgenden Ausführungen stützen sich im Wesentlichen auf Kizilhan, Islam, Migration und Integration, S. 2 ff.

137 Ohder, Berliner Forum für Gewaltprävention, Intensivtäter, Teil II, S. 14

138 Reusch: »Dem devianten Verhalten ihrer Söhne stehen diese Familien teils unwissend, teils verharmlosend, aber auch hilflos gegenüber.«; Migration und Kriminalität, S. 8

139 Zitiert nach Ohder, Intensivtäter, Teil II, S. 18 f.

140 Zitiert nach ebd., S. 18

141 Kizilhan, Islam, Migration und Integration, S. 2

142 Ebd., S. 5

143 Ohder, Intensivtäter, Teil II, S. 26

144 Reusch, Migration und Kriminalität, S. 10 f.

145 Kirsten Heisig, »Ich bin mit dem größten Macho klargekommen«, Interview *Spiegel Online* vom 10. Oktober 2009

146 Rohe, Reasons for the desire of applying legal Sharia norms in western secular jurisdiction, S. 1 ff.; *Kirche und Recht* 47 (2009)

147 Scholz: »Nicht von der Hand zu weisen ist allerdings die Gefahr, dass es unterhalb der Ebene des Rechts zur Bildung einer islamischen Parallelordnung kommt, deren Mitglieder ihre von einem einheitlichen nationalen Recht gewährte Rechtspositionen aufgrund deren mangelnder Akzeptanz und aufgrund sozialen Drucks nicht mehr in Anspruch nehmen.«

148 Vgl. zu den Hintergründen auch *Der Tagesspiegel* vom 13. Novem-

ber 2010, S. 11 und vom 14. November 2010, S. 13; *Bild* vom 13. November 2010, S. 8

149 *Berliner Kurier* vom 13. November 2010, S. 8

150 Bundespräsident Christian Wulff, Rede zum 20. Jahrestag der Deutschen Einheit, www.bundespraesident.de/SharedDocs/Reden/DE/Christian-Wulff/Reden/2010/10/20101003_Rede.html

151 8. Bericht der Bundesregierung über die Lage der Ausländerinnen und Ausländer in Deutschland, Kurz-Zusammenfassung, S. 9

152 Ähnlich kritisch in diesem Punkt ist Thilo Sarrazin: »Der Integrationsbericht 2009 der Bundesregierung benennt Probleme generell nur sehr zaghaft und tendenziell verharmlosend. Besonders deutlich zeigt sich dies bei den Aussagen zur Abhängigkeit von Migranten von Sozialtransfers sowie zur Kriminalität. Völlig konturlos werden die Aussagen, weil sie stets auf die Migrationsbevölkerung insgesamt abheben und nicht nach Gruppen differenzieren.«; Deutschland schafft sich ab, S. 261

153 Oberflächlich und nicht belegt kommt Sarrazin zu dem Ergebnis, dass »70 bis 80 Prozent aller Probleme von Migranten in den Bereichen Bildung, Arbeitsmarkt, Transferleistungen und Kriminalität« auf muslimische Migranten zurückzuführen seien; ebd., S. 262. Diese Zahl ist nach eigenen Berechnungen nicht nachvollziehbar. In der Polizeilichen Kriminalstatistik 2009 lag der Anteil der Türken unter den nichtdeutschen Tatverdächtigen mit 22 Prozent weit vor den Polen mit 6,5 Prozent und dem der Italiener mit 5,1 Prozent. Diese Zahlen entsprechen aber in etwa ihren Anteilen an der gesamten ausländischen Bevölkerung.

Zu welch unterschiedlichen Ergebnissen die Kriminologen bei der Ausländerkriminalität kommen, zeigen Berechnungen des 8. Berichts der Bundesregierung über die Lage der Ausländerinnen und Ausländer sowie des Kriminologischen Instituts Niedersachsen. Der Regierungsbericht sieht im »unsicheren Aufenthaltsstatus« einen wesentlichen Faktor für eine höhere Kriminalitätsbelastung von ausländischen Tatverdächtigen. Isoliert man diesen Faktor, kommt der Bericht zu der Erkenntnis, dass man bei ausländischen tatverdächtigen Arbeitnehmern, Studenten/Schülern und Gewerbetreibenden »keine höhere Kriminalitätsbelastung« als bei Deutschen ausmachen kann. Zu anderen Ergebnissen, freilich auch für eine anders zusammengesetzte Gruppe von Tatverdächtigen, kommt Dirk Baier vom Kriminologischen Forschungsinstitut Niedersachsen. Nach seinen Berechnungen lag im Jahr 2009 die Tatverdächtigenbelastungszahl für Deutsche für alle Delikte bei 2305 (d.h. pro 100 000 Deutsche sind 2305 polizeilich registriert worden), bei Nichtdeutschen betrug die Zahl 6435. Sie lag damit um mehr als das Doppelte höher. Allerdings räumt Baier ein, dass die Polizeiliche Kriminalstatistik die Kriminalität nur verzerrt wiedergibt, weil beispielsweise Nichtdeutsche eher angezeigt werden als Deutsche und weil Illegale, Durchreisende und Touristen zwar in der Kriminalstatistik erfasst werden, nicht aber in der Bevölkerungsstatistik.

154 Es gibt nur wenige Studien, die in diesen Kriminalitätsfeldern auf den muslimischen Hintergrund der Tatverdächtigen abheben, mit einigen Hinweisen zum Beispiel Bannenberg, Kriminalität bei jungen Migranten und Präventionsansätze, S. 159. Ganz allgemein kommt der 8. Bericht der Bundesregierung über die Lage der Ausländerinnen und Ausländer zu dem Ergebnis, dass »nichtdeutsche tatverdächtige Jugendliche innerhalb ihrer Gruppe bei der Gewaltkriminalität deutlich höhere Werte als deutsche jugendliche Tatverdächtige« aufweisen. Dafür sind natürlich Tatverdächtige mit muslimischem Hintergrund mitverantwortlich. Nach Berechnungen von Dirk Baier vom Kriminologischen Institut Niedersachsen war 2006 gut jeder zehnte wegen eines Gewaltdelikts registrierte jugendliche Tatverdächtige türkischer Nationalität. Ihr Bevölkerungsanteil lag hingegen nur bei 3,4 Prozent. Und bei den Drogendelikten kommt das Kriminologische Forschungsinstitut Niedersachsen zu dem Ergebnis, dass die Tatverdächtigenbelastungszahl bei Drogendelikten 2009 bei Nichtdeutschen wesentlich höher war als bei Deutschen: 541 gegenüber 207. Beim Drogenhandel betrug die Belastungszahl bei Deutschen 44, bei Nichtdeutschen 261 (Berechnungen für den Verfasser).

155 Auf Wunsch des Verfassers zusammengestellte Statistik des Jugendamtes Essen vom 14. Januar 2011. In Essen werden die statistischen Probleme noch dadurch verschärft, dass viele Libanesen inzwischen zwei Staatsangehörigkeiten haben, die libanesische und die deutsche.

156 Brettfeld/Wetzels, Muslimisches Leben in Deutschland, S. 322

157 Heinz, Empfehlungen der Arbeitsgruppe »Optimierung des bestehenden kriminalstatischen Systems in Deutschland«, S. 57

158 Auskunft des Bundeskriminalamtes (BKA) vom 28. Dezember 2010 gegenüber dem Verfasser. Das BKA meint außerdem, für eine Erhebung des Migrationshintergrundes von Tatverdächtigen im Rahmen des polizeilichen Ermittlungsverfahrens mit § 111 OWiG keine ausreichende Rechtsgrundlage zu haben.

159 Im Fragebogen wird die Zugehörigkeit zum Islam weiter aufgefächert, es wird danach gefragt, ob man sunnitischen, schiitischen oder alevitischen Glaubens sei.

160 Bundeslagebild Organisierte Kriminalität, S. 6

161 Organisierte Kriminalität, Lagebild NRW, S. 23

162 Ebd., S. 27

163 Bannenberg, Kriminalität bei jungen Migranten (insbesondere Spätaussiedlern) und Präventionsansätze, S. 162 f.

164 Eigene Berechnungen anhand der Strafvollzugsstatistik von Berlin, Bremen und Nordrhein-Westfalen. Berücksichtigt wurden Inhaftierte aus den Ländern Afghanistan, Ägypten, Albanien, Algerien, Äthiopien, Indonesien, Irak, Iran, Jordanien, Libanon, Mali, Marokko, Pakistan, aus palästinensischen Gebieten, von den Philippinen, aus Saudi-Arabien, Somalia, dem Sudan, Syrien, Tadschikistan, Tunesien, der Türkei, Turkmenistan, Usbekistan und den Vereinigten Arabischen Emiraten.

165 Brettfeld/Wetzels, Muslimisches Leben in Deutschland, S. 11

166 Auskunft des Bundesamtes für Migration und Flüchtlinge gegenüber dem Verfasser vom 5. Januar 2011

167 Der Polizeipräsident von Berlin, Landeskriminalamt, Straftaten von Angehörigen arabischer Großfamilien in Berlin, 3. Dezember 2010

168 Ebd., S. 5

169 Ebd., S. 1

170 Ebd., S. 5

171 Ebd., S. 3

172 Körting, Rede vor dem Innenausschusses des Abgeordnetenhauses am 6. Dezember 2010, Sitzungsprotokoll, S. 1

173 Der Polizeipräsident von Berlin, Landeskriminalamt, Straftaten

von Angehörigen arabischer Großfamilien in Berlin, 3. Dezember 2010, S. 8

174 Ebd., S. 6

175 Ebd., S. 8

176 Ebd., S. 9

177 Unveröffentlichter Bericht der Abteilung 47 der Staatsanwaltschaft Berlin (Intensivtäterabteilung) für 2010, plus Halbjahresbericht 2010, S. 1 f. Zu kriminellen Karrieren solcher Intensivtäter vgl. auch Reusch, Migration und Kriminalität, S. 8: »Bei den türkisch-kurdisch-libanesischen Großfamilien muss davon ausgegangen werden, dass dort keineswegs selten eine konsequente Erziehung zur professionellen Kriminalitätsausübung stattfindet. Aus Berichten von Mitarbeitern der Jugenduntersuchungshaftanstalt Kieferngrund wissen wir, dass Jugendliche aus solchen Familien schildern, wie sie von Kindesbeinen an von ihren Müttern bereits zum Stehlen angehalten wurden und z. B. erst nach Hause kommen durften, wenn eine bestimmte Mindestbeutesumme erreicht war. Bei diesen Familien wird als völlig normale Gegebenheit vorausgesetzt, dass die Männer früher oder später Haftstrafen zu verbüßen haben, dies ist Teil des ›Geschäftskonzepts‹ ... Jugendliche aus solchen Familien dazu anzuhalten zu lernen und zu arbeiten kommt dem Versuch gleich, Wasser mit einem Sieb aufzufangen. Sie erleben schließlich, dass ihr Vater, die älteren Brüder, Cousins, Onkel etc. ebenfalls kaum lesen und schreiben können und trotzdem die dicken Autos fahren.«

178 Der Polizeipräsident von Berlin, Landeskriminalamt, Straftaten von Angehörigen arabischer Großfamilien in Berlin, 3. Dezember 2010, S. 9

179 Zitiert nach Katja Gelinski, Brutale Familienbande, *Cicero* 1/2011, S. 48

180 Polizei Bremen, Delinquenz in Bremen ansässiger Mhallamiye, 1. Halbjahr 2010

181 Ebd., S. 3

182 Berechnung nach Gelinski, S. 43

183 Unter Intensivtäter versteht die Informationsstelle »delinquente, strafmündige Personen, die eine gewohnheits- oder gewerbsmäßige Begehung von Straftaten mit Schwerpunkt in den Bereichen

Eigentums- und Gewaltkriminalität erkennen lassen« und »bei denen angenommen werden kann, dass sie weitere Straftaten verüben werden«. Zu dieser Tätergruppe gehören grundsätzlich alle Tatverdächtigen, denen fünf oder mehr Taten innerhalb eines Jahres zugeordnet werden können und bei denen eine negative »Risikoeinschätzung« besteht. Bei einem Top-Täter darf die letzte Tat nicht länger als zwei Jahre zurückliegen, er muss mindestens fünf Delikte in den Bereichen Eigentums- und Gewaltkriminalität begangen haben und ein Tötungsdelikt zumindest versucht haben.

184 Ghadban, Sind die Libanon-Flüchtlinge noch zu integrieren?, S. 1

185 Ebd., S. 12 und S. 1

186 Christian Horn, zitiert nach *Bild.de*: www.bild.de/politik/2010/ politik/polizist-redet-klartext-im-kanzleramt-14528086.bild.html

187 Ebd.

188 Ellrich/Pfeiffer/Baier, Gewalt gegen Polizeibeamte, Zwischenbericht Nr. 1, S. 25

189 Dies., Gewalt gegen Polizeibeamte, Zwischenbericht Nr. 2, S. 70

190 Der Polizeipräsident von Berlin, Landeskriminalamt, Straftaten von Angehörigen arabischer Großfamilien in Berlin, 3. Dezember 2010, S. 12

191 Gelinski, Brutale Familienbande, S. 48

192 Vgl. ebd., S. 42 und S. 48

193 *Westdeutsche Allgemeine Zeitung* Essen vom 11. Dezember 2010, S. 1 und S. 3

194 Rose Gerds-Schiffler, Handeln statt resignieren: Warum Essen ein Vorbild für Bremen ist. *Bremer Nachrichten* vom 15. Dezember 2010, S. 20

195 Klink/Rüth, Aufsuchende Befragung Essen-Altenessen, S. 1 und S. 29

196 Marcus Schymiczek, Libanesen am Bahnhof Altenessen wehren sich gegen Vorwürfe, in: *Der Westen* vom 17. Dezember 2010: www. derwesten.de/staedte/essen/Libanesen-am-Bahnhof-Altenessen-wehren-sich-gegen-Vorwuerfe-id4073262.html

197 Der Polizeipräsident von Berlin, Landeskriminalamt, Straftaten von Angehörigen arabischer Großfamilien in Berlin, 3. Dezember 2010, S. 11

198 Ebd., S. 4

199 Ein Blick in das Milieu der Drosselstraße erlaubt das Album »Schattenzerfresser« des Bremer Rappers Ciruz. Auf dem Video »Auf dieser Straße«, das auch auf YouTube zu sehen ist, tritt eine Rappergruppe mit Pistolen, Macheten und Heroin in einer Tiefgarage der Drosselstraße auf.

200 Mündliche Auskunft des Landesgerichts Verden gegenüber dem Verfasser.

201 Es handelt sich um den Original-Wortlaut, Rechtschreibfehler wurden korrigiert.

202 Das Aktenzeichen ist dem Autor und dem Verlag bekannt.

203 Die Aktenzeichen sind dem Autor und dem Verlag bekannt.

204 Buten & Binnen am 21. Juli 2009

205 Verfügung vom 21. Juni 2010; die Aktenzeichen sind dem Autor und dem Verlag bekannt.

206 Das Aktenzeichen ist dem Autor und dem Verlag bekannt.

207 Das Aktenzeichen ist dem Autor und dem Verlag bekannt.

208 Das Aktenzeichen ist dem Autor und dem Verlag bekannt.

209 Unter anderem *Tagesspiegel, Bild* und *Berliner Morgenpost* vom 18. November 2010

210 Das Aktenzeichen ist dem Autor und dem Verlag bekannt.

211 Das Aktenzeichen ist dem Autor und dem Verlag bekannt.

212 Das Bundesamt für Migration und Flüchtlinge geht davon aus, dass zwischen 480 000 und 552 000 Aleviten in Deutschland leben (Siehe dazu auch Brettfeld/Wetzels, Muslimisches Leben in Deutschland, S. 321). Die Aleviten wären damit nach den Türken die zweitgrößte muslimische Ethnie in Deutschland, es sei denn, man schließt sich der Auffassung an, dass die Aleviten gar keine Muslime sind, sondern eine eigene Religionsgemeinschaft bilden.

213 Zur Schlichtungspraxis von Dedes in Deutschland vgl. Sökefeld, Alevi Dedes in the German Diaspora, S. 163 ff.

214 Sökefeld, Aleviten in Deutschland – von takiye zur alevitischen Bewegung, S. 10 und S. 12; ders. Alevi Dedes in the German Diaspora, S. 163 ff.

215 Das Aktenzeichen ist dem Autor und dem Verlag bekannt.

216 Das Aktenzeichen ist dem Autor und dem Verlag bekannt.

217 Das Aktenzeichen ist dem Autor und dem Verlag bekannt.

218 Der Polizeipräsident von Berlin, Landeskriminalamt, Straftaten

von Angehörigen arabischer Großfamilien in Berlin, 3. Dezember 2010, S. 4

219 Ebd.

220 Ebd., S. 3.

221 Vgl. S. 37 ff.

222 Urteil der 13. Großen Kammer des Berliner Landgerichts vom 12. Juli 2011, S. 12. Zitate sind dem unveröffentlichten Urteil entnommen; das Aktenzeichen sind dem Autor und dem Verlag bekannt.

223 So zum Beispiel das Urteil des Landgerichts Essen vom 8. Juli 2011

224 Vgl. *Der Westen* vom 25 November 2011, online unter www.derwesten.de/staedte/essen/lange-haft-nach-messerstecherei-am-hauptbahnhof-id6104739.html, sowie *Neue Ruhr Zeitung* vom 25 November 2011.

225 Das Aktenzeichen ist dem Autor und dem Verlag bekannt.

226 Zitiert nach Johannes Boie, *Süddeutsche Zeitung* vom 31. Juli/1. August 2010, S. 14

227 Hannes Heine, »Die Beute bleibt wohl für immer verschwunden«, in: *Der Tagesspiegel* vom 1. August 2010, S. 9

228 Ebd.

229 Vgl. Johannes Boie, *Süddeutsche Zeitung* vom 31. Juli/1. August 2010, S. 14

230 Ebd.

231 »§ 55 StPO berechtigt grundsätzlich nur zur Verweigerung auf einzelne Fragen. Der Zeuge muss Aussagen zur Person machen; gegebenenfalls muss er gem. § 56 StPO das Bestehen des Auskunftsverweigerungsrechts glaubhaft machen. In vielen Fällen ergibt sich der Umfang des Aussageverweigerungsrechts auch erst während einer Vernehmung.« (BGHSt NJW 2007, 2195, 2197)

232 Das Aktenzeichen ist dem Autor und dem Verlag bekannt.

233 Das Aktenzeichen ist dem Autor und dem Verlag bekannt.

234 Urteil des Landgerichts Essen vom 21. November 2011; das Aktenzeichen ist dem Autor und dem Verlag bekannt.

235 Kelek, Die fremde Braut, S. 261

236 Meyer-Goßner, Strafprozessordnung, § 55 Rdnr. 7 ff.; Ignor/Bertheau, in: Löwe/Rosenberg, Die Strafprozessordnung und das Gerichtsverfassungsgesetz, § 55 Rdnr. 19 und 27 ff.

237 In einem mündlichen Gespräch mit Professor Werner Beulke

238 BGHSt 51, 88 (93) und zusammenfassend Pfister StV 2009, 550 ff.

239 Vgl. S. 142 und S. 192

240 Rieß: »Ermittlungen zum Zwecke der Beweisführung sind vor-
rangig vorzunehmen, und zwar um so beschleunigter, je größer
die Gefahr des Beweismittelverlustes ist und je erheblicher die Bedeutung der Beweistatsache für das weitere Verfahren sein kann.«;
in: Löwe/Rosenberg, Die Strafprozessordnung und das Gerichtsverfassungsgesetz, § 160, Rdnr. 52

241 BGH St NJW 2007, 2195 (2197)

242 Ebd.

243 Vgl. Bender/Nack/Teuber, Tatsachenfeststellung vor Gericht,
Rdnr. 254 ff.; Arntzen: »Natürlich soll nicht verkannt werden, dass
die erste Vernehmung einen großen Vorteil hat: Der Bericht des
Zeugen wird aus verhältnismäßig frischer Erinnerung gegeben
und spiegelt sehr oft Erlebnisnachklärungen lebhafter wider als
spätere Aussagen.«; Vernehmungspsychologie, S. 42

244 Bender/Nack/Teuber, Tatsachenfeststellung vor Gericht, Rdnr. 256

245 Vgl. S. 94 ff.

246 Die Videoaufzeichnung gilt der »Fixierung der besonders bedeut-
samen Erstaussage«, und zwar bei Kindern wie Erwachsenen
(Meyer-Goßner, Strafprozessordnung, § 58a StPO, Rdnr. 1 a)

247 Vgl. hierzu im einzelnen Beulke/Ruhmannseder, Die Strafbarkeit
des Verteidigers, S. 67 f.

248 BGHSt 38, 345 (348)

249 Vgl. S. 207 f.

250 Ein Höhepunkt in der Kontroverse zwischen dem Bundesgerichtshof und den Strafverteidigern ist der Vorwurf des 3. Senates, von
einem Anwalt mit einem »unwahren Vorbingen« konfrontiert
worden zu sein (BGHSt Strafverteidiger-Forum 2009, 158). Zu
dem Streit der Richter am Bundesgerichtshof siehe auch Pfister,
Rechtsmissbrauch im Strafprozessrecht, StV 2009, 550; und Ignor,
Gedanken zur Berufsethik des Rechtsanwalts, BRAK-Mitteilungen
2009, S. 202 ff.

251 BGHSt NJW 2005, 341

252 Vgl. S. 63 f.

253 Um die Einstellung der politisch Verantwortlichen zu erkunden,

hat der Verfasser an die Innen- und Justizminister von Berlin, Bremen und Nordrhein-Westfalen identische Fragenkataloge gesandt. Nur in Bremen haben beide Senatoren auf die vier Fragen geantwortet. Die geringste Reaktion kam aus dem Bundesland, das die größten Probleme mit der islamischen Paralleljustiz hat: Berlin. Innensenator Körting hat auf seine Aussagen zum Thema Friedensrichter im Abgeordnetenhaus hingewiesen – und im Übrigen an die zuständige Justizsenatorin Gisela von der Aue verwiesen, die eine Antwort schuldig blieb.

254 Haug geht von einem Anstieg der Gewaltkriminalität aus, insbesondere bei Körperverletzungsdelikten sowie bei Vergewaltigung/sexueller Nötigung. Andererseits kommt sie zu dem Ergebnis, dass die Zahl der angezeigten türkischen Gewalttäter höher ist als die der polnischen oder italienischen, jedoch insgesamt niedriger als bei allen Nicht-Deutschen zusammengenommen (vgl. Haug, Jugendliche Migranten – muslimische Jugendliche, S. 16). Vgl. zu dieser Kontroverse auch Christian Denso und Heinrich Wefing, Das Ende der Ungeduld, in: *Die Zeit* vom 22. Dezember 2010, S. 4, und Baier, Jugendkriminalität in Deutschland.

255 Gelinsky, Brutale Familienbande, S. 48

256 Zitiert nach ebd.

257 *Süddeutsche Zeitung* vom 10. Dezember 2010, S. 3

258 Eisner, Jugendkriminalität und Immigration, S. 11

259 So zum Beispiel die stellvertretende SPD-Vorsitzende Aydan Özoguz, vgl. www.domradio.de/aktuell/81382/paralleljustiz-in-deutschland.html

260 Eine Zusammenfassung der Ergebnisse findet sich in »Paralleljustiz« – eine Stoffsammlung des Bayerischen Staatsministeriums der Justiz und für Verbraucherschutz

261 »Paralleljustiz« – eine Stoffsammlung, S. 10

262 *Süddeutsche Zeitung* vom 26. 6. 2012, S. 38, und *Welt Online* vom 27. 6. 2012   www.welt.de/politik/deutschland/article107275025/Bayern-will-mit-islamischer-Paralleljustiz-aufraeumen.html

263 Zitiert nach dem Kurz-Statement von Generalstaatsanwalt Christoph Strötz für das Pressegespräch »Paralleljustiz« am 26. 6. 2012

264 Landtag von Baden-Württemberg, Drucksache 15/795, S. 2 f.

265 Ebd., S. 3

266 *Tagblatt* vom 2. 5. 2012, www.tagblatt.de/Home/nachrichten/ueberregional/baden-wuerttemberg_artikel,-Debatte-ueber-islamische-Friedensrichter-_arid,171924.html

267 Öney, Statement gegenüber dpa anlässlich des Runden Tisches Islam vom 3. 5. 2012

268 Vgl. hierzu auch den Antrag des bayerischen Justizministeriums für die 83. Justizministerkonferenz im Juni 2012: »Das Phänomen der Paralleljustiz hat nichts mit der außergerichtlichen Streitschlichtung gemein … Während sich die Parteien bei der außergerichtlichen Streitschlichtung auf Augenhöhe begegnen und das Verfahren selbst in der Hand behalten, geht es in den Fällen der Paralleljustiz um eine Manipulation der Beweislage in Straf- und Zivilverfahren bis hin zur Beeinflussung und Einschüchterung von Zeugen.«

269 Wortprotokoll der Anhörung des Ausschusses für Arbeit, Integration, Berufliche Bildung und Frauen, Berliner Abgeordnetenhaus, Drucksache 17/9, S. 1 ff.

270 Wortprotokoll Berliner Abgeordnetenhaus, Drucksache 17/9, S. 17 f. und S. 3

271 Wortprotokoll Berliner Abgeordnetenhaus, Drucksache 17/9, S. 3 und S. 18

272 Wortprotokoll Berliner Abgeordnetenhaus, Drucksache 17/9, S. 5

273 Wortprotokoll, Berliner Abgeordnetenhaus, Drucksache 17/9, S. 14

274 Wortprotokoll, Berliner Abgeordnetenhaus, Drucksache 17/9, S. 15

275 Wortprotokoll, Berliner Abgeordnetenhaus, Drucksache 17/9, S. 6

276 Wortprotokoll Berliner Abgeordnetenhaus, Drucksache 17/9, S. 7 f.

277 Wortprokoll Berliner Abgeordnetenhaus, Drucksache 17/9, S. 8 f.

278 Bremische Bürgerschaft, Antwort des Senats, Drucksache 17/1618, S. 2

279 Ebd.

280 Ebd.

281 Antrag der CDU-Fraktion »Der Paralleljustiz wirksam entgegentreten«, Bremische Bürgerschaft Drucksache 18 vom 26. 6. 2012

282 Die schriftlichen Statements und Thesen liegen dem Verfasser vor.

283 BT-Drucksache 17/8405, S. 12

284 Vgl. S. 76 ff.

285 Vgl. S. 279 f.

286 Vgl. S. 103

287 Martina Schmied, Familienkonflikte zwischen Scharia und Bürgerlichem Recht, Konfliktlösungsmodell im Vorfeld der Justiz am Beispiel Österreichs, Frankfurt 1999

288 Eine Ausnahme bildet hier Professor Mathias Rohe, der seine persönlichen Feldstudien betreibt. Eine wissenschaftliche Kriterien genügende Arbeit ist aber auch in seinem Institut in Erlangen noch nicht begonnen worden.

Literaturverzeichnis Teil I

Arntzen, Friedrich: Vernehmungspsychologie, 3. Aufl., München 2008

Bahners, Patrick: Die Panikmacher, Die deutsche Angst vor dem Islam, Eine Streitschrift, München 2011

Baier, Dirk: Jugendkriminalität in Deutschland, Erkenntnisse der Hell- und Dunkelfeldforschung, Expertenbeitrag, Kriminologisches Forschungsinstitut Niedersachsen, Hannover 2010

Baier, Dirk/Pfeiffer, Christian/Rabold, Susann/Simonson, Julia/Kappes, Cathleen: Kinder und Jugendliche in Deutschland, Gewalterfahrungen, Integration, Medienkonsum. Zweiter Forschungsbericht des Bundesministeriums des Inneren und des Kriminologischen Forschungsinstituts Hannover, Forschungsbericht 109, 2010

Bannenberg, Britta: Gewaltphänomene bei Kindern und Jugendlichen – Kriminalpräventive Konsequenzen aus kriminologischer Sicht, Berliner Forum für Gewaltprävention, Nr. 36, 2009

Dies.: Kriminalität bei jungen Migranten (insbesondere Spätaussiedlern) und Präventionsansätze, in: Jenaer Symposion 9.–11. September 2008, Das Jugendkriminalrecht vor neuen Herausforderungen, S. 155 ff.

Baumeister, Werner: Ehrenmorde, Blutrache und ähnliche Delinquenz in der Praxis bundesdeutscher Strafjustiz, Münster 2007

Beauftragte der Bundesregierung für Migration, Flüchtlinge und Integration: 7. und 8. Bericht über die Lage der Ausländerinnen und Ausländer in Deutschland, Berlin 2007 und 2009

Bender, Ralf/Nack, Armin/Teuber, Wolf-Dieter: Tatsachenfeststellung vor Gericht, Glaubwürdigkeits- und Beweislehre, Vernehmungslehre, 3. Aufl., München 2007

Beulke, Werner: Strafprozessrecht, 10. Aufl., Heidelberg 2008

Beulke, Werner/Ruhmannseder, Felix: Die Strafbarkeit des Verteidigers, Eine systematische Darstellung der Beistandspflicht und ihrer Grenze, Heidelberg 2010

Bossong, Horst: Integriertes Handlungskonzept »Chancen bieten, Grenzen setzen« zur Förderung der Integration von Menschen mit libanesischem Zuwanderungshintergrund, Essen 2008

Brettfeld, Katrin/Wetzels, Peter: Muslimisches Leben in Deutschland, Studie des Bundesamtes für Migration und Flüchtlinge, Nürnberg 2009

Brettfeld, Katrin/Wetzels, Peter: Muslime in Deutschland. Integration, Integrationsbarrieren, Religion und Einstellungen zur Demokratie, Rechtsstaat und politisch-religiös motivierter Gewalt. Hrsg. vom Bundesminister des Innern, Hamburg 2007

Bund-Länder-Projektgruppe: Ethnisch abgeschottete Subkulturen, Ergebnisbericht (Kurzfassung) 2004

Bundeskriminalamt: Polizeiliche Kriminalstatistik 2009

Bundeskriminalamt: Organisierte Kriminalität, Bundeslagebild 2009

Ceylan, Rauf: Die Prediger des Islam, Imame – wer sie sind und was sie wirklich wollen, Freiburg 2010

Ders.: Ethnische Kolonien, Entstehung, Funktion und Wandel am Beispiel türkischer Moscheen und Cafés, Bochum 2006

Codex Hammurabi. Die Gesetzesstele Hammurabis, in der Übersetzung von Wilhelm Eilers, Bearbeitung nach der 5. Aufl., Wiesbaden 2009

Dahs, Hans: Handbuch des Strafverteidigers, 7. Aufl., Köln 2007

Der Polizeipräsident in Berlin, Landeskriminalamt: Straftaten von Angehörigen arabischer Großfamilien in Berlin, 3. Dezember 2010

Eisner, Manuel: Jugendkriminalität und Immigration. Konflikte und Integrationsprobleme. In: Neue Kriminalpolitik. Heft 4 (1998)

Ellrich, Karoline/Baier Dirk/Pfeiffer, Christian: Gewalt gegen Polizeibeamte, Zwischenbericht 2, Kriminologisches Forschungsinstitut Niedersachsen, Hannover 2010

Ellrich, Karoline/Pfeiffer, Christian/Baier, Dirk: Gewalt gegen Polizeibeamte, Zwischenbericht 1, Kriminologisches Forschungsinstitut Niedersachsen, Hannover 2010

Fischer, Thomas, Strafgesetzbuch und Nebengesetze, 56. Aufl., 2009

Ghadban, Ralph: Die Libanon-Flüchtlinge in Berlin. Zur Integration ethnischer Minderheiten, Berlin 2008

Ders.: Sind die Libanon-Flüchtlingen noch zu integrieren?, Vortrag in der Alten Synagoge Essen, 2008

Ders.: Islam in der Diaspora, unveröffentlichtes Manuskript

Haug, Sonja: Jugendliche Migranten – muslimische Jugendliche. Gewalttätigkeit und geschlechterspezifische Einstellungsmuster, Kurzexpertise für das Bundesministerium für Familie, Senioren, Frauen und Jugend, Berlin 2010

Heinz, Wolfgang: Empfehlungen der Arbeitsgruppe »Optimierung des bestehenden kriminalpolitischen Systems in Deutschland«, hrsg. vom Rat für Sozial- und Wirtschaftsdaten, Baden-Baden 2009

Heisig, Kirsten: Das Ende der Geduld: Konsequent gegen jugendliche Gewalttäter, Freiburg 2010

Henniger, Markus: Importierte Kriminalität und deren Etablierung, am Beispiel der libanesischen, insbesondere libanesisch-kurdischen Kriminalitätsszene Berlin, Kriminalistik 56. Jg. 2002, S. 714

Hosni, Naguib: Zu den Grundlagen des islamischen Rechts, ZStW 97 (1985), 609

Ignor, Alexander: Gedanken zur Berufsethik des Rechtsanwalts, BRAK-Mitteilungen 2009, S. 202

Informations- und Sammelstelle ethnischer Clans: Medien-Arbeitspapier »ISTEC«, Bremen 2010

Jescheck, Hans-Heinrich: Islamisches und westliches Strafrecht – Gemeinsames und Gegensätzliches, in: Festschrift für Dietrich Oehler zum 70. Geburtstag, hrsg. von Dietrich Herzberg, Köln u. a. 1985

Kelek, Necla: Die fremde Braut, Ein Bericht aus dem Inneren des türkischen Lebens in Deutschland, Köln 2005

Kizilhan, Ilhan: Islam, Migration und Integration: Konflikte jugendlicher Migranten mit islamischem Hintergrund, *conflict & communication online*, Bd. 7, Nr. 1, 2008, S. 1

Ders.: »Ehrenmorde«. Der unmögliche Versuch einer Erklärung. Hintergründe – Analysen – Fallbeispiele, Berlin 2006

Klink, Andreas/Rüth, Thomas: Aufsuchende Befragung Essen-Altenessen, Ergebnisbericht. Hrsg. vom Jugendhilfe-Netzwerk Essen-Nord 2011

Kriminologisches Forschungsinstitut Niedersachsen: Religion, Integration und Delinquenz junger Menschen in Deutschland. 2007/2008

Landeskriminalamt Nordrhein-Westfalen: Lagebild Organisierte Kriminalität 2009

Löwe, Ewald/Rosenberg, Werner: Die Strafprozessordnung und das Gerichtsverfassungsgesetz, 26. Aufl., hrsg. von Volker Erb, Robert Esser,

Ulrich Franke, Kirsten Graalmann-Scheerer, Hans Hilger, Alexander Ignor, Berlin 2008

Meyer-Goßner, Lutz, Strafprozessordnung, 51. Aufl., München 2008

Ohder, Claudius: Intensivtäter Teil II, Berliner Form für Gewaltprävention, Nr. 33, 2007

Pfister, Wolfgang: Rechtsmissbrauch im Strafprozessrecht StV (2009), 550

Polizei Bremen: Delinquenz in Bremen ansässiger Mhallamiye, Situationsbericht, 1. Halbjahr 2010

Reusch, Roman: Migration und Kriminalität, Rechtstatsächliche und kriminologische Aspekte und Lösungsansätze für eine erforderliche Integration, Vortrag auf einer Tagung der Hans-Seidel-Stiftung, Kloster Banz 2007

Rohe, Mathias: Das islamische Recht, Geschichte und Gegenwart, München 2009

Ders.: Islamisierung des deutschen Rechts?, in: *JuristenZeitung*, Bd. 62, Nr. 17, September 2007, S. 801–806

Ders.: Reasons for the desire of applying legal Sharia norms in western secular jurisdiction, Vortrag, Washington 2010

Sarrazin, Thilo: Deutschland schafft sich ab. Wie wir unser Land aufs Spiel setzen, München 2010

Sauer, Martina/Halm, Dirk: Erfolge und Defizite der Integration türkischstämmiger Einwanderer in Deutschland, Wiesbaden 2009

Scholz, Peter: Zur Diskussion über die Scharia in England und Deutschland, in: *Kirche und Recht* 47 (2009)

Sökefeld, Martin: Alevi Dedes in the German Diaspora: The Transformation of a Religious Institution, in: *Zeitschrift für Ethnologie* 127 (2002), S. 163 ff.

Ders.: Aleviten in Deutschland – von *takiye* zur alevitischen Bewegung, in: Aleviten in Deutschland, Identitätsprozesse in der Diaspora, hrsg. von Martin Sökefeld, Bielefeld 2008

Toprak, Ahmet/Nowacki, Katja: Gewaltphänomene bei männlichen, muslimischen Jugendlichen mit Migrationshintergrund und Präventionsstrategien, Gutachten im Auftrag des Bundesministeriums für Familie, Frauen und Jugend, Berlin 2010

Anmerkungen Teil II

1 Harloff, *Die Welt* vom 4. Februar 2012, S. 6, und *Süddeutsche Zeitung* vom 3. Februar 2012, S. 6, und *Berliner Zeitung* vom 2. Februar 2012, S. 3; kritisch auch *ZEIT Online* vom 7. Februar 2012, www.zeit.de/gesellschaft/zeitgeschehen/2012-02/scharia-schiedsgerichte. Vgl. hierzu Kopp, Islamisches Recht in Deutschland, S. 9: »Die Einführung quasi-staatlicher Schlichtungsinstanzen birgt grundsätzlich das Risiko, zu einer religiösen Rechtsspaltung in Deutschland zu führen, die nicht im Interesse unserer Rechtsordnung liegen kann.« Einen ähnlichen Vorstoß hatte im Januar 2012 der Leiter des Zentrums für Islamische Theologie in Tübingen Omar Hamdan unternommen. Er hatte vorgeschlagen, in Deutschland »islamische Gerichte einzurichten, die in religiösen und familiären Angelegenheiten wie in Erbangelegenheiten, bei Heirat und Scheidungen Recht sprechen«. Fünf Tage später erklärten die Universität Tübingen und Omar Hamdan, dass die Äußerungen wegen schlechter deutscher Sprachkenntnisse auf einem »Missverständnis« beruhen und sich beide von der »Idee islamischer Gerichte« distanzieren. Vgl. hierzu *Evangelischer Pressedienst* vom 10. Januar 2012 und die *taz* vom 17. Januar 2012, S. 7.

2 Mazyek, *Bild.de* vom 3. Februar 2012, www.bild.de/poltik/inland/jochen-Harloff/politiker-laufen-Sturm-22442758

3 Klarstellung des Ministers auf der Homepage des Ministeriums vom 3. Februar 2012 und gegenüber dem Verfasser vom 28. März 2012, ähnlich auch *Welt Online* vom 9. Februar 2012, www.welt.de/politik/deutschland/article13860255/Justizminister-distanziert-sich

4 Rohe, Das islamische Recht, S. 382

5 Ebd.

6 Scholz, Kirche und Recht 2009, 53 (63)

7 Ebd., 53 (64)

8 Nicht behandelt wird hier außerdem die Anwendung islamischen

Familienrechts durch deutsche Gerichte über das internationale Privatrecht, wenn z. B. eine Ehe in Deutschland geschieden werden soll, die im Iran geschlossen wurde. Zu der umfangreichen Judikatur vgl. Rohe, Das islamische Recht, S. 351 ff.

9 Scholz, Betrifft JUSTIZ Nr. 108, 168

10 Ates, Der Multikulti-Irrtum, S. 159: »Ich bin der Auffassung, dass die Scharia selbst in ihrer liberalsten Auslegung mit unserer Verfassung nicht in Einklang steht. Denn sie ist eine religiöse Rechtsordnung, die sämtliche Lebensbereiche des Menschen zu regeln beansprucht und als Gesetzgeber einzig und allein Allah anerkennt. Eine solche Rechtsordnung verschließt sich jeder Säkularisierung. Sie darf sich in Deutschland und Europa nicht etablieren, indem ihr in Teilen Gültigkeit für muslimische Mitbürger zugestanden wird.« Verfassungsrechtlich unzulässig bzw. problematisch sind die Bevorzugung des Mannes bei der Scheidung, beim Sorgerecht für die Kinder, beim Erbrecht, der Vielehe und dem Verbot der interreligiösen Ehe bei Musliminnen, vgl. hierzu Schirrmacher, Internationale Gesellschaft für Menschenrechte (IGFM) 2008, Europe News, http://web.europenews.dk/de/node/545

11 Bock, NJW 2012, 122 (123)

12 Ebd.

13 Ates, Der Multikulti-Irrtum, S. 47: »Die Familie ist alles, der Einzelne ist nichts. Individualität wird abgelehnt. Viele meiner Mandantinnen haben es nie gelernt, selbständige Entscheidungen zu treffen, geschweige denn über ihr eigenes Leben zu bestimmen.«

14 25 Fragen zum Islam, zitiert nach: www.enfal.de/fragfrau.htm

15 Mirbach/Schaak/Triebl, Zwangsverheiratung in Deutschland, S. 38

16 Sütcü, Zwangsheirat und Zwangsehe, S. 159 f.

17 Mirbach/Schaak/Triebl, Zwangsverheiratung in Deutschland, S. 29

18 Die neueste Studie des Bundesamtes für Migration und Flüchtlinge »Islamisches Gemeindeleben in Deutschland« aus dem Jahr 2012 hat 2350 Moscheegemeinden in Deutschland gezählt.

19 www.al-nur-moschee.de/index.php?option=com_content&view=aritcle&id=83

20 Schmidt/Stichs, Islamische Religionsbedienstete in Deutschland, S. 248 f., 254, 283, vgl. hierzu Ceylan, Die Prediger des Islam, S. 9.

21 Wahrscheinlich haben viele Abgeordnete die Folgen seiner Ände-

rung gar nicht erkannt, vgl. Patrick Bahners, *Frankfurter Allgemeine Sonntagszeitung* vom 4. Juli 2008, www.faz.net/aktuell/feuilleton/debatten/kirchlich-heiraten-auch-ohne-standesamt-die-ehe-ist-kein-staatliches-ding-1666617.html, sowie den rechtspolitischen Sprecher der CDU/CSU-Bundestagsfraktion Jürgen Gehb: »Mir ist ein Rätsel, warum wir das gemacht haben«; Regina Körner, *Berliner Zeitung* vom 9. Juli 2008, S. 6; Positionspapier von *Terre des Femmes* vom 19. September 2009, http://frauenrechte.de/online/index.php/themen/tdf-positionen/ag-frauenrechte-und-religion/565-positionspapier-zum-thema-frauenrechte-und-religion.html; Veit Medick vom 6. Juli 2008, www.taz.de/%2119738

22 Wiefelspütz zitiert nach: www.taz.de/%2119738

23 BT-Drucksache 16/1831, S. 33

24 Ebd., S. 66 f.

25 BT-Drucksache 15/1831, S. 76

26 Mirbach/Schaak/Triebl, Zwangsverheiratung in Deutschland, S. 18

27 Ebd., S. 23

28 Kurzzusammenfassung und Kommentar des Deutschen Caritasverbandes zur Studie des Bundesfamilienministeriums, S. 2

29 Yerlikaya, Zwangsehen – eine strafrechtlich-kriminologische Untersuchung, S. 28

30 Ebd., S. 30, und die Kurzfassung und Kommentar des Deutschen Caritasverbandes zur Studie des Bundesfamilienministeriums zur Zwangsverheiratung, S. 6

31 Mirbach/Schaak/Triebl, Zwangsverheiratung, S. 34

32 Ebd., S. 39

33 Ebd., S. 38

34 Ebd., S. 37

35 Ates, Der Mulitkulti-Irrtum, S. 58, vgl. hierzu Schmied für Österreich, Familienkonflikte zwischen Scharia und Bürgerlichem Recht, S. 191: »Muslime kritisieren die Familienjustiz wegen ihrer ›Frauenlastigkeit‹: Dieser Vorwurf geht in zwei Richtungen. Erstens kritisiert man den Umstand, dass gerade im Bereich der Familiengerichte sehr viele Frauen als Richterinnen tätig sind und damit im Zusammenhang wiederum die Frauen bei den Entscheidungen bevorzugt würden. Männer fühlen sich von den österreichischen Gerichten nicht wirklich gerecht behandelt, vor allem was Ob-

sorge- und Unterhaltsregelungen betrifft. Sie kritisieren, dass bei Gerichtsverhandlungen ausschließlich die Trennung einer Ehe als einzige Lösung eines Konflikts gesehen wird und dabei auf die Aussagen der Frauen überproportional großes Gewicht gelegt würde.«

36 Zu ähnlichen Einschätzungen kommt Schmied für Österreich, Familienkonflikte zwischen Scharia und Bürgerlichem Recht, S. 191: »Frauen suchen, wenn sie keinen familiären Rückhalt haben, eher Familienberatungsstellen, Jugendämter und Gerichte auf. Von diesen Institutionen erwarten sie jenen Schutz durch eine amtliche Autorität, den sie im privaten Bereich vermissen.«

37 Ebd., S. 160. Ein Vorbeter in Österreich sagt: »Für uns steht das Gericht ganz am Ende. Vorher steht der Versuch, den Konflikt zu lösen.«

38 Vgl. hierzu das Porträt von Imam Raschid und seiner Rolle bei Familienkonflikten, S. 129 f.

39 Ausgangspunkt für die Zusammenarbeit von AWO und dem Imam war unter anderem die Zwangsehe: »Zwangsehen mit zugereisten Partnern sind das größte soziale Problem in der Moscheegemeinde. Auch aus Sicht der Jugendhilfe kommt es in dieser Gruppe überdurchschnittlich zu familiärer Gewalt, zu Trennung und Scheidung mit der Folge von Heimerziehung für die Kinder.« *Sozial Extra* ½ 07, S. 32

40 Bayerisches Staatsministerium der Justiz, »Paralleljustiz« – eine Stoffsammlung, S. 14

41 Schmidt/Stichs, Islamische Religionsbedienstete in Deutschland, S. 362. Das Ergebnis der Umfrage: »39 Prozent der Religionsbediensteten geben an, Gläubige bei Problemen oder Alltagsproblemen nie zu beraten oder dies wenigstens nicht im letzten Monat getan zu haben. Ein weiteres gutes Drittel hat im letzten Monat ein bis zwei Beratungen durchgeführt. Jeder vierte Religionsbedienstete stand im Monat der Befragung mindestens dreimal Gläubigen seiner Gemeinde bei privaten Problemen bei, kaum einer davon aber häufiger als zehnmal im Monat.«

42 Zum selben Ergebnis kommt Schmied für Österreich, Familienkonflikte zwischen Scharia und Bürgerlichem Recht, S. 157: Familienkonflikte dringen »kaum an die Öffentlichkeit« und kommen selbst »im Gerichtsalltag höchst selten« vor.

43 *Der Spiegel* vom 7. April 2012, S. 32

44 Ebd., S. 33

45 Ebd.

46 Ebd.

47 Zum Beispiel Annette Ramelsberger in der *Süddeutschen Zeitung* vom 16./17. Mai 2012 und im *Spiegel* Nr. 21 vom 21. Mai 2012, S. 40 ff. Am 16. Februar 2012 verurteilte das Landgericht Detmold ihren Bruder Osman Ö., der die Tat gestanden hatte, zu lebenslanger Haft. Die Geschwister Sirin und Kirer erhielten zehn Jahre wegen Geiselnahme und Beihilfe zum Mord, die Brüder Elvis und Kemal fünfeinhalb Jahre wegen Geiselnahme. Die jesidische Familie galt in Detmold als gut integriert, Arzu hatte aber in ihren Augen zwei Fehler begangen und dadurch ihre Ehre verletzt: Sie war aus der elterlichen Wohnung geflohen und hatte in einem Frauenhaus Schutz gesucht, und sie hatte einen deutschen Freund.

48 www.abendblatt.de/hamburg/polizeimeldungen/article2225780/ Gericht-verhaengt-hohe-Haftstrafen-wegen-Totschlags.html; 23. 2. 21012

49 Bundeskriminalamt, Bund-Länder-Abfrage zu Ehrenmorden in Deutschland, S. 9, und Oberwittler/Kasselt, Ehrenmorde in Deutschland, S. 74

50 *Der Spiegel* vom 7. April 2012, S. 34

51 Bundeskriminalamt, Bund-Länder-Abfrage zu Ehrenmorden in Deutschland, S. 13–16, und Cakir-Ceylan, Gewalt im Namen der Ehre, S. 78

52 Bundeskriminalamt, Bund-Länder-Abfrage zu Ehrenmorden in Deutschland, S. 14, und Oberwittler/Kasselt, Ehrenmorde in Deutschland, S. 85 f.

53 Ates, Der Multikulti-Irrtum, S. 83

54 Urteil vom Landgericht Essen vom 8. Juli 2011. Az: 51 Kls 39/09.

55 Vgl. hierzu die *Neue Ruhr/Rhein Zeitung* vom 19. Dezember 2011 und www.derwesten.de/staedte/arnsberg/ein-neues-opfer-im-blutigen-Familienstreit vom 26. Februar 2012.

56 www.derwesten.de/staedte/bottrop/lebenslange-haft-im-prozess-um-mord-auf-libanesen-hochzeit-id6847207.html

57 *Der Spiegel* vom 7. April 2012, S. 37

58 Studie des Bundesinnenministeriums Lebenswelten junger Musli-

me in Deutschland (Kurzfassung), www.bmi.bund.de/SharedDocs/ Downloads/DE/Kurzmeldungen/lebenswelten_junger_muslime. pdf?__blob=publicationFile

59 Ebd., S. 2

60 Vgl. zu der gestiegenen Religiosität und den Zusammenhängen zwischen Religion, Integration und Gewalt, vgl. vorne; Kapitel »Paralleljustiz – eine Folge fehlgeschlagener Integration«, S. 70 ff.

61 Zentralrat der Muslime, www.islam.de/grundgesetz

62 Zentralrat der Muslime, http://islam.de/6141.php

63 Ebd., S. 1

64 Zu den verschiedenen Formen der Scheidung im klassischen islamischen Recht vgl. Rohe, Das islamische Recht, S. 91 ff.

65 Vgl. zu einer anderen, von einem deutschen Strafgericht organisierten islamischen Scheidung, Seite 190 f.

66 Rohe, Das islamische Recht, S. 353 f.

67 Vgl. zu den Problemen der Rechtsprechung bei Weigerungen des Mannes, sich scheiden zu lassen: Andrae, NJW 2007, 1730 (1732)

68 Zentralrat der Muslime, www.islam.de/164.php, S. 4, und Rohe, Das islamische Recht, S. 359

69 Scholz, Kirche und Recht 2009, 47 ff. (62): »Die verfassungsrechtlich eingeräumten Freiheiten und ihre einfachrechtliche Ausgestaltung, insbesondere Religionsfreiheit und Privatautonomie, gewähren einen nicht unerheblichen Freiraum, in dem die Bürgerinnen und Bürger ihr Leben und ihre rechtlichen Beziehungen an islam-rechtlichen Bestimmungen ausrichten können und dies auch tun.«

70 Nach Kopp sollen die meisten Scheidungsfälle unter Muslimen in Österreich »nicht mehr von einem Gericht, sondern islamintern durch die eigenen Glaubensautoritäten geregelt« werden, Wissenschaftlicher Dienst des Bundestages vom 18. Februar 2004 Reg-Nr. WD 1-004/04, S. 4. Das erscheint eine sehr weitgehende Interpretation der Dissertation von Martina Schmied über »Familienkonflikte zwischen Scharia und Bürgerlichem Recht« zu sein. Wörtlich steht das nirgendwo. Außerdem hat die Arbeit die Schwäche, dass sie die Verbreitung der außergerichtlichen Streitschlichtung nicht in Beziehung setzt zum Grad der Integration.

71 Kaminski, Betrifft Justiz Nr. 108, Dezember 2011, 170 (171)

72 Gegen eine offizielle Anerkennung außergerichtlicher Streitbeile-

gungsmechanismen vgl. Rohe, Das islamische Recht, S. 384: »Das Familienrecht sollte angesichts seiner besonderen rechtskulturellen Sensibilität der staatlichen Gerichtsbarkeit vorbehalten bleiben.«

73 Aktiv gegen Zwangsheirat, S. 42

74 Ebd.

75 Polizeiliche Kriminalstatistik 2010, Kurzfassung, S. 41, und die Polizeiliche Kriminalstatistik 2011, Kurzfassung, S. 48

76 Aktiv gegen Zwangsheirat, S. 10

Literaturverzeichnis Teil II

Aktiv gegen Zwangsheirat. Empfehlungen, Europäische Union, Daphne-Programm und Hamburger Behörde für Soziales, Familie, Gesundheit und Verbraucherschutz, Hamburg 2009

Andrae, Marianne: Anwendung des islamischen Rechts im Scheidungsverfahren vor deutschen Gerichten, in: *Neue Juristische Wochenschrift* 1730 (2007)

Ateş, Seyran: Der Multikulti-Irrtum, Berlin 2007

Ateş, Seyran: Der Islam braucht eine sexuelle Revolution. Eine Streitschrift, Berlin 2009

Bayerisches Staatsministerium der Justiz und Verbraucherschutz: »Paralleljustiz« – eine Stoffsammlung, München 2012

Bock, Wolfgang: Der Islam in der Entscheidungspraxis der Familiengerichte, in: *Neue Juristische Wochenschrift* 122 (2012)

Cakir-Ceylan, Esma: Gewalt im Namen der Ehre. Eine Untersuchung über Gewalttaten in Deutschland und der Türkei unter besonderer Betrachtung der Rechtsentwicklung in der Türkei, Frankfurt 2011

Ceylan, Rauf: Die Prediger des Islam. Imame – wer sie sind und was sie wirklich wollen, Freiburg 2010

Halm, Dirk/Sauer, Martina/Schmidt, Jana/Stichs, Anja: Islamisches Gemeindeleben in Deutschland. Bundesamt für Migration und Flüchtlinge im Auftrag der Deutschen Islam Konferenz, Berlin 2012

Kaminski, Andrea: Islamische Paralleljustiz? Interkultureller Interessenausgleich? Patriarchalischer Druck? Betrifft Justiz Nr. 108, Dezember 2011, S. 170 ff.

Kopp, Thomas: Islamisches Recht in Deutschland: Außergerichtliche Streitbeilegung unter Muslimen, Wissenschaftlicher Dienst des Bundestages vom 18. Februar 2004, Reg-Nr. WD 1-004/04

Mirbach, Thomas/Schaak, Torsten/Triebl, Katrin: Zwangsverheiratung in Deutschland: Anzahl und Analyse von Beratungsfällen, Kurzfassung, Wissenschaftliche Untersuchung im Auftrag des Bundesministeriums für Familie, Senioren, Frauen und Jugend, Hamburg 2011

Oberwittler, Dietrich/Kasselt, Julia: Ehrenmorde in Deutschland 1996–2005, Max-Planck-Institut für ausländisches und internationales Privatrecht im Auftrag des Bundeskriminalamtes, Köln 2011

Presseinformation zu den Ergebnissen einer Bund-Länder-Abfrage zum Phänomen »Ehrenmorde in Deutschland«, Wiesbaden 2006

Rohe, Mathias: Das islamische Recht. Geschichte und Gegenwart, München 2009

Schirrmacher, Christine: Frauen unter der Scharia: Strafrecht und Familienrecht im Islam, Internationale Gesellschaft für Menschenrechte (IGFM) 2008, http://web.europenews.dk/de/node/545

Schmidt, Jana/Stichs, Anja: Islamische Religionsbedienstete in Deutschland, Bundesamt für Migration und Flüchtlinge im Auftrag der Deutschen Islam Konferenz, Berlin 2012

Schmied, Martina: Familienkonflikte zwischen Scharia und Bürgerlichem Recht. Konfliktlösungsmodell im Vorfeld der Justiz am Beispiel Österreichs, Frankfurt 1999

Scholz, Peter: Zur Diskussion der Scharia in England und Deutschland, in: *Kirche und Recht* 47 (2009)

Scholz, Peter: Ein überschätztes Problem. Zum Spannungsverhältnis zwischen Staat und Islam in der deutschen Justiz am Beispiel des sogenannten Friedensrichters, Betrifft Justiz Nr. 108, Dezember 2011, S. 168

Sütçü, Filiz: Zwangsheirat und Zwangsehe. Falllagen, rechtliche Beurteilung und Prävention, Frankfurt 2009

Yerlikaya, Hayriye: Zwangsehen – eine strafrechtlich-kriminologische Untersuchung, Dissertation an der Universität Bielefeld, Bielefeld 2012

329

Seyran Ateş

Der Islam braucht eine
sexuelle Revolution

Eine Streitschrift

ISBN 978-3-548-37371-3
www.ullstein-taschenbuch.de

Sexualität im Islam ist von Verboten, Ängsten und Gewalt geprägt. Die Folgen sind fatal, und das nicht nur für
die Einzelnen, sondern für eine ganze Kultur. Seyran Ateş
fordert eine sexuelle Revolution im Islam, denn eine freie
Gesellschaft braucht eine freie Lebensgestaltung.

»Alles an diesem neuen Buch ist wichtig, sogar dringend
nötig.« *Deutschlandradio*

ullstein

US351

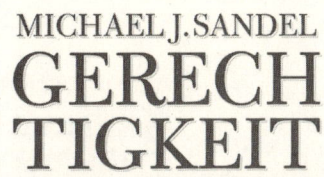

Helmut Schmidt

RELIGION IN DER VERANTWORTUNG

Gefährdungen des Friedens im
Zeitalter der Globalisierung

ISBN 978-3-548-37446-8
www.ullstein-buchverlage.de

US396

ullstein